云亭法律
实务书系

公司章程陷阱及72个核心条款设计指引

基于200个公司章程及股东争议真实案例深度解析

唐青林 李 舒 ◎ 主 编
李 斌 张德荣 ◎ 副主编

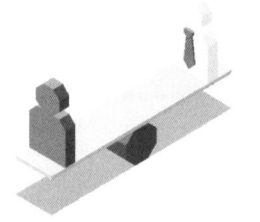

第二版

中国法制出版社
CHINA LEGAL PUBLISHING HOUSE

编委会成员

唐青林（北京云亭律师事务所）

李　舒（北京云亭律师事务所）

李　斌（北京云亭律师事务所）

张德荣（北京云亭律师事务所）

李晓宇（北京云亭律师事务所）

王　超（北京云亭律师事务所）

杨欣媛（北京云亭律师事务所）

（工作单位是指编委会成员在完成并本书相关工作时所在的工作单位）

"云亭法律实务书系"总序

"云亭法律实务书系",是北京云亭律师事务所组织撰写的法律实务类书籍。丛书作者均为战斗在第一线的专业律师,具有深厚理论功底和丰富实践经验。丛书的选题和写作体例,均以实际发生的案例分析为主,力图从实践需求出发,为实践中经常遇到的疑难复杂法律问题,寻求最直接的解决方案。

没有金刚钻,不揽瓷器活。云亭律师事务所成立以后,创始合伙人唐青林、李舒一致决定以专业耕耘作为立所之本,鼓励所有云亭律师践行"一万小时"的专业发展理论,在各自的专业领域深度耕耘,实现"一米宽、十米深"的专业耕耘模式。

能把法律问题写好是优秀律师的看家本领。对于任何专业知识,我们认为有五个渐进的层次:听不懂、听得懂、说得出、写得出、写得好。我们希望云亭律师都能把专业的问题和观点用文字表达出来,训练成为"写得好"的最高级别。

打赢官司靠的不是口才而是思辨能力和文字能力。打赢官司的律师,并不仅仅是口才好,更加重要的是笔头功夫好。根据我从事法律工作25年的经验,律师的写作能力和办案能力之间绝对存在正向促进关系。有理不在声高,只要你思维缜密、开庭之前起草了逻辑严密、法律精准的代理词,哪怕是口吃的律师也一样能赢得诉讼,所以说笔杆子是律师极其重要的武器,写作乃律师安身立命之本。一份优秀的代理词和辩护词,其背后其实是文字功夫和逻辑思维能力的体现。而写作是迅速提高在某个领域的专业水平的最有效途径。我们云亭律师事务所的每一位新律师,都必须经过写作训练这个关,迅速提高文字能力。

法律专业写作最难的是什么?是必须克服懒惰。和写作相比,看电视显然更加轻松愉快,写作经常面对的是冷板凳。中国法制出版社资深编辑赵宏老师和我们座谈的时候曾说:"写作是一件非常辛苦的事,必须每天勉强自己一点点!"这句话我们至少在不同的场合给云亭律师事务所的同事说了10遍。律师确实都很忙,离开学校之后,永远不会有一整段时间用于写作,但是写作的时间都是抽出来的,时间就像海绵里的水,挤挤总是有的。云亭鼓励他们耐住寂寞、长期坐冷板凳、坚持研究法律问题、把自己的研究所得写出来,这样不仅锻炼思辨能力,还锻炼写作能力。

"云亭法律实务书系"到底是怎么写出来的？云亭规定全所律师办理任何案件，都必须针对每一个争议焦点进行法律检索和案例检索，据此起草代理词、辩护词等法律文件，确保和提高办案质量。办案完成后，这些法律和案例检索成果，是封存在电脑中还是让它们充分发挥余热？云亭律师事务所倡议所有同事们在办案结束后花费时间，把办案中针对争议焦点的法律和案例检索成果以及形成的法律判断，每个争议焦点整理成一篇文章，在云亭的微信公众号（"法客帝国""公司法权威解读""民商事裁判规则""保全与执行"）发表出来，供所内和全国各地的律师同行参考。这些文章都是真实的案例中遇到的真实的争议焦点，例如《侵犯其他股东优先购买权的股权转让合同是否有效》《股东签署"分家协议"有效吗》《股东是否有权查阅原始凭证》，这些内容都非常实用，所以文章发表出来后非常受法律实务界欢迎。

为什么云亭律师大多是相关领域的专家？云亭倡导每一位律师"忙时作业、闲时作文"，长期积累。强烈建议每一位云亭律师，凡是不开庭和不见客户的日子，坚持到律所坐班，坚持阅读案例和写作，练就火眼金睛并准备好敏捷的头脑。坚持写作，坚持"磨刀"。

我们相信，在任何一个专业领域，如果这个律师坚持写100篇文章，那么他至少已办理过数十个该领域案件、至少检索和阅读该领域1000个判决书。这样坚持下来，该领域便很少再有话题能难倒他，他其实已经足够成为该领域的专家。

律师如何提高写作能力？根据我们多年来的写作经验，主要有如下三点：（一）写作不能犯三个错误：不犯专业错误、不犯文字错误、不犯表述错误。（二）写作应该主题明确、观点明确：每个争议焦点写一篇文章，而不是多个争议焦点混合在一起；裁判规则总结精准、观点明确、不模糊。（三）文章应尽量直白易懂。哪怕读者对象是非法科专业人士，也能够看明白，切忌为了显示专业水平而拽专业术语，让人云里雾里看不懂。

功夫不负有心人。经过多年的努力，在中国法制出版社各位领导和编辑的关心帮助下，"云亭法律实务书系"已经出版和发行了40多种书，"云亭法律实务书系"已经成为云亭专业化发展的一张名片，受到了来自全国各地高校法律教授、法官、法务、律师等法律界人士的广泛好评。在未来的岁月里，我们将继续努力，争取不辜负每一位关心和帮助我们的领导、法律界同行和每一位"云亭法律实务书系"的读者。

北京云亭律师事务所

唐青林　创始合伙人

李　舒　创始合伙人

2024年1月1日

序　言

公司章程就是公司的宪法。

作为公司治理的重要组成部分，公司章程承载着公司组织架构、权利义务等基本规范，对于确保公司内部管理的规范性、透明度和稳定性至关重要。一个完善的公司章程不仅能够确保公司内部管理的高效性和透明度，还能有效降低公司发生争议的风险，维护公司的长期利益。除公司内部管理外，章程还能够起到约束和保障股东权益的作用，是公司治理的重要法律依据。因此，对于任何一家企业来说，制定一份合理、完善的公司章程至关重要。

然而，很多公司在起草章程时存在着诸多问题。许多企业在注册之初都直接使用"模板"，而不是聘请专业的律师根据自身情况量身定做自己的章程，导致章程内容与公司实际需求不符，无法实际执行。甚至因为缺乏专业人士的指导，对章程设计的风险把控不足，容易忽视一些重要细节，导致后续发生纠纷和争议。此外，一些企业也存在着对法律法规的理解不够深入和精准的问题，导致章程的条款过于模糊或与法律法规相抵触，从而影响了章程的效力和可执行性。

为了解决上述问题，本书以大量上市公司章程为研究对象，结合典型案例，深入分析了章程设计中的关键问题和常见陷阱。我们从法律、经济、管理等多个角度出发，提纲挈领地介绍了公司章程的起草原则、设计方法和注意事项，以及常见问题的解决方案。通过对72个核心条款的详细讲解和案例分析，我们希望读者能够更全面地了解公司章程的设计要点，提高对章程设计的专业水平和风险控制能力，从而更好地应对复杂多变的市场环境，保障公司的稳定和持续发展。

本书于2019年6月首次出版以来，受到了各界读者的广泛好评。但是随着时间的推移，部分判决规则与本书初次成稿时发生了一定程度的变化，尤其是《公司法》在2023年年底进行了大规模修订，其中涉及大量公司治理的结构性变化，必然涉及公司章程制定原则的改变。为了提供更为及时、准确的指引，本书编委会对本书内容进行修订和更新，以确保读者获取到最新、最实用的章程设计知识和经验。

最后，我们真诚希望本书能够成为企业治理领域的实用参考书，为广大读者提供智慧和支持，共同推动企业法治建设，促进经济社会的健康发展。愿本书能为公司治理指明方向、护航前行，让企业在法治的海洋中航行得更加安全、稳健！

北京云亭律师事务所

唐青林　创始合伙人

李　舒　创始合伙人

2024 年 3 月 4 日

目 录
Contents

第一章 公司章程总则条款

001 公司章程的性质到底是合同还是自治性规范？／ 1
002 公司章程"另有规定"的，全都能够"从其规定"吗？／ 5
003 公司章程可否规定出资比例与持股比例不一致？／ 13
004 公司章程可以约定公司重大事项需经公司全体股东通过吗？／ 16
005 股权转让：公司章程可否强制离职股东转让股权？／ 23
006 公司名称应当合法合规，不应哗众取宠／ 27
007 公司法定代表人任免手续如何在章程中规定？／ 33
008 法人姓名写在公司章程上，若变更需多少股东通过才有效？／ 36
009 国有企业"党建工作写入公司章程"条款示范／ 40

第二章 股东权利条款

010 章程应明确规定股东知情权的主体、行使方式、权利范围、必要程序／ 46
011 股东知情权行使的"6W"原则／ 53
012 保障股东知情权实现的"撒手锏"——单方审计权／ 59
013 公司章程应如何对分红条款作出规定？／ 63
014 公司章程可规定利润分配基准和分红比例的衡量标准／ 72
015 股东会已通过的分红决议若做调整需经绝对多数股东同意／ 75
016 股东对其他股东放弃的认缴新增出资份额享有优先认购权／ 82
017 股东是否可以在章程中约定优先清偿权？／ 87

018 公司章程有必要列举谁有权提出修改公司章程吗？/ 89

019 公司章程可细化股东代表诉讼制度，明确股东代表诉讼利益的归属及分配 / 94

020 公司提起诉讼的决策主体和程序可在章程中规定 / 100

第三章　股东义务条款

021 未按期缴足出资的股东表决权是否可以打折行使？/ 108

022 股东除名制度在章程中如何落地执行？/ 113

023 防止大股东侵占公司资产，公司章程可规定"占用即冻结"机制 / 121

024 公司章程可规定大股东不得干预公司生产经营决策 / 127

025 隐蔽性、长期性股东压制行为可在章程中列为公司解散的理由 / 132

第四章　董监高权利与义务条款

026 董事长的选任程序可以由公司章程任意约定吗？/ 142

027 公司章程可规定董事长对总经理以及董事会秘书的提名权 / 147

028 公司章程可规定董事长对公司交易事项的审批权 / 153

029 公司章程可规定董事长对一定额度内公司财务的审批权 / 159

030 公司章程可在法定范围外确认高级管理人员的范围 / 166

031 公司章程可规定董监高聘任程序细化条款 / 172

032 高级管理人员的勤勉义务在章程中如何规定？/ 179

033 协助股东侵占公司财产的董事将被股东会罢免 / 184

034 公司章程可对董监高在法定禁售期外转让股份的数量和期间另行作出限制 / 189

035 为保持董事独立性，章程可细化规定独立董事的任职条件 / 196

036 公司章程需要细化监事财务检查权的行使方式 / 204

第五章　股东会与董事会的职权

037 公司章程可将经营管理的权限分级授予股东会、董事会及总经理 / 211

038 股东会可否授权董事会修改公司章程？/ 226

039 公司章程能否将分红方案的审议批准权赋予董事会？／230

040 公司章程应详细规定董事会的审批权限／236

041 股东会对股东进行罚款的决议是否有效？／242

042 如何防止董事会无理由任意撤换总经理？／247

第六章 股东会与董事会的运行

043 临时股东会的召集事由与召集权人／253

044 公司章程中能否自由规定股东会通知的时间和方式／262

045 公司章程可以对股东会召集通知的具体内容作出详细规定／270

046 股东委托他人出席股东会应提交哪些手续？／278

047 公司章程有必要对股东会召开的最低出席人数作出规定／283

048 公司章程可制定累积投票制的实施细则／291

049 股东会网络投票公司章程应如何规定？／296

050 公司章程可规定有权征集代理投票权的主体／306

051 公司章程可规定中小投资者进行单独计票的具体情形／313

052 股东会决议过半数通过，过半数是否包括本数？／317

053 "过半数"与"二分之一以上"的含义一样吗？／323

054 董事会会议通知时限可否通过公司章程豁免？／328

055 董事辞职导致董事会成员低于法定人数时的运作机制／333

056 公司章程可以特别规定需要全体董事三分之二以上的董事会决议的事项／338

第七章 公司反收购条款

057 "宝万之争"后的修改公司章程浪潮／348

058 公司章程是否可以限制股东的提名权？／351

059 如何通过设计董事提名权来防止公司被恶意收购？／358

060 分期分级董事会制度的条款设计／364

061 董监高的"金色降落伞"是否合法／370

062 未履行信息披露义务超比例购买的股权可否限制相应的表决权？／377

063 股东大会可否拒绝对未充分披露信息的并购提案进行表决？／388

064 公司章程是否可以将股东大会特别决议事项设置为四分之三通过？／394

第八章　关联关系防控条款

065 公司章程如何列举关联股东的类型？／402
066 公司章程可将重大交易和关联交易的审批权列为股东会的职权／407
067 公司章程可对关联交易的审查主体和救济途径作出规定／420
068 公司章程如何设置关联股东的回避和表决程序？／423
069 谁有权要求关联股东在表决中进行回避？／429
070 "关联股东"坚决要求表决时该如何处理？／435
071 公司章程应禁止公司与关联方资金往来／440
072 与董事会决议事项有关联关系的董事是否有表决权？／446

第一章 公司章程总则条款

001 公司章程的性质到底是合同还是自治性规范?

设计要点

公司章程有必要规定章程的性质,并将章程明确为公司、股东、董监高主张权利的裁判依据。

阅读提示

关于公司章程的法律性质,一种观点认为:公司章程为公司与股东、股东与股东之间存在的契约关系,公司章程的条款是公司与股东,或者股东与股东之间意思表示一致的结果;另一种观点认为:公司章程为一种自治性规范,其强调的是公司的自主立法,公司制定的章程对包括公司在内的相关当事人具有约束力。笔者认为,我们不应当以全有或全无的观点将公司章程作为一个整体来认定其性质,而是应当具体条款具体分析,根据不同的条款分别判定其性质。

章程研究文本

《比亚迪股份有限公司章程》(2021年11月版)

第七条 公司章程自公司成立之日起生效。

自公司章程生效之日起,公司章程即成为规范公司的组织与行为、公司与股东之间、股东与股东之间权利义务的,具有法律约束力的文件。

股东可以依据公司章程起诉公司;公司可以依据公司章程起诉股东、董事、监事、总裁和其他高级管理人员;股东可以依据公司章程起诉其他股东;股东可以依据公司章程起诉公司的董事、监事、总裁和其他高级管理人员。

前款所称起诉,包括向法院提起诉讼或者向仲裁机构申请仲裁。

公司章程所指高级管理人员是指公司的总裁、副总裁、财务负责人和董事会秘书。

第八条 公司章程对公司及其股东、董事、监事、总裁和其他高级管理人员均有约束力；前述人员均可以依据公司章程提出与公司事宜有关的权利主张。

同类章程条款

笔者查阅了近百家上市公司的公司章程，其中大多数公司章程有对公司章程的定义和效力的规定，列举如下：

《博士眼镜连锁股份有限公司章程》（2023年12月版）

第十条 本公司章程自生效之日起，即成为规范公司的组织与行为、公司与股东、股东与股东之间权利义务关系的具有法律约束力的文件，对公司、股东、董事、监事、高级管理人员具有法律约束力的文件。依据本章程，股东可以起诉股东，股东可以起诉公司董事、监事、总经理和其他高级管理人员，股东可以起诉公司，公司可以起诉股东、董事、监事、总经理和其他高级管理人员。

第十一条 本章程所称其他高级管理人员是指公司的副总经理、董事会秘书、财务总监。

《华仁药业股份有限公司章程》（2023年10月版）

第十条 本公司章程自生效之日起，即成为规范公司的组织与行为、公司与股东、股东与股东之间权利义务关系的具有法律约束力的文件，对公司、股东、董事、监事、高级管理人员具有法律约束力的文件。依据本章程，股东可以起诉股东，股东可以起诉公司董事、监事、总裁和其他高级管理人员，股东可以起诉公司；公司可以起诉股东、董事、监事、总裁和其他高级管理人员。

第十一条 本章程所称其他高级管理人员是指公司的首席运营官、执行总裁、副总裁、财务总监、董事会秘书。

公司法和相关规定

《公司法》（2023年修订）

第五条 设立公司应当依法制定公司章程。公司章程对公司、股东、董事、监事、高级管理人员具有约束力。

《公司法》（2018年修正，已被修订）

第十一条 设立公司必须依法制定公司章程。公司章程对公司、股东、董事、监事、高级管理人员具有约束力。

《公司法》在实质意义上将公司章程作为裁判依据的共有11个方面，这些规范概括起来具体表现在：

（1）有限责任公司股东不按照公司章程规定缴纳出资的，对已按足额出资的股东承担违约责任；有限责任公司股东出资的非货币财产的实际价额显著低于公司章程所定价额的，公司设立时的其他股东承担连带责任；

（2）董事、监事、高级管理人员执行公司职务时违反公司章程的规定，给公司造成损失的，应当承担赔偿责任；

（3）董事会决议违反公司章程，致使公司遭受严重损失的，参与决议的董事对公司负赔偿责任；

（4）股东违反公司章程，滥用权利而使公司人格否认的，股东应当对公司债务承担连带责任；

（5）股东会、董事会会议召集程序、表决方式违反公司章程，或者决议内容违反公司章程的，股东可以请求人民法院撤销股东会或者董事会决议；

（6）董事、高级管理人员违反公司章程的规定，损害股东利益的，股东可以向人民法院提起诉讼；

（7）有限责任公司章程对股权转让另有规定的，从其规定；

（8）自然人股东死亡后，其合法继承人可以继承股东资格；但是，公司章程另有规定的除外；

（9）股份有限公司发起人未按照公司章程的规定缴足出资的，其他发起人承担连带责任；非货币财产出资的实际价额显著低于公司章程所定价额的，其他发起人承担连带责任；

（10）股东会会议由股东按照出资比例行使表决权；但是，公司章程另有规定的除外；

（11）股份有限公司按照股东持有的股份比例分配，但股份有限公司章程规定不按持股比例分配的除外。

专家分析

关于契约说与自治性规范说的区别，可以从两个方面进行分析：第一，从制定主体上看，对于契约说而言，制定或者修改公司章程的主体是公司与股东或者股东与股东；对于自治性规范而言，制定或者修改公司章程的主体则是公司本身。第二，从意思表示的角度来看，契约说是公司与股东或者股东与股东之间的意思表示，公司章程的具体条款是公司与股东或者股东与股东相互之间合意的结果；自治性规范说则为社团的意思表示,公司章程的内容是在资本多数决原则下股东大会会议的结果。笔者认为,关于公司章程的性质应当综合上述两种观点,并深入公司章程的各个条款,具体条款具体分析,而不应当一概而论。其实,对于公司章程的性质应当从两个维度进行考虑,既包含合同法意义上意思表示的一致,又包括公司法意义上受多数决原则约束的自治。

通过梳理公司法的相关规定,也能够印证笔者的上述观点。例如,作为合同的公司章程的内容,主要体现在股东的出资责任上:有限责任公司股东不按照公司章程规定缴纳出资的,对已按足额出资的股东承担违约责任;有限责任公司股东出资的非货币财产的实际价额显著低于公司章程所定价额的,公司设立时的其他股东承担连带责任;股份有限公司发起人未按照公司章程的规定缴足出资的,其他发起人承担连带责任;非货币财产出资的实际价额显著低于公司章程所定价额的,其他发起人承担连带责任。作为自治性规范的公司章程的内容,主要体现在公司内部事务的管理上:公司的法定代表人、经营范围、宗旨、经营期限、解散事由等;公司机关(董事会、股东会、监事会、经理)的权限范围、议事方式、表决程序等;监事会股东或职工代表的比例;公司转投资、担保的特别规定。

其实,《上市公司章程指引》对公司章程的定义"规范公司的组织与行为、公司与股东、股东与股东之间权利义务关系的具有法律约束力的文件,对公司、股东、董事、监事、高级管理人员具有法律约束力的文件"也体现了公司章程的双重性质。在公司章程的总则部分明确规定公司章程的性质,确定各主体可以依据公司章程追究相互之间的责任,对于将纸面上的章程变更为履行中的章程具有极其重要的意义。

章程条款设计建议

第一,在公司章程的总则中明确公司章程的性质,规定其为规范公司的组织与行为、公司与股东、股东与股东之间权利义务的具有法律约束力的文件。公司章程对公司及其股东、董事、监事、总裁和其他高级管理人员均有约束力,为以后公司各相关主体依据公司章程追究各自的责任提供制度依据。

第二,在公司章程中载明"公司、股东、董监高等主体均可以依据公司章程提出与公司事宜有关的权利主张。股东可以依据公司章程起诉公司;公司可以依据公司章程起诉股东、董事、监事、总裁和其他高级管理人员;股东可以依据公司章程起诉其他股东;股东可以依据公司章程起诉公司的董事、监事、总裁和其他高级管理人员",公司的各相关主体即可将章程列为其主张权利、行使诉权的依据。

002 公司章程"另有规定"的，全都能够"从其规定"吗？

> **设计要点**

公司章程"另有规定"的效力，需要衡量是否违反股权平等原则、属于初始章程还是章程修正案等因素，进行综合判断。

> **阅读提示**

2023年修订的《公司法》中涉及"公司章程另有规定"的条款主要有十条，分别是第二十四条、第六十四条、第六十五条、第九十条、第一百一十条、第二百一十条、第二百一十九条、第二百二十四条、第二百二十七条和第二百三十二条。这些条文涉及公司股东会、董事会、监事会的召开会议及表决方式、股东会的通知时间、有限责任公司表决权比例、股权继承、股份有限公司股东查阅账簿条件、股份有限公司利润分配、公司小规模合并、是否同比减资、股份有限公司增发优先购买权、清算组构成等。公司法以"但书"的立法技术，将原本强制性的法律规范转变为任意性法律规范，从而使这些规范仅具有填补公司章程空白的功能。这就产生了一个值得深思的问题：是否所有公司章程另有规定的内容均具有约束力，这需要进行类型化的分析。

> **章程研究文本**

《宜宾五粮液股份有限公司章程》（2023年12月版）

第一百六十五条 公司分配当年税后利润时，应当提取利润的10%列入公司法定公积金。公司法定公积金累计额为公司注册资本的50%以上的，可以不再提取。

公司的法定公积金不足以弥补以前年度亏损的，在依照前款规定提取法定公积金之前，应当先用当年利润弥补亏损。

公司从税后利润中提取法定公积金后，经股东大会决议，还可以从税后利润中提取任意公积金。

公司弥补亏损和提取公积金后所余税后利润，按照股东持有的股份比例分配，但本章程规定不按持股比例分配的除外。

股东大会违反前款规定，在公司弥补亏损和提取法定公积金之前向股东分配利润的，股东必须将违反规定分配的利润退还公司。

公司持有的本公司股份不参与分配利润。

注：公司章程"其他规定"的十个法条所涉及的公司章程条款很多，本文提取股份有限公司利润分配条款进行研究。

同类章程条款

笔者查阅了近百家上市公司的公司章程，其中大多数公司章程对股份有限公司利润分配条款直接引用了公司法的规定，并未作出例外性规定，列举如下：

《鲁西化工集团股份有限公司章程》(2023年8月版)

第一百六十一条 公司分配当年税后利润时，应当提取利润的10%列入公司法定公积金。公司法定公积金累计额为公司注册资本的50%以上的，可以不再提取。公司的法定公积金不足以弥补以前年度亏损的，在依照前款规定提取法定公积金之前，应当先用当年利润弥补亏损。公司从税后利润中提取法定公积金后，经股东大会决议，还可以从税后利润中提取任意公积金。公司弥补亏损和提取公积金后所余税后利润，按照股东持有的股份比例分配，但本章程规定不按持股比例分配的除外……

《中国有色金属建设股份有限公司章程》(2022年8月版)

第一百六十二条 公司分配当年税后利润时，应当提取利润的10%列入公司法定公积金。公司法定公积金累计额为公司注册资本的50%以上的，可以不再提取。

公司的法定公积金不足以弥补以前年度亏损的，在依照前款规定提取法定公积金之前，应当先用当年利润弥补亏损。

公司从税后利润中提取法定公积金后，经股东大会决议，还可以从税后利润中提取任意公积金。

公司弥补亏损和提取公积金后所余税后利润，按照股东持有的股份比例分配。

……

《国海证券股份有限公司章程》(2023年11月版)

第二百一十条 公司分配当年税后利润时，应当提取利润的10%列入公司法定公积金。公司法定公积金累计额为公司注册资本的50%以上的，可以不再提取。

公司的法定公积金不足以弥补以前年度亏损的，在依照前款规定提取法定公积金之前，应当先用当年利润弥补亏损。

公司根据相关法律法规从税后利润中提取一般风险准备金。

公司从税后利润中提取法定公积金和准备金后，经股东大会决议，还可以从税后利润中提取任意公积金。

公司弥补亏损、提取公积金和准备金后所余税后利润，按照股东持有的股份比例分配，但本章程规定不按持股比例分配的除外。

股东大会违反前款规定，在公司弥补亏损、提取法定公职金和准备金之前向股东分配利润的，股东必须将违反规定分配的利润退还公司。

公司持有的本公司股份不参与分配利润。

公司法和相关规定

《公司法》（2023年修订）

第五条 设立公司应当依法制定公司章程。公司章程对公司、股东、董事、监事、高级管理人员具有约束力。

第二十四条 公司股东会、董事会、监事会召开会议和表决可以采用电子通信方式，公司章程另有规定的除外。

第六十四条 召开股东会会议，应当于会议召开十五日前通知全体股东；但是，公司章程另有规定或者全体股东另有约定的除外。

股东会应当对所议事项的决定作成会议记录，出席会议的股东应当在会议记录上签名或者盖章。

第六十五条 股东会会议由股东按照出资比例行使表决权；但是，公司章程另有规定的除外。

第九十条 自然人股东死亡后，其合法继承人可以继承股东资格；但是，公司章程另有规定的除外。

第一百一十条 股东有权查阅、复制公司章程、股东名册、股东会会议记录、董事会会议决议、监事会会议决议、财务会计报告，对公司的经营提出建议或者质询。

连续一百八十日以上单独或者合计持有公司百分之三以上股份的股东要求查阅公司的会计账簿、会计凭证的，适用本法第五十七条第二款、第三款、第四款的规定。公司章程对持股比例有较低规定的，从其规定。

股东要求查阅、复制公司全资子公司相关材料的，适用前两款的规定。

上市公司股东查阅、复制相关材料的，应当遵守《中华人民共和国证券法》等法律、行政法规的规定。

第二百一十条 公司分配当年税后利润时，应当提取利润的百分之十列入公司法定公积金。公司法定公积金累计额为公司注册资本的百分之五十以上的，可以不再提取。

公司的法定公积金不足以弥补以前年度亏损的，在依照前款规定提取法定公积金之前，应当先用当年利润弥补亏损。

公司从税后利润中提取法定公积金后，经股东会决议，还可以从税后利润中提取任意公积金。

公司弥补亏损和提取公积金后所余税后利润，有限责任公司按照股东实缴的出资比例分配利润，全体股东约定不按照出资比例分配利润的除外；股份有限公司按照股东所持有的股份比例分配利润，公司章程另有规定的除外。

公司持有的本公司股份不得分配利润。

第二百一十九条 公司与其持股百分之九十以上的公司合并，被合并的公司不需经股东会决议，但应当通知其他股东，其他股东有权请求公司按照合理的价格收购其股权或者股份。

公司合并支付的价款不超过本公司净资产百分之十的，可以不经股东会决议；但是，公司章程另有规定的除外。

公司依照前两款规定合并不经股东会决议的，应当经董事会决议。

第二百二十四条 公司减少注册资本，应当编制资产负债表及财产清单。

公司应当自股东会作出减少注册资本决议之日起十日内通知债权人，并于三十日内在报纸上或者国家企业信用信息公示系统公告。债权人自接到通知之日起三十日内，未接到通知的自公告之日起四十五日内，有权要求公司清偿债务或者提供相应的担保。

公司减少注册资本，应当按照股东出资或者持有股份的比例相应减少出资额或者股份，法律另有规定、有限责任公司全体股东另有约定或者股份有限公司章程另有规定的除外。

第二百二十七条 有限责任公司增加注册资本时，股东在同等条件下有权优先按照实缴的出资比例认缴出资。但是，全体股东约定不按照出资比例优先认缴出资的除外。

股份有限公司为增加注册资本发行新股时，股东不享有优先认购权，公司章程另有规定或者股东会决议决定股东享有优先认购权的除外。

第二百三十二条 公司因本法第二百二十九条第一款第一项、第二项、第四项、第五项规定而解散的，应当清算。董事为公司清算义务人，应当在解散事由出现之日起十五日内组成清算组进行清算。

清算组由董事组成，但是公司章程另有规定或者股东会决议另选他人的除外。

清算义务人未及时履行清算义务，给公司或者债权人造成损失的，应当承担赔偿责任。

《公司法》(2018年修正，已被修订)

第十一条 设立公司必须依法制定公司章程。公司章程对公司、股东、董事、监事、高级管理人员具有约束力。

第三十四条 股东按照实缴的出资比例分取红利；公司新增资本时，股东有权优先按照实缴的出资比例认缴出资。但是，全体股东约定不按照出资比例分取红利或者不按照出资比例优先认缴出资的除外。

第四十一条第一款 召开股东会会议，应当于会议召开十五日前通知全体股东；但是，公司章程另有规定或者全体股东另有约定的除外。

第四十二条 股东会会议由股东按照出资比例行使表决权；但是，公司章程另有规定的除外。

第四十九条第一款、第二款 有限责任公司可以设经理，由董事会决定聘任或者解聘。经理对董事会负责，行使下列职权：

（一）主持公司的生产经营管理工作，组织实施董事会决议；

（二）组织实施公司年度经营计划和投资方案；

（三）拟订公司内部管理机构设置方案；

（四）拟订公司的基本管理制度；

（五）制定公司的具体规章；

（六）提请聘任或者解聘公司副经理、财务负责人；

（七）决定聘任或者解聘除应由董事会决定聘任或者解聘以外的负责管理人员；

（八）董事会授予的其他职权。

公司章程对经理职权另有规定的，从其规定。

第七十一条 有限责任公司的股东之间可以相互转让其全部或者部分股权。

股东向股东以外的人转让股权，应当经其他股东过半数同意。股东应就其股权转让事项书面通知其他股东征求同意，其他股东自接到书面通知之日起满三十日未答复的，视为同意转让。其他股东半数以上不同意转让的，不同意的股东应当购买该转让的股权；不购买的，视为同意转让。

经股东同意转让的股权，在同等条件下，其他股东有优先购买权。两个以上股东主张行使优先购买权的，协商确定各自的购买比例；协商不成的，按照转让时各自的出资比例行使优先购买权。

公司章程对股权转让另有规定的，从其规定。

第七十五条 自然人股东死亡后，其合法继承人可以继承股东资格；但是，公司章程另有规定的除外。

第一百六十六条 公司分配当年税后利润时，应当提取利润的百分之十列入公司法定公积金。公司法定公积金累计额为公司注册资本的百分之五十以上的，可以不再提取。

公司的法定公积金不足以弥补以前年度亏损的，在依照前款规定提取法定公积金之前，应当先用当年利润弥补亏损。

公司从税后利润中提取法定公积金后，经股东会或者股东大会决议，还可以从税后利润中提取任意公积金。

公司弥补亏损和提取公积金后所余税后利润，有限责任公司依照本法第三十四条的规定分配；股份有限公司按照股东持有的股份比例分配，但股份有限公司章程规定不按持股比例分配的除外……

专家分析

公司章程的性质应当从两个维度进行考虑，既包含合同法意义上意思表示的一致（公司章程经全体股东一致同意），又包括公司法意义上受多数决原则约束的自治（公司章程经代表三分之二以上表决权的股东决议通过）。笔者认为：

第一，从是否违反股权平等的维度上看，如果公司章程"另有规定"平等地对待全体股东，那么这部分内容为自治性规范，只需要股东会形成决议即可；如果公司章程"另有规定"针对的是个别股东权，则采取资本多数决原则对个别股权予以限制或剥夺欠缺足够充分且正当的理由，因此未经股东同意，不得以章程或者股东大会多数决原则予以剥夺或限制。在此情形下，公司章程"另有规定"只能以合同的方式加以规定，也即需要全体股东的一致同意，否则对于未同意的股东没有约束力。

第二，从区分初始章程和章程修正案的维度上看，由于初始章程由全体股东或发起人制定，并采取全体一致同意的原则，初始章程在全体股东之间达成的合意，本质上属于一种合同行为，也就是说，公司章程的其他规定无论涉及公司的自治性规范还是股东个人的股权，均经过了所有股东的同意，具有合同上的约束力。但是，章程修正案是通过股东会决议的方式作出的，采取资本多数决原则，并非一定经过全体股东的一致同意。所以，以股东会决议方式作出的章程修正案对反对决议或不参与决议的股东不一定具有约束力（当仅涉及公司的自治性规范时具有约束力，而涉及股东个人股权的核心要素时则没有约束力）。

需要特别说明的是，公司章程修正案对于股权继承作出例外性的规定，即使涉及股东个人股权的要素，对于未投赞成票的股东也具有约束力。理由如下：首先，公司章程对于股权继承作出的例外性规定，有利于维护有限责任公司的人合性。有限责任公司股东人合性强，彼此之间有较强的信任关系，一般不希望外部的第三人加入，即使是股东的继承人也不能例外。其次，排除限制股东继承人继承股东资格，并不意味着股权中的财产性权利丧失，继承人仍有权利主张股息分红、剩余财产分配等财产性权利。所以，即使章程修正案作出限制或排除，也属于公司自治性规范的一部分，对全体股东均具有约束力。

章程条款设计建议

第一，对于涉及股东会会议通知时间、会议召开形式、表决权行使方式、股份有限公司增发优先购买权、股权资格继承的内容，公司可以根据实际需要在公司章程的初始制作阶段以公司章程修正案的形式作出规定，该类规定一旦作出即成为公司的自治性规范，对于公司、股东、董监高等主体均具有约束力。

第二，对于涉及是否同比例减资、有限责任公司的股东表决权的分配、股权转让权的限制、股份有限公司利润分配、股份有限公司股东查阅账簿条件、公司小规模合并程序、清算组构成的例外性规定，公司若想作出不同于《公司法》的例外性规定，应取得全体股东的一致同意，否则存在对于不同意的股东没有约束力的风险。所以，需要通过公司章程的其他规定设计例外性规则的公司，最好在公司设立之初即设计此类规则，以取得全体股东的同意。

延伸阅读

裁判观点一：有限责任公司的股东出资比例和持股比例是否一致属于股东意思自治范畴，可自由约定，但为了防止大股东或多数股东欺压小股东或者少数股东，只有公司全体股东同意才可约定股东的持股比例和出资比例不一致

案例一：最高人民法院审理深圳市启某信息技术有限公司与郑州国某投资有限公司、开封市豫某企业管理咨询有限公司、珠海科某教育投资有限公司股权确认纠纷案再审民事判决书［(2011)民提字第6号］认为，本案当事人争议的焦点是，以启某公司名义对科某投资公司500万元出资形成的股权应属于国某公司还是启某公司。股东认缴的注册资本是构成公司资本的基础，但公司的有效经营有时还需要其他条件或资源，因此，在注册资本符合法定要求的情况下，我国法律并未禁止股东内部对各自的实际出资数额和占有股权比例作出约定，这样的约定并不影响公司

资本对公司债权担保等对外基本功能的实现，也并非规避法律的行为，应属于公司股东意思自治的范畴。《10.26协议》约定科某投资公司1000万元的注册资本全部由国某公司负责投入，而该协议和科某投资公司的章程均约定股权按照启某公司55%、国某公司35%、豫某公司15%的比例持有。《10.26协议》第十四条约定，国某公司7000万元资金收回完毕之前，公司利润按照启某公司16%、国某公司80%、豫某公司4%分配，国某公司7000万元资金收回完毕之后，公司利润按照启某公司55%、国某公司30%、豫某公司15%分配。根据上述内容，启某公司、国某公司、豫某公司约定对科某投资公司的全部注册资本由国某公司投入，而各股东分别占有科某投资公司约定份额的股权，对公司盈利分配也作出特别约定。这是各方对各自掌握的经营资源、投入成本及预期收入进行综合判断的结果，是各方当事人的真实意思表示，并未损害他人的利益，不违反法律和行政法规的规定，属有效约定，当事人应按照约定履行。该1000万元已经根据《10.26协议》的约定足额出资，依法进行了验资，且与其他变更事项一并经工商行政机关核准登记，故该1000万元系有效出资。以启某公司名义对科某投资公司的500万元出资最初是作为保证金打入科某投资公司账户的，并非注册资金，后转入启某公司账户，又作为投资进入科某投资公司账户完成增资，当时各股东均未提出任何异议，该500万元作为1000万元有效出资的组成部分，也属有效出资。按照《10.26协议》的约定，该500万元出资形成的股权应属于启某公司。启某公司作为科某投资公司的股东按照《10.26协议》和科某投资公司章程的约定持有的科某投资公司55%股权应当受到法律的保护。

裁判观点二：公司章程规定股东因故（含辞职、辞退、退休、死亡等）离开公司，亦应转让其全部出资的规定，经全体股东签字，体现了全体股东的共同意志，是公司、股东的行为准则，对全体股东有普遍约束力

案例二：南京市中级人民法院审理上诉人戴某艺与被上诉人南京扬某信息技术有限责任公司与公司有关的纠纷案二审民事判决书［(2016)苏01民终1070号］认为：根据扬某信息公司股东会决议通过的《扬某信息公司章程》第二十六条的规定，公司股东因故（含辞职、辞退、退休、死亡等）离开公司，其全部出资必须转让。此后，该公司股东会决议通过的《股权管理办法》也规定，公司股东因故（含辞职、辞退、退休、死亡等）离开公司，亦应转让其全部出资。虽然戴某艺主张第一次股东会决议中的签名并非其所签，但章程系经过股东会决议通过，其不仅约束对该章程投赞成票的股东，亦约束对该章程投弃权票或反对票的股东。反之，如公司依照法定程序通过的章程条款只约束投赞成票的股东而不约束投反对票的股东,既违背了股东平等原则,也动摇了资本多数决的公司法基本原则,且本案中,第二次股东会决议中所通过的《股权管理办法》,戴某艺亦签字确认。故上述《扬某信息公司章程》及《股权管理办法》中的规定,体现了全体股东的共同意志,是公司、股东的行为准则,对全体股东有普遍约束力。本案中,戴某艺于 2013 年 11 月 30 日退休,故从该日起,戴某艺不再具有扬某信息公司的出资人身份,也不应再行使股东权利。

003 公司章程可否规定出资比例与持股比例不一致?

设计要点

有限责任公司章程可规定出资比例与持股比例不一致,股东的表决权按照持股比例行使。

阅读提示

有限责任公司的股东出资比例和持股比例是否一致属于股东意思自治范畴,可自由约定,但为了防止大股东或多数股东欺压小股东或者少数股东,只有公司全体股东同意才可约定股东的持股比例和出资比例不一致。

章程研究文本

《万科企业股份有限公司章程》(2023 年 3 月版)

第十五条 公司股份的发行,实行公平、公正的原则,同种类的每一股份应当具有同等权利。

同次发行的同种类股票,每股的发行条件和价格应当相同;任何单位或者个人所认购的股份,每股应当支付相同价额。

由此可知,股份有限公司中,出资比例=持股比例。

同类章程条款

《上市公司章程指引》(2023 年修正)

第十六条 公司股份的发行,实行公开、公平、公正的原则,同种类的每一股份应当具有同等权利。

存在特别表决权股份的公司，应当在公司章程中规定特别表决权股份的持有人资格、特别表决权股份拥有的表决权数量与普通股份拥有的表决权数量的比例安排、持有人所持特别表决权股份能够参与表决的股东大会事项范围、特别表决权股份锁定安排及转让限制、特别表决权股份与普通股份的转换情形等事项。公司章程有关上述事项的规定，应当符合交易所的有关规定。

同次发行的同种类股票，每股的发行条件和价格应当相同；任何单位或者个人所认购的股份，每股应当支付相同价额。

注释：发行优先股的公司，应当在章程中明确以下事项：（1）优先股股息率采用固定股息率或浮动股息率，并相应明确固定股息率水平或浮动股息率的计算方法；（2）公司在有可分配税后利润的情况下是否必须分配利润；（3）如果公司因本会计年度可分配利润不足而未向优先股股东足额派发股息，差额部分是否累积到下一会计年度；（4）优先股股东按照约定的股息率分配股息后，是否有权同普通股股东一起参加剩余利润分配，以及参与剩余利润分配的比例、条件等事项；（5）其他涉及优先股股东参与公司利润分配的事项；（6）除利润分配和剩余财产分配外，优先股是否在其他条款上具有不同的设置；（7）优先股表决权恢复时，每股优先股股份享有表决权的具体计算方法。

其中，公开发行优先股的，应当在公司章程中明确：（1）采取固定股息率；（2）在有可分配税后利润的情况下必须向优先股股东分配股息；（3）未向优先股股东足额派发股息的差额部分应当累积到下一会计年度；（4）优先股股东按照约定的股息率分配股息后，不再同普通股股东一起参加剩余利润分配。商业银行发行优先股补充资本的，可就第（2）项和第（3）项事项另作规定。

据笔者观察，所有上市公司关于每一股份的权利及取得条件均是直接引用《上市公司章程》的规定。

公司法和相关规定

《公司法》（2023 年修订）

第六十五条 股东会会议由股东按照出资比例行使表决权；但是，公司章程另有规定的除外。

第二百一十条 公司分配当年税后利润时，应当提取利润的百分之十列入公司法定公积金。公司法定公积金累计额为公司注册资本的百分之五十以上的，可以不再提取。

公司的法定公积金不足以弥补以前年度亏损的，在依照前款规定提取法定公积金之前，应当先用当年利润弥补亏损。

公司从税后利润中提取法定公积金后，经股东会决议，还可以从税后利润中提取任意公积金。

公司弥补亏损和提取公积金后所余税后利润，有限责任公司按照股东实缴的出资比例分配利润，全体股东约定不按照出资比例分配利润的除外；股份有限公司按照股东所持有的股份比例分配利润，公司章程另有规定的除外。

公司持有的本公司股份不得分配利润。

第二百二十七条 有限责任公司增加注册资本时，股东在同等条件下有权优先按照实缴的出资比例认缴出资。但是，全体股东约定不按照出资比例优先认缴出资的除外。

股份有限公司为增加注册资本发行新股时，股东不享有优先认购权，公司章程另有规定或者股东会决议决定股东享有优先认购权的除外。

《公司法》（2018年修正，已被修订）

第三十四条 股东按照实缴的出资比例分取红利；公司新增资本时，股东有权优先按照实缴的出资比例认缴出资。但是，全体股东约定不按照出资比例分取红利或者不按照出资比例优先认缴出资的除外。

第四十二条 股东会会议由股东按照出资比例行使表决权；但是，公司章程另有规定的除外。

专家分析

公司章程可自由规定出资比例与股权比例不一致、出资比例与表决权比例不一致、出资比例与分红比例不一致等个性化的条款，该类条款在全体股东一致同意的情况下，属于股东之间的合意，未违反法律法规的强制性规定，合法有效。《公司法》授权有限责任公司股东在持股比例、表决权的行使、分红权的行使等方面，作出与出资比例不一致的规定，有利于充分利用不同股东手中的资源，吸引不同类别的投资者，使各类资源要素充分组合，进而有利于公司的发展。另外，需要提醒的是作出此类与出资比例不一致的规定，因其涉及股权自益权的核心要素，与每一位股东的根本权益息息相关，为防止"资本多数决"制度中以大欺小的弊端，该类约定需要经过全体股东的一致同意。

章程条款设计建议

第一，一般情况下出资比例与持股比例是一致的，但是有限责任公司的股东之间，完全可以作出出资比例与持股比例不一致的约定。这种情况下必须经全体股东一致同意，否则可能发生以大欺小、恃强凌弱的情形，大股东凭借多数的投票权作出大股东多分利润而小股东少分利润的决议。

第二，出资比例与持股比例不一致的约定形式，应在公司设立的股东协议中进行明确约定，并写入公司章程。

第三，很多地方的工商局要求使用统一的公司章程范本，不允许记载出资比例与持股比例不一致。因此，对于出资比例和持股比例约定不一致的公司章程要想得到工商局的登记，可能需要非同一般的说服能力。因此，目前比较可行的办法就是在股东协议中进行约定：各股东可以通过股东会对该分配方式进行决议，全体通过后，由各方股东各执一份股东会决议，该决议合法有效，对各股东均具有约束力。

公司章程条款实例

一、有限责任公司章程条款实例

例1：股东按照认缴的出资比例/实缴的出资比例/一人一票的方式行使表决权。

例2：股东甲出资x%，持股y%；股东乙出资y%，持股比例为x%；股东按照持股比例行使表决权。

二、股份有限公司章程条款实例

公司股份的发行，实行公平、公正的原则，同种类的每一股份应当具有同等权利。同次发行的同种类股票，每股的发行条件和价格应当相同；任何单位或者个人所认购的股份，每股应当支付相同价额。

004 公司章程可以约定公司重大事项需经公司全体股东通过吗？

设计要点

有限责任公司章程可规定修改公司章程、增资减资、合并分立等重大事项需经全体股东通过。

阅读提示

对于修改公司章程等公司重大事项，《公司法》规定必须经代表三分之二以上表决权的股东通过,系对该类事项赞成票的最低限制。公司章程约定"修改公司章程等重大事项需经全体股东通过",属当事人意思自治的范畴,具有法律效力。违反该章程规定、未经全体股东通过的修改公司章程的决议并非有效。

章程研究文本

笔者查阅了近百家上市公司的公司章程,其中对特别决议表决权要求的比例大多数为三分之二,仅个别公司对特别决议中的个别事项的表决权比例作出提高。

《方大集团股份有限公司章程》(2023 年 12 月版)

第七十八条 股东大会决议分为普通决议和特别决议。

股东大会作出普通决议,应当由出席股东大会的股东(包括股东代理人)所持表决权的 1/2 以上通过。

股东大会作出特别决议,应当由出席股东大会的股东(包括股东代理人)所持表决权的 2/3 以上通过。

第八十条 下列事项由股东大会以特别决议通过:

(一)公司增加或者减少注册资本(本章程第二十四条第三款、第五款、第六款规定的内容除外);

(二)公司的分立、分拆、合并、解散和清算;

(三)本章程的修改;

(四)公司在一年内购买、出售重大资产或者担保金额超过公司最近一期经审计总资产绝对值 30%的;

(五)股权激励计划;

(六)法律、行政法规或本章程规定的,以及股东大会以普通决议认定会对公司产生重大影响的、需要以特别决议通过的其他事项。

同类章程条款

笔者通过网络公开渠道(如中国裁判文书网),查询了部分对重大事项作出特别规定的有限责任公司的公司章程,具体如下:

《内丘县弘合家电销售有限公司章程》(2017 年 11 月版)

第十三条 股东会会议作出修改公司章程、增加或减少注册资本的决议,以及公司选举执行董事、监事、公司合并、分立、解散或变更公司形式的决议,必须经全体股东通过。股东会作出其他决议,必须经代表二分之一以上表决权的股东通过。

《大连金百合休闲酒店有限公司章程》(2012年9月版)

第十四条 股东会的议事规则：

……

3. 股东会议由股东按照出资比例行使表决权。出席会议股东应当在会议记录上签字。

4. 对公司增减注册资本、分立、合并、解散和变更公司经营形式，修改章程必须经全体股东通过。

《北京西山国家森林公园有限责任公司章程》

第十六条 股东会对所议事项由代表五分之四以上表决权的股东表决通过，对公司解散等事项由全体股东一致表决通过。

《中审会计师事务所有限公司章程》(2000年7月版)

第二十五条 对以下事项需经全体股东表决通过：

（一）公司合并、分立、变更形式；

（二）公司解散；

（三）修改章程；

（四）股东退出或加入；

（五）应当由董事会提请股东大会作出决议的其他重要事项。

《上市公司章程指引》(2023年修正)

第七十六条 股东大会决议分为普通决议和特别决议。

股东大会作出普通决议，应当由出席股东大会的股东（包括股东代理人）所持表决权的过半数通过。

股东大会作出特别决议，应当由出席股东大会的股东（包括股东代理人）所持表决权的三分之二以上通过。

第七十八条 下列事项由股东大会以特别决议通过：

（一）公司增加或者减少注册资本；

（二）公司的分立、分拆、合并、解散和清算；

（三）本章程的修改；

（四）公司在一年内购买、出售重大资产或者担保金额超过公司最近一期经审计总资产百分之三十的；

（五）股权激励计划；

（六）法律、行政法规或本章程规定的，以及股东大会以普通决议认定会对公司产生重大影响的、需要以特别决议通过的其他事项。

注释：股东大会就以下事项作出特别决议，除须经出席会议的普通股股东（含表决权恢复的优先股股东，包括股东代理人）所持表决权的三分之二以上通过之外，还须经出席会议的优先股股东（不含表决权恢复的优先股股东，包括股东代理人）所持表决权的三分之二以上通过：(1) 修改公司章程中与优先股相关的内容；(2) 一次或累计减少公司注册资本超过百分之十；(3) 公司合并、分立、解散或变更公司形式；(4) 发行优先股；(5) 公司章程规定的其他情形。

根据笔者检索，90%以上的上市公司均是直接引用上述《上市公司章程指引》的规定。

公司法和相关规定

《公司法》（2023年修订）

第六十六条 股东会的议事方式和表决程序，除本法有规定的外，由公司章程规定。

股东会作出决议，应当经代表过半数表决权的股东通过。

股东会作出修改公司章程、增加或者减少注册资本的决议，以及公司合并、分立、解散或者变更公司形式的决议，应当经代表三分之二以上表决权的股东通过。

《公司法》（2018年修正，已被修订）

第四十三条 股东会的议事方式和表决程序，除本法有规定的外，由公司章程规定。

股东会会议作出修改公司章程、增加或者减少注册资本的决议，以及公司合并、分立、解散或者变更公司形式的决议，必须经代表三分之二以上表决权的股东通过。

专家分析

《公司法》第六十六条规定，股东会的议事方式和表决程序，除本法有规定的外，由公司章程规定。股东会作出决议，应当经代表过半数表决权的股东通过。股东会作出修改公司章程、增加或者减少注册资本的决议，以及公司合并、分立、解散或者变更公司形式的决议，应当经代表三分之二以上表决权的股东通过。据此可知，股东会决议根据决议事项以及通过比例的不同可以分为普通决议和特别决议，普通决议是指股东会在决议公司的普通事项时，获得简单多数即可通过的决议。对于有限责任公司来讲，简单多数是指代表半数以上表决权的股东数，对于股份有限公司来讲，是指代表出席会议股东持有半数以上表决权的股东。特别决议是指股东会决议公司特别事项时，获得绝对多数以上表决权才能通过的决议。根据《公司法》的上述规定，特别决议的事项以及绝对多数的比例均可以由公司章程自由约定。《公司法》规定的三分之二以上表决权，是对于上述情况下最低份额表决权的限定，该条款并未否定公司章程为上述情况设定更高份额的表决权，公司可以根据自身的实际情况适当提高绝对多数的比例，只要不低于三分之二均应合法有效。另外，对于特别决议事项也不仅限于法定的几种情况，公司可将其他需要绝对多数通过的事项，在公司章程中进行提前约定。依据《上市公司章程指引》的规定，当公司章程未将某类事项列为特别决议事项时，股东大会可以通过普通决议的形式认定会对公司产生重大影响的、需要以特别决议通过的其他事项，这样方便股东会随时调整一般事项和重大事项的类型，为暂时预见不到的重大事项作出开放灵活的规定。

章程条款设计建议

第一，公司股东有权自主在章程中适当提高公司重大事项的表决权通过比例。《公司法》虽规定修改公司章程、增加或者减少注册资本的决议，以及公司合并、分立、解散或者变更公司形式的决议，必须经代表三分之二以上表决权的股东通过，但《公司法》规定的"三分之二"仅是最低限制，原则上股东可以在三分之二以上提高表决权通过比例，如四分之三、五分之四，有限责任公司甚至可以直接约定需经全体股东表决通过。

第二，虽然有的法院裁判观点认为公司章程可以约定"公司重大事项需经全体股东表决通过"，但笔者建议原则上不要如此约定。一方面，部分司法案例认为该约定违反了资本多数决原则，属无效条款；另一方面，该约定很容易致使公司就重大事项无法作出股东会决议，导致股东会决策机制失灵，情况严重的还可能导致公司解散。股东内部在一些问题上产生分歧是很正常的，"资本多数决"的原则可以很好地管控分歧，帮助公司快速作出决策，但如果要求公司决议必须经全体股东通过，公司出现僵局在所难免。这个本来试图保护小股东利益的规则，很可能成为小股东在特定场合下要挟大股东的重要筹码。

公司章程条款实例

一、有限公司章程条款实例

股东会决议分为普通决议和特别决议。股东会作出普通决议，应当经半数以上

（不含本数）表决权的股东同意才能通过，股东会作出特别决议应当经三分之二/四分之三/五分之四/全部表决权（不含本数）的股东同意才能通过。

二、股份公司章程条款实例

股东大会决议分为普通决议和特别决议。股东大会作出普通决议，应当由出席股东大会的股东（包括股东代理人）所持表决权的二分之一（不含本数）以上通过。股东大会对涉及修改公司章程、公司新增发行股份（根据公司的具体需要，列举认为有必要提高表决权比例）作出的特别决议，应当由出席股东大会的股东（包括股东代理人）所持表决权的四分之三/五分之四（不含本数）以上通过。股东大会对涉及本章程其他款项作出的特别决议，应当由出席股东大会的股东（包括股东代理人）所持表决权的三分之二（不含本数）以上通过。下列事项由股东会以特别决议通过：……

延伸阅读

裁判观点一：公司章程规定"公司重大事项需经全体股东通过"，属于当事人意思自治的范畴，应当具有法律效力，但是该约定极易导致公司决策机制出现僵局

案例一：东莞市中级人民法院审理钟某祥、游某良、张某权、东莞市新某乐房地产开发有限公司与公司有关的纠纷案二审民事判决书［（2015）东中法民二终字第585号］认为："《中华人民共和国公司法》第四十三条规定，股东会的议事方式和表决程序，除本法有规定的外，由公司章程规定。股东会会议作出修改公司章程、增加或者减少注册资本的决议，以及公司合并、分立、解散或者变更公司形式的决议，必须经代表三分之二以上表决权的股东通过。此处的三分之二以上表决权，是《中华人民共和国公司法》对于上述情况下最低份额表决权的限定，该条款并未否定公司章程为上述情况设定更高份额的表决权，原审法院依据该法第四十三条的规定，宣告案涉章程第十八条第二款无效不当，本院依法予以纠正"。

案例二：北京市高级人民法院审理北京金某汽车服务有限公司与东某科技有限公司董事会决议撤销纠纷案二审民事判决书［（2009）高民终字第1147号］[①]认为："金某公司董事会决议的表决通过方式采用的并非通常意义上的资本多数决方式，而是董事人数的三分之二多数且应包含各方至少一名董事。此举意味着对于金某公司重大事项的表决方式，金某公司的三方股东派驻的董事必须做到每

[①] 特别注明：本案中金某公司系中外合资经营企业，依据《中外合资经营企业法》的规定，该公司的最高权力机构为董事会。

一方股东派驻的董事至少有一名董事参加并同意才具备通过的可能,此为金某公司的股东在金某公司设立时的自愿约定并已通过中华人民共和国商务部的批准而生效。因此,此为衡量本案争议的董事会决议通过方式是否合法的唯一依据,上诉人关于决议事项的紧急性或决议结果合理性的上诉理由,均不能作为衡量董事会决议通过方式合法性的依据。由于本案争议的董事会决议缺乏股东一方公司董事的参与及事后同意,根据公司章程第二十五条的规定,该董事会决议在法律上属于可撤销的范畴。毋庸置疑,金某公司章程的此种规定,导致只要有一方股东不同意公司的经营决策时,公司的决议决策机制易陷入僵局,但是此为金某公司各方股东的自愿约定,本院无权干预。"

案例三:北京市第一中级人民法院审理的北京西某国家森林公园有限责任公司、北京新某实经济发展有限责任公司与北京市西某试验林场公司解散纠纷案二审民事判决书〔(2009)一中民终字第4745号〕认为:"虽然森林公园公司章程规定并不违反法律规定,但新某实公司、西某林场在森林公园公司的股权比例分别为70%和30%,该股权比例表明在股东产生矛盾无法达成一致意见的情况下,必然会因各执己见而无法产生有效的股东会决议,进而对公司经营产生阻碍。新某实公司关于森林公园公司章程对资本多数决及全体股东一致决的规定符合法律规定,并没有导致森林公园公司的经营管理出现严重困难的上诉理由,证据不足,本院不予支持。"

裁判观点二:公司章程规定"公司重大事项需经全体股东表决通过",应理解为全体股东均有权参加股东会决议的表决,而不应理解为全体股东都同意该事项才能通过决议,否则违反了"少数服从多数"的基本原则

案例四:滁州市中级人民法院审理王某军与刘某栋、上海商某投资管理有限公司等董事会决议效力纠纷案再审民事判决书〔(2013)滁民二再终字第00014号〕认为,有限责任公司不具有自然人的生命特征,不能独立作出意思表示,有限责任公司的意思形成应由其权力机关股东会作出。"少数服从多数"是保证股东会能够作出决议、形成公司意思的基本制度。因股东会系由公司全体股东组成,股东会表决时存在股东会成员多数和股东所代表的出资资本多数之分,即"成员多数"与"资本多数"之分。根据《中华人民共和国公司法》第四十三条"股东会会议由股东按照出资比例行使表决权;但是,公司章程另有规定的除外"的规定①,在确立"资本多数决"这一基本原则的同时,允许公司章程以"成员多数决"的方式作出另行规定。但公司章程所作的另行规定不应违反"少数服从多数"这一基本原则,

---

① 《公司法》已修改,现相关规定见《公司法》(2023年修订)第六十五条。

否则，公司将无法形成决议，导致公司陷入僵局。上海商某公司设立时的公司章程第十四条"股东会会议由股东按照出资比例行使表决权"的规定，说明该公司的股东会实行"资本多数决"的决议通过方式。该公司章程第十七条、第二十九条所规定的"应由全体股东表决通过"应当是指全体股东均有权参加股东会决议的表决，但决议是否通过仍应按照该公司章程第十四条规定的"资本多数决"的方式进行判定。上海商某公司 2008 年 9 月 16 日的临时股东会决议已经该公司代表 91.44%表决权的股东表决通过，符合该公司章程规定的通过比例，为有效决议。王某军、上海商某公司认为，上海商某公司临时股东会决议未达到公司章程规定通过的比例，该决议无效的上诉理由不成立，不予支持。

005 股权转让：公司章程可否强制离职股东转让股权？

设计要点

有限责任公司章程中的"离职转股"条款有效。

阅读提示

21 世纪最贵的是什么？人才！在人才竞争日益激烈的今天，仅靠"死工资"是难以留住人才的，越来越多的企业，特别是创新型的高科技企业采用股权激励计划，万科、阿里等行业龙头也纷纷提出"合伙人"计划，这些股权激励计划及一些公司的公司章程、股东间协议均规定，职工股东离开公司后应转让所持股权。根据《公司法》的规定，股权转让属于有限责任公司章程自治的内容。那么，公司章程中规定强制离职股东转让股权，是否侵害了股东对股权的自主处分权？本文将结合"离职转股"的法院判例，分析该条款的效力，对有限责任公司章程的设计提出建议。

章程研究文本

《株洲市建筑设计院有限公司章程》[①]
1. 股份一经认购不得随意退股，但有下列情况之一的，股东所持有的股份必须转让：股东被辞退、开除或死亡、服刑、失去民事行为能力的，其股份必须全部

---

① 选自湖南省高级人民法院审理的邓某生与株洲市建筑设计院有限公司、谢某股权转让纠纷再审民事判决书［（2016）湘民再 1 号］。

转让；股东调离等其他原因的，其股份也必须全部转让。

2. 因辞职、辞退、受刑事处罚或其他事项离职而转让股权的，如内部转让不成或在离职后 30 天内没有确定受让人的，由公司回购股权，按公司上一年度末账面净资产结合股权比例确定股本受让价格，但不高于股本原始价格。

同类章程条款

因有限责任公司章程难以通过公开渠道获得，笔者主要整理查阅了相关案件中，法院判决所披露的章程条款。法院关于"强制转股"条款效力的判决并不一致。通过对上述章程条款的分析，因该条款引发争议的情形主要包括以下三种：

第一，当事人成为股东之前，章程中即存在"强制转股"条款。

第二，公司修订章程，增加"强制转股"条款，涉案股东投反对票，但股东会决议仍通过了章程修改。后案涉股东离职，公司解除其股东身份。案涉股东请求确认该条款无效，确认自己仍拥有股东资格。

第三，公司修订章程，增加"强制转股"条款，涉案股东投反对票，但股东会决议仍通过了章程修改。后案涉股东离职，双方就股权回购价格发生争议。

公司法和相关规定

《公司法》（2023 年修订）

第八十四条　有限责任公司的股东之间可以相互转让其全部或者部分股权。

股东向股东以外的人转让股权的，应当将股权转让的数量、价格、支付方式和期限等事项书面通知其他股东，其他股东在同等条件下有优先购买权。股东自接到书面通知之日起三十日内未答复的，视为放弃优先购买权。两个以上股东行使优先购买权的，协商确定各自的购买比例；协商不成的，按照转让时各自的出资比例行使优先购买权。

公司章程对股权转让另有规定的，从其规定。

《公司法》（2018 年修正，已被修订）

第七十一条　有限责任公司的股东之间可以相互转让其全部或者部分股权。

股东向股东以外的人转让股权，应当经其他股东过半数同意。股东应就其股权转让事项书面通知其他股东征求同意，其他股东自接到书面通知之日起满三十日未答复的，视为同意转让。其他股东半数以上不同意转让的，不同意的股东应当购买该转让的股权；不购买的，视为同意转让。

经股东同意转让的股权，在同等条件下，其他股东有优先购买权。两个以上股东主张行使优先购买权的，协商确定各自的购买比例；协商不成的，按照转让时各自的出资比例行使优先购买权。

公司章程对股权转让另有规定的，从其规定。

专家分析

有限责任公司章程中规范有关"强制离职股东转让股权"条款的意义在于：自由处置股权是股东的一项基本权利。根据《民法典》的规定，股权也属于一项财产权利，民事主体的财产权利受法律保护，任何组织和个人不得侵犯。但是，股权不仅仅是一项财产权，更是一项身份权，是一种综合性的权利。因此，公司法赋予具有高度人合性的有限责任公司可对股权转让事宜自由规定的权利。正是由于审判实践中保护财产权与章程意思自治两种原则的碰撞，导致"强制转股"条款效力的裁判观点并不一致。但这种不一致并非不可调和，巧妙设计公司章程，完全能够实现两者的完美兼容，从而让股权激励机制充分服务于公司发展。

章程条款设计建议

第一，应当尊重公司的意思自治，认可公司章程中"离职转股"条款的效力。但是一般而言，在初始章程中规定该条款，应当基于全体股东一致同意的通过方式。

第二，对于经过股东一致同意或者资本多数决的该条款，一般应认可其效力，除非案件相关事实及当事人能够举证证明大股东修改公司章程是出于恶意、压迫小股东等"滥用股东权利侵害其他股东权益的情形"。若该条款存在违反法律或公共利益的情形，也将被认定为无效。

第三，笔者在前文列举了经常引起纠纷的三种情形，包括当事人不同意股权转让价格的情形。对于这一类情形，公司章程中约定"离职股东需转让股权"有效，但是股东对其所有的股权仍享有议价权和股权转让方式的决定权。股东会决议中强制股权转让的价格仅对投赞成票的股东有约束力。对于投不同意票、弃权票的股东，股东会决议中的股权转让价格条款和股权转让的方式对其不产生法律效力。

第四，股权回购价格、股权转让方式的规定应当公平、合理，若股权转让价格、方式不合理，该条款将被视为对股东财权的恶意侵犯，进而被认定为无效。因此，双方可约定按照上一年财务报告的股权净额回购或者转让公司指定的受让人。

公司章程条款实例

针对职工股东，公司可以在公司章程中对职工离职后强制转让股权条款设计如下：

职工股东出现无民事行为能力、限制行为能力情形，或因其他法定事由导致其股权须由其权利义务承继人承继及其他将导致股权变动情形的，或出现因承担刑事责任等导致其无法在公司正常履职情形的，公司其他股东有权在知道该等情形发生之日起30日内向该股东或股权变动后的权利人（包括该股东的代理人、监护人及权利义务承继人等）主张购买其所持有的全部股权，该等股权转让价格为届时经审计的公司净资产价值所确定的对应股权价值。

延伸阅读

人民法院认为公司章程中强制股权转让的规定有效的判例

案例一：南京市中级人民法院审理上诉人戴某艺与被上诉人南京扬某信息技术有限责任公司与公司有关的纠纷案二审民事判决书［(2016) 苏01民终1070号］认为，根据扬某信息公司股东会决议通过的《扬某信息公司章程》第二十六条的规定，公司股东因故（含辞职、辞退、退休、死亡等）离开公司，其全部出资必须转让。此后，该公司股东会决议通过的《股权管理办法》也规定，公司股东因故（含辞职、辞退、退休、死亡等）离开公司，亦应转让其全部出资。虽然戴某艺主张第一次股东会决议中的签名并非其所签，但章程系经过股东会决议通过，其不仅约束对该章程投赞成票的股东，亦同时约束对该章程投弃权票或反对票的股东。反之，如公司依照法定程序通过的章程条款只约束投赞成票的股东而不能约束投反对票的股东，既违背了股东平等原则，也动摇了资本多数决的公司法基本原则。且本案中，第二次股东会决议中所通过的股权管理办法，戴某艺亦签字确认。故上述《扬某信息公司章程》及《股权管理办法》中的规定，体现了全体股东的共同意志，是公司、股东的行为准则，对全体股东有普遍约束力。本案中，戴某艺于2013年11月30日退休，故从该日起，戴某艺不再具有扬某信息公司出资人身份，也不应再行使股东权利。

案例二：威海市中级人民法院审理威海新某方钟表有限公司与郭某波股东资格确认纠纷二审民事判决书［(2015) 威商终字第358号］认为，根据公司章程的规定，人事关系或劳资关系已经脱离公司的，股东资格自然灭失，并按章程规定办理股权转让手续。因各种原因离开公司的股东，须在一个月内将全部出资，经公司转让给其他股东或符合条件的本企业在职职工。未能及时转让的，将不再参加公司红利的分配，由公司财务部门转为个人备用金。上诉人郭某波自 2011 年 3 月调离被上诉人，且收取了被上诉人退股款 35000 元。根据上述章程的规定，上诉人的股东资格自然灭失，上诉人应按照公司章程的规定将股权转让。被上诉人通过董事会决议将郭某波持有的股份转让给刘某，上诉人理应协助被上诉人和原审第三人刘某办理股权变更登记手续。

案例三：桂林市中级人民法院审理何某琛与桂林力某粮油食品集团有限公司工会委员会、桂林力某粮油食品集团有限公司公司盈余分配纠纷二审民事判决书〔（2016）桂 03 民终 608 号〕认为，2004 年 2 月 5 日，被上诉人力某公司召开股东大会，并作出修改公司章程条款决议，将力某公司章程第二章第三条修改为"本公司股本，全部由内部职工认购，但改制后因调离、辞职、除名及职工本人不愿意与企业续签劳动合同离开本企业的职工，已不具备本企业改制后企业内部职工身份的，应转让原本人所持有的股份给企业。如当事人不按规定要求转让原股份给企业的，企业每年按银行同期一年存款利率付给其原股本额利息，不再享受企业股利分红后待遇"和被上诉人力某工会职工持股会章程第二十八条亦规定"会员因调离、辞职、判刑、被企业辞退、除名、开除及本人不愿意与企业续签劳动合同离开公司，已不具备本企业改制后企业内部职工身份的，其所持出资（股份）应该转让给公司持股会，由公司持股会同意收购"。2014 年 3 月 29 日至今，上诉人何某琛不再到被上诉人力某公司下属的临某公司上班，双方已不存在劳动合同关系，上诉人何某琛理应依据力某公司章程和力某工会职工持股会章程的规定，将其持有股份或内部转让或转让给公司持股会。

006 公司名称应当合法合规，不应哗众取宠

当年，"宝鸡有一群怀揣着梦想的少年相信在牛大叔的带领下会创造生命的奇迹网络科技有限公司"红遍朋友圈，"深圳市赚他一个亿实业有限公司""北京怕老婆科技有限公司""你瞅啥（深圳）科技有限公司"等各式各样的公司名称也被广泛关注。2017 年 7 月 31 日，国家工商行政管理总局出台了《企业名称禁限用规则》和《企业名称相同相近比对规则》，对企业为追求眼球效应而在注册名称上标新立异的做法进行了严格规范。

其实，除了这些草根公司，上市公司中也有靠企业名称博眼球的。你是否听说

过匹凸匹公司？让我们一起来读一遍：匹——凸——匹。像什么？没错！像P2P。

改名为"匹凸匹"后，这家原本默默无闻的公司突然成了证券市场中的风云人物，在10个交易日内涨停，股价从10.96元飙升至25.51元。可惜的是，这么"好"的创意最终遭到了行政处罚，公司老板因此而被终身禁入证券市场。2017年8月17日，匹凸匹股东大会决定更名为"上海岩石企业发展股份有限公司"。

还是先来看看证监会为什么要处罚匹凸匹。匹凸匹公司原名上海多伦实业股份有限公司，在其实际控制人鲜言的指挥下，于2015年4月更名为匹凸匹金融信息服务（上海）股份有限公司。公司于2017年2月22日分别收到中国证券监督管理委员会处罚字［2017］20号《行政处罚及市场禁入事先告知书》、处罚字［2017］21号《行政处罚和市场禁入事先告知书》、处罚字［2017］22号《行政处罚和市场禁入事先告知书》。根据这三份告知书，公司及鲜言被处罚的原因有三：第一个是鲜言私自将公司改名。匹凸匹原名多伦股份，在未经上市公司董事会讨论决策的情况下，匹凸匹实际控制人、董事长鲜言启动上市公司名称变更程序。第二个是更改后的名称和主营业务无关，名称变更误导投资者。第三个则主要是没有及时披露。

其中，［2017］21号告知书中包含以下内容：

匹凸匹公司名称的变更，与公司主营业务、经营特点无任何关联，误导投资者对公司情况的认知。企业名称作为公众认知企业的第一印象，对公众了解企业特征，判断企业价值有着重要作用。因此，《企业名称登记管理规定》（国家工商行政管理局令第7号，国务院令第628号修订）第11条、《企业名称登记管理实施办法》（国家工商行政管理总局令第10号）第16条等规定均要求企业名称必须与企业经营范围保持一致，以防止企业名称对公众造成误导。匹凸匹公司在无任何金融服务业务的情况下，一方面，在相关公告中如实陈述了上市公司尚无金融服务业务的实际情况，规避法律红线；另一方面，又利用社会公众，特别是中小投资者对公司名称的高度关注，违背公司命名的相关规定，违背社会公众的一般认知规律，在变更后的公司全称中不仅使用了"金融信息服务"的字样，还使用了与热门概念"P2P"发音高度接近的"匹凸匹"字样，误导投资者对公司现有经营范围、主要经营业务的认知。

……

匹凸匹的误导性陈述对投资者判断、公司股票价格产生了显著影响。上市公司发布更名系列公告后的10个交易日内，"匹凸匹"股价连续涨停。从前一交易日（2015年5月7日，5月8日公司股票停牌）收盘价10.96元到10个交易日后（2015年6月8日，5月13日至5月27日公司股票临时停牌）最高价为25.51元，上涨幅度为132.76%，显著偏离上证指数同期22.02%的涨幅。

证监会拟决定：认定鲜言、恽燕桦、向从键、曾宏翔、张红山①为证券市场禁入者，自证监会宣布决定之日起，鲜言、恽燕桦、向从键、曾宏翔、张红山终身不得从事证券业务或者担任上市公司董事、监事、高级管理人员职务。

2017年7月28日，匹凸匹拟将公司名称由"匹凸匹金融信息服务（上海）股份有限公司"变更为"上海岩石企业发展股份有限公司"。对于改名的原因，匹凸匹董事会公告称：

公司董事会关于变更公司名称的理由

2015年5月11日，公司发布《多伦股份：企业名称变更预先核准通知书》《多伦股份第七届董事会第十次会议决议公告》《多伦股份关于公司名称变更的公告》等多份公告，披露更名和经营范围变更信息。更名后公司经营范围变更为互联网金融信息咨询和服务、金融软件研发、互联网信息技术开发、金融中介服务等业务。公司在变更后的公司全称中不仅使用了"金融信息服务"的字样，还使用了与热门概念"P2P"发音高度接近的"匹凸匹"字样。

公司的上述错误行为严重误导了投资者对公司价值的认知，引起公司股价异常波动，相关部门已经对公司的错误行为进行了行政处罚。公司现任董事会对上述不当更名进行了深刻反省，并召开专题会议要求公司必须加强规范运作，严格按照相关法律法规的要求做好上市公司治理工作，严格执行公司章程和各项管理制度。公司现任董事会深刻认识到上市公司全称及简称不仅是上市公司的重要标识，也会影响广大投资者对上市公司的价值判断和投资决策，应当中性客观，符合公司实际情况和业务特征，不能成为股价非理性炒作的不良推手，更不能成为操纵市场和侵害中小投资者合法权益的违法手段。公司将认真吸取前期不当更名的深刻教训，专注于做大做强公司主业，避免类似事件再次发生。

公司现有经营业务正在逐步恢复中，为了摆脱因不当更名对公司造成的不良影响，公司董事会决定将公司名称变更为"上海岩石企业发展股份有限公司"，并提交股东大会审议批准。

2017年8月17日，匹凸匹股东大会批准上述公司改名的议案。此事告一个段落。

---

① 上述人员均为该公司董事。

相关规定

《企业名称禁限用规则》

第一章 总则

第一条 为规范企业名称审核行为，建立、完善企业名称比对系统，为申请人提供更加便利的企业名称登记、核准服务，根据《公司法》《企业法人登记管理条例》《公司登记管理条例》《企业名称登记管理规定》《企业名称登记管理实施办法》和工商总局有关规范性文件等制定本规则。

第二条 本规则适用于企业名称登记、核准有关业务。企业名称审核人员依据本规则对企业名称申请是否存在有关禁限用内容进行审查，按照有关规定作出核准或者驳回的决定。

第三条 企业登记机关可以依据本规则建立、完善企业名称比对系统，为申请人提供企业名称筛查服务。企业名称自主申报改革试点地区可以参照本规则，建立、完善比对、申报系统，为申请人提供自主申报、自负其责的登记服务。

第二章 禁止性规则

第四条 企业名称不得与同一企业登记机关已登记注册、核准的同行业企业名称相同。

以下情形适用于本条款规定：

（一）与同一登记机关已登记、或者已核准但尚未登记且仍在有效期内、或者已申请尚未核准的同行业企业名称相同；

（二）与办理注销登记未满1年的同行业企业名称相同；

（三）与同一登记机关企业变更名称未满1年的原同行业名称相同；

（四）与被撤销设立登记和被吊销营业执照尚未办理注销登记的同行业企业名称相同。

第五条 企业名称不得含有有损于国家、社会公共利益的内容和文字。

以下情形适用于本条款规定：

（一）有消极或不良政治影响的。如"支那""黑太阳""大地主"等。

（二）宣扬恐怖主义、分裂主义和极端主义的。如"九一一""东突""占中"等。

（三）带有殖民文化色彩，有损民族尊严和伤害人民感情的。如"大东亚""大和""福尔摩萨"等。

（四）带有种族、民族、性别等歧视倾向的。如"黑鬼"等。

（五）含有封建文化糟粕、违背社会良好风尚或不尊重民族风俗习惯的。如"鬼都""妻妾成群"等。

（六）涉及毒品、淫秽、色情、暴力、赌博的。如"海洛因""推牌九"等。

第六条 企业名称不得含有可能对公众造成欺骗或者误解的内容和文字。

以下情形适用于本条款规定：

（一）含有党和国家领导人、老一辈革命家、知名烈士和知名模范的姓名的。如"董存瑞""雷锋"等。

（二）含有非法组织名称或者反动政治人物、公众熟知的反面人物的姓名的。如"法轮功""汪精卫""秦桧"等。

（三）含有宗教组织名称或带有显著宗教色彩的。如"基督教""佛教""伊斯兰教"等。

第七条 企业名称不得含有外国国家（地区）名称、国际组织名称。

第八条 企业名称不得含有政党名称、党政军机关名称、群团组织名称、社会组织名称及部队番号。

第九条 企业名称应当使用符合国家规范的汉字，不得使用外文、字母和阿拉伯数字。

第十条 企业名称不得含有其他法律、行政法规规定禁止的内容和文字。

第十一条 企业名称应当由行政区划、字号、行业、组织形式依次组成。企业名称中的行政区划是本企业所在地县级以上行政区划的名称或地名。市辖区的名称不能单独用作企业名称中的行政区划。

第十二条 企业名称中的字号应当由2个以上的符合国家规范的汉字组成，行政区划、行业、组织形式不得用作字号。

第十三条 企业应当根据其主营业务，依照国家行业分类标准划分的类别，在企业名称中标明所属行业或者经营特点。国家法律、法规以及国务院决定等对企业名称中的行业有特殊要求的，应当在企业名称中标明。不得在企业名称中标示国家法律、法规以及国务院决定等禁止经营的行业。

第十四条 企业应当根据其组织结构或者责任形式在名称中标明符合国家法律、法规以及国务院决定规定的组织形式，不得使用与其组织结构或者责任形式不一致的组织形式。

第三章　限制性规则

第十五条 企业名称不得与同一企业登记机关已登记注册、核准的同行业企业名称近似，但有投资关系的除外。

第十六条 企业法人名称中不得含有其他非营利法人的名称，但有投资关系或者经该法人授权，且使用该法人简称或者特定称谓的除外。该法人的简称或者特定称谓有其他含义或者指向不确定的，可以不经授权。

第十七条 企业名称中不得含有另一个企业名称，但有投资关系或者经该企业授权，且使用该企业的简称或者特定称谓的除外。该企业的简称或者特定称谓有其他含义或者指向不确定的，可以不经授权。

第十八条 企业名称不得明示或者暗示为非营利组织或者超出企业设立的目的，但有其他含义或者法律、法规以及国务院决定另有规定的除外。

第十九条 除国务院决定设立的企业外，企业名称不得冠以"中国""中华""全国""国家""国际"等字样；在企业名称中间使用"中国""中华""全国""国家""国际"等字样的，该字样应是行业的限定语；使用外国（地区）出资企业字号的外商独资企业、外方控股的外商投资企业，可以在名称中间使用"（中国）"字样。以上三类企业名称需经工商总局核准，但在企业名称中间使用"国际"字样的除外。

第二十条 企业名称应当冠以企业所在地省（包括自治区、直辖市）或者市（包括州、地、盟）或者县（包括市辖区、自治县、旗）行政区划名称，但符合以下条件之一、经工商总局核准的，企业名称可以不含企业所在地行政区划：

（一）国务院批准的；

（二）工商总局登记注册的；

（三）注册资本（或注册资金）不少于5000万元人民币的；

（四）工商总局另有规定的。

第二十一条 市辖区名称与市行政区划连用的企业名称，由市企业登记机关核准。省、市、县行政区划连用的企业名称，由最高级别行政区的企业登记机关核准。上级企业登记机关可以授权下级机关核准应当由本机关核准的企业名称。

第二十二条 企业名称的字号应当由字、词或其组合构成，不得使用语句、句群和段落，但具有显著识别性或有其他含义的短句除外。

第二十三条 企业名称的字号不得含有"国家级""最高级""最佳"等带有误导性内容和文字，但有其他含义或者作部分使用、且字号整体有其他含义的除外。

第二十四条 企业名称的字号不得以外国国家（地区）所属辖区、城市名称及其简称、特定称谓作字号，但有其他含义或者作部分使用、且字号整体具有其他含义的除外。

第二十五条　行政区划不得用作字号，但县以上行政区划的地名具有其他含义的除外。

第二十六条　企业名称不得以职业、职位、学位、职称、军衔、警衔等及其简称、特定称谓作字号，但有其他含义或者作部分使用、且字号整体有其他含义的除外。

第二十七条　企业不得使用工商总局曾经给予驰名商标保护的规范汉字作同行业企业名称的字号，但已经取得该驰名商标持有人授权的除外。

第二十八条　企业名称中的行业不得使用与主营业务不一致的用语表述，符合以下条件的可以不使用国民经济行业类别用语表述企业所从事的行业：

（一）企业经济活动性质分别属于国民经济行业5个以上大类；

（二）企业注册资本（或注册资金）1亿元以上或者是企业集团的母公司；

（三）与同一企业登记机关登记、核准的同类别企业名称中的字号不相同。

第二十九条　法律、法规、国务院决定以及工商总局规章、规范性文件对企业名称的行业表述有特别规定的从其规定。

第四章　附则

第三十条　地方企业登记机关可以根据地方性法规、政府规定，细化禁限用内容。

第三十一条　农民专业合作社、个体工商户和非法人分支机构（营业单位）名称的登记、核准，参照本规则执行。

第三十二条　本规则根据相关法律、法规以及国务院决定等的调整适时调整并公布。

第三十三条　本规则由工商总局解释。

007 公司法定代表人任免手续如何在章程中规定？

法定代表人如何产生？这是事关公司控制权的大问题。法定代表人一经选定，其在职权范围内以公司名义所作出的行为都将被直接视为公司的行为。在一份文件上，如果有了法定代表人的个人签名，就相当于加盖了公司公章，公司应当承担相应的法律后果。因此，对于法定代表人的产生方式，所有公司的经营者都应当有所了解。

《公司法》第十条第一款规定："公司的法定代表人按照公司章程的规定，由代表公司执行公司事务的董事或者经理担任。"因此，公司的法定代表人只能在两个人中选定：其一是执行公司事务的董事，即董事长，或未设董事会的有限公司的单一董事，股份公司必须设董事会；其二是公司的经理。

因此，公司法定代表人如何任免的问题，实质上就是董事长（执行董事）或者公司经理如何任免的问题。

一、第一种常见情况——公司章程规定公司法定代表人由董事长担任

《公司法》对有限公司和股份公司的董事长任免方法作了不同规定。

股份公司的规定比较简单。《公司法》第一百二十二条第一款规定："董事会设董事长一人，可以设副董事长。董事长和副董事长由董事会以全体董事的过半数选举产生。"因此，股份公司的董事长由董事会以全体董事的过半数选举产生。相应地，此时股份公司的法定代表人也由董事会选举产生。

相较而言，有限公司董事长的产生办法就不那么简单了。《公司法》第六十八条第二款规定："董事会设董事长一人，可以设副董事长。董事长、副董事长的产生办法由公司章程规定。""产生办法由公司章程规定"，这就给了我们发挥想象力和创造力的空间。懒得去想这些事的公司，公司章程一般会规定，公司董事长由董事会以全体董事的过半数选举产生，这是比较常见的方式。但也有一些愿意去琢磨的公司，它的章程中可能会规定，公司董事长由股东会选举产生；也可能会规定，公司董事长由出资最多的股东指定；甚至可以规定，公司董事长在全体董事中以抽签的方式决定，抽签程序由股东会主持……这些规定都是有效的。由此可见，有限公司的法定代表人的产生是很复杂的，没有一个标准答案，要看公司章程的规定。

二、第二种常见情况——公司章程规定公司法定代表人由执行董事担任

首先需要指出的是，只有有限公司才可能会有执行董事，而股份公司必须设董事会，不能设执行董事。

《公司法》第七十五条规定："规模较小或者股东人数较少的有限责任公司，可以不设董事会，设一名董事，行使本法规定的董事会的职权。该董事可以兼任公司经理。"第五十九条第一款第一项规定："股东会行使下列职权：（一）选举和更换董事、监事，决定有关董事、监事的报酬事项"。根据这两个规定，有限公司的执行董事只能由股东会选举产生，此时公司的法定代表人自然也就是通过股东会选举的方式产生的。

三、第三种常见情况——公司章程规定公司法定代表人由经理担任

《公司法》第七十四条第一款规定："有限责任公司可以设经理，由董事会决定聘任或者解聘"。第一百二十六条第一款规定："股份有限公司设经理，由董事会决定聘任或者解聘"。根据这两款规定,我们可以清晰地看到:有限公司及股份公司的经理原则上都是由董事会任免的。

但是,正如本文之前所提到的,有些有限公司是不设董事会的,只有一名董事。那么此时公司经理该如何产生呢?《公司法》第七十五条规定:"规模较小或者股东人数较少的有限责任公司,可以不设董事会,设一名董事,行使本法规定的董事会的职权。该董事可以兼任公司经理。""该董事可以兼任公司经理",这是一句充满玄机的规定。在董事就是经理的情况下,问题很简单,董事如何任免,经理就如何任免。而在执行董事未兼任经理的情况下,经理如何产生?《公司法》并未明确规定,这同样给了企业发挥想象力和创造力的空间。公司章程既可以约定经理由股东会选举产生,也可以约定由出资最多的股东指定,还可以约定由执行董事指定,等等。这些个性化的章程约定都是可取的,公司应当结合实际情况制定章程相关条款。

四、例外情形——法定代表人的姓名被明确写入章程

虽然根据《公司法》的规定,法定代表人由董事长、董事或者经理担任。但是在落实到公司章程之时,未必所有的公司都会写"公司法定代表人由董事长(或董事或经理)担任",而有可能更清晰地写明"公司法定代表人由董事长(或董事或经理)××担任"。实践中,对于公司章程约定了该等条款后,更换法定代表人是否经代表三分之二以上表决权的股东通过,是有一定争议的。

一种观点认为,《公司法》第六十六条规定:"股东会的议事方式和表决程序,除本法有规定的外,由公司章程规定。股东会作出决议,应当经代表过半数表决权的股东通过。股东会作出修改公司章程、增加或者减少注册资本的决议,以及公司合并、分立、解散或者变更公司形式的决议,应当经代表三分之二以上表决权的股东通过。"因此,当某个人的名字被明确写入公司章程时,公司想要更换法定代表人必须修改章程。而修改章程,依据《公司法》第六十六条的规定,就必须在股东会上经代表三分之二以上表决权的股东通过。此时,法定代表人的任免就需要经过两个程序。第一个程序是上文所介绍的任免董事长、执行董事或经理的程序;第二个程序是修改公司章程的股东会程序,并且必须是三分之二表决权,而非一般情况下的二分之一表决权的通过。在大股东亲任法定代表人的情况下,将姓名写入公司章程,将导致法定代表人的任免程序更加烦琐,但也有助于公司控制权的保护。

另一种观点认为,公司法定代表人一项虽属公司章程中载明的事项,但对法定代表人名称的变更在章程中体现出的仅是一种记载方面的修改,形式多于实质,即使公司章程将某个人的名字明确列为法定代表人,如无特别约定,也仅需二分之一以上表决权的股东通过。只有在公司章程中明确规定"法定代表人的任免需经代表

三分之二以上的股东的同意"的情况下，才需达到三分之二以上多数票任免法定代表人的效果。

对此问题，最高人民法院指令再审的新疆豪某贸易有限公司、张某升与乌鲁木齐市祥某实业有限公司、乌鲁木齐市祥某房地产开发有限公司决议撤销纠纷案再审民事判决书［(2014)新民再终字第1号］中也予以了回答。法院倾向于上述第二种观点，并认为，"从立法本意来说，只有对公司经营造成特别重大影响的事项才需要经代表三分之二以上表决权的股东通过。公司法定代表人一项虽属公司章程中载明的事项，但对法定代表人名称的变更在章程中体现出的仅是一种记载方面的修改，形式多于实质，且变更法定代表人时是否需修改章程是工商管理机关基于行政管理目的决定的，而公司内部治理中由谁担任法定代表人应由股东会决定，只要不违背法律法规的禁止性规定就应认定有效。此外，从公司治理的效率原则出发，倘若对于公司章程制定时记载的诸多事项的修改、变更均需代表三分之二以上表决权的股东通过，则反而是大股东权利被小股东限制，若无特别约定，是有悖确立的资本多数决原则。若更换法定代表人必须经代表三分之二以上表决权的股东通过，那么张某升、豪某公司只要不同意就永远无法更换法定代表人，这既不公平合理，也容易造成公司僵局。因此，公司股东会按照股东出资比例行使表决权所形成的决议，理应得到尊重。公司更换法定代表人，只要股东会的召集程序、表决方式不违反法律的强制性规定和公司章程的规定，即可多数决。张某升及豪某公司申请再审认为房地产公司法定代表人的变更须经代表三分之二以上表决权的股东签署通过的理由不能成立"。

由此可见，即使公司章程将某个人的名字明确列为法定代表人，如无特别约定，也仅需二分之一以上表决权的股东通过。只有在公司章程中明确规定"法定代表人的任免需经代表三分之二以上的股东的同意"的情况下，才需达到三分之二以上多数票任免法定代表人的效果。

008 法人姓名写在公司章程上，若变更需多少股东通过才有效？

设计要点

仅将法定代表人的姓名写在公司章程上，并不能达到变更法定代表人则需要代表三分之二以上表决权的股东同意的效果。

阅读提示

实践中，一些公司的大股东、实际控制人为了牢牢把控住法定代表人的职位，直接把法定代表人的姓名记载于公司章程。这样，变更法定代表人就变更了章程，自然也就需要代表三分之二以上表决权的股东同意才能通过。但是，这一招真的有效吗？为了避免融资股权被稀释后法定代表人的职位落入他人之手，希望法定代表人的任免需经三分之二以上股东同意才能实现，正确的招数是什么？本文将揭晓答案。

公司章程条款实例

例1：法定代表人由公司董事长××担任，变更法定代表人需要股东会代表三分之二以上表决权的股东通过并修改公司章程方可进行。

例2：法定代表人由公司董事长担任，董事长由公司所有董事过半数以上选举产生。

公司法和相关规定

《公司法》（2023年修订）

第十条第一款 公司的法定代表人按照公司章程的规定，由代表公司执行公司事务的董事或者经理担任。

第六十五条 股东会会议由股东按照出资比例行使表决权；但是，公司章程另有规定的除外。

第六十六条 股东会的议事方式和表决程序，除本法有规定的外，由公司章程规定。

股东会作出决议，应当经代表过半数表决权的股东通过。

股东会作出修改公司章程、增加或者减少注册资本的决议，以及公司合并、分立、解散或者变更公司形式的决议，应当经代表三分之二以上表决权的股东通过。

第六十七条第二款 董事会行使下列职权：

……

（八）决定聘任或者解聘公司经理及其报酬事项，并根据经理的提名决定聘任或者解聘公司副经理、财务负责人及其报酬事项；

……

第六十八条 有限责任公司董事会成员为三人以上，其成员中可以有公司职工代表。职工人数三百人以上的有限责任公司，除依法设监事会并有公司职工代表的外，其董事会成员中应当有公司职工代表。董事会中的职工代表由公司职工通过职工代表大会、职工大会或者其他形式民主选举产生。

董事会设董事长一人，可以设副董事长。董事长、副董事长的产生办法由公司章程规定。

第七十五条 规模较小或者股东人数较少的有限责任公司，可以不设董事会，设一名董事，行使本法规定的董事会的职权。该董事可以兼任公司经理。

第一百二十二条第一款 董事会设董事长一人，可以设副董事长。董事长和副董事长由董事会以全体董事的过半数选举产生。

《公司法》（2018年修正，已被修订）

第十三条 公司法定代表人依照公司章程的规定，由董事长、执行董事或者经理担任，并依法登记。公司法定代表人变更，应当办理变更登记。

第四十二条 股东会会议由股东按照出资比例行使表决权；但是，公司章程另有规定的除外。

第四十三条 股东会的议事方式和表决程序，除本法有规定的外，由公司章程规定。

股东会会议作出修改公司章程、增加或者减少注册资本的决议，以及公司合并、分立、解散或者变更公司形式的决议，必须经代表三分之二以上表决权的股东通过。

第四十四条第三款 董事会设董事长一人，可以设副董事长。董事长、副董事长的产生办法由公司章程规定。

专家分析

一、法定代表人的三种任免方式

《公司法》第十条第一款、第二款规定，公司的法定代表人按照公司章程的规定，由代表公司执行公司事务的董事或者经理担任。担任法定代表人的董事或者经理辞任的，视为同时辞去法定代表人。由此可知，法定代表人需由董事长、董事或经理担任，上述三个职位可能由于股份有限公司和有限责任公司的不同，分别由股东会或董事会选举产生。（1）在公司章程规定法定代表人由单一董事担任的情况下，由于单一董事由股东会选举产生，此时，公司法定代表人由股东会选举产生或罢免。（2）在公司章程规定公司法定代表人由董事长担任的情形下，对于有限责任公司来讲，公司法规定有限责任公司董事长的产生办法由公司章程规定，此时，公司法定代表人可能由董事会任免，也可能由股东会任免，亦可能存在其他方式，例如，公司章程规定，出资最多的股东有权指定董事长；而对于股份公司来讲，董事长由董事会全体董事的过半数选举产生,此时,公司法定代表人由董事会任免。

(3) 在公司章程规定公司法定代表人由公司经理担任的情形下,不设董事会的有限公司的单一董事可以兼任总经理,此时,公司法定代表人可能由股东会任免,也可能由其他方式选举产生;设立董事会的有限公司和股份公司的经理则由董事会任免,此时,公司法定代表人则由公司董事会任免。

二、仅将法定代表人姓名写在公司章程上,并不能达到变更法定代表人需要代表三分之二以上表决权股东同意的效果

从立法本意来说,只有对公司经营造成特别重大影响的事项才需要经代表三分之二以上表决权的股东通过。公司法定代表人一项虽属公司章程中载明的事项,但对法定代表人名称的变更在章程中体现出的仅是一种记载方面的修改,形式多于实质。公司内部治理中由谁担任法定代表人应由股东会或董事会决定,只要不违背法律法规的禁止性规定就应认定有效。从公司治理的效率原则出发,倘若对于公司章程制定时记载的诸多事项的修改、变更均需代表三分之二以上表决权的股东通过,则反而是大股东权利被小股东限制,若无特别约定,是有悖确立的资本多数决原则的。

章程条款设计建议

第一,法定代表人对外具有代表公司的能力,是争夺公司控制权的关键性职位,是公司控制权战争中关键性阵地和必争之地。法定代表人以公司名义在合同上签字,即使公司未在合同上盖章,这份合同对于公司而言也是有效的。因此,法定代表人对外的效力就相当于公章的效力,非常重要,大股东应委派己方人员担任法定代表人,不可轻易将该职位拱手送人。

第二,在公司的经营过程中,大股东往往需要融资,导致股权被稀释。为了防止日后法定代表人的职位落入他人之手,应提高更换法定代表人的表决权的比例。

第三,仅仅在公司章程中把法定代表人的姓名写进去是不够的。即使将法定代表人的姓名白纸黑字地写在公司章程里,日后更换法定代表人也不构成对公司章程的修改,形成有效股东会决议、更换法定代表人的表决权无须经股东会代表三分之二以上表决权的股东通过。只有在公司章程中明确规定"法定代表人的任免需经代表三分之二以上的股东的同意"才能达到三分之二以上多数票任免法定代表人的效果。

> **延伸阅读**

裁判观点：即便将法定代表人姓名记载于公司章程，变更法定代表人也无须经股东会代表三分之二以上表决权的股东通过

案例：新疆维吾尔自治区高级人民法院，审理新疆豪某贸易有限公司、张某升与乌鲁木齐市祥某实业有限公司、乌鲁木齐市祥某房地产开发有限公司决议撤销纠纷再审民事判决书〔(2014) 新民再终字第 1 号〕认为，根据再审中诉辩双方意见，双方目前争议的主要是有限责任公司法定代表人变更是否须经代表三分之二以上表决权的股东通过的法律适用问题。房地产公司（2009 年 9 月 9 日）章程第十四条第一款规定："股东会议由股东按照出资比例行使表决权。股东会修改公司章程、对公司增加或减少注册资本、分立、合并、解散或者变更公司形式须经代表三分之二以上表决权的股东通过。"该内容与公司法规定一致。我国公司法虽然规定股东会会议作出修改公司章程、增加或者减少注册资本的决议，以及公司合并、分立、解散或者变更公司形式的决议，必须经代表三分之二以上表决权的股东通过。但对于法定代表人变更事项的决议，并无明确规定，而房地产公司的章程对此也未作出特别约定。

009 国有企业"党建工作写入公司章程"条款示范

全国国有企业党的建设工作会议于 2016 年 10 月 10 日至 11 日在北京召开，国家主席习近平出席会议并发表重要讲话，强调坚持党对国有企业的领导不动摇，开创国有企业党的建设新局面。

公司章程被称作公司的宪章，是公司运行的基本制度依据和行为准则，将党建工作写入公司章程是开展党建工作的首要任务。事实上，中共中央组织部与国务院党委自 2017 年年初连续发布关于国有企业党建工作进章程的通知，如 2017 年 3 月 15 日，中共中央组织部和国务院国资委党委联合印发《关于扎实推动国有企业党建工作要求写入公司章程的通知》（组通字〔2017〕11 号）；2017 年 4 月 24 日，国务院办公厅印发《国务院办公厅关于进一步完善国有企业法人治理结构的指导意见》（国办发〔2017〕36 号）；2017 年 5 月 27 日，财政部发布《财政部印发〈中央金融企业将党建工作要求写入公司章程修改指引〉的通知》（财金〔2017〕48 号）；新疆维吾尔自治区国资委印发《关于自治区国有独资、全资或控股公司将党建工作要求写入公司章程的通知》（新国资发〔2017〕144 号），其中附带章程指引。

党和国家这一系列的文件，主要强调在国有企业的法人治理结构中，坚持党的领导，发挥政治优势，把党建工作与现代企业制度进行有机结合。中国中铁、中国五矿、中国核电、重庆百货等一大批央企国企积极响应党和国家的号召，完成了党建工作进章程的公司章程修订工作。

笔者依据上述中央和国家的政策文件及地方党组织和国资委的指导性文件，借鉴已经完成党建工作进章程的部分国有上市公司的部分内容，总结以下关于将党建工作写入公司章程的文本，供有需要的公司参考。

一、总则部分增加党建工作内容

第××条　根据《中国共产党章程》《公司法》的规定，在公司设立中国共产党的委员会和纪律检查委员会，把加强党的领导监管和完善公司治理结构统一起来，建设具有中国特色的现代国有企业制度。公司坚持党的建设与生产经营同步谋划、党的组织及工作机构同步设置、党组织负责人及党务工作人员同步配备、党的工作同步开展，明确党组织在企业决策、执行、监督各环节的权责和工作方式，实现体制对接、机制对接、制度对接和工作对接，推动党组织发挥领导核心和政治核心作用。

二、新增党组织建设章节

第××章　党组织建设

第××条　党组织设置

公司按照《中国共产党章程》《公司法》的规定，成立公司党的委员会，设党委委员××名，党委书记由董事长担任，设党委副书记××名。符合条件的党委会领导班子成员通过法定程序进入董事会、监事会、经理层。董事会、监事会、经理层成员中，符合条件的党员按照有关规定和程序进入公司党委会。分公司、子公司和业务部门根据工作需要和党员人数，成立党委、党总支或党支部。同时，按规定设立党的纪律检查委员会，受公司党委和上级纪委（纪检组）双重领导，履行全面从严治党监督责任，协助党委开展党风廉政建设和反腐败工作。子公司党组织应根据党章规定设立纪委或纪检委员。

第××条　党组织办事机构

公司党委下设××、××、××等工作机构（大型企业党委，根据企业实际需要和有关规定设立组织、宣传、办公室等工作部门；中型企业党组织的工作机构可以分设党委工作部门，也可以设一个综合的党务工作部门，内部实行分工；小型企业可根据工作需要，设置精干的综合性党务工作机构或配备专人做党务工作）。企业专职党务工作人员原则上按职工总数的1%左右配备，工作经费按照上年度职工工资总额的0.5%~1%的比例安排，纳入公司预算，从公司管理费用列支，确保党组织有工作条件、有办事经费。

第××条 党组织作用

公司党委发挥领导核心和政治核心作用，围绕把方向、管大局、保落实开展工作。保证监督党和国家的方针政策在本企业的贯彻执行，确保国有企业坚持改革发展正确方向；议大事、抓重点，加强集体领导，推进科学决策，支持股东会（出资人）、董事会、监事会和经理层依法行使职权，推动企业全面履行经济责任、政治责任、社会责任；全心全意依靠职工群众，支持职工代表大会开展工作；加强党组织自身建设，管干部聚人才、建班子带队伍、抓基层打基础，领导公司思想政治工作、精神文明建设和工会、共青团等群众组织发挥其作用，凝心聚力完成企业中心工作。

第××条 党组织职责

（一）坚持党对国有企业的领导，保证党的路线、方针、政策和国家的法律、法规，以及上级的各项决定、决议在本企业的贯彻执行。

（二）加强思想理论建设。用中国特色社会主义理论体系武装头脑、指导实践、推动工作、教育群众。加强理想信念和党性修养教育，教育引导党员干部坚定马克思主义信仰，坚持中国特色社会主义道路自信、理论自信、制度自信、文化自信。

（三）参与本企业重大问题的决策。支持股东会（出资人）、董事会、监事会、经理层依法行权履责，保证国有企业改革发展的正确方向。坚持民主集中制，加强集体领导，推进科学决策、民主决策、依法决策，推动企业全面履行经济责任、政治责任、社会责任。

（四）坚持党管干部、党管人才原则。按照建设中国特色现代国有企业制度的要求，保证党对干部人事工作的领导权和对重要干部的管理权，加强企业领导班子建设和干部队伍建设，造就高素质人才队伍。

（五）落实全面从严治党主体责任，加强党内监督，严肃党内政治生活，严明政治纪律，领导、推动党风廉政建设和反腐败工作，领导、支持和保证纪委落实监督责任，建设廉洁企业。

（六）全心全意依靠职工群众，建立健全以职工代表大会为基本形式的民主管理制度，支持职代会开展工作，维护职工合法权益。

（七）加强基层党组织建设。统筹抓好基层党的各项建设，推进学习型、服务型、创新型党组织建设。保证党组织全覆盖，推动"两学一做"学习教育常态化、制度化，认真落实"三会一课"制度，重视发挥党支部主体作用，推动党建工作与生产经营深度融合，围绕生产经营创新工作载体、搭建活动平台，把党建工作成效转化为企业发展活力。

（八）抓好宣传工作、统战工作和群众工作。领导和支持工会、共青团等群众组织依照法律和各自的章程，独立自主地开展工作。坚持用社会主义核心价值体系引领企业文化建设，树立报效国家、造福社会、服务人民、关爱职工的企业形象。

（九）统筹抓好基层党的各项建设，推进学习型、服务型、创新型党组织建设。密切联系群众，加强思想政治工作，推进企业文化、精神文明建设。落实稳定工作责任制，做好信访维稳工作，构建和谐企业。

（十）围绕企业生产经营中心开展工作，把提高企业效益、增强企业竞争实力、实现国有资产保值增值作为企业党组织工作的出发点和落脚点，坚持党建工作与企业生产经营中心工作同部署、同检查、同落实、同考核，综合运用党组织各种资源，动员组织广大党员和职工群众凝心聚力完成本企业的中心任务。

（十一）完成上级党组织交办的其他工作。

第××条　党委会研究决策以下重大事项：

（一）贯彻执行党的路线、方针、政策和上级党组织决定、决议的意见和措施；

（二）企业党的思想建设、组织建设、作风建设、反腐倡廉建设、制度建设等方面的事项；

（三）按照管理权限决定企业人员任免、奖惩，或按一定程序向董事会、总经理推荐人选，对董事会或总经理提名的人选进行考察并提出意见建议；

（四）向上级请示报告的重大事项，或下级党组织请示报告的重大问题；

（五）党组织重大活动的实施方案；

（六）统战和群团方面的重大事项；

（七）其他应由党委会研究决策的事项。

第××条　党委会参与决策以下重大事项：

（一）贯彻执行国家法律法规和上级重要决定的重大措施；

（二）公司的发展战略、中长期发展规划、生产经营方针；

（三）公司的经营计划和投资方案；

（四）公司的年度财务预算方案、决算方案；

（五）公司的利润分配方案和弥补亏损方案；

（六）公司增加或者减少注册资本、发行债券或其他证券及上市方案；

（七）公司重要改革方案和合并、分立、解散及变更公司形式的方案，下属企业的设立和撤销；

（八）公司对外投资、借款总额、资产处置、资产抵押、对外担保、委托理财、关联交易、大额度资金使用中的原则性、方向性问题；

（九）公司内部管理机构的设置；

（十）公司中高层经营管理人员的考核、薪酬、管理和监督；

（十一）公司薪酬分配及员工福利；

（十二）公司的基本管理制度；

（十三）公司章程的修改方案；

（十四）公司信息公开事项；

（十五）涉及职工切身利益的重大问题；

（十六）公司安全生产、维护稳定、重大突发事件等涉及政治责任和社会责任等方面采取的处置方案；

（十七）其他需要党委研究讨论的重大问题。

第××条　党委会参与决策的主要程序

（一）党委会先议。党组织研究讨论是董事会、经理层决策重大问题的前置程序，重大决策事项必须经党组织研究讨论后，再由董事会或经理层作出决定。党组织发现董事会、经理层拟决策事项不符合党的路线方针政策和国家法律法规，或可能损害国家、社会公众利益和企业、职工的合法权益时，要提出撤销或缓议该决策事项的意见。党组织认为另有需要董事会、经理层决策的重大问题，可向董事会、经理层提出。

（二）会前沟通。进入董事会、经理层尤其是任董事长或总经理的党委成员，要在议案正式提交董事会或总经理办公会前就党委会的有关意见和建议与董事会、经理层其他成员进行沟通。

（三）会上表达。进入董事会、经理层的党委成员在董事会、经理层决策时，充分表达党委会研究的意见和建议。

（四）会后报告。进入董事会、经理层的党委成员要将董事会、经理层决策的情况及时报告党组织。

第××条　公司党组织带头遵守企业各项规章制度，组织落实企业重大决策部署，做好企业重大决策实施的宣传动员、解疑释惑等工作，团结带领全体党员、职工把思想和行动统一到企业发展战略目标和重大决策部署上来，推动企业改革发展。

第××条　党委会建立公司重大决策执行情况督查制度，定期开展督促检查，对公司不符合党的路线方针政策和国家法律法规、不符合中央和自治区党委要求的做法，党委会要及时提出纠正意见，得不到纠正的要及时向上级党组织报告。

三、"董事会"部分

在"董事会行使下列职权"条款结尾处增加：董事会对上述事项作出决定，属于公司党委会参与重大问题决策范围的，应当事先听取公司党委会的意见和建议。

四、"总经理和其他高级管理人员"部分

在"总经理行使下列职权"条款结尾处增加：总经理在行使上述职权时，属于公司党委会参与重大问题决策事项范围的，应当事先听取公司党委会的意见。

第二章 股东权利条款

010 章程应明确规定股东知情权的主体、行使方式、权利范围、必要程序

设计要点

公司章程中应明确规定股东知情权的权利主体、行使权利的方式、范围以及必要的程序。

阅读提示

股东知情权是《公司法》赋予股东的一项重要权利，是股东参与公司经营决策、行使其他权利的基础。虽然《公司法》对股东知情权的行使方式、范围等都作出了明确的规定，但是在实践中有关知情权而引发的争议并不少见。例如，是否仅有现任的股东享有知情权？董事、高级管理人员等是否属于知情权的主体？新任股东能否对其成为股东前的相关信息行使知情权？公司的会计凭证是否属于知情权的范围？股东能否要求复制会计账簿？股东履行知情权是否需要履行必要的前置程序？本文将通过介绍海尔智家股份有限公司的公司章程中有关条款及三个司法案例，对上述问题进行分析。

章程研究文本

《海尔智家股份有限公司章程》（2022年6月版）
第七十三条　公司普通股股东享有下列权利：
……
（五）依照法律、公司章程的规定获得有关信息，包括：
1. 缴付成本费用后得到公司章程；
2. 缴付合理费用后有权查阅和复印：

（1）本人持股资料、股东名册；

（2）公司董事、监事、总裁和其他高级管理人员的个人资料，包括：

（a）现在及以前的姓名、别名；

（b）主要地址（住所）；

（c）国籍；

（d）专职及其他全部兼职的职业、职务；

（e）身份证明文件及其号码。

（3）公司最近期的经审计的财务报表及年度报告、中期报告；

（4）公司股本总额、股本结构，自上一会计年度以来公司购回自己每一类别股份的票面总值、数量、最高价和最低价，以及公司为此支付的全部费用的报告（按内资股及外资股进行细分）；

（5）已呈交中国市场监督管理部门或其他主管机关备案的最近一期的年度报告副本；

（6）公司股东大会及/或董事会的特别决议；

（7）公司债券存根、股东会议的会议记录。公司须将以上除第（2）项外（1）至（7）项的文件按《香港上市规则》的要求备置于公司的香港地址，以供公众人士及境外上市外资股股东免费查阅。

……

第七十四条 股东提出查阅前条所述有关信息或者索取资料的，应当向公司提供证明其持有公司股份的种类以及持股数量的书面文件，公司经核实股东身份后按照股东的要求予以提供。

公司在暂停股东名册变更登记期间收到查阅股东名册申请的，应向申请人出具由公司秘书签署的证明文件，以说明暂停股东名册变更登记的批准机构及期间。

同类章程条款

笔者查阅了多家上市公司的章程中关于股东知情权的条款，其中，大多数公司与上述海尔智家股份有限公司的公司章程条款相同，对股东知情权的范围以及股东行使知情权必须履行的程序作出了规定，也有部分公司章程对股东知情权的规定较为笼统。具体如下：

《中国南方航空股份有限公司章程》（2023年5月版）

第六十三条 公司普通股股东享有下列权利：

……

（六）按照公司章程的规定获得有关信息，包括：

1. 在缴付成本费用后得到公司章程；

2. 在缴付了合理费用后有权查阅和复印：

（1）所有各部分股东的名册；

（2）公司董事、监事、总经理和其他高级管理人员的个人资料，包括：

(a) 现在及以前的姓名、别名；

(b) 主要地址（住所）；

(c) 国籍；

(d) 专职及其他全部兼职的职业、职务；

(e) 身份证明文件及其号码。

（3）公司股本状况；

（4）自上一个会计年度以来公司购回自己每一类别股份的票面总值、数量、最高价和最低价，以及公司为此支付的全部费用的报告；

（5）股东大会的会议记录及会计师报告；

（6）公司中期报告和年度报告。

……

第六十四条 股东提出查阅本章程第六十三条所述有关信息或者索取资料的，应当向公司提供证明其持有公司股份的种类以及持股数量的书面文件，公司经核实股东身份后按照股东的要求予以提供。

《江中药业股份有限公司章程》（2023年11月版）

第三十五条 公司股东享有下列权利：

……

（五）查阅本章程、股东名册、公司债券存根、股东大会会议记录、董事会会议决议、监事会会议决议、财务会计报告；

……

第三十六条 股东提出查阅前条所述有关信息或者索取资料的，应当向公司提供证明其持有公司股份的种类以及持股数量的书面文件，公司核实股东身份后按照股东的要求予以提供。

《上海外服控股集团股份有限公司章程》（2023年8月版）

第三十三条 公司股东享有下列权利：

……

（五）查阅本章程、股东名册、公司债券存根、股东大会会议记录、董事会会议决议、监事会会议决议、财务会计报告；

……

第三十四条 股东提出查阅前条所述有关信息或者索取资料的，应当向公司提供证明其持有公司股份的种类以及持股数量的书面文件，公司经核实股东身份后按照股东的要求予以提供。

公司法和相关规定

《公司法》（2023 年修订）

第五十七条 股东有权查阅、复制公司章程、股东名册、股东会会议记录、董事会会议决议、监事会会议决议和财务会计报告。

股东可以要求查阅公司会计账簿、会计凭证。股东要求查阅公司会计账簿、会计凭证的，应当向公司提出书面请求，说明目的。公司有合理根据认为股东查阅会计账簿、会计凭证有不正当目的，可能损害公司合法利益的，可以拒绝提供查阅，并应当自股东提出书面请求之日起十五日内书面答复股东并说明理由。公司拒绝提供查阅的，股东可以向人民法院提起诉讼。

股东查阅前款规定的材料，可以委托会计师事务所、律师事务所等中介机构进行。

股东及其委托的会计师事务所、律师事务所等中介机构查阅、复制有关材料，应当遵守有关保护国家秘密、商业秘密、个人隐私、个人信息等法律、行政法规的规定。

股东要求查阅、复制公司全资子公司相关材料的，适用前四款的规定。

第一百一十条 股东有权查阅、复制公司章程、股东名册、股东会会议记录、董事会会议决议、监事会会议决议、财务会计报告，对公司的经营提出建议或者质询。

连续一百八十日以上单独或者合计持有公司百分之三以上股份的股东要求查阅公司的会计账簿、会计凭证的，适用本法第五十七条第二款、第三款、第四款的规定。公司章程对持股比例有较低规定的，从其规定。

股东要求查阅、复制公司全资子公司相关材料的，适用前两款的规定。

上市公司股东查阅、复制相关材料的，应当遵守《中华人民共和国证券法》等法律、行政法规的规定。

《公司法》（2018 年修正，已被修订）

第三十三条 股东有权查阅、复制公司章程、股东会会议记录、董事会会议决议、监事会会议决议和财务会计报告。

股东可以要求查阅公司会计账簿。股东要求查阅公司会计账簿的，应当向公司提出书面请求，说明目的。公司有合理根据认为股东查阅会计账簿有不正当目的，可能损害公司合法利益的，可以拒绝提供查阅，并应当自股东提出书面请求之日起十五日内书面答复股东并说明理由。公司拒绝提供查阅的，股东可以请求人民法院要求公司提供查阅。

第九十七条 股东有权查阅公司章程、股东名册、公司债券存根、股东大会会议记录、董事会会议决议、监事会会议决议、财务会计报告，对公司的经营提出建议或者质询。

专家分析

公司章程对股东知情权作出详细规定的意义在于：股东知情权是股东的一项重要权利，同时也是股东参与公司经营决策、分享收益、行使其他股东权利的重要基础。由于证券市场实行严格的信息披露制度，广大股东能够获得有关股份有限公司的重要信息。但是对于具有较强封闭性的有限责任公司，特别是对于一些由大股东称霸的家族企业，中小股东维护其权益、维护公司利益的第一步往往是行使股东知情权。因此，公司有必要在章程中对股东行使知情权的各个方面作出详细规定。

章程条款设计建议

第一，根据《公司法》的规定，有限责任公司与股份有限公司股东知情权的行使方式及范围有所不同。公司章程应当以《公司法》的规定为基础，并结合本公司的经营实际具体规定本公司股东的知情权。

第二，会计账簿中记载的内容多涉及公司重要的商业秘密，如果任由股东随意查阅，极有可能导致泄露公司的商业秘密。因此公司章程可以要求股东就查阅目的提供书面声明和保证，公司有权审查股东查阅账簿的目的是否正当。

第三，《公司法》规定，股份有限公司的股东有权查阅相关公司文件。但是，笔者收集、整理上市公司章程时发现，很多公司还赋予了股东复制相关文件的权利。因此股份有限公司的章程可以规定股东享有查阅、复制相关文件的权利。

第四，有权行使股东知情权的主体必须是目前登记在册的股东，如公司章程无特别规定，隐名股东、公司原股东等不享有股东知情权。公司章程中可规定股东提出行使知情权的，应当向公司提供证明其持有公司股份的种类以及持股数量的书面文件，公司核实股东身份后按照股东的要求予以提供。

公司章程条款实例

一、有限责任公司章程条款实例

股东缴付合理费用后有权查阅、复制：

（一）公司章程；

（二）本人持股资料、股东名册；

（三）股东会会议记录、董事会会议决议、监事会会议决议；

（四）财务会计报告、中期报告和年度报告。

股东有权查阅公司会计账簿、会计凭证。股东要求查阅公司会计账簿、会计凭证的，应当向公司提出书面请求，说明目的。公司有合理根据认为股东查阅会计账簿、会计凭证有不正当目的，可能损害公司合法利益的，可以拒绝提供查阅，并应当自股东提出书面请求之日起十五日内书面答复股东并说明理由。

二、股份有限公司章程条款实例

公司普通股股东缴付合理费用后有权查阅和复印：

（一）公司章程；

（二）本人持股资料、股东名册；

（三）股东大会会议记录、董事会会议决议、监事会会议决议；

（四）财务会计报告、中期报告和年度报告；

（五）公司股本总额、股本结构；

（六）公司债券存根。

股东提出查阅前条所述有关信息或者索取资料的，应当向公司提供证明其持有公司股份的种类以及持股数量的书面文件，公司核实股东身份后按照股东的要求予以提供。

延伸阅读

裁判观点一：股东要求查阅公司会计账簿必须存在合理理由

案例一：其某与中某国安盟固利电源技术有限公司股东知情权纠纷二审民事判决书［（2014）一中民（商）终字第7299号］认为，"会计账簿记载公司经营管理活动，为了平衡股东与公司之间的利益，避免股东知情权的滥用，股东在查阅公司会计账簿时，应当以正当目的为限制，亦应当遵循诚实信用原则，合理地行使查阅权。在公司有合理理由相信股东查阅公司会计账簿会对公司利益造成损害时，公司可以拒绝其进行查阅。本案中，电源公司举证证明其某的妻子、儿子等利害关系人参与经营的多家公司与电源公司之间存在竞争关系或者关联关系，电源公司的会计账簿及其与湖南盟某新材料有限公司的合同账册等所记载的客户信息、技术信息、产品价格、成本、生产数量等如被竞争者或者关联者知悉，则可能损害电源公司的合法权益。因此，电源公司在本案中确有合理理由认为股东其某行使知情权可能损害公司的合法利益，电源公司拒绝其某查阅公司会计账簿等存在合理根据"。

裁判观点二：若公司章程无特殊规定，股东仅有权对会计账簿等进行查阅，无权要求复制

案例二：长沙蓄某工贸有限责任公司与黄某股东知情权纠纷再审民事判决书［（2016）湘民再2号］认为，"《公司法》第三十四条第二款①明文规定股东只可以要求查阅公司财务会计账簿，并未规定复制权，鉴于公司法条款对公司的会计账簿知情权的特殊规定，故黄某提出的要求查阅会计账簿的诉讼请求符合相关法律规定。根据会计准则，相关契约等有关资料也是编制记账凭证的依据，应当作为原始凭证的附件入账备查。公司的具体经营活动也只有通过查阅原始凭证才能知晓，不查阅原始凭证，中小股东可能无法准确了解公司真正的经营状况。据此，黄某查阅权行使的范围应当包括会计账簿（含总账、明细账、日记账和其他辅助性账簿）和会计凭证（含记账凭证、相关原始凭证及作为原始凭证附件入账备查的有关资料）。故黄某要求查阅公司会计账簿及原始凭证的诉讼请求符合法律规定，但黄某请求复制会计账簿及原始凭证的诉讼请求，因涉及公司商业机密和重要经营信息，法律规定明确限定查阅范围，因此黄某该诉请既无法律上的规定，又超出了公司章程的约定，应不予支持"。

裁判观点三：股东知情权的主体仅为公司股东，不包括董事、高级管理人员

案例三：柳某与黔南交某有限责任公司股东知情权纠纷一案的民事裁定书［（2016）黔民终117号］认为，"有权行使股东知情权的权利主体应为公司股东。本案中，柳某起诉时提交的'合并、重组黔南交某有限责任公司合同书、黔南交某有限责任公司第一次股东会会议纪要、网页查询信息、黔南交某有限责任公司关于柳某同志任职的通知、黔南交某有限责任公司变更法定代表人的请示、黔南黔诚会计师事务所验资报告、黔南交某有限责任公司章程'等，只能证明柳某曾经担任过黔南交某有限责任公司的董事长和董事，但并不能证明其系黔南交某有限责任公司的股东。根据《中华人民共和国民事诉讼法》第一百一十九条关于'起诉必须符

---

① 《公司法》已修改，现相关规定见《公司法》（2023年修订）第五十七条第二款。

合下列条件：（一）原告是与本案有直接利害关系的公民、法人和其他组织'的规定①，原审法院认为柳某与本案没有直接利害关系，不符合起诉条件，符合法律规定，并无不当。有权行使股东知情权的主体为公司股东，没有证据证明股东身份的人即便是担任过公司的董事长和董事也并不能提起股东知情权诉讼"。

011 股东知情权行使的"6W"原则

> 设计要点

股东知情权的行使需严格遵循"6W"原则，即在章程中载明行使的内容（What）、地点（Where）、时间（When）、人物（Who）、原因（Why）、方式（How）。

> 阅读提示

笔者曾参与一起股东知情权具体执行的案件，案情简要如下：

笔者代表的客户为公司，公司现被大股东实际控制，小股东因与大股东有矛盾，长期被大股东压制，以致数年无法参与公司管理，也不能取得分红。后小股东提起了股东知情权之诉，历时一年之久，经过一审、二审，小股东胜诉进入执行阶段，法院判决公司需制备会计账簿供小股东查阅。

小股东原以为随着《最高人民法院关于适用〈中华人民共和国公司法〉若干问题的规定（四）》的出台，股东知情权的行使会更加容易简便，但事实上并非如此。因该案执行法官明确表示不会亲自到场监督小股东知情权的行使，于是小股东只能自己带着一位律师和两位会计师到公司进行查阅。自小股东进入公司的那一刻起，双方之间的对立情绪就急剧升级，一系列的问题也随之而来，主要有：第一，小股东自己未参加而是委托自己的父亲到场，此种情形是否属于股东亲自到场？第二，小股东同时委托律师及会计师共三个人辅助查阅，公司可否限制只允许一名专业辅助人在场？会计师是否必须为注册会计师还是只要拥有会计从业资格即可？公司是否有权要求会计师和律师出具执业资格证明和委托材料？公司是否有权要求会计师和律师签署保密协议？第三，小股东在查阅公司会计账簿的过程中是否可以记

---

① 《民事诉讼法》已修改，现相关规定见《民事诉讼法》（2023年修订）第一百二十二条。

录、摘抄或者拍照？公司是否可以对其拍照或记录行为进行制止，甚至中止查阅？第四，公司是否可以对小股东行使知情权的具体行使时间作出限制，还是任由小股东慢慢查阅（鉴于公司账册繁多，一本本慢慢翻阅，估计需要一个月的时间，方可查阅一遍）？已经查阅过的账簿，小股东是否可以提出再次查阅？

在没有执行法官在场的情形下，公司与小股东对上述几个问题产生了严重的分歧，短短一上午，双方因意见分歧，导致查阅过程被迫中止十余次，最终由于对"是否可以摘抄，摘抄的篇幅大小"的理解偏差过大，险些造成肢体冲突。无奈之下，公司中止查阅过程，要求有执行法官在场维持秩序的情形下再进行查阅。

由此可知，虽然公司法规定了股东应当享有的权利，但若在公司章程中未具体规定能够落地执行的措施，说得再好的应然权利也不能得到切实的履行。诺贝尔文学奖获得者、英国作家吉卜林曾说："我有六个诚实的仆人，它们教给了我一切。"吉卜林所说的"六个仆人"其实指的就是"6W"，即"What（什么事）、Where（什么地方）、When（什么时间）、Who（什么人）、Why（为什么）、How（怎么办）"。任何一件事情、任何一个问题都无法摆脱这六个"W"，如果弄通了这六个"W"，对于这件事情、这个问题，一个人才可以说彻底弄明白了。这就是思考问题、解决问题的"6W"原则。同样，股东知情权的行使也必须遵循"6W"原则，在章程中载明权利行使的内容、地点、时间、人物、原因、方式，否则该权利只能是镜中花、水中月。

公司法和相关规定

《公司法》（2023 年修订）

第五十七条 股东有权查阅、复制公司章程、股东名册、股东会会议记录、董事会会议决议、监事会会议决议和财务会计报告。

股东可以要求查阅公司会计账簿、会计凭证。股东要求查阅公司会计账簿、会计凭证的，应当向公司提出书面请求，说明目的。公司有合理根据认为股东查阅会计账簿、会计凭证有不正当目的，可能损害公司合法利益的，可以拒绝提供查阅，并应当自股东提出书面请求之日起十五日内书面答复股东并说明理由。公司拒绝提供查阅的，股东可以向人民法院提起诉讼。

股东查阅前款规定的材料，可以委托会计师事务所、律师事务所等中介机构进行。

股东及其委托的会计师事务所、律师事务所等中介机构查阅、复制有关材料，应当遵守有关保护国家秘密、商业秘密、个人隐私、个人信息等法律、行政法规的规定。

股东要求查阅、复制公司全资子公司相关材料的，适用前四款的规定。

第一百一十条 股东有权查阅、复制公司章程、股东名册、股东会会议记录、董事会会议决议、监事会会议决议、财务会计报告，对公司的经营提出建议或者质询。

连续一百八十日以上单独或者合计持有公司百分之三以上股份的股东要求查阅公司的会计账簿、会计凭证的，适用本法第五十七条第二款、第三款、第四款的规定。公司章程对持股比例有较低规定的，从其规定。

股东要求查阅、复制公司全资子公司相关材料的，适用前两款的规定。

上市公司股东查阅、复制相关材料的，应当遵守《中华人民共和国证券法》等法律、行政法规的规定。

《公司法》（2018 年修正，已被修订）

第三十三条 股东有权查阅、复制公司章程、股东会会议记录、董事会会议决议、监事会会议决议和财务会计报告。

股东可以要求查阅公司会计账簿。股东要求查阅公司会计账簿的，应当向公司提出书面请求，说明目的。公司有合理根据认为股东查阅会计账簿有不正当目的，可能损害公司合法利益的，可以拒绝提供查阅，并应当自股东提出书面请求之日起十五日内书面答复股东并说明理由。公司拒绝提供查阅的，股东可以请求人民法院要求公司提供查阅。

第九十七条 股东有权查阅公司章程、股东名册、公司债券存根、股东大会会议记录、董事会会议决议、监事会会议决议、财务会计报告，对公司的经营提出建议或者质询。

《最高人民法院关于适用〈中华人民共和国公司法〉若干问题的规定（四）》（2020 年修正）

第九条 公司章程、股东之间的协议等实质性剥夺股东依据公司法第三十三条、第九十七条规定查阅或者复制公司文件材料的权利，公司以此为由拒绝股东查阅或者复制的，人民法院不予支持。

第十条 人民法院审理股东请求查阅或者复制公司特定文件材料的案件，对原告诉讼请求予以支持的，应当在判决中明确查阅或者复制公司特定文件材料的时间、地点和特定文件材料的名录。

股东依据人民法院生效判决查阅公司文件材料的，在该股东在场的情况下，可以由会计师、律师等依法或者依据执业行为规范负有保密义务的中介机构执业人员辅助进行。

第十一条 股东行使知情权后泄露公司商业秘密导致公司合法利益受到损害，公司请求该股东赔偿相关损失的，人民法院应当予以支持。

根据本规定第十条辅助股东查阅公司文件材料的会计师、律师等泄露公司商业秘密导致公司合法利益受到损害，公司请求其赔偿相关损失的，人民法院应当予以支持。

专家分析

第一，股东查阅权行使的范围应当包括会计账簿（含总账、明细账、日记账和其他辅助性账簿）和会计凭证（含记账凭证、相关原始凭证及作为原始凭证附件入账备查的有关资料）。《会计法》第九条第一款规定："各单位必须根据实际发生的经济业务事项进行会计核算，填制会计凭证，登记会计帐簿，编制财务会计报告。"第十四条规定："会计凭证包括原始凭证和记帐凭证。办理本法第十条所列的经济业务事项，必须填制或者取得原始凭证并及时送交会计机构……记帐凭证应当根据经过审核的原始凭证及有关资料编制。"第十五条第一款规定："会计帐簿登记，必须以经过审核的会计凭证为依据，并符合有关法律、行政法规和国家统一的会计制度的规定。会计帐簿包括总帐、明细帐、日记帐和其他辅助性帐簿。"因此，根据会计准则，相关契约等有关资料也是编制记账凭证的依据，应当作为原始凭证的附件入账备查。公司的具体经营活动也只有通过查阅原始凭证才能知晓，不查阅原始凭证，中小股东可能无法准确了解公司真正的经营状况。但股东请求复制会计账簿及原始凭证的诉讼请求，因涉及公司商业机密和重要经营信息，法律规定明确限定查阅范围，在公司章程未规定可以复制的情形下，不予支持。

第二，股东有权委托注册会计师协助查阅会计账簿、会计凭证等财务资料。理由如下：股东知情权是一个权利体系，由财务会计报告查阅权、账簿查阅权和检查人选任请求权三项权利所组成。首先，从日常生活经验分析，财务会计报告、会计账簿、会计凭证具有高度的专业性，不具有专业知识的股东查阅上述资料时难以看懂。其次，设立股东知情权的立法目的和价值取向是保护中小股东的实体性权利。该权利的行使是通过查阅会计账簿及相应的会计凭证了解公司真实的信息。从实质正义的角度分析，股东委托注册会计师帮助查阅财务会计报告、会计账簿、会计凭证，有助于股东知情权的充分行使。

> **章程条款设计建议**

第一,股东行使知情权,查阅公司资料的内容不但包括公司章程、股东会会议记录、董事会会议决议、监事会会议决议和财务会计报告,还包括会计账簿(含总账、明细账、日记账和其他辅助性账簿)和会计凭证(含记账凭证、相关原始凭证及作为原始凭证附件入账备查的有关资料),但需要注意的是对于会计账簿和原始凭证,在公司章程未作明确约定的情况下,股东仅有权查阅,无权复制。对于查阅权的行使方式,公司章程中应当明确规定禁止股东进行拍照、全文摘抄等实质上构成复制的情形,但可以规定股东有权对有问题和疑问的内容进行简要记录。对于查阅的时间,公司章程中可以规定,股东每次要求查阅的账簿资料不得超过两个会计年度,股东每次进行查阅过程的起止时间不得超过两个工作日,股东查阅过程中对于每一份账簿材料,原则上只能查阅一次,提出再次查阅的须在第一次查阅后当天提出。

第二,股东可以委托专业的会计人员协助查阅(Who)。公司章程应规定股东谨慎行使知情权,对于委托的注册会计师,应当向公司出示身份证明及授权委托书手续,并不得有干扰公司正常经营、泄露公司商业秘密等有损公司合法权利的情形,辅助查阅的会计师和律师应与公司签订保密协议,会计师应有注册会计师资格,律师应有律师从业资格,会计师和律师的总人数不得超过三人,在会计师和律师辅助查阅的情形下,自然人股东本人必须在场,不得再委托。

第三,股东查阅的地点统一规定为公司会议室。

> **延伸阅读**

裁判观点一:股东有权查阅会计账簿和原始凭证,但无权复制

案例一:北京市高级人民法院审理范某股东知情权纠纷申诉、申请民事裁定书〔(2015)高民(商)申字第03595号〕认为:"根据《中华人民共和国公司法》第三十四条关于'股东可以要求查阅公司会计账簿'的规定①,范某作为一某阁公司的股东,可以要求查阅公司会计账簿,但其要求对公司会计账簿进行记录的请求,超出了法律的规定"。股东可以要求查阅公司会计账簿,但不能对会计账簿进行记录。

---

① 《公司法》已修改,现相关规定见《公司法》(2023年修订)第五十七条。

案例二：贵州省高级人民法院审理夏某与贵州安某今旦房地产开发有限公司股东知情权纠纷一案的民事判决书［（2015）黔高民商终字第 123 号］认为："根据《中华人民共和国公司法》第三十三条①之规定，股东对于公司的财务会计报告可以查阅、复制，但对于公司的会计账簿仅限于查阅，故夏某请求复制公司会计账簿的诉讼请求没有法律依据，不予支持。"

案例三：北京市第一中级人民法院审理王某与北京贵某和时科技有限公司股东知情权纠纷上诉案民事判决书［（2013）一中民终字第 9866 号］认为："股东可以要求查阅公司会计账簿，现王某认为其有权摘抄和复制公司会计账簿，无法律依据，本院不予支持"。

案例四：山西省高级人民法院审理明某投资有限公司与山西福某纺织机械有限公司股东知情权纠纷二审民事判决书［（2011）晋民终字第 197 号］认为："原审法院依据《中华人民共和国公司法》的规定，支持了明某投资有限公司查阅、复制、摘抄山西福某纺织机械有限公司 1992 年至 2008 年的董事会会议决议、监事会会议决议、财务会计报告的请求；查阅山西福某纺织机械有限公司 1992 年至 2008 年的会计账簿、原始会计凭证的请求；明某投资有限公司要求摘抄、复制山西福某纺织机械有限公司会计账簿原始会计凭证的请求，不符合法律规定，原审法院未支持并无不当。"

案例五：广东省江门市中级人民法院审理某环保生态科技国际有限公司与新会某资源环境科技发展有限公司股东知情权纠纷上诉案民事判决书［（2011）江中法民四终字第 9 号］认为："仅规定股东可以要求查阅公司财务会计账簿，但并未规定可以复制，因此某国际公司要求复制新会某公司会计账簿及其他公司资料的诉讼请求无法律上的规定，本院不予支持。"

案例六：上海市第一中级人民法院审理黄某与甲公司股东知情权纠纷上诉案民事判决书［（2013）沪一中民四（商）终字第 1007 号］认为："公司股东会决议以及董事会会议记录的查阅、复制，会计账簿的复制、原始会计凭证的查阅和复制并不属于股东知情权的范围"。因此，严格依据《公司法》的规定，可以进行查阅、复制的文件只限于公司章程、股东会会议记录、董事会会议决议、监事会会议决议和财务会计报告。而会计账簿只能查阅，不可复制。

案例七：福建省厦门市中级人民法院审理厦门穗某工贸有限公司与王某股东知情权纠纷上诉案民事判决书［（2011）厦民终字第 2347 号］认为："该条款（《公

---

① 《公司法》已修改，现相关规定见《公司法》（2023 年修订）第五十七条。

司法》第三十三条第二款)① 并未规定股东可以复制公司会计账簿的权利。因此，穗某工贸公司认为王某不能复制公司会计账簿，符合法律规定，应予采信，其为此而提出上诉，应予支持"。因此，股东只能要求查阅会计账簿，不能进行复制。

裁判观点二：股东有权委托注册会计师协助行使知情权

案例八：江苏省高级人民法院审理郁某兰与南京郁某生物科技有限公司股东知情权纠纷二审民事判决书［（2016）苏民终620号］认为："公司法并未禁止股东委托他人代为行使知情权，郁某兰为了知悉郁某公司的经营状况行使知情权，当然可以自行决定聘请注册会计师协助其进行查询，且其委托注册会计师协助查阅并未损害郁氏公司的利益"。

案例九：广东省高级人民法院审理广东茂某高速公路有限公司与东南亚某发有限公司知情权纠纷执行案执行裁定书［（2010）粤高法执复字第97号］认为："某发公司有权自费聘请有审计资格的会计师事务所在茂某高速合作经营合同、章程和法律规定的范围内，对其作为合作经营企业的股东期间的账簿进行审计"。

案例十：江苏省泰州市中级人民法院审理某饮服公司诉沈某明等股东知情权纠纷案民事判决书［（2013）泰中商终字第0310号］认为："鉴于饮服公司成立多年，会计账簿又具有较强的专业性，被上诉人要求委托注册会计师协助其行使账簿的查阅权，不违反法律的规定，应予以支持"。

012 保障股东知情权实现的"撒手锏"——单方审计权

> **设计要点**

有限责任公司章程可以赋予股东对于公司财务状况的单方审计权。

> **阅读提示**

股东可通过查阅、复制公司的会议资料、财务报告以及查阅公司的会计账簿，对公司的财务状况进行了解和核实，保护自己的合法权益。但上述权利仅靠小股东个人的力量是很难实现的，即使股东在行使知情权的过程中委派会计师进行查阅也仅能起到隔靴搔痒的功效，况且公司中设置内外两本账、私设小金库的现象时有发

---

① 《公司法》已修改，现相关规定见《公司法》（2023年修订）第五十七条第二款。

生，小股东即使查阅了原始凭证，也可能只能看到"外账"，而对于"内账"却不得而知，因此小股东很难真正了解公司的财务状况。为防患于未然，各股东可以在公司成立伊始股东关系和谐融洽之时，即在公司章程中规定，任何股东均有权自费聘请第三方审计机构对公司财务状况进行审计，这必定有利于股东行使知情权，进而倒逼公司财务透明。

公司法和相关规定

《公司法》（2023年修订）

第五十七条　股东有权查阅、复制公司章程、股东名册、股东会会议记录、董事会会议决议、监事会会议决议和财务会计报告。

股东可以要求查阅公司会计账簿、会计凭证。股东要求查阅公司会计账簿、会计凭证的，应当向公司提出书面请求，说明目的。公司有合理根据认为股东查阅会计账簿、会计凭证有不正当目的，可能损害公司合法利益的，可以拒绝提供查阅，并应当自股东提出书面请求之日起十五日内书面答复股东并说明理由。公司拒绝提供查阅的，股东可以向人民法院提起诉讼。

股东查阅前款规定的材料，可以委托会计师事务所、律师事务所等中介机构进行。

股东及其委托的会计师事务所、律师事务所等中介机构查阅、复制有关材料，应当遵守有关保护国家秘密、商业秘密、个人隐私、个人信息等法律、行政法规的规定。

股东要求查阅、复制公司全资子公司相关材料的，适用前四款的规定。

《公司法》（2018年修正，已被修订）

第三十三条　股东有权查阅、复制公司章程、股东会会议记录、董事会会议决议、监事会会议决议和财务会计报告。

股东可以要求查阅公司会计账簿。股东要求查阅公司会计账簿的，应当向公司提出书面请求，说明目的。公司有合理根据认为股东查阅会计账簿有不正当目的，可能损害公司合法利益的，可以拒绝提供查阅，并应当自股东提出书面请求之日起十五日内书面答复股东并说明理由。公司拒绝提供查阅的，股东可以请求人民法院要求公司提供查阅。

《最高人民法院关于适用〈中华人民共和国公司法〉若干问题的规定（四）》（2020年修正）

第十条　人民法院审理股东请求查阅或者复制公司特定文件材料的案件，对原告诉讼请求予以支持的，应当在判决中明确查阅或者复制公司特定文件材料的时间、地点和特定文件材料的名录。

股东依据人民法院生效判决查阅公司文件材料的，在该股东在场的情况下，可以由会计师、律师等依法或者依据执业行为规范负有保密义务的中介机构执业人员辅助进行。

专家分析

知情权是公司法赋予股东的一种基础性权利，应依法得到保护，但股东行使知情权应当受到一定的限制。审计系指由接受委托的第三方机构对被审计单位的会计报表及其相关资料进行独立审查并发表审计意见。注册会计师审计工作的基础包括：接触与编制财务报表相关的所有信息以及审计所需的其他信息，注册会计师在获取审计证据时可以不受限制地接触其认为必要的内部人员和其他相关人员。审计并不属于股东知情权的法定范围，是否对公司财务账簿进行审计，属于公司自治的内容，股东个人是否有权对公司进行审计，需要通过公司章程或股东会决议的方式作出决定。但是，股东通过行使知情权、查阅、复制公司的会议资料、财务报告以及查阅公司的会计账簿，也可以对公司的财务状况进行了解和核实，以保护自己的合法权益。

章程条款设计建议

任何一方股东均可以在任何时间雇用一名审计人员检查公司的财务记录和会计账簿；任何一方股东每一个会计年度或在公司出现异常情况时，有权自担费用委托第三方审计机构对公司财务进行审计并出具审计报告；公司和其他方必须尽最大努力配合协助审计人员，否则股东有权通过诉讼的方式实现该权利。

第一，在知情权诉讼过程中，股东无权要求对公司账目进行司法审计，但是在公司章程中规定公司有行使年度审计的义务，或列明股东有权通过聘请第三方机构对公司进行审计的除外。因此，股东若想通过审计的方式行使股东知情权，需要在公司章程中列明。

第二，小股东最好在公司成立之初，各股东之间的关系融洽、相互需要的情形下，提出在公司章程中赋予各股东单方自费审计的权利，此时各股东之间无利益冲突，加之迫于融资的需要，往往很容易载入该类条款。另外，为防止股东滥用权利，动辄对公司进行财务审计，公司章程也可对审计的条件或频率作出限制。

> **延伸阅读**

裁判观点：公司章程未赋予股东审计权的，股东个人无权要求审计

案例一：江苏省高级人民法院审理 R 公司与常州雍某置业有限公司股东知情权纠纷二审民事判决书 [（2015）苏商外终字第 00035 号] 认为："R 公司主张，依据雍某公司章程第十二条第二款第（f）项的规定，其可以行使知情权包括自费聘请审计人员对合资公司进行审计。对此，雍某公司认为，审计不属于 R 公司股东知情权的范畴。本院认为，审计系指由接受委托的第三方机构对被审计单位的会计报表及其相关资料进行独立审查并发表审计意见。注册会计师审计工作的基础包括：接触与编制财务报表相关的所有信息以及审计所需的其他信息，注册会计师在获取审计证据时可以不受限制地接触其认为必要的内部人员和其他相关人员。但雍某公司章程第十二条第二款第（f）项仅载明：'任何一方可以在任何时间，雇用一名审计人员或派其内部审计人员检查合资公司的财务记录和程序，并自行承担相关费用。合资公司和其他方必须尽最大努力予以配合协助审计人员。'因此，该条款并未赋予股东单方委托第三方机构进行审计的权利，而是约定了股东行使知情权的具体方式。且在一审判决中已经明确 R 公司享有股东委派审计人员检查公司财务记录和程序的权利。而 R 公司一审中明确其主张的是审计权，其主张没有事实和法律依据，一审法院不予支持并无不当。"

案例二：上海市第一中级人民法院审理黄某与甲公司股东知情权纠纷一案二审民事判决书 [（2013）沪一中民四（商）终字第 1007 号] 认为："知情权是公司法赋予股东的一种基础性权利，应依法得到保护，但股东行使知情权应当受到一定的限制。根据《中华人民共和国公司法》第三十四条①之规定，公司股东会决议以及董事会会议记录的查阅和复制、会计账簿的复制、原始会计凭证的查阅和复制并不属于股东知情权的范围。黄某提出的对上述材料行使知情权的主张缺乏法律依据，本院不予支持。《中华人民共和国会计法》第十五条规定，会计账簿包括总账、明细账、日记账和其他辅助性账簿。该项规定应属于强制性规定，各个企业须恪守。《中华人民共和国公司法》第三十四条第二款规定，股东可以要求查阅公司会计账簿。上诉人黄某要求查阅甲公司的总账、明细账、现金日记账、银行日记账及其他辅助性账簿在内的财务账簿，属于《中华人民共和国会计法》规定的会计账簿的范畴，亦属于公司法规定的股东行使知情权的范围，应予准许。黄某作为公司的小股

---

① 《公司法》已修改，现相关规定见《公司法》（2023 年修订）第五十七条。

东，并不负责公司的财务管理，故在举证证明甲公司设立总账以及其他辅助性账簿上具有难度。但甲公司作为依法设立的企业，应当严格依据《中华人民共和国会计法》的上述规定设置公司的会计账簿。原审法院仅以甲公司辩称不存在总账和其他辅助性账簿为由不支持黄某要求查阅甲公司的总账及其他辅助性账册的诉求有所不当，本院依法予以纠正。对于黄某提出申请要求对甲公司的财务状况进行审计，本院认为，司法审计并不属于股东知情权的范围，况且黄某通过行使知情权，查阅、复制甲公司的会议资料、财务报告以及查阅公司的会计账簿，也可以对公司的财务状况进行了解和核实，以保护自己的合法权益，故本院对其提出的对甲公司的财务状况进行司法审计的主张依法不予支持。"

013 公司章程应如何对分红条款作出规定？

设计要点

公司章程中可提前规定股东分红的最短时间间隔和现金分红的最低比例。

阅读提示

公司实际分配股利与否，除取决于公司是否有可资分配的利润外，还取决于公司的意思。只有当公司治理机构宣布分配股利时（股东会作出有效的利润分配方案决议时），股东的具体股利分配请求权才得以产生，除非出现大股东违反法律规定滥用股东权利导致公司不分配利润，给其他股东造成损失的，法院才有条件有权强制公司进行分红。所以，对于股东来讲，其有必要未雨绸缪，在公司成立之初，在公司章程中详细规定利润分配的具体政策，包括但不限于分红的频率、条件、方式、程序等具体事宜，以便自己的分红权落到实处。

章程研究文本

《泸州老窖股份有限公司章程》（2023年11月版）
第一百七十八条　公司利润分配政策为：
……
（二）利润分配政策的具体内容
1. 利润分配的期间间隔：原则上公司按年度将可供分配的利润进行分配，必要时公司也可以进行中期利润分配。

2. 利润的分配形式：公司可采取现金、股票或者现金股票相结合的方式分配利润。利润分配中，现金分红优于股票股利。具备现金分红条件的，应当采用现金分红进行利润分配。

3. 利润分配的比例：公司现金或股票方式分红比例不低于公司当年实现可供分配利润的 50%。

4. 现金分红的条件及比例

（1）公司在年度报告期内盈利且累计未分配利润为正时，应当进行现金分红。

（2）如实施现金分红，其比例为：每年以现金方式分配的利润不少于当年实现可分配利润的 30%。

（3）在满足现金分红条件下，公司无重大现金支出安排的，进行利润分配时，现金分红在该次利润分配中所占比例最低应达到 80%；在满足现金分红条件下，公司有重大现金支出安排的，进行利润分配时，现金分红在该次利润分配中所占比例最低应达到 40%；公司发展阶段属成长期且有重大资金支出安排的，进行利润分配时，现金分红在本次利润分配中所占比例最低应达到 20%。公司发展阶段不易区分但有重大资金支出安排的，可以按照前项规定处理。

5. 发放股票股利的条件：公司在股本规模及股权结构合理、股本扩张与业绩增长同步的情况下，可以采用股票股利的方式进行利润分配。

……

同类章程条款

笔者查阅了近百家上市公司的公司章程，其中多数公司对利润分配政策中现金分红的时间间隔和比例作出了最低限制的规定，列举如下：

《东北制药集团股份有限公司章程》（2021 年 7 月版）

第一百六十条 公司利润分配政策为：

……

（四）现金分红的具体条件和比例：在当年盈利的条件下，公司如无重大投资计划或重大现金支出等事项发生，应当采取现金方式分配股利。公司每年以现金形式分配的利润不少于当年实现的可供分配利润的 10%。

重大投资计划或重大现金支出事项是指：公司未来十二个月内拟对外投资、收购资产或购买设备等（募集资金项目除外），累计支出达到或超过公司最近一期经审计总资产的 10% 投资计划或单笔超过 5 亿元人民币现金支出事项。

……

《重庆长安汽车股份有限公司章程》（2023 年 7 月版）

第一百七十六条　公司的利润分配政策为：

（一）利润分配的原则

……

3. 当期盈利且合并报表累计未分配利润为正数的前提下，公司每年度至少进行一次利润分配；

……

（三）现金分红

……

公司依照第（一）条利润分配原则，且当期经营活动现金流净额为正数并高于当期实现可供分配利润的 10%，在满足公司正常生产经营和发展的资金需求情况下，每年以现金分红方式的利润应不低于当年实现的合并报表可供分配利润的 15%，且任意连续三年以现金方式累计分配的利润原则上应不少于该三年实现的合并报表年均可供分配利润的 45%，具体每个年度的分红比例由董事会根据公司年度盈利状况和未来资金使用计划提出预案。

公司以现金为对价采用要约方式、集中竞价方式回购股份的，视同公司现金分红，纳入上述现金分红的相关比例计算。

公司可以进行中期现金分红。董事会可以根据公司当期的盈利规模、现金流状况、发展阶段及资金需求状况，提议公司进行中期分红。

公司董事会应当综合考虑所处行业特点、发展阶段、自身经营模式、盈利水平以及是否有重大资金支出安排等因素，区分下列情形，并按照公司章程规定的程序，提出差异化的现金分红政策：

1. 公司发展阶段属成熟期且无重大资金支出安排的，进行利润分配时，现金分红在本次利润分配中所占比例最低应达到 80%；

2. 公司发展阶段属成熟期且有重大资金支出安排的，进行利润分配时，现金分红在本次利润分配中所占比例最低应达到 40%；

3. 公司发展阶段属成长期且有重大资金支出安排的，进行利润分配时，现金分红在本次利润分配中所占比例最低应达到 20%；

公司发展阶段不易区分但有重大资金支出安排的，可以按照前项规定处理。

……

《仁和药业股份有限公司章程》（2023年5月版）

第一百五十六条 公司利润分配具体政策为：

……

（二）利润分配的期间间隔：

公司实现盈利时可以进行年度利润分配或中期利润分配，董事会应当就股东回报事宜进行专项研究讨论。

（三）公司的利润分配形式、条件和比例：

公司可以采取现金、股票或者现金与股票相结合的方式分配股利。

除特殊情况外，公司在当年盈利且累计未分配利润为正的情况下，采取现金方式分配股利，公司三年以现金方式累计分配的利润不低于最近三年实现的年均可分配利润的百分之三十。确因特殊原因不能达到上述比例的，董事会应当向股东大会作特别说明。在公司现金流状况良好且不存在重大投资项目或重大现金支出的条件下，公司应尽量加大现金分红的比例，留存公司的用途，独立董事还应当对此发表独立意见。当公司年末资产负债率超过百分之七十或者当年经营活动产生的现金流量净额为负数时，公司可不进行现金分红。

在实际分红时，公司董事会应当综合考虑所处行业特点、发展阶段、自身经营模式、盈利水平以及是否有重大资金支出安排等因素，并按照本章程规定的程序，提出差异化的现金分红政策：

1. 公司发展阶段属成熟期且无重大资金支出安排的，进行利润分配时，现金分红在本次利润分配中所占比例最低应达到百分之八十；

2. 公司发展阶段属成熟期且有重大资金支出安排的，进行利润分配时，现金分红在本次利润分配中所占比例最低应达到百分之四十；

3. 公司发展阶段属成长期且有重大资金支出安排的，进行利润分配时，现金分红在本次利润分配中所占比例最低应达到百分之二十；

公司发展阶段不易区分但有重大资金支出安排的，可以按照前项规定处理。

……

公司法和相关规定

《公司法》（2023年修订）

第六十七条第二款 董事会行使下列职权：

……

（四）制订公司的利润分配方案和弥补亏损方案；

……

第二百一十条　公司分配当年税后利润时，应当提取利润的百分之十列入公司法定公积金。公司法定公积金累计额为公司注册资本的百分之五十以上的，可以不再提取。

公司的法定公积金不足以弥补以前年度亏损的，在依照前款规定提取法定公积金之前，应当先用当年利润弥补亏损。

公司从税后利润中提取法定公积金后，经股东会决议，还可以从税后利润中提取任意公积金。

公司弥补亏损和提取公积金后所余税后利润，有限责任公司按照股东实缴的出资比例分配利润，全体股东约定不按照出资比例分配利润的除外；股份有限公司按照股东所持有的股份比例分配利润，公司章程另有规定的除外。

公司持有的本公司股份不得分配利润。

第二百一十一条　公司违反本法规定向股东分配利润的，股东应当将违反规定分配的利润退还公司；给公司造成损失的，股东及负有责任的董事、监事、高级管理人员应当承担赔偿责任。

《公司法》（2018 年修正，已被修订）

第三十四条　股东按照实缴的出资比例分取红利；公司新增资本时，股东有权优先按照实缴的出资比例认缴出资。但是，全体股东约定不按照出资比例分取红利或者不按照出资比例优先认缴出资的除外。

第三十七条第一款　股东会行使下列职权：

……

（六）审议批准公司的利润分配方案和弥补亏损方案；

……

第四十六条第一款　董事会对股东会负责，行使下列职权：

……

（五）制订公司的利润分配方案和弥补亏损方案；

……

第一百六十六条　公司分配当年税后利润时，应当提取利润的百分之十列入公司法定公积金。公司法定公积金累计额为公司注册资本的百分之五十以上的，可以不再提取。

公司的法定公积金不足以弥补以前年度亏损的，在依照前款规定提取法定公积金之前，应当先用当年利润弥补亏损。

公司从税后利润中提取法定公积金后，经股东会或者股东大会决议，还可以从税后利润中提取任意公积金。

公司弥补亏损和提取公积金后所余税后利润，有限责任公司依照本法第三十四条的规定分配；股份有限公司按照股东持有的股份比例分配，但股份有限公司章程规定不按持股比例分配的除外。

股东会、股东大会或者董事会违反前款规定，在公司弥补亏损和提取法定公积金之前向股东分配利润的，股东必须将违反规定分配的利润退还公司。

公司持有的本公司股份不得分配利润。

《最高人民法院关于适用〈中华人民共和国公司法〉若干问题的规定（四）》（2020年修正）

第十四条　股东提交载明具体分配方案的股东会或者股东大会的有效决议，请求公司分配利润，公司拒绝分配利润且其关于无法执行决议的抗辩理由不成立的，人民法院应当判决公司按照决议载明的具体分配方案向股东分配利润。

第十五条　股东未提交载明具体分配方案的股东会或者股东大会决议，请求公司分配利润的，人民法院应当驳回其诉讼请求，但违反法律规定滥用股东权利导致公司不分配利润，给其他股东造成损失的除外。

专家分析

利润分配权，是指股东有权按照出资或股份比例请求分配公司利润的权利。关于股东盈余分配请求权的性质，学术界存在两种观点：一种观点认为该权利是现实的权利，公司有盈利且符合法定分配条件的，人民法院可以作出分配盈余的判决；另一种观点认为该权利为期待权，是否分配利润是公司股东会或股东大会的权利，该事项属于公司的自益权，人民法院不能代替公司作出经营判断和选择，没有股东会或股东大会的决议，人民法院不能判决分配利润。

随着《最高人民法院关于适用〈中华人民共和国公司法〉若干问题的规定（四）》的出台，学界上述争论尘埃落定，是否分配和如何分配公司利润，原则上认定为商业判断和公司自治的范畴，人民法院一般不应介入。股东请求公司分配利润的，应当提交载明具体分配方案的股东会或者股东大会决议；未提交的，人民法院原则上应当不予支持。但是，公司大股东违反同股同权原则和股东权利不得滥用原则，排挤、压榨小股东，导致公司不分配利润，损害小股东利润分配权的现象时有发生，严重破坏了公司自治。比如，公司不分配利润，但董事、高级管理人员领取过高薪酬，或者由控股股东操纵公司购买与经营无关的财物或者服务，用于其自身使用或消费，或者隐瞒或转移利润，等等。为此，《最高人民法院关于适用〈中华人民共和国公司法〉若干问题的规定（四）》第十五条但书规定，公司股东滥用权利，导致公司不分配利润给其他股东造成损失的，司法可以适当干预，以实现对公司自治失灵的矫正。但对于股东来讲，因公司长期不分配利润，诉至法院，要求法院强制分红，即便得到法院的支持，也是亡羊补牢，不能及时维护自己的合法权益，其有必要未雨绸缪，公司成立之初，在公司章程中详细规定利润分配的具体政策，包括但不限于分红的频率、条件、方式、程序等具体事宜，以便自己的分红权落到实处。

章程条款设计建议

第一，公司有必要将利润分配的频率和时间间隔在公司章程中明确列明，以防止大股东滥用控制权，连续盈利却数年不作出利润分配的决议，使小股东的分红权成为海市蜃楼。例如，在章程中规定，公司实现盈利时可以进行年度利润分配或中期利润分配，董事会应当就股东回报事宜进行专项研究讨论，并制定详细的利润分配预案；股东会在年度或中期财务会计报告作出后两个月内形成同意利润分配的股东会决议；公司每个年度至少进行一次利润分配。

第二，公司章程中应当规定现金分红的最低比例，例如"公司在当年盈利且累计未分配利润为正的情况下，采取现金方式分配股利，公司三年以现金方式累计分配的利润不低于最近三年实现的年均可分配利润的30%"。同时，为防止现金大量流出，降低公司长期的扩大再生产的资金供应，违反全体股东的整体利益，公司章程中有必要规定在实际分红时，公司董事会应当综合考虑所处行业特点、发展阶段、自身经营模式、盈利水平以及是否有重大资金支出安排等因素，并按照章程规定的程序，提出差异化的现金分红政策，设置不同的现金分红档次。

公司章程条款实例

公司利润分配具体政策为：

（一）利润分配的期间间隔：公司实现盈利时可以进行年度利润分配或中期利润分配，董事会应当就股东回报事宜进行专项研究讨论并制定详细的利润分配预案；股东会在年度或中期财务会计报告作出后2个月内形成同意利润分配的股东会决议；公司每个年度至少进行一次利润分配。

（二）公司的利润分配形式、条件和比例：公司可以采取现金、股票或者现金与股票相结合的方式分配股利。除特殊情况外，公司在当年盈利且累计未分配利润为正的情况下，采取现金方式分配股利，公司三年以现金方式累计分配的利润不低于最近三年实现的年均可分配利润的 30%。

在实际分红时，公司董事会应当综合考虑所处行业特点、发展阶段、自身经营模式、盈利水平以及是否有重大资金支出安排等因素，并按照本章程规定的程序，提出差异化的现金分红政策：

1. 公司发展阶段属成熟期且无重大资金支出安排的，进行利润分配时，现金分红在本次利润分配中所占比例最低应达到 80%；

2. 公司发展阶段属成熟期且有重大资金支出安排的，进行利润分配时，现金分红在本次利润分配中所占比例最低应达到 40%；

3. 公司发展阶段属成长期且有重大资金支出安排的，进行利润分配时，现金分红在本次利润分配中所占比例最低应达到 20%。

公司发展阶段不易区分但有重大资金支出安排的，可以按照前项规定处理。

重大投资计划或重大现金支出事项是指：公司未来 12 个月内拟对外投资、收购资产或购买设备等（募集资金项目除外），累计支出达到或超过公司最近一期经审计总资产的 10% 投资计划或单笔超过 5 亿元人民币现金支出事项。

> 延伸阅读

裁判观点：股东的盈余分配请求权要求股东会或股东大会的决议，否则不予支持

案例一：最高人民法院审理的长某资源路桥有限公司与武汉华某路桥管理有限公司、武汉某桥梁建设集团有限公司管辖裁定书［(2015) 民四终字第 4 号］认为："依据公司法相关规定，股东请求分配公司盈余的，应以公司有可供分配的利润以及公司的权力机关决定分配股利为前提。只有当分配股利的决议形成时，股东的盈余分配请求权才转化为实在的债权，方属于人民法院的管辖范围。本案中不具备可供分配的利润，公司董事会也未制定利润分配方案，股东会更未进行审议批准。据此，长某公司直接起诉主张利润分配不合法，违反了公司自治原则，人民法院应当不予受理"。

案例二：新疆乌鲁木齐市中级人民法院审理的王某与新疆福某陵园股份有限公司与公司有关的纠纷一审民事判决书［(2014) 乌中民二初字第 125 号］认为："股东请求分配公司利润，行使盈余分配请求权，依据民事诉讼证据规则的相关规定，股东应当承担初步举证责任。股东应提供证据证明：自身具备合格的股东身份、公司持续盈利且存有可用于分配的利润、公司存在长期不分配股东利润的事实、控股股东存在欺压或不公平分配的行为、控股股东滥用股东权利、股东穷尽了内部救济途径。1. 如陵园公司已经通过内部自治，依照公司法的要求提取法定公积金、弥补亏损后，对利润分配事项召开了股东大会，作出了利润分配方案或依据公司章程规定，应当分配公司利润，但没有向股东王某进行分配或损害了王某的盈余分配请求权，在此情形下，王某主张分配公司利润，如可以确定陵园公司利润分配方案，则对王某分配利润请求权应当予以支持。王某没有提供证据证明陵园公司已经通过内部自治方式审议了利润分配方案或对陵园公司其他股东进行了利润分配，且没有提供证据证明陵园公司有利润可供分配的情形下，主张分配公司利润，没有事实及法律依据，本院不予支持。2. 王某亦没有提供证据证明陵园公司股东存在滥用股东权利、控股股东存在欺压或不公平分配的行为及陵园公司有依法可供分配的公司利润，故王某主张对陵园公司利润进行分配，亦没有事实及法律依据。3. 王某系陵园公司的股东，其可以先向陵园公司提出盈余分配请求，陵园公司对股东提出的盈余分配请求应当进行答复。综合上述分析，王某对其该主张没有提供证据加以证明。同时，本着司法尊重公司内部意思自治原则，王某诉讼请求对陵园公司利润进行分配，没有事实及法律依据，本院不予支持"。

案例三：上海市第二中级人民法院审理的陆某与上海某日杂花席总店民事纠纷一案二审民事判决书［(2013)沪二中民四（商）终字第1286号］认为："依据我国《公司法》的相关规定，公司股东有权依据其持有的股权获得利润，股东行使公司盈余分配请求权必须具备两个条件：1. 公司必须有实际可供分配的利润；2. 公司的利润分配方案得到股东会通过。本案中，某日杂店对于公司的盈利状况提供了《损益表》及《资产负债表》，表明截至2012年年底某日杂店并无可用于分配的利润。对此，陆某无法提供有效证据证明某日杂店具备可供分配的企业盈余，也无证据显示该店召开过合法的股东会会议并对于分配方案及每股红利作出过有效的审议和批准。陆某亦无法明确表述其要求分配的是以某日杂店哪一个或哪几个年度收益为基准的每股盈余分配金额及计算依据。综上，陆某要求某日杂店分配利润的上诉理由，缺乏事实和法律依据，依法不能成立。"

案例四：上海市第一中级人民法院审理的刘某诉上海齐某进出口汽车修理有限公司盈余分配纠纷一案二审民事判决书［(2016)沪01民终9374号］认为："公司股东依法享有资产收益、参与重大决策和选择管理者等权利。股东盈余分配请求权分为抽象的请求权和具体的请求权，两者之间的界限在于公司是否作出分配利润的决议。公司未作出决议之前，股东享有的盈余分配请求权包括提请股东会决议分配利润，按投资比例分取利润，是一种概括的、抽象的权利，尚未确定是否给付，更未确定给付金额。公司作出决议之后，股东就享有要求公司支付一定金额红利的权利。就本案而言，齐某公司提供的两份股东领款清单及庭审陈述，说明 2011 年该公司进行过两次公司盈余分配，刘某作为股东应获得的红利金额共计 43400 元，但齐某公司实际未向刘某交付。虽然齐某公司称刘某在担任董事长期间，在经营管理方面存在违法、违规等行为，但齐某公司不得以此为由拒绝向刘某支付其作为股东应获得的、公司已作出分配决议的红利。齐某公司认为刘某任董事长期间的行为损害了公司利益，可另行主张。除上述两次盈余分配外，刘某未能提供齐某公司其他已经形成具体利润分配的决议。齐某公司亦称自 2012 年起公司董事会作出决议，不再分配。综上，齐某公司应支付刘某 2011 年已经通过决议的两次公司盈余分配相应的红利。对于其他期间的公司资产收益，刘某可另行提请公司股东会决议分配"。

014 公司章程可规定利润分配基准和分红比例的衡量标准

设计要点

将上市公司利润分配的基准和具体分红比例载入公司章程条款，更有利于保障投资者权益。

阅读提示

上市公司为投资者提供相对稳定、可预期的现金回报，不仅是证券这一金融资产的基本属性，也是经典理论中股票合理定价与估值的关键因素。因此，上市公司现金分红可谓公司治理的内在要求。为打击上市股份公司无故不分利润，或者大股东把现金分红当成套现工具的现象，2013 年上海证券交易所发布《上海证券交易所上市公司现金分红指引》（以下简称《指引》，已失效），专门增加条款，对上市公司利润分配基准和分红比例的衡量标准作出了明确规定。《指引》颁布后，多家上市公司立刻将《指引》的要求载入公司章程条款。上海证券交易所《指引》发布后，中国证券监督管理委员会发布《上市公司监管指引第 3 号——上市公司现金分红》对上述问题也有所规定。自 2017 年以来，为应对资本市场投资不足、散户过多的情况，有些公司制定了彰显《指引》精神的《股东分红回报规划》，来吸引更多中小股东进行长期和理性的投资。后上海证券交易所于 2022 年 1 月发布（2023 年 8 月、12 月两次修订）《上海证券交易所上市公司自律监管指引第 1 号——规范运作》，《指引》废止。中国证券监督管理委员会分别于 2022 年 1 月、2023 年 12 月修订《上市公司监管指引第 3 号——上市公司现金分红》。其中，利润分配基准与分红比例的衡量标准在上述规定中被延续。本文借助《恒通物流股份有限公司股东分红回报规划》（2017—2019 年）的有关条款以及司法案例，对此问题进行分析。

章程研究文本

《恒通物流股份有限公司股东分红回报规划》（2017—2019 年）

第一章第二条第二款 董事会应当综合考虑公司所处行业特点、发展阶段、自身经营模式、盈利水平以及是否有重大资金支出安排等因素，区分下列情形，提出差异化的现金分红政策：

（1）公司发展阶段属成熟期且无重大资金支出安排的，进行利润分配时，现金分红在本次利润分配中所占比例最低应达到 80%；

（2）公司发展阶段属成熟期且有重大资金支出安排的，进行利润分配时，现金分红在本次利润分配中所占比例最低应达到 40%；

（3）公司发展阶段属成长期且有重大资金支出安排的，进行利润分配时，现金分红在本次利润分配中所占比例最低应达到 20%。

同类章程条款

《广州白云电器设备股份有限公司股利分配政策和未来三年股东回报规划》（2017—2019 年）第一章第二条第二款、《西藏旅游股份有限公司未来三年（2017—2019 年）股东分红回报规划》第三章第二条第三款、《中国葛洲坝集团股份有限公司关于修订〈公司章程〉相关条款的公告》（2014 年 4 月版）第一百六十五条

上述规定均与《恒通物流股份有限公司股东分红回报规划》（2017—2019 年）第一章第二条第二款的规定相同。

《湖北凯乐科技股份有限公司章程》（2020 年 12 月版）第一百五十五条第四款

该规定与《恒通物流股份有限公司股东分红回报规划》（2017—2019 年）第一章第二条第二款的规定相同，但添加的兜底条款的内容为："公司在实际分红时具体所处发展阶段由公司董事会根据具体情况确定。"

公司法和相关规定

《公司法》（2023 年修订）

第九十五条 股份有限公司章程应当载明下列事项：

......

（十）公司利润分配办法；

......

《公司法》（2018 年修正，已被修订）

第八十一条　股份有限公司章程应当载明下列事项：

......

（九）公司利润分配办法；

......

《上市公司监管指引第 3 号——上市公司现金分红（2023 年修订）》

第五条　上市公司董事会应当综合考虑所处行业特点、发展阶段、自身经营模式、盈利水平、债务偿还能力、是否有重大资金支出安排和投资者回报等因素，区分下列情形，并按照公司章程规定的程序，提出差异化的现金分红政策：

（一）公司发展阶段属成熟期且无重大资金支出安排的，进行利润分配时，现金分红在本次利润分配中所占比例最低应当达到百分之八十；

（二）公司发展阶段属成熟期且有重大资金支出安排的，进行利润分配时，现金分红在本次利润分配中所占比例最低应当达到百分之四十；

（三）公司发展阶段属成长期且有重大资金支出安排的，进行利润分配时，现金分红在本次利润分配中所占比例最低应当达到百分之二十；

公司发展阶段不易区分但有重大资金支出安排的，可以按照前款第三项规定处理。现金分红在本次利润分配中所占比例为现金股利除以现金股利与股票股利之和。

专家分析

上市公司现金分红是为投资者提供良好回报的基础，投资者提供资金给上市公司，上市公司通过扩大生产规模，创造市场价值，再给予投资者应得的现金回报。此外，公司的价值也随之提升，在证券市场上的直接反映就是股票价格的上涨，投资者借此也可以获得资本利得。国际成熟市场经验已经证明，只有建立了有效、稳定的上市公司分红机制，才能吸引以获取稳定分红收益加合理资本利得为目标的长期资金类机构投资者，市场估值才会相对合理、稳健。

因此，在章程中对上市公司利润分配基准和分红比例的衡量标准作出明确规定，具有重大意义：不仅可以督促上市公司积极进行利润的分配，保证给投资者提供相对稳定、可预期的现金回报，还可以规范资本市场秩序，鼓励投资者尤其是中小投资者进行长期和理性投资。

章程条款设计建议

因为《指引》已经对上市公司利润分配基准和分红比例的衡量标准作出了明确规定,且该数字是根据交易中现金分红的实际情况进行综合确认的结果。虽然《指引》不作强制性规定,上市公司可以自主选择在不修改公司章程的条件下执行《指引》的要求,但是将《指引》关于上市公司利润分配的基准和具体分红比例载入公司章程条款,更有利于引导长期投资,保障投资者利益,促进资本市场健康稳定发展。

公司章程条款实例

上市公司董事会应当综合考虑所处行业特点、发展阶段、自身经营模式、盈利水平、债务偿还能力、是否有重大资金支出安排和投资者回报等因素,区分下列情形,并按照公司章程规定的程序,提出差异化的现金分红政策:

(一)公司发展阶段属成熟期且无重大资金支出安排的,进行利润分配时,现金分红在本次利润分配中所占比例最低应当达到百分之八十;

(二)公司发展阶段属成熟期且有重大资金支出安排的,进行利润分配时,现金分红在本次利润分配中所占比例最低应当达到百分之四十;

(三)公司发展阶段属成长期且有重大资金支出安排的,进行利润分配时,现金分红在本次利润分配中所占比例最低应当达到百分之二十;

公司发展阶段不易区分但有重大资金支出安排的,可以按照前款第三项规定处理。

现金分红在本次利润分配中所占比例为现金股利除以现金股利与股票股利之和。

015 股东会已通过的分红决议若做调整需经绝对多数股东同意

设计要点

利润分配政策需进行调整或者变更的,需经出席股东大会的股东所持表决权的 2/3 以上通过。

阅读提示

在实践中，公司大股东违反同股同权原则和股东权利不得滥用原则，排挤、压榨小股东，导致公司不分配利润，损害小股东利润分配权的现象时有发生，通过违规手段在公司提款的方式更是多种多样，比如，公司不分配利润，但董事、高级管理人员领取过高薪酬，或者由控股股东操纵公司购买与经营无关的财物和服务，用于其自身使用和消费，或者隐瞒或者转移利润，等等。更有甚者，在股东会对分红的具体方案作出决议后，大股东利用其占有多数表决权的优势，重新通过公司不分红的股东会决议，明目张胆地侵犯小股东的分红权。小股东如何规避该种出尔反尔的情形呢？公司设立之初，小股东可以在公司章程中将变更利润分配政策设定为需2/3以上表决权通过的特别决议。

章程研究文本

《东北制药集团股份有限公司章程》（2021年7月版）

第一百六十条 公司利润分配政策为：

……

（六）分配政策的调整及变更：公司根据外部经营环境和自身经营状况可以对公司章程确定的利润分配政策进行调整，调整后的利润分配政策不得违反中国证监会和证券交易所的有关规定。对既定利润分配政策尤其是对现金分红政策作出调整的，需经公司董事会审议后，并经出席股东大会的股东所持表决权的2/3以上通过，独立董事应对利润分配政策的调整发表独立意见。

股东违规占用公司资金情况的，公司应当扣减该股东所分配的现金红利，以偿还其占用的资金。

同类章程条款

笔者查阅了近百家上市公司的公司章程，其中大多数公司章程都将利润分配政策变更规定为需通过股东会的特别决议，列举如下：

《泸州老窖股份有限公司章程》（2023年11月版）

第一百七十八条 公司利润分配政策为：

……

（三）利润分配政策的调整

1. 如按照既定利润分配政策执行将导致公司重大投资项目、重大交易无法实施，或将对公司持续经营或保持盈利能力构成实质性不利影响的，公司应当调整利润分配政策，调整后的利润分配政策不得违反中国证监会和深圳证券交易所的有关规定。

2. 利润分配政策需进行调整或者变更的，须经出席股东大会的股东所持表决权的 2/3 以上通过后方可实施。股东大会会议应采取现场投票与网络投票相结合的方式，为公众投资者参与利润分配政策的制定或修改提供便利。公司应当在定期报告中对利润分配政策调整的原因、条件和程序进行详细说明。

……

《重庆长安汽车股份有限公司章程》（2023 年 7 月版）

第一百七十六条　公司的利润分配政策为：

……

（五）利润分配政策的调整

公司如因外部不可抗力或经营环境、自身经营状况发生重大变化确实需要调整或者变更利润分配政策的，经过详细论证后应由董事会做出决议，独立董事发表意见，提交股东大会批准，并经出席股东大会的股东所持表决权的三分之二以上通过。股东大会审议时除现场会议外，公司还应向股东提供网络形式的投票平台。调整后的利润分配政策应不得违反中国证监会以及深圳证券交易所的有关规定。

……

《仁和药业股份有限公司章程》（2023 年 5 月版）

第一百五十六条　公司利润分配具体政策为：

……

（五）公司利润分配方案的调整或变更：

公司如遇到战争、自然灾害等不可抗力，或者因公司自身生产经营情况发生重大变化、投资规划和长期发展的需要等原因需调整或变更利润分配政策的，应由公司董事会根据实际情况作出专题论证，详细论证调整或变更理由，形成书面论证报告并经独立董事审议后提交股东大会审议。其中，对现金分红政策进行调整或变更的，应在议案中详细论证和说明原因，并经出席股东大会的股东所持表决权的三分之二以上通过；调整后的利润分配政策应以股东权益保护为出发点，且不得违反中国证券监督管理委员会和证券交易所的有关规定。

……

公司法和相关规定

《公司法》（2023年修订）

第五十九条第一款 股东会行使下列职权：

……

（四）审议批准公司的利润分配方案和弥补亏损方案；

……

第六十六条 股东会的议事方式和表决程序，除本法有规定的外，由公司章程规定。

股东会作出决议，应当经代表过半数表决权的股东通过。

股东会作出修改公司章程、增加或者减少注册资本的决议，以及公司合并、分立、解散或者变更公司形式的决议，应当经代表三分之二以上表决权的股东通过。

第六十七条第二款 董事会行使下列职权：

……

（四）制订公司的利润分配方案和弥补亏损方案；

……

第二百一十条 公司分配当年税后利润时，应当提取利润的百分之十列入公司法定公积金。公司法定公积金累计额为公司注册资本的百分之五十以上的，可以不再提取。

公司的法定公积金不足以弥补以前年度亏损的，在依照前款规定提取法定公积金之前，应当先用当年利润弥补亏损。

公司从税后利润中提取法定公积金后，经股东会决议，还可以从税后利润中提取任意公积金。

公司弥补亏损和提取公积金后所余税后利润，有限责任公司按照股东实缴的出资比例分配利润，全体股东约定不按照出资比例分配利润的除外；股份有限公司按照股东所持有的股份比例分配利润，公司章程另有规定的除外。

公司持有的本公司股份不得分配利润。

第二百一十一条 公司违反本法规定向股东分配利润的，股东应当将违反规定分配的利润退还公司；给公司造成损失的，股东及负有责任的董事、监事、高级管理人员应当承担赔偿责任。

《公司法》（2018年修正，已被修订）

第三十四条 股东按照实缴的出资比例分取红利；公司新增资本时，股东有权优先按照实缴的出资比例认缴出资。但是,全体股东约定不按照出资比例分取红利或者不按照出资比例优先认缴出资的除外。

第三十七条第一款 股东会行使下列职权:

……

(六)审议批准公司的利润分配方案和弥补亏损方案;

……

第四十三条 股东会的议事方式和表决程序,除本法有规定的外,由公司章程规定。

股东会会议作出修改公司章程、增加或者减少注册资本的决议,以及公司合并、分立、解散或者变更公司形式的决议,必须经代表三分之二以上表决权的股东通过。

第四十六条第一款 董事会对股东会负责,行使下列职权:

……

(五)制订公司的利润分配方案和弥补亏损方案;

……

第一百六十六条 ……公司弥补亏损和提取公积金后所余税后利润,有限责任公司依照本法第三十四条的规定分配;股份有限公司按照股东持有的股份比例分配,但股份有限公司章程规定不按持股比例分配的除外。

股东会、股东大会或者董事会违反前款规定,在公司弥补亏损和提取法定公积金之前向股东分配利润的,股东必须将违反规定分配的利润退还公司。

公司持有的本公司股份不得分配利润。

《最高人民法院关于适用〈中华人民共和国公司法〉若干问题的规定(四)》(2020年修正)

第十四条 股东提交载明具体分配方案的股东会或者股东大会的有效决议,请求公司分配利润,公司拒绝分配利润且其关于无法执行决议的抗辩理由不成立的,人民法院应当判决公司按照决议载明的具体分配方案向股东分配利润。

第十五条 股东未提交载明具体分配方案的股东会或者股东大会决议,请求公司分配利润的,人民法院应当驳回其诉讼请求,但违反法律规定滥用股东权利导致公司不分配利润,给其他股东造成损失的除外。

> **专家分析**

根据《公司法》第五十九条及第六十七条的规定,董事会负责制定公司的利润分配方案和弥补亏损方案;股东会负责审议批准公司的利润分配方案和弥补亏损方案。即是否分配利润以及分配多少利润属于公司股东会决策的范畴，属于商业判断和公司自治的范畴。股东虽基于投资关系取得利润分配的期待权，但能否转化为具体的利润分配请求权，取决于公司是否盈利以及股东会是否依法作出分配利润的决议等多项条件。因此在股东会作出决议之前，股东无权直接要求公司进行分红，人民法院也无权强制公司进行分红。同时，依据《公司法》第一百一十六条的规定，公司制定利润分配方案，有限责任公司需要代表二分之一以上表决权的股东通过；股份有限公司则需要经出席股东所持表决权的二分之一以上通过。

一般来讲，小股东拿到股东会同意分红的决议实属不易，根据《最高人民法院关于适用〈中华人民共和国公司法〉若干问题的规定（四）》第十四条的规定，当公司拒不履行分红决议的具体内容时，小股东可以持该类载有具体分配方案的决议要求法院强制分红。但是，当小股东持该决议要求分红时，大股东利用表决权的相对或者绝对优势，极有可能再次组织召开一次股东会，并通过停止或者减少分红的股东会决议。该类决议在召集、表决等程序方面可能属于合法合规，小股东很难通过申请上述决议被撤销或者无效，进而要求分红。所以，小股东有必要在章程设置之初，将调整分红政策的表决权比例提高，将该类决议上升为特别决议，需要经出席股东大会的股东所持表决权的 2/3 以上通过（有限责任公司为所有股东表决权 2/3 以上通过），以防止大股东出尔反尔，任意变更分红决议。

章程条款设计建议

第一，在变更公司利润分配决议的前提条件方面，可在公司章程中将调整的理由作类型化的闭环规定，超出明确列举的事由的，董事会一律不得提案，股东会一律不得批准。例如，规定公司除遇到战争、自然灾害等不可抗力，或者因公司自身生产经营情况发生重大变化、投资规划和长期发展的需要等原因需调整或变更利润分配政策的情形外，一律不得对已作出的利润分配决议进行调整；若满足前述条件，由公司董事会根据实际情况作出专题论证，详细论证调整或变更理由，形成书面论证报告并经独立董事审议后提交股东大会审议。

第二，在变更公司利润分配决议的程序限制方面，可将其通过比例调整为需要经出席股东大会的股东所持表决权的 2/3 以上通过（有限责任公司为所有股东表决权 2/3 以上通过）。

公司章程条款实例

公司利润分配方案的调整或变更：公司如遇到战争、自然灾害等不可抗力，或者因公司自身生产经营情况发生重大变化、投资规划和长期发展的需要等原因需调整或变更利润分配政策的，应由公司董事会根据实际情况作出专题论证，详细论证调整或变更理由，形成书面论证报告并经独立董事审议后提交股东大会审议。其中，对现金分红政策进行调整或变更的（亦可将现金分红政策变更为利润分配政策），应在议案中详细论证和说明原因，并经出席股东大会的股东所持表决权的2/3以上通过。

延伸阅读

裁判观点：在公司董事会、股东会未就公司利润分配方案进行决议之前，公司股东无权直接向人民法院起诉请求判令公司向股东分配利润

案例一：最高人民法院审理河南思某自动化设备有限公司与胡某公司盈余分配纠纷上诉案［（2006）民二终字第110号］认为："根据修订前公司法第三十八条和第四十六条的规定，有限责任公司利润分配方案应由公司董事会制定并由公司股东会审议批准。2005年10月27日修订后的公司法亦保留了上述内容。据此，在公司董事会、股东会未就公司利润分配方案进行决议之前，公司股东直接向人民法院起诉请求判令公司向股东分配利润缺乏法律依据。因此，本案中在思某公司董事会、股东会未就公司利润分配作出决议之前，胡某以股东身份直接向人民法院起诉请求分配公司利润，其诉讼请求本院不予支持。由于公司是否分配利润以及分配多少利润属公司董事会、股东会决策权的范畴，原审判决认定思某公司有巨额利润而长期不向股东分配损害了占股比例较小的股东的利益，并据此径行判决公司向股东分配利润，不符合公司利润分配的法律规定，应当予以纠正。"

案例二：山东省高级人民法院审理上诉人苑某因与被上诉人张某、无棣县秩某驾驶员培训有限公司及原审第三人孙某、王某侵害企业出资人权益纠纷一案［（2011）鲁商终字第107号］认为："根据《公司法》第三十八条第一款第（六）项规定，股东会有权审议批准公司的利润分配方案和弥补亏损方案。公司是否分配红利，应由股东会决定，上诉人主张通过审计查明公司盈利，径行判决公司分配红利，没有法律依据。"

案例三：浙江省高级人民法院审理凌某与浙江杭州湾电某合金材料科技有限公司盈余分配纠纷案［（2016）浙民申1952号］认为："有限责任公司是否分配利润以及分配多少利润属于公司股东会决策的范畴。股东虽基于投资关系取得利润分配的期待权，但能否转化为具体的利润分配请求权，取决于公司是否盈利以及股东会是否依法作出分配利润的决议等多项条件。故在股东会作出决议之前，股东直接向人民法院起诉请求判令公司向股东分配利润缺乏法律依据。本案中，杭州湾公司虽未设立股东会，但章程明确规定董事会是公司的最高权力机构，有权对公司利润分配方案作出决定。凌某在一、二审中均未能举证证明杭州湾公司已经就公司盈余分配形成利润分配方案，并经过公司董事会的批准，故其诉讼请求不能得到支持。"

016 股东对其他股东放弃的认缴新增出资份额享有优先认购权

设计要点

有限公司章程可规定股东对其他股东承诺放弃的认缴新增出资份额享有优先认购权。

阅读提示

打破有限责任公司原有的股东构成结构的方式，无外乎股权转让和增资扩股。对于股权转让来讲，老股东对于拟转让股权具有优先购买权，该权利有利于稳定公司的人合性，保持老股东的控制权；但是，对于增资扩股来讲，虽然依据公司法的规定，各股东有权按照实缴的出资比例对于新增出资进行认缴，但是当有限责任公司拟引进外部第三人作为新股东时，如经股东会决议将股东承诺放弃的认缴新增出资份额转由公司股东以外的第三人认缴的，其他不同意股东对该部分认缴份额是否具有优先认缴权呢？

公司法和相关规定

《公司法》（2023年修订）

第五十九条第一款　股东会行使下列职权：

……

（五）对公司增加或者减少注册资本作出决议；

……

第六十六条　股东会的议事方式和表决程序，除本法有规定的外，由公司章程规定。

股东会作出决议，应当经代表过半数表决权的股东通过。

股东会作出修改公司章程、增加或者减少注册资本的决议，以及公司合并、分立、解散或者变更公司形式的决议，应当经代表三分之二以上表决权的股东通过。

第二百二十七条 有限责任公司增加注册资本时，股东在同等条件下有权优先按照实缴的出资比例认缴出资。但是，全体股东约定不按照出资比例优先认缴出资的除外。

股份有限公司为增加注册资本发行新股时，股东不享有优先认购权，公司章程另有规定或者股东会决议决定股东享有优先认购权的除外。

《公司法》（2018年修正，已被修订）

第三十四条 股东按照实缴的出资比例分取红利；公司新增资本时，股东有权优先按照实缴的出资比例认缴出资。但是，全体股东约定不按照出资比例分取红利或者不按照出资比例优先认缴出资的除外。

第三十七条第一款 股东会行使下列职权：

……

（七）对公司增加或者减少注册资本作出决议；

……

第四十三条 股东会的议事方式和表决程序，除本法有规定的外，由公司章程规定。

股东会会议作出修改公司章程、增加或者减少注册资本的决议，以及公司合并、分立、解散或者变更公司形式的决议，必须经代表三分之二以上表决权的股东通过。

专家分析

在有限责任公司增资扩股时，股东是否享有对其他股东放弃的新增资本份额的优先认购权？《公司法》第六十六条规定，公司新增资本时，股东有权优先按照其实缴的出资比例认缴出资，直接规定了股东认缴权范围和方式，并没有直接规定股东对其他股东放弃的认缴出资比例增资份额有无优先认购权。从公司法的发展历程来看，2004年修订的《公司法》第三十三条规定"公司新增资本时，股东可以优先认缴出资"，而现行《公司法》第二百二十七条第一款将该条修改为"有限责任公司增加注册资本时，股东在同等条件下有权优先按照实缴的出资比例认缴出资。但是，全体股东约定不按照出资比例优先认缴出资的除外"。对股东优先认缴出资的范围作了限定，由此可以推知，现行《公司法》对股东行使增资优先认购权范围进行了压缩，并未明确规定股东对其他股东放弃的认缴出资比例有优先认缴的权利。但是《公司法》也并没有明文禁止股东对其他股东放弃的认缴出资比例有优先认缴的权利。所以我们认为，股东对其他股东放弃的认缴出资比例有优先认缴权并非一种法定的权利，股东之间可以通过公司章程的形式约定此项权利。并且，公司股东一旦在公司章程中约定了此项权利，在增资扩股的过程中就必须严格执行，这将是公司股东保持控制权、抵御外部人恶意收购或者控股股东滥用股东权利的有力武器。

在此，我们有必要对股权转让与增资扩股的几点区别进行阐述：第一，意志决定主体不同。股权对外转让是股东个人意思自治的体现，股东个人即可决定是否转让，而增资扩股是公司意思自治的体现，需要绝大多数股东形成决议。第二，二者行为性质的差异导致人合性与资合性的侧重点不同。股权对外转让对其他股东来讲往往需要被动地接受新股东，所以更侧重人合性，强调原股东的优先权，而增资扩股却是公司绝大部分股东主动地引入投资者，更侧重于向新投资者进行融资，所以更侧重资合性。第三，二者侧重维护的利益不同。股权的对外转让是股权的自由转让，侧重保障股东的个人利益，而增资扩股往往是为了大多数股东的长远发展或共同渡过难关，更强调集体利益。

章程条款设计建议

第一，股东对其他股东放弃的认缴出资比例有优先认缴权是一种股东可以自行约定的权利，属于公司自治的范畴。笔者建议，希望保持股权结构封闭的有限责任公司，股东可以在公司成立伊始就将股东对其他股东放弃的认缴出资比例有优先认缴权写入公司章程中。当公司需要进行增资扩股之时，股东可以根据新引进的投资者的具体情况，决定自己是否行使这一权利，以防止控制权的旁落。

第二，要防止该类优先认购权的条款被个别股东滥用，恶意阻碍新的投资者进入，公司也需要"一颗红心，两手准备"，充分衡量公司的人合性和长远发展之间的关系，谨慎引入该类条款。因为增资扩股、引入新的投资者，往往是为了公司的发展，当公司发展与公司人合性发生冲突时，则应当突出保护公司的发展机会，此时通过公司章程赋予股东对其他股东放弃的认缴出资份额的优先认购权的结果可能是会削弱其他股东特别是控股股东对公司的控制力，导致其他股东因担心控制力减弱而不再谋求增资扩股，从而阻碍公司的发展壮大。

延伸阅读

裁判启示：有限责任公司可将"股东对其他股东放弃认缴的增资份额有无优先认购权"交由公司章程规定

案例：最高人民法院审理贵州捷某投资有限公司与贵阳黔某生物制品有限责任公司、重庆大某生物技术有限公司、贵州益某制药有限公司、深圳市亿某盛达科技有限公司股权确权及公司增资扩股出资份额优先认购权纠纷案[（2009）民二终字第3号]认为：本案争议焦点在于以下两个方面：一是黔某公司股东会对增资扩股所涉及各有关事项是如何决议的以及该决议内容是否符合该公司章程以及该章程是否符合公司法有关的强行性规范。二是对捷某公司诉求应否予以支持涉及我国《公司法》第三十五条规定以及对增资扩股情况下引进外来投资者与股份对外转让区别如何理解的问题。

对于第一个方面的问题，首先正如原审判决所认定，对于捷某公司作为黔某公司股东资格应该不存在问题，对此当事人在上诉阶段不再争议，亦不存在所谓捷某公司作为黔某公司最初的隐名股东必须以其显名股东的名义行使权利提出要求的问题。根据2007年5月28日黔某公司为增资扩股而召开的股东会所形成的黔生股字（2007）第006号股东会决议，决议内容包括对拟引进战略投资者，按每股2.8元溢价私募资金2000万股，各股东按各自股权比例减持股权以确保公司顺利地完成改制及上市；大某公司、益某公司、亿某盛达公司均表示同意按股比减持股权，引进战略投资者。赞成91%，对此只有捷某公司所占9%股份表示反对；捷某公司按其9%股比增持该次私募方案溢价股180万股，赞成100%。从该决议内容可以看出，黔某公司各股东对增资扩股是没有争议的，而争议点在于要不要引进战略投资者。尽管对此各股东之间存在分歧，但形成了决议，是股东会形成多数决的意见，而并非没有形成决议。正如黔某公司、大某公司、益某公司答辩意见中所提到的黔某公司股东会此次增资扩股是有特定目的和附有条件的，即要通过大某公司、益某公司、亿某盛达公司按各自股权比例减持股权、放弃认缴新增资本拟引进战略投资者以确保黔某公司顺利完成改制和上市，黔某公司股东会决议的目的和所附条件是正当的，且得到股东会多数决的通过。这也就从另一方面否决了捷某公司在其已经按其实缴出资比例认缴180万股之外要求对其他股东为引进战略投资者而自愿减持新增资本的优先认购权，这一点也由捷某公司随后有关此要求的函件未获其他股东和黔某公司同意从而提起诉讼得以印证。上述决议内容应当认为符合黔某公司章程的有关规定。该章程第十七条第一款第（九）项规定股东会以公司增加或者减少注册资金、分立、合并、解散或者变更公司形式作出决议,必须经过代表三分之二以上表决权的股东通过,其中对公司增资事宜不仅包括增资数额也包括各股东认缴及认购事宜。公司章程是公司治理结构的总纲领,公司完全按其意思自治原则决定其自己应该决定的事情,该章程规定性质上并不违反我国《公司法》有关强行性规范,与我国《公司法》第三十五条①有关内容并不冲突。因此该股东会决议是有效的,各股东应按照股东会决议内容执行。

  对于第二个方面的问题,关于股份对外转让与增资扩股的不同,原审判决对此已经论述得十分清楚,本院予以认可。我国《公司法》第三十五条规定,公司新增资本时,股东有权优先按照其实缴的出资比例认缴出资,直接规定股东认缴权范围和方式,并没有直接规定股东对其他股东放弃的认缴出资比例增资份额有无优先认购权,也并非完全等同于该条但书或者除外条款即全体股东可以约定不按照出资比例优先认缴出资的除外所列情形,此款所列情形完全针对股东对新增资本的认缴权而言,这与股东在行使认缴权之外对其他股东放弃认缴的增资份额有无优先认购权并非完全一致。对此,有限责任公司的股东会完全有权决定将此类事情及可能引起争议的决断方式交由公司章程规定,从而依据公司章程规定方式作出决议,当然也可以包括股东对其他股东放弃的认缴出资有无优先认购权问题,该决议不存在违反法律强行性规范问题,决议是有效力的,股东必须遵循。只有股东会对此问题没有形成决议或者有歧义理解时,才有依据公司法规范适用的问题。即使在此种情况下,由于公司增资扩股行为与股东对外转让股份行为确属不同性质的行为,意志决定主体不同,因此二者对有限责任公司人合性要求不同。在已经充分保护股东认缴权的基础上,捷某公司在黔某公司此次增资中利益并没有受到损害。当股东个体利益与公司整体利益或者有限责任公司人合性与公司发展相冲突时,应当由全体股东按照公司章程规定方式进行决议,从而有个最终结论以便各股东遵循。至于黔某公司准备引进战略投资者具体细节是否已经真实披露于捷某公司,并不能改变事物性质和处理争议方法。

---

① 《公司法》已修改,现相关规定见《公司法》(2023年修订)第二百二十七条。

017 股东是否可以在章程中约定优先清偿权？

> 设计要点

《公司法》第二百三十六条第二款规定："公司财产在分别支付清算费用、职工的工资、社会保险费用和法定补偿金，缴纳所欠税款，清偿公司债务后的剩余财产，有限责任公司按照股东的出资比例分配，股份有限公司按照股东持有的股份比例分配。"

《国务院关于开展优先股试点的指导意见》中指出："优先股是指依照公司法，在一般规定的普通种类股份之外，另行规定的其他种类股份，其股份持有人优先于普通股股东分配公司利润和剩余财产，但参与公司决策管理等权利受到限制。""试点期间不允许发行在股息分配和剩余财产分配上具有不同优先顺序的优先股，但允许发行在其他条款上具有不同设置的优先股。""公开发行优先股的发行人限于证监会规定的上市公司，非公开发行优先股的发行人限于上市公司（含注册地在境内的境外上市公司）和非上市公众公司。"

基于上述规定，对于《国务院关于开展优先股试点的指导意见》中规定的上市公司和非上市公众公司，可以在公司章程中规定公司清偿后剩余财产的分配顺序。

> 同类章程条款

笔者查阅近百家上市公司的章程，发现了关于优先清偿权的规定，列举如下：

《中国银行股份有限公司章程》（2023 年版）

第二百七十六条第三款 本行因解散、破产等原因进行清算时，本行财产在按照相关法律规定进行清偿后的剩余财产，应当优先向优先股股东支付未派发的股息和所持优先股的面值，不足以支付的按照优先股股东的持股比例分配。

《中国石油化工股份有限公司章程》（2023 年 5 月版）

第二百一十二条第四款 公司财产按本条第二款规定清偿后的剩余财产，由公司股东按其持有股份的种类和比例依下列顺序进行分配：

（一）如有优先股，则先按优先股面值对优先股股东进行分配；如不能足额偿还优先股股金时，按各优先股股东所持比例分配；

（二）按各普通股股东的股份比例进行分配。

《中国铝业股份有限公司章程》(2023年6月版)

第二百二十八条第三款　公司财产按前款规定清偿后的剩余财产，由公司股东按其持有股份的种类和比例依下列顺序进行分配：

（一）如有优先股，则先按优先股股票面值对优先股股东进行分配；如不能足额偿还优先股股金时，按各优先股股东所持比例分配；

（二）按各普通股股东的股份比例进行分配。清算期间，公司不得开展与清算无关的经营活动。

《中国国际航空股份有限公司章程》(2024年2月版)

第二百〇五条第三款　公司财产按前款规定清偿后的剩余财产，由公司股东按其持有股份的种类和比例依下列顺序进行分配：

（一）如有优先股，则先按优先股股面值对优先股股东进行分配；不能足额偿还优先股股金时，按各优先股股东所持比例分配；

（二）按各普通股股东的股份比例进行分配。

章程条款设计建议

非上市股份公司和优先责任公司是否可以在章程中约定优先清偿权呢？实践中通常是不能的。原因在于《公司法》已经明确了资产分配的原则，股东在章程中的约定如与这一原则相矛盾，根据我国《民法典》第一百四十三条的规定，该条款无效（外商投资企业相关法律另有规定的除外）。实践中，对于公司清算后剩余财产的分配，均按照《公司法》第二百三十六条第二款的规定进行。那么，如果不能在公司章程中约定优先清偿权，是否可以通过其他方式进行约定呢？笔者认为，可以从股东之间的补偿约定着手。

延伸阅读

案例：最高人民法院在苏州工业园区海某投资有限公司诉甘肃世某有色资源再利用有限公司等增资纠纷案再审民事判决书［(2012)民提字第11号］中，对股东之间的业绩补偿条款的有效性进行了确认。最高人民法院在判决中认定，《增资协议》赋予投资人在标的公司业绩未达标的情况下要求标的公司支付补偿金之权利的约定，使得投资人的投资可以取得相对固定的收益，该收益脱离了标的公司的经营业绩，损害了标的公司利益和标的公司债权人利益，依据《公司法》及相关法律法规的规定该部分约定无效；然而，《增资协议》中关于投资人在标的公司业绩未达标的情况下有权要求其原股东支付补偿金的约定，并不损害标的公司及标的公司债权人的利益，不违反法律法规的禁止性规定，是当事人的真实意思表示，属有效。

根据该案判决，股东之间可以约定在特定情况下一方对另一方进行补偿。股东之间约定在公司发生清算时，部分股东以清算分配所得的剩余财产对其他股东进行补偿，也并不违反法律法规的规定，理由如下：其一，股东之间的补偿约定不会损害公司的利益，因为清算分配所得的剩余财产的所有权属于股东，而非公司；其二，股东之间的补偿约定不会损害公司债权人的利益，因为剩余财产是在所有债权人的债权均得以清偿后的剩余部分财产，在分配剩余财产时，所有债权人的债权均已得到了清偿。

对于公司清算后，剩余财产的分配，《民法典》则作了尝试性的规定。《民法典》第七十二条第二款规定："法人清算后的剩余财产，根据法人章程的规定或者法人权力机构的决议处理。法律另有规定的，依照其规定。"该规定进一步拓展了法人章程意思自治的空间，拓宽了章程个性化设计的范围。在公司章程对剩余财产的分配顺序及分配比例作出与股东出资比例不一致的约定时，只要该约定不违背我国法律的禁止性规定，就应当得到支持和保护。

018 公司章程有必要列举谁有权提出修改公司章程吗？

设计要点

公司章程可以明确董事会/执行董事、适格股东、监事会/监事有权提出修改公司章程的议案。

阅读提示

众所周知，根据《公司法》第五十九条和第一百一十二条的规定，修改公司章程属于股东会/股东大会的法定职权。但是，《公司法》第六十七条和第一百二十条都没有将"制定公司章程修正案"作为董事会的法定职权。到底由谁提出修改公司章程的议案，在《公司法》并没有作出明确规定的情形下，公司章程有必要依法作出规定。

章程研究文本

公司章程修正案的提出主体包括董事会/执行董事（不设董事会的有限公司）、有限责任公司代表10%以上表决权的股东/股份有限公司单独或合计持有公司股份10%以上的股东，监事会/不设监事会的监事。

公司法和相关规定

《公司法》（2023年修正）

第五十九条第一款 股东会行使下列职权：

……

（八）修改公司章程；

……

第六十二条 股东会会议分为定期会议和临时会议。

定期会议应当按照公司章程的规定按时召开。代表十分之一以上表决权的股东、三分之一以上的董事或者监事会提议召开临时会议的，应当召开临时会议。

第六十三条第一款 股东会会议由董事会召集，董事长主持；董事长不能履行职务或者不履行职务的，由副董事长主持；副董事长不能履行职务或者不履行职务的，由过半数的董事共同推举一名董事主持。

第一百一十二条 本法第五十九条第一款、第二款关于有限责任公司股东会职权的规定，适用于股份有限公司股东会。

本法第六十条关于只有一个股东的有限责任公司不设股东会的规定，适用于只有一个股东的股份有限公司。

第一百一十四条 股东会会议由董事会召集，董事长主持；董事长不能履行职务或者不履行职务的，由副董事长主持；副董事长不能履行职务或者不履行职务的，由过半数的董事共同推举一名董事主持。

董事会不能履行或者不履行召集股东会会议职责的，监事会应当及时召集和主持；监事会不召集和主持的，连续九十日以上单独或者合计持有公司百分之十以上股份的股东可以自行召集和主持。

单独或者合计持有公司百分之十以上股份的股东请求召开临时股东会会议的，董事会、监事会应当在收到请求之日起十日内作出是否召开临时股东会会议的决定，并书面答复股东。

第一百一十五条　召开股东会会议,应当将会议召开的时间、地点和审议的事项于会议召开二十日前通知各股东;临时股东会会议应当于会议召开十五日前通知各股东。

单独或者合计持有公司百分之一以上股份的股东,可以在股东会会议召开十日前提出临时提案并书面提交董事会。临时提案应当有明确议题和具体决议事项。董事会应当在收到提案后二日内通知其他股东,并将该临时提案提交股东会审议;但临时提案违反法律、行政法规或者公司章程的规定,或者不属于股东会职权范围的除外。公司不得提高提出临时提案股东的持股比例。

公开发行股份的公司,应当以公告方式作出前两款规定的通知。

股东会不得对通知中未列明的事项作出决议。

《公司法》(2018年修正,已被修订)

第三十七条第一款　股东会行使下列职权:

……

(十)修改公司章程;

……

第三十九条　股东会会议分为定期会议和临时会议。

定期会议应当依照公司章程的规定按时召开。代表十分之一以上表决权的股东,三分之一以上的董事,监事会或者不设监事会的公司的监事提议召开临时会议的,应当召开临时会议。

第四十条　有限责任公司设立董事会的,股东会会议由董事会召集,董事长主持;董事长不能履行职务或者不履行职务的,由副董事长主持;副董事长不能履行职务或者不履行职务的,由半数以上董事共同推举一名董事主持。

有限责任公司不设董事会的,股东会会议由执行董事召集和主持。

董事会或者执行董事不能履行或者不履行召集股东会会议职责的,由监事会或者不设监事会的公司的监事召集和主持;监事会或者监事不召集和主持的,代表十分之一以上表决权的股东可以自行召集和主持。

第九十九条　本法第三十七条第一款关于有限责任公司股东会职权的规定,适用于股份有限公司股东大会。

第一百零一条　股东大会会议由董事会召集,董事长主持;董事长不能履行职务或者不履行职务的,由副董事长主持;副董事长不能履行职务或者不履行职务的,由半数以上董事共同推举一名董事主持。

董事会不能履行或者不履行召集股东大会会议职责的,监事会应当及时召集和主持；监事会不召集和主持的，连续九十日以上单独或者合计持有公司百分之十以上股份的股东可以自行召集和主持。

第一百零二条 ……单独或者合计持有公司百分之三以上股份的股东，可以在股东大会召开十日前提出临时提案并书面提交董事会；董事会应当在收到提案后二日内通知其他股东，并将该临时提案提交股东大会审议。临时提案的内容应当属于股东大会职权范围，并有明确议题和具体决议事项……

专家分析

因为股东会的定期会议和临时会议均可以依法修改公司章程，因此，召集和提议召开股东会的组织主体或人员即"制定章程修正案"的权利主体。另外，依据《公司法》第一百一十五条的规定，单独或者合计持有公司1%以上股份的股东可以提出临时提案。此处的临时提案当然包括"制定章程修正案"，所以提出临时提案的适格股东也是章程修正案的制定主体。因此，制定章程修正案的主体主要有：

（1）董事会或执行董事。依据《公司法》第六十三条及第一百一十四条的规定，股东（大）会的召集主体为董事会或单一董事，据此其可在召集过程中将修改公司章程作为提案。

（2）适格股东。首先是有权提议、召集临时股东（大）会临时会议的适格股东，根据《公司法》第六十二条第二款、第六十三条第二款的规定，有限公司代表10%以上表决权的股东为适格股东；根据《公司法》第一百一十三条第一款第三项、第一百一十四条第二款的规定，股份有限公司单独或者合计持有公司股份10%以上的股东为适格股东；其次是有权提出临时提案的适格股东，根据《公司法》第一百一十五条第二款的规定，单独或合计持有公司1%以上股份的股东为提出章程修正案的适格股东。

（3）监事会或监事。根据《公司法》第六十二条、第六十三条第二款、第一百一十三条、第一百一十四条第二款的规定，监事会或监事不仅有权提议召开股东会临时会议，也有权在董事会不召集或主持临时会议时，自行召集或主持，其在召集或主持时即可成为章程修正案的提案主体。

章程条款设计建议

第一，公司章程可以明确董事会/执行董事、适格股东、监事会/监事有权提出修改公司章程的议案。这样有利于捋顺公司章程修正案的提案主体、决议主体以及执行主体，促使公司章程修订工作落实到人，顺利推进。

第二，公司章程修改的决议主体是股东会，且修改公司章程需要股东（大）会绝对多数表决权的通过，其中，有限责任公司需要经代表2/3以上表决权股东的同意，而股份有限公司则需要经出席股东大会的股东所持表决权的2/3以上通过。

> [!NOTE] 延伸阅读

经法定程序修改的公司章程，如未约定生效时间或约定不明，则公司章程自股东达成修改章程的合意后即发生法律效力，工商登记并非章程的生效要件

案例：最高人民法院审理丽江宏某水电开发有限公司与永胜县六德乡双某电站、北京博某晟科技发展有限公司、张某、唐某与万某的其他股东权纠纷审判监督民事判决书［（2014）民提字第00054号］认为，宏某公司主张，《宏某公司章程》第六十四条规定"本章程经公司登记机关登记后生效"，但该章程事实上并未在工商部门登记，因而没有生效。本院认为，该章程除第六十四条规定了章程的生效问题外，还在第六十六条同时规定："本章程于二〇〇八年八月十日订立生效。"这就出现了同一章程对其生效时间的规定前后不一致的情形，此时根据章程本身已经无法确定生效的时间，而只能根据相关法律规定和法理，对《宏某公司章程》的生效问题作出判断认定。

公司章程是股东在协商一致的基础上所签订的法律文件，具有合同的某些属性，在股东对公司章程生效时间约定不明，而公司法又无明确规定的情况下，可以参照适用合同法的相关规定来认定章程的生效问题。参照合同生效的相关规定，本院认为，经法定程序修改的章程，自股东达成修改章程的合意后即发生法律效力，工商登记并非章程的生效要件，这与公司设立时制定的初始章程应报工商部门登记后才能生效有所不同。本案中，宏某公司的股东在2008年8月10日即按法定程序修改了原章程，修订后的《宏某公司章程》合法有效，因此应于2008年8月10日开始生效，宏某公司关于《宏某公司章程》并未生效的主张，本院不予支持。宏某公司章程的修改，涉及公司股东的变更，宏某公司应依法向工商机关办理变更登记，宏某公司未办理变更登记，应承担由此产生的民事及行政责任，但根据《公司法》（2005年10月27日修订）第三十三条的规定，公司股东变更未办理变更登记的，变更事项并非无效，而仅是不具有对抗第三人的法律效力。[①] 综上，宏某公司关于《宏某公司章程》未生效、无效的主张，无法律及事实依据，本院不予采信。

---

① 《公司法》已修改，现相关规定见《公司法》（2023年修订）第三十四条。

019 公司章程可细化股东代表诉讼制度，明确股东代表诉讼利益的归属及分配

设计要点

公司章程可细化股东代表诉讼制度，明确股东代表诉讼利益的归属及分配。

阅读提示

在实践中，股东代表诉讼主要针对的是公司管理者对注意义务和忠实义务的违反，常见的类型有：公司的控股股东或实际控制人、董监高、发起人、清算组成员、雇员等违反公司的诚信义务而对公司承担的责任；瑕疵出资或抽逃出资的股东对公司承担的民事责任；公司外部第三人因债务不履行而对公司承担的责任；行政机关对公司应承担的行政侵权和行政违约责任等。对于上述情形，当公司因某些原因怠于起诉时，股东可以提起股东代表诉讼。公司章程也有必要对股东代表诉讼的条件或程序作出规定。

章程研究文本

《中国长城科技集团股份有限公司章程》（2023年4月版）

第三十六条 董事、高级管理人员执行公司职务时违反法律、行政法规或者本章程的规定，给公司造成损失的，连续180日以上单独或合并持有公司1%以上股份的股东有权书面请求监事会向人民法院提起诉讼；监事会执行公司职务时违反法律、行政法规或者本章程的规定，给公司造成损失的，股东可以书面请求董事会向人民法院提起诉讼。

监事会、董事会收到前款规定的股东书面请求后拒绝提起诉讼，或者自收到请求之日起30日内未提起诉讼，或者情况紧急、不立即提起诉讼将会使公司利益受到难以弥补的损害的，前款规定的股东有权为了公司的利益以自己的名义直接向人民法院提起诉讼。

他人侵犯公司合法权益，给公司造成损失的，本条第一款规定的股东可以依照前两款的规定向人民法院提起诉讼。

同类章程条款

笔者查阅了近百家上市公司的公司章程，其中大多数公司章程都对股东代表诉讼作出了规定，列举如下：

《深圳机场股份有限公司章程》（2020年10月版）

第三十七条 董事、高级管理人员执行公司职务时违反法律、行政法规或者本章程的规定，给公司造成损失的，连续180日以上单独或合并持有公司1%以上股份的股东有权书面请求监事会向人民法院提起诉讼；监事会执行公司职务时违反法律、行政法规或者本章程的规定，给公司造成损失的，股东可以书面请求董事会向人民法院提起诉讼。

监事会、董事会收到前款规定的股东书面请求后拒绝提起诉讼，或者自收到请求之日起30日内未提起诉讼，或者情况紧急、不立即提起诉讼将会使公司利益受到难以弥补的损害的，前款规定的股东有权为了公司的利益以自己的名义直接向人民法院提起诉讼。

他人侵犯公司合法权益，给公司造成损失的，本条第一款规定的股东可以依照前两款的规定向人民法院提起诉讼。

《华数传媒控股股份有限公司章程》（2024年1月版）

第三十七条 董事、高级管理人员执行公司职务时违反法律、行政法规或者本章程的规定，给公司造成损失的，连续180日以上单独或合并持有公司1%以上股份的股东有权书面请求监事会向人民法院提起诉讼；监事会执行公司职务时违反法律、行政法规或者本章程的规定，给公司造成损失的，股东可以书面请求董事会向人民法院提起诉讼。

监事会、董事会收到前款规定的股东书面请求后拒绝提起诉讼，或者自收到请求之日起30日内未提起诉讼，或者情况紧急、不立即提起诉讼将会使公司利益受到难以弥补的损害的，前款规定的股东有权为了公司的利益以自己的名义直接向人民法院提起诉讼。

他人侵犯公司合法权益，给公司造成损失的，本条第一款规定的股东可以依照前两款的规定向人民法院提起诉讼。

公司法和相关规定

《公司法》（2023年修订）

第一百八十九条 董事、高级管理人员有前条规定的情形的，有限责任公司的股东、股份有限公司连续一百八十日以上单独或者合计持有公司百分之一以上股份的股东，可以书面请求监事会向人民法院提起诉讼；监事有前条规定的情形的，前述股东可以书面请求董事会向人民法院提起诉讼。

监事会或者董事会收到前款规定的股东书面请求后拒绝提起诉讼，或者自收到请求之日起三十日内未提起诉讼，或者情况紧急、不立即提起诉讼将会使公司利益受到难以弥补的损害的，前款规定的股东有权为公司利益以自己的名义直接向人民法院提起诉讼。

他人侵犯公司合法权益，给公司造成损失的，本条第一款规定的股东可以依照前两款的规定向人民法院提起诉讼。

公司全资子公司的董事、监事、高级管理人员有前条规定情形，或者他人侵犯公司全资子公司合法权益造成损失的，有限责任公司的股东、股份有限公司连续一百八十日以上单独或者合计持有公司百分之一以上股份的股东，可以依照前三款规定书面请求全资子公司的监事会、董事会向人民法院提起诉讼或者以自己的名义直接向人民法院提起诉讼。

《公司法》（2018年修正，已被修订）

第一百五十一条 董事、高级管理人员有本法第一百四十九条规定的情形的，有限责任公司的股东、股份有限公司连续一百八十日以上单独或者合计持有公司百分之一以上股份的股东，可以书面请求监事会或者不设监事会的有限责任公司的监事向人民法院提起诉讼；监事有本法第一百四十九条规定的情形的，前述股东可以书面请求董事会或者不设董事会的有限责任公司的执行董事向人民法院提起诉讼。

监事会、不设监事会的有限责任公司的监事，或者董事会、执行董事收到前款规定的股东书面请求后拒绝提起诉讼，或者自收到请求之日起三十日内未提起诉讼，或者情况紧急、不立即提起诉讼将会使公司利益受到难以弥补的损害的，前款规定的股东有权为了公司的利益以自己的名义直接向人民法院提起诉讼。

他人侵犯公司合法权益，给公司造成损失的，本条第一款规定的股东可以依照前两款的规定向人民法院提起诉讼。

《最高人民法院关于适用〈中华人民共和国公司法〉若干问题的规定（四）》(2020年修正)

第二十三条 监事会或者不设监事会的有限责任公司的监事依据公司法第一百五十一条第一款规定对董事、高级管理人员提起诉讼的，应当列公司为原告，依法由监事会主席或者不设监事会的有限责任公司的监事代表公司进行诉讼。

董事会或者不设董事会的有限责任公司的执行董事依据公司法第一百五十一条第一款规定对监事提起诉讼的，或者依据公司法第一百五十一条第三款规定对他人提起诉讼的，应当列公司为原告，依法由董事长或者执行董事代表公司进行诉讼。

第二十四条 符合公司法第一百五十一条第一款规定条件的股东，依据公司法第一百五十一条第二款、第三款规定，直接对董事、监事、高级管理人员或者他人提起诉讼的，应当列公司为第三人参加诉讼。

一审法庭辩论终结前，符合公司法第一百五十一条第一款规定条件的其他股东，以相同的诉讼请求申请参加诉讼的，应当列为共同原告。

第二十五条 股东依据公司法第一百五十一条第二款、第三款规定直接提起诉讼的案件，胜诉利益归属于公司。股东请求被告直接向其承担民事责任的，人民法院不予支持。

第二十六条 股东依据公司法第一百五十一条第二款、第三款规定直接提起诉讼的案件，其诉讼请求部分或者全部得到人民法院支持的，公司应当承担股东因参加诉讼支付的合理费用。

专家分析

股东代表诉讼是指公司监事会、监事或者董事会、董事怠于履行职责就侵害公司利益的行为提出诉讼或情况紧急的，符合一定条件的股东可直接以股东的名义向侵害公司利益的主体提出诉讼以维护公司利益。股东代表诉讼，相对于以股东自益权为目的的股东直接诉讼而言，是基于股东共益权而产生的间接诉讼。其最终目的是维护公司或全体股东的利益，但也间接维护了该股东或该公司其他股东的自身权益，具有代位诉讼和代表诉讼的双面性特征。《公司法》第一百八十九条第二款、第三款对此作出了规定："监事会或者董事会收到前款规定的股东书面请求后拒绝提起诉讼，或者自收到请求之日起三十日内未提起诉讼，或者情况紧急、不立即提起诉讼将会使公司利益受到难以弥补的损害的，前款规定的股东有权为公司利益以自己的名义直接向人民法院提起诉讼。他人侵犯公司合法权益，给公司造成损失的，本条第一款规定的股东可以依照前两款的规定向人民法院提起诉讼。"我们从以上规定可以得出，股东代表诉讼需满足以下条件：(1)必须存在侵害公司利益的事实；(2)必须存在监事会、监事或者董事会、董事怠于履行职责维护公司利益的情况，但情况紧急的除外；(3)必须以股东自己的名义提出；(4)必须为公司利益进行诉讼，且诉讼利益归公司。

另外，《最高人民法院关于适用〈中华人民共和国公司法〉若干问题的规定（四）》第二十四条至第二十六条对股东代表诉讼中各当事人的法律地位、诉讼利益的归属、提起诉讼代表股东权益的保护作出了规定，其中第二十四条规定，在股东代表诉讼中应列公司为第三人参加诉讼；一审法庭辩论终结前，符合公司法第一百五十一条第一款规定条件的其他股东，以相同的诉讼请求申请参加诉讼的，应当列为共同原告。第二十五条规定股东代表诉讼的胜诉利益归公司。为鼓励股东维护股东权利，积极提起股东代表诉讼，第二十六条规定提起股东代表诉讼的股东"其诉讼请求部分或者全部得到人民法院支持的，公司应当承担股东因参加诉讼支付的合理费用"。

章程条款设计建议

第一，根据《最高人民法院关于适用〈中华人民共和国公司法〉若干问题的规定（四）》第二十五条的规定，股东代表诉讼的胜诉利益归属公司。为激励股东在公司利益受到损害时积极维权，可在公司章程中列明"股东代表诉讼利益的10%归提起诉讼的股东所有，股东代表诉讼请求部分或者全部得到人民法院支持的，公司应当承担股东因参加诉讼支付的合理费用"。

第二，为明确股东代表诉讼的适用情形，可在公司章程中列明：当出现下列情形时，股东有权行使股东代表诉讼，包括但不限于：(1)公司的控股股东或实际控制人、董监高、发起人、清算组成员、雇员等违反公司的诚信义务而对公司承担的责任；(2)瑕疵出资或抽逃出资的股东对公司承担的民事责任；(3)公司外部第三人因债务不履行而对公司承担的责任；(4)公司依据《公司法》《证券法》等民商法律和行政法律享有的其他法律上的权利和利益。

公司章程条款实例

董事、高级管理人员执行公司职务时违反法律、行政法规或者本章程的规定，给公司造成损失的，连续180日以上单独或合并持有公司1%以上股份的股东有权书面请求监事会向人民法院提起诉讼；监事会执行公司职务时违反法律、行政法规或者本章程的规定，给公司造成损失的，股东可以书面请求董事会向人民法院提起诉讼。

监事会、董事会收到前款规定的股东书面请求后拒绝提起诉讼，或者自收到请求之日起 30 日内未提起诉讼，或者情况紧急、不立即提起诉讼将会使公司利益受到难以弥补的损害的，前款规定的股东有权为了公司的利益以自己的名义直接向人民法院提起诉讼。股东代表诉讼的诉讼利益归公司所有，代表股东有权将获得诉讼利益的 10% 作为奖励，并由公司承担律师费等合理费用。

他人侵犯公司合法权益，给公司造成损失的，本条第一款规定的股东可以依前两款的规定向人民法院提起诉讼。

延伸阅读

在公司董事与监事为同一人的特殊情形下，股东提起股东代表诉讼没有必要履行告知程序

案例：最高人民法院审理李某与周某、刘某损害公司利益责任纠纷二审民事裁定书［（2015）民四终字第 54 号］认为："首先，《中华人民共和国公司法》第一百五十一条①设定了股东代位诉讼的前置程序。其目的在于，尽可能地尊重公司内部治理，通过前置程序使公司能够了解股东诉求并自行与有关主体解决相关纠纷，避免对公司治理产生不当影响。通常情况下，只有经过了前置程序，公司有关机关决定不起诉或者怠于提起诉讼，股东才有权提起代位诉讼。但中某公司的三名董事，分别是原审原告李某与原审两被告周某、刘某，周某还兼任中某公司监事，客观上，中某公司监事以及除李某之外的其他董事会成员皆为被告，与案涉纠纷皆有利害关系。从《公司法》第一百五十一条之规定来看，起诉董事需向监事会或监事而非董事会提出书面请求，起诉监事则需向董事会或执行董事而非监事会或监事本人提出书面请求，此规定意在通过公司内部机关的相互制衡，实现利害关系人的回避，避免利益冲突。在本案的特殊情况下，已无途径达成该目的。中某公司被告董事会成员和监事在同一案件中，无法既代表公司又代表被告。为及时维护公司利益，在本案的特殊情况下，应予免除李某履行前置程序的义务。其次，尽管一般而言，如果股东本身是公司的法定代表人，不应舍近求远提起股东代位诉讼，但本案中李某并不掌握公司公章，难以证明自身的法定代表人身份，故其以公司名义提起诉讼在实践中确有困难。且其提供了初步证据证明，其曾以中某公司名义起诉而未

---

① 《公司法》已修改，现相关规定见《公司法》（2023 年修订）第一百八十九条。

能为法院受理。如不允许其选择股东代位诉讼，将使其丧失救济自身权利的合理途径。综合以上情况，并且原审已经就本案进行了长达两年半的审理，再要求李某履行前置程序后另行起诉，显然不利于及时维护公司权利，也给当事人造成不必要的讼累。故李某关于其有权提起股东代位诉讼的上诉主张，本院予以支持。"

020 公司提起诉讼的决策主体和程序可在章程中规定

设计要点

公司章程可规定提起诉讼或仲裁的决策主体和程序。

阅读提示

2017年9月16日，宁夏新某恒力钢丝绳股份有限公司（以下简称新某恒力公司）发布《涉及重大仲裁公告》，称博某干细胞科技有限公司（以下简称博某干细胞公司）因与其发生借款合同纠纷，已向上海仲裁委员会提起仲裁申请，要求新某恒力公司返还借款8000万元及利息。

事实上，新某恒力公司于2015年以现金方式收购博某干细胞公司80%的股权，博某干细胞公司成为新某恒力公司的控股子公司。因此，本案仲裁实际上是子公司诉上市母公司。

上海证券交易所（以下简称上交所）也迅速对此事予以关注，并于2017年9月18日对新某恒力公司提起了问询。简而言之，上交所的问题是：谁决定了博某干细胞公司申请仲裁？2015年收购后，新某恒力公司是否取得了博某干细胞公司的控制？现在又是否失去了对博某干细胞公司的控制？

新某恒力公司于2017年9月30日进行了回复：2015年收购后，新某恒力公司控制了博某干细胞公司的股东会、董事会，但由于收购时签订的协议条款中，新某恒力公司未对博某干细胞公司的管理层人员进行调整。而博某干细胞公司的章程未特别规定提起诉讼仲裁属于股东会或董事会的职权，因此应属于管理层决策事项。公司总经理许某电话安排该工作人员在《仲裁申请书》上加盖公司公章，因此才有了子公司诉母公司的一幕。

笔者认为，从新某恒力公司的回复可以看出：控制股东会、董事会不代表控制了子公司。作为持股80%的大股东，新某恒力公司的失误至少有两点：一是没管住公章，公章还由小股东控制；二是公司章程未对提起诉讼仲裁的决定主体进行明确规定，这才引发了子公司诉母公司并被上交所问询的尴尬局面。

对于公章的管理，笔者曾多次撰文提出意见，本文不再赘述；本文将主要针对第二个问题，即公司章程应如何规定提起诉讼仲裁的决定主体提出建议，希望新某恒力公司的尴尬不要在其他公司重复上演。

章程研究文本

笔者查阅了上百家公司章程，各章程中凡涉及诉讼或仲裁的条款，均系关于公司发生争议时解决途径的规定，但无一章程针对诉讼或仲裁的决策主体和程序进行具体规定。例如：

《中信银行股份有限公司章程》（2022年5月版）

第三百二十四条　除非本章程另有规定，本行遵从下述争议解决规则：

（一）凡境外上市股份股东与本行之间，境外上市股份股东与本行董事、监事和高级管理人员，境外上市股份股东与其他股东之间，基于本章程、《公司法》及其他有关法律、行政法规所规定的权利义务发生的与本行事务有关的争议或者权利主张，有关当事人应当将此类争议或者权利主张提交仲裁解决。

前述争议或者权利主张提交仲裁时，应当是全部权利主张或者争议整体；所有由于同一事由有诉因的人或者该争议或权利主张的解决需要其参与的人，如果其身份为本行或本行股东、董事、监事、行长或者其他高级管理人员，应当服从仲裁。

有关股东界定、股东名册的争议，可以不用仲裁方式解决；

（二）申请仲裁者可以选择中国国际经济贸易仲裁委员会按其仲裁规则进行仲裁，也可以选择香港国际仲裁中心按其证券仲裁规则进行仲裁。申请仲裁者将争议或者权利主张提交仲裁后，对方必须在申请者选择的仲裁机构进行仲裁。

如申请仲裁者选择香港国际仲裁中心进行仲裁，则任何一方可以按香港国际仲裁中心的证券仲裁规则的规定请求该仲裁在深圳进行；

（三）以仲裁方式解决因本条第（一）项所述争议或者权利主张，适用中华人民共和国的法律；但法律、行政法规另有规定的除外；

（四）仲裁机构作出的裁决是终局裁决，对各方均具有约束力。

《森特士兴集团股份有限公司章程》（2024年1月版）

第一百三十五条第五款　股东与公司间发生争议的，由股东与公司协商解决，股东应当将争议事项的内容及请求以书面方式提交公司证券部，公司证券部应当在接到书面通知后5个工作日内作出答复，如股东向证券监管部门、自律组织投诉的，公司证券部应当在知悉投诉事项之日起5个工作日内向股东作出答复，如争议事项需要提交董事会审议的，董事长应当在公司证券部接到书面通知后15个工作日内召集董事会会议，审议争议事项的解决方案，公司与股东双方应当积极沟通，寻求有效的解决方案，公司与股东也可申请自律组织、市场机构独立或联合进行调解；自行协商或调解不成的，公司与股东可另行签订仲裁协议提交北京仲裁委员会按申请仲裁时该会有效的仲裁规则在北京仲裁；股东与公司未就争议事项另行达成仲裁协议的，任意一方可向公司所在地有管辖权的法院提起诉讼。法律、行政法规等规范性文件另有规定的除外。

公司法和相关规定

《公司法》未明确规定诉讼或仲裁的决策主体，其第五十九条列举的股东会职权及第六十七条列举的董事会职权均不包括"决定提起诉讼、仲裁"。

《公司法》（2023年修订）

第五十九条 股东会行使下列职权：

（一）选举和更换董事、监事，决定有关董事、监事的报酬事项；

（二）审议批准董事会的报告；

（三）审议批准监事会的报告；

（四）审议批准公司的利润分配方案和弥补亏损方案；

（五）对公司增加或者减少注册资本作出决议；

（六）对发行公司债券作出决议；

（七）对公司合并、分立、解散、清算或者变更公司形式作出决议；

（八）修改公司章程；

（九）公司章程规定的其他职权。

股东会可以授权董事会对发行公司债券作出决议。

对本条第一款所列事项股东以书面形式一致表示同意的，可以不召开股东会会议，直接作出决定，并由全体股东在决定文件上签名或者盖章。

第六十七条 有限责任公司设董事会，本法第七十五条另有规定的除外。

董事会行使下列职权：

（一）召集股东会会议，并向股东会报告工作；

（二）执行股东会的决议；

（三）决定公司的经营计划和投资方案；

（四）制订公司的利润分配方案和弥补亏损方案；

（五）制订公司增加或者减少注册资本以及发行公司债券的方案；

（六）制订公司合并、分立、解散或者变更公司形式的方案；

（七）决定公司内部管理机构的设置；

（八）决定聘任或者解聘公司经理及其报酬事项，并根据经理的提名决定聘任或者解聘公司副经理、财务负责人及其报酬事项；

（九）制定公司的基本管理制度；

（十）公司章程规定或者股东会授予的其他职权。

公司章程对董事会职权的限制不得对抗善意相对人。

《公司法》（2018年修正，已被修订）

第三十七条 股东会行使下列职权：

（一）决定公司的经营方针和投资计划；

（二）选举和更换非由职工代表担任的董事、监事，决定有关董事、监事的报酬事项；

（三）审议批准董事会的报告；

（四）审议批准监事会或者监事的报告；

（五）审议批准公司的年度财务预算方案、决算方案；

（六）审议批准公司的利润分配方案和弥补亏损方案；

（七）对公司增加或者减少注册资本作出决议；

（八）对发行公司债券作出决议；

（九）对公司合并、分立、解散、清算或者变更公司形式作出决议；

（十）修改公司章程；

（十一）公司章程规定的其他职权。

对前款所列事项股东以书面形式一致表示同意的，可以不召开股东会会议，直接作出决定，并全体股东在决定文件上签名、盖章。

第四十六条 董事会对股东会负责，行使下列职权：

（一）召集股东会会议，并向股东会报告工作；

（二）执行股东会的决议；

（三）决定公司的经营计划和投资方案；

（四）制订公司的年度财务预算方案、决算方案；

（五）制订公司的利润分配方案和弥补亏损方案；

（六）制订公司增加或者减少注册资本以及发行公司债券的方案；

（七）制订公司合并、分立、解散或者变更公司形式的方案；

（八）决定公司内部管理机构的设置；

（九）决定聘任或者解聘公司经理及其报酬事项，并根据经理的提名决定聘任或者解聘公司副经理、财务负责人及其报酬事项；

（十）制定公司的基本管理制度；

（十一）公司章程规定的其他职权。

专家分析

一、各公司章程未规定诉讼或仲裁决策主体和程序的原因

第一，针对一些不涉及公司重大利益的争议，公司管理层在进行适当讨论后，即可作出诉讼或仲裁的决策，无须进行董事会讨论或召开股东会。因此，公司章程不对涉及诉讼、仲裁事项进行特别规定，可以保证公司决策的灵活性，方便公司管理层根据需要适时提起诉讼或仲裁。

第二，即使公司管理层未经充分讨论即作出诉讼或仲裁的决策，由于诉讼具有司法的公正性，仲裁虽属于非司法机构，也是由具有公认地位的第三人进行的双方自愿性公断。因此，即使管理层擅自提起诉讼或仲裁，对具体案件中涉及的公司实体利益也并无重大影响。

二、对于特定事项，公司章程有对诉讼或仲裁决策主体和程序进行规定的必要

以上述新某恒力公司所遭遇的尴尬为例，小股东控制了公司管理层，小股东通过直接提起仲裁的方式向大股东发难，虽然表面上双方系借款合同纠纷，但子公司诉母公司必有其深层原因，实质上很可能是股东间产生嫌隙已久，甚至是各方在对公司控制权进行争夺。

小股东作为管理层以公司名义对大股东提起诉讼，固然增加了小股东的权利救济途径。但对于大股东而言，失去了在公司内部以股东会资本多数、董事会人头多数决策的权利，而只能被动地通过司法途径解决争议，这是大股东不愿看到的局面。而改变这种局面的办法，可以是收回公章（小股东被收回公章后即无法提起诉讼仲裁），也可以是直接在公司章程中规定提起诉讼或仲裁的决策主体或决策程序，将该条款规定的权力赋予公司股东会或董事会。

笔者建议，对于业务类型较为简单、不易发生诉讼仲裁的公司，不妨在公司章程中直接规定公司提起的全部诉讼或仲裁均须经股东会（或董事会）同意。对于易发生各类诉讼仲裁案件的大型公司，公司章程可规定如诉讼或仲裁的提起涉及公司的重大利益，或间接影响公司今后的运营和发展，或存在其他重要事由时，应由股东会或董事会决定是否提起诉讼或仲裁。

章程条款设计建议

鉴于《公司法》和《上市公司章程指引》规定的董事会职责"决定公司内部管理机构的设置"与"诉讼或仲裁的决策主体和程序"存在一定的关联或包含关系,结合笔者办理有关公司法律顾问业务、公司诉讼业务的经验,提出如下建议:

为避免管理层擅自作出决定导致任意诉讼或仲裁使得公司利益受损,当诉讼或仲裁的提起涉及公司的重大利益,或间接影响公司今后的运营和发展,或存在其他重要事由时,公司可选择在章程中规定由董事会进行诉讼或仲裁决策,并按照董事会的表决程序进行最终决策。

公司章程条款实例

公司提起以下诉讼或仲裁,应由董事会决定。

(一)发生争议的标的额达到某数额或比例以上;

(二)公司提起诉讼或仲裁的对象是与本公司之间存在母子关系或其他控制关系的另一方;

(三)公司提起诉讼或仲裁的对象为公司董事、监事和高级管理人员等其他关系公司重大利益的另一方。

上述类型的诉讼或仲裁案件的提起未经公司董事会决定的,董事会有权决定撤回起诉或撤回仲裁申请。

延伸阅读

宁夏新某恒力钢丝绳股份有限公司《关于对新某恒力有关子公司博某干细胞申请仲裁事项的问询函》的回复公告

一、博某干细胞申请仲裁事项所履行的决策程序及决策主体。

回复:根据公司收到的《仲裁申请书》,本次仲裁事项申请人为博某干细胞,并加盖了博某干细胞的公章。

《博某干细胞公司章程》第八条 股东会由全体股东组成,是公司的权力机构,行使下列职权……

第三十三条 董事会行使下列职权……

根据上述规定,诉讼仲裁事项不属于必须经博某干细胞董事会、股东会审议通过才能实施的事项,应属于管理层决策事项。

公司已于 2017 年 9 月 21 日致函博某干细胞及总经理许某，要求管理层说明"博某干细胞申请仲裁事项所履行的决策程序及决策主体"的相关情况。同时，公司总经理陈某及独立财务顾问相关人员于 2017 年 9 月 22 日到达博某干细胞现场，对博某干细胞申请仲裁事项约谈博某干细胞相关人员。经核查，博某干细胞公司公章由李某和一名工作人员共同管理，许某电话安排该工作人员在《仲裁申请书》上加盖公司公章。

关于博某干细胞要求公司偿还借款纠纷一事，许某曾征求过博某干细胞所有董事的意见，所有董事表示可以通过司法程序解决。但就本次博某干细胞要求提前归还公司借款申请仲裁一事未征求相关董事意见，也未提交董事会审议。

二、公司于 2015 年以现金方式收购博某干细胞 80% 的股权，博某干细胞成为公司的控股子公司。请公司补充披露在收购完成后对博某干细胞实施了哪些整合措施，是否实现了对收购标的的控制，并核实目前是否已对博某干细胞失去了控制。

回复：收购完成后公司对博某干细胞实施了以下整合措施：

1. 公司于 2015 年以现金方式收购博某干细胞 80% 的股权，2015 年 12 月 17 日完成了工商变更。

2. 修订博某干细胞公司章程。修改后的博某干细胞公司章程约定："公司董事会 5 人，宁夏新某恒力钢丝绳股份有限公司推荐 3 人，许某推荐 1 人，无锡新某合投资有限公司（有限合伙）推荐 1 人，并经股东会选举产生"；"公司不设监事会，设监事 1 名，由宁夏新某恒力钢丝绳股份有限公司推荐并由股东会选取产生，监事对股东会负责"；"股东会作出普通决议须经代表全部表决权的 1/2 以上股东同意通过；股东会会议作出特别决议须经代表全部表决权的 2/3 以上股东同意通过"；"董事会有 1/2 以上董事出席方为有效。董事会决议 1/2 以上的董事同意方可通过，除非本章程另有规定。"

3. 2015 年 12 月 13 日博某干细胞 2015 年临时股东会审议通过了《关于修改公司章程的议案》《关于公司董事会提前进行换届选举的议案》《关于选举公司监事的议案》，公司完成了对博某干细胞章程的修改及董事的选派。根据公司与许某签署的《业绩承诺及补偿协议》第七条约定："承诺期内，双方应维持标的公司及其下属子公司的高级管理层、核心技术人员、主营业务及会计政策的稳定，不与现状发生重大变更。"鉴于上述，公司未对博某干细胞管理层人员进行调整。

4. 公司根据内控基本规范等相关制度要求各控股子公司根据《内控管理制度汇编》（上、下册）、《内部控制手册》及《内部控制评价管理制度》的要求完善部分内控制度并进行内部控制自我评价，博某干细胞于 2016 年按照执行。

鉴于上述，公司认为收购完成后公司通过上述措施实现了对博某干细胞的控制。

截至本回复日，公司持有博某干细胞80%股权，并向博某干细胞选派了3名董事。公司行使股东权利及通过选派的董事行使相关权利不存在法律障碍，公司未对博某干细胞失去控制。为进一步加强对博某干细胞的控制，2017年9月27日博某干细胞第三届董事会第十次会议，审议更换董事长、法定代表人的议案，该议案已经董事会审议通过，选举董事陈某为博某干细胞新任董事长、法定代表人。公司依法行使股东及董事相关权利，履行股东及董事相关义务，继续加强对博某干细胞的控制，积极维护公司权益。

三、请公司重大资产重组财务顾问核实重组完成后，博某干细胞是否仍受其原大股东及实际控制人许某控制，公司对置入的资产是否真正完成了整合，并发表明确意见。

公司重大资产重组财务顾问意见：经核查，重组完成后，新某恒力根据重组时的相关协议及实际需求对收购后的置入资产完成了必要的整合；新某恒力通过股东会、董事会及修改后的博某干细胞公司章程对博某干细胞实现了控制，博某干细胞未受其原大股东及实际控制人许某控制。本财务顾问已提请上市公司采取措施加强其对博某干细胞的控制。

第三章 股东义务条款

021 未按期缴足出资的股东表决权是否可以打折行使？

设计要点

有限责任公司章程可规定股东按照实际出资比例行使表决权。

阅读提示

在实践中，股东认缴出资而迟迟不足额缴纳出资的现象时有发生，如果这种情况发生在大股东身上，多数小股东往往无能为力，眼睁睁地看着不出资或者少出资的大股东大权在握，作威作福。其实，公司可自主决定股东表决权的行使依据是实缴出资比例还是认缴出资比例。股东表决权实质上为一种控制权，兼有保障自益权行使和实现的功能，具有工具性质；公司可通过公司章程或股东会决议对瑕疵出资股东的表决权进行合理限制。

章程研究文本

股东履行出资义务以公司出具的出资证明书为标志。除非公司章程有特别规定的，瑕疵出资、抽逃出资股东按照实际履行出资部分所代表的股权比例行使股东表决权。

公司法和相关规定

《公司法》（2023 年修订）

第六十五条　股东会会议由股东按照出资比例行使表决权；但是，公司章程另有规定的除外。

《公司法》（2018 年修正，已被修订）

第四十二条　股东会会议由股东按照出资比例行使表决权；但是，公司章程另有规定的除外。

《最高人民法院关于适用〈中华人民共和国公司法〉若干问题的规定（三）》(2020年修正)

第十六条 股东未履行或者未全面履行出资义务或者抽逃出资，公司根据公司章程或者股东会决议对其利润分配请求权、新股优先认购权、剩余财产分配请求权等股东权利作出相应的合理限制，该股东请求认定该限制无效的，人民法院不予支持。

第十七条 有限责任公司的股东未履行出资义务或者抽逃全部出资，经公司催告缴纳或者返还，其在合理期间内仍未缴纳或者返还出资，公司以股东会决议解除该股东的股东资格，该股东请求确认该解除行为无效的，人民法院不予支持。

在前款规定的情形下，人民法院在判决时应当释明，公司应当及时办理法定减资程序或者由其他股东或者第三人缴纳相应的出资。在办理法定减资程序或者其他股东或者第三人缴纳相应的出资之前，公司债权人依照本规定第十三条或者第十四条请求相关当事人承担相应责任的，人民法院应予支持。

专家分析

《公司法》第六十五条规定："股东会会议由股东按照出资比例行使表决权；但是，公司章程另有规定的除外。"也即是依据出资比例还是依据股权比例来确定股东表决权，属于公司自治权。股东表决权是股东通过股东大会上的意思表示，可按所持股份参加股东共同的意思决定的权利。表决权是否因股东未履行或未全面履行出资义务而受到限制，《公司法》对此并未作出明确规定。《最高人民法院关于适用〈中华人民共和国公司法〉若干问题的规定（三）》第十七条虽明确规定公司可对瑕疵出资股东的利润分配请求权、新股优先认购权、剩余财产分配请求权等股东权利进行限制，但限制的权利范围只明确为股东自益权，并未指向股东共益权。自益权是股东获取财产权益的权利，共益权是股东对公司重大事务参与管理的权利。

表决权作为股东参与公司管理的经济民主权利，原则上属于共益权，但又具有一定的特殊性，股东通过资本多数决的表决权机制选择或罢免董事、确立公司的运营方式、决策重大事项等，借以实现对公司的有效管理和控制，其中也包括控制公司财产权，故表决权实质上是一种控制权，同时亦兼有保障自益权行使和实现之功能，具有工具性质。如果让未尽出资义务的股东通过行使表决权控制公司，不仅不符合权利与义务对等、利益与风险一致的原则，也不利于公司的长远发展。因此，公司应该通过公司章程或股东会决议对瑕疵出资股东的表决权进行合理限制，例如，股东表决权按照已缴出资比例行使。

章程条款设计建议

第一，公司可以自主决定股东表决权的依据是出资比例还是股权比例，公司章程可以规定"同钱不同股"，也即出资比例不一定等于股权比例。

第二，公司章程或股东会决议可以对未按期缴足出资的股东的表决权进行合理限制，例如规定股东表决权按照实际出资部分所代表股权的比例行使表决权，该规定可以遏制某些股东通过认缴公司大部分出资霸占多数表决权却又不按期缴足出资的现象，倒逼股东按期足额缴纳出资。

第三，并不是所有的股东权利均可以通过股东公司章程进行限制，一般认为股东的固有权利是不可以进行限制的，例如股东知情权、账簿查阅权、质询权、股权回购权、股东代表诉讼等权利；而对于分红权、剩余财产分配请求权、股权转让权、收益权等非固有的权利是可以限制的。

延伸阅读

法院支持未足额缴纳出资的股东表决权受到限制的案例

案例：南京市中级人民法院审理梁某与南京某帆科技实业有限公司、俞某等股东会决议效力纠纷二审民事判决书［（2012）宁商终字第991号］认为，本案是一起股东会决议效力纠纷案件，双方争议的焦点问题是云某公司2011年1月26日的股东会决议是否经过了有2/3以上表决权的股东表决通过。上诉人俞某认为，梁某认缴出资300万元，占总股权比例的51%，实际出资130万元，故梁某只能行使22.1%（130/300×51%）的表决权，加上其他同意股东的股权比例，股东会决议未达到2/3以上表决权，应当无效；被上诉人梁某认为，无论按出资比例73.53%还是按股权比例51%计算，三名同意股东的表决权均超过了2/3；即便按实际出资计算，其实际出资130万元，占公司实收资本238万元的54.62%，加上其他两位同意股东各占实际出资比例的8.4%，股东会决议也超过了2/3的表决权，应当有效。对此，本院认为，本案双方争议的股东会决议效力问题主要围绕两个方面展开：一是如何确定梁某享有的表决权数；二是梁某在未足额出资前其表决权的行使应否受到限制。

关于如何确定梁某享有的表决权数的问题。该院认为，《公司法》第四十三条规定:"股东会会议由股东按照出资比例行使表决权;但是,公司章程另有规定的除外。"该规定在允许出资与表决权适度分离的同时赋予了公司更大的自治空间,换言之,是依据出资比例还是依据股权比例来确定股东表决权,可归于公司自治权。本案中,经工商备案的 2010 年 4 月 25 日公司章程载明"梁某出资比例为 73.53%""股东会会议按股东出资比例行使表决权",而经各股东签名确认的 2010 年 4 月 25 日股东会决议和俞某提供的 2010 年 4 月 5 日公司章程却载明"梁某出资货币 300 万元,占公司股权 51%"。虽然工商备案的公司章程与股东会决议之间以及两个版本的公司章程之间出现部分内容不一致,但结合俞某、梁某等股东于 2010 年 5 月 20 日签名确认的《股东会协议书》的有关内容,如"股东依据股权比例行使股东权力,而非依出资比例""工商备案的公司章程中部分内容(例如,股权比例)与我公司实际情况不同,于此共同声明公司章程以 2010 年 4 月 5 日股东签署的云某公司章程为准"等,可以确认,关于梁某出资 300 万元、按股权比例 51% 行使股东权利的约定应是云某公司各股东的真实意思表示,符合《公司法》第四十三条规定,应当作为确定梁某的股权比例及表决权的依据。根据《公司法》第一百零四条之规定,"股东出席股东大会会议,所持每一股份有一表决权",① 梁某在云某公司享有的表决权数应为 51%。

关于梁某在未足额出资前其表决权的行使应否受到限制的问题。该院认为,股东表决权是股东通过股东大会上的意思表示,可按所持股份参加股东共同的意思决定的权利。表决权是股东的一项法定权利。《公司法》第四条规定:"公司股东依法享有资产收益、参与重大决策和选择管理者等权利。"② 但表决权应否因股东未履行或未全面履行出资义务而受到限制,《公司法》对此并未作出明确规定。《最高人民法院关于适用〈中华人民共和国公司法〉若干问题的规定(三)》第十七条规定:"有限责任公司的股东未履行出资义务或者抽逃全部出资,经公司催告缴纳或者返还,其在合理期间内仍未缴纳或者返还出资,公司以股东会决议解除该股东的股东资格,该股东请求确认该解除行为无效的,人民法院不予支持。在前款规定的情形下,人民法院在判决时应当释明,公司应当及时办理法定减资程序或者由其他股东或者第三人缴纳相应的出资。在办理法定减资程序或者其他股东或者第三人缴纳相应的出资之前,公司债权人依照本规定第十三条或者第十四条请求相关当事

---

① 《公司法》已修改,现相关规定见《公司法》(2023 年修订)第一百一十六条。
② 《公司法》已修改,现相关规定见《公司法》(2023 年修订)第四条第二款。

人承担相应责任的,人民法院应予支持。"① 该条司法解释虽然明确规定公司可对瑕疵出资股东的利润分配请求权、新股优先认购权、剩余财产分配请求权等股东权利进行限制,但限制的权利范围只明确为股东自益权,并未指向股东共益权。自益权是股东获取财产权益的权利,共益权是股东对公司重大事务参与管理的权利。表决权作为股东参与公司管理的经济民主权利,原则上属于共益权,但又具有一定的特殊性,股东通过资本多数决的表决权机制选择或罢免董事、确立公司的运营方式、决策重大事项等,借以实现对公司的有效管理和控制,其中也包括控制公司财产权,故表决权实质上是一种控制权,同时亦兼有保障自益权行使和实现之功能,具有工具性质。如果让未尽出资义务的股东通过行使表决权控制公司,不仅不符合权利与义务对等、利益与风险一致的原则,也不利于公司的长远发展。因此,公司通过公司章程或股东会决议对瑕疵出资股东的表决权进行合理限制,更能体现法律的公平公正,亦符合《公司法》和司法解释有关规定之立法精神,可以得到支持。

就本案而言,上诉人俞某主张被上诉人梁某 51% 股权只能行使 22.1% 表决权,剩余 28.9% 因未实际出资而应受到限制,因缺乏限制的前提和依据,故本院难以支持。首先,梁某在行使表决权时尚不属于瑕疵出资股东,不具备限制其表决权的前提。梁某认缴出资 300 万元,分两期缴纳,第一期 130 万元已实际出资,第二期 170 万元的缴纳期限是 2011 年 5 月 9 日,本案争议的股东会决议作出之日是 2011 年 1 月 26 日,即梁某在行使其表决权时第二期出资期限尚未届满,其分期出资的行为具有合法性,亦不违反约定的出资义务。其次,无论是工商备案的或者俞某提供的云某公司章程,还是股东会决议或者股东会协议书,均未作出有关梁某在第二期出资期限届满前应按其实际出资比折算股权比例来行使表决权等类似规定,不具有限制其表决权的依据。最后,即便按俞某主张依据实际出资计算,梁某实缴出资 130 万元,占公司实收资本 238 万元的 54.6%,加上李某某、郑某的实际出资比例各 8.4%,同意股东的表决权也已超过 2/3。据此,本院认为,云某公司 2011 年 1 月 26 日的股东会决议经过了梁某(51% 股权)、李某某(10.9025% 股权)、郑某(5.39% 股权)的表决通过,符合 2/3 以上表决权的股东同意,应当有效。至于诉讼中梁某在第二期出资期限届满后仍未出资的问题,俞某可另行主张权利。

---

① 《最高人民法院关于知用〈中华人民共和国公司法〉若干问题的规定(三)》已修改,现相关规定见《最高人民法院关于适用〈中华人民共和国公司法〉若干问题的规定(三)》(2020 年修正)第十七条。

022 股东除名制度在章程中如何落地执行？

设计要点

有限责任公司章程可以规定瑕疵出资或抽逃出资的股东经催告仍未按期补足出资的，将丧失未补足出资部分的股权。

阅读提示

在 2023 年新修订的《公司法》第五十二条中，新增了股东失权的相关规定，即由董事会对股东出资情况进行核查，股东未按期缴纳出资的情况下，由公司向股东发出书面催缴书并载明不少于六十日的宽限期。而在宽限期届满后，股东仍未能履行出资义务的，经董事会决议，公司可以向股东发出失权通知，自通知发出之日起相应股东即丧失股权。

章程研究文本

瑕疵出资（包括未出资、迟延出资、出资不实）、抽逃出资的股东，公司应告知其在收到公司的催缴通知后六十日内（补缴）缴纳出资或返还出资，六十日催缴期限届满，仍未（完全）缴纳或者返还出资的股东，经董事会决议可以向该股东发出书面失权通知。自通知发出之日起，该股东丧失其未缴纳出资的股权。该（部分）出资由其余股东按出资比例认缴或者由实际代表二分之一以上表决权的股东同意的其他人认缴。在股东未实际缴足全部出资前，其仅有权按照实际出资比例行使股东权利（包括利润分配请求权、新股优先认购权、剩余财产分配请求权等股东权利）。

违约股东对除名前的公司债务，其应承担的责任不能免除，且还须在应缴或应返还的范围内对公司因瑕疵出资、抽逃出资而遭受的损失承担责任。

公司法和相关规定

《公司法》（2023 年修订）

第五十二条 股东未按照公司章程规定的出资日期缴纳出资，公司依照前条第一款规定发出书面催缴书催缴出资的，可以载明缴纳出资的宽限期；宽限期自公司发出催缴书之日起，不得少于六十日。宽限期届满，股东仍未履行出资义务的，公司经董事会决议可以向该股东发出失权通知，通知应当以书面形式发出。自通知发出之日起，该股东丧失其未缴纳出资的股权。

依照前款规定丧失的股权应当依法转让，或者相应减少注册资本并注销该股权；六个月内未转让或者注销的，由公司其他股东按照其出资比例足额缴纳相应出资。

股东对失权有异议的，应当自接到失权通知之日起三十日内，向人民法院提起诉讼。

《最高人民法院关于适用〈中华人民共和国公司法〉若干问题的规定（三）》（2020年修正）

第十六条　股东未履行或者未全面履行出资义务或者抽逃出资，公司根据公司章程或者股东会决议对其利润分配请求权、新股优先认购权、剩余财产分配请求权等股东权利作出相应的合理限制，该股东请求认定该限制无效的，人民法院不予支持。

第十七条　有限责任公司的股东未履行出资义务或者抽逃全部出资，经公司催告缴纳或者返还，其在合理期间内仍未缴纳或者返还出资，公司以股东会决议解除该股东的股东资格，该股东请求确认该解除行为无效的，人民法院不予支持。

在前款规定的情形下，人民法院在判决时应当释明，公司应当及时办理法定减资程序或者由其他股东或者第三人缴纳相应的出资。在办理法定减资程序或者其他股东或者第三人缴纳相应的出资之前，公司债权人依照本规定第十三条或者第十四条请求相关当事人承担相应责任的，人民法院应予支持。

专家分析

股东除名制度一般是指公司对于怠于履行出资义务的股东，经催告其在一定期限内缴纳出资，逾期仍不缴纳，经董事会决议，公司可以将其除名的制度。股东除名类似于合同法上的合同解除，合同法上分为约定解除和法定解除，其中法定解除的基础在于根本违约，而约定解除的基础在于合同各方的合意。在2023年修订的《公司法》第五十二条中，新增加了股东失权的规定，明确了催缴通知书以及失权通知的发出主体为公司、宽限期至少为60天、决议失权的主体为董事会等具体规范，并且明确了后续股权的处理方式以及失权股东的救济方式、期限。

本次公司法修订相较于此前《最高人民法院关于适用〈中华人民共和国公司法〉若干问题的规定（三）》第十六条、第十七条，进行了较大幅度的调整：一方面是调整了股东失权的情形范围，以未按照公司章程规定的出资日期缴纳出资、催告后宽限期内仍未缴纳作为认定条件，那么是否囊括抽逃全部出资的情形仍有待新司法解释的进一步扩展；另一方面失权决议的主体明确为了董事会，但在大股东未实缴并且控制董事会的情况下，小股东如何使大股东失权将会成为新的问题。因此在司法解释及指导案例进一步明确前，小股东如想要通过股东失权路径除名大股东，则需要在公司章程中排除未出资大股东对于董事会的控制。

章程条款设计建议

第一，虽然《公司法》第五十二条规定中仅明确了未按照公司章程规定的出资日起缴纳出资作为股东失权的情形，但是，当股东瑕疵出资或抽逃出资，经公司催讨后并未补足，公司章程可规定股东会在保留其股东资格的前提下，解除与其抽逃出资额相应的股权。

第二，全体股东应在出资协议中对股东及时实缴出资设置违约条款，通过由违约股东向守约股东支付违约金的方式督促全体股东履行出资义务、增强对信守出资义务股东利益的保护。

延伸阅读

解除股东资格的裁判观点[①]
一、解除股东资格的事由：股东未履行出资义务或者抽逃全部出资
案例一：新疆生产建设兵团第六师中级人民法院审理的刘某峰与孙某公司决议效力确认纠纷二审民事判决书［(2016) 兵06民终406号］认为，"本案中，华某公司因孙某未履行出资义务而召开股东会，决议解除孙某的股东资格，是公司为消除不履行义务的股东对公司和其他股东产生不利影响而享有的一种法定权能。被解除股东资格的股东请求人民法院确认该解除行为无效的，人民法院不予支持"。

案例二：广西壮族自治区高级人民法院审理的徐某志与藤县米某房地产开发有限公司、刘某平公司决议效力确认纠纷二审民事判决书［(2015) 桂民四终字第36号］认为，"股东在公司中的合法权益受法律保护。解除股东资格只应用于严重违反出资义务的情形，即未出资和抽逃全部出资，未完全履行出资义务和抽逃部分出资的情形不应包括在内……徐某志成为米某公司的股东，并非原始取得，而是通过

---

① 特别提示：由于2023年《公司法》修订时增加了股东失权规则条款，并且相较于此前《最高人民法院关于适用〈中华人民共和国公司法若干问题的规定（三）〉》的规定存在较大差别，故相应案例及解读仅供参考。

受让曾某民持有的米某公司股权的形式取得股权及股东资格的。据此，米某公司主张徐某志存在未履行出资义务的情形，与事实不符"。广西壮族自治区高级人民法院据此认定案涉股东会决议无效。

案例三：贵州省高级人民法院审理的贵州省凯里市利某食品有限责任公司与杨某公司决议效力确认纠纷二审民事判决书〔（2015）黔高民商终字第 18 号〕认为，"解除股东资格，剥夺股东权利这种严厉的措施只应用于严重违反出资义务的情形。因此，利达责任公司在杨某足额缴纳出资，履行了法定程序的情况下，通过董事会决议剥夺杨某的股东权利，在程序和实体上均违反了《公司法》的规定，该决议应为无效"。

案例四：广东省高级人民法院审理的倪某与广东国某新能源投资有限公司案件再审民事裁定书〔（2013）粤高法民二申字第 662 号〕认为，"股东除名作为对股东最严厉的一种处罚，是对失信股东的放弃……因倪某没有足额缴纳首期出资款，且经国某公司催缴仍未履行其出资义务。二审法院据此认定国某公司通过公司股东会决议的形式，对倪某进行除名，该决议程序合法，内容未违反法律、法规的强制性规定，亦符合上述规定"。

案例五：成都市中级人民法院审理的成都安某捷电气有限公司与何某海股东知情权纠纷二审民事判决书〔（2013）成民终字第 5185 号〕认为，"《公司法司法解释三》第十八条系对股东除名的规定，股东除名行为这种严厉的措施旨在督促股东尽快出资，保证公司资本的确定和充实。鉴于股东除名行为的后果是使股东丧失股东资格，这种严厉的措施只应用于严重违反出资义务的情形，即'未出资'和'抽逃全部出资'，未完全履行出资义务和抽逃部分出资的情形不应包括在内。而该条适用条件显然与本案情况不符"。

案例六：南京市中级人民法院审理的上诉人南京悦某五金制品有限公司与被上诉人赵某善股东资格确认纠纷一案二审民事判决书〔（2016）苏 01 民终 302 号〕认为，"《最高人民法院关于适用〈中华人民共和国公司法〉若干问题的规定（三）》第十七条第一款中对解除股东资格作出了严格的规定，即股东除名仅限于未履行出资和抽逃全部出资两种情形。本案中，赵某善系从悦某公司原股东吴某处受让了股权，验资报告证明吴某已于公司成立时及 2009 年 3 月 3 日分别履行了 15 万元出资、85 万元增资义务，悦某公司提供的证据仅能证明 2009 年 3 月 3 日的 425 万元增资款次日被转出，但不能证明上述转款系由吴某所为或指示，而悦某公司在此后长达六年的时间内对此从未提出过异议，故原股东吴某并不存在未履行出资义务和抽逃全部出资的情形。据此，悦某公司以受让股东赵某善未补缴增资款为由要求解除其股东资格，缺乏事实根据及法律依据，本院不予支持"。

案例七：咸阳市中级人民法院审理的陕西德某信息技术有限公司与陕西信某实业有限公司公司决议撤销纠纷二审民事判决书［(2015) 咸中民终字第00430号］认为，"股东的出资义务是指股东按期足额缴纳其所认缴的出资额的义务，包括公司设立时股东的出资义务和公司增资时股东的出资义务。本案中被上诉人德某公司并非信某公司设立之时的股东，故德某公司并不承担公司设立之时的股东出资义务；德某公司成为信某公司股东后，信某公司并未进行过增资，因此德某公司亦不承担公司增资的出资义务……本案中上诉人信某公司未经裁判即自行认定被上诉人德某公司应履行出资义务于法有悖。综上，被上诉人德某公司作为上诉人信某公司的受让股东，并不具有法律规定的出资义务，亦不存在人民法院裁决的出资义务，故上诉人信某公司的股东会以德某公司拒绝出资为由解除德某公司股东资格的行为应属无效"。

二、股东会就解除股东资格事项进行表决时，该股东不得就其持有的股权行使表决权

案例八：武威市中级人民法院审理的赵某兰与孙某、蔡某、郑某、刘某、甘肃西某肥业有限公司决议效力确认纠纷二审民事判决书［(2016) 甘06民终451号］认为，"为了防止控股股东或多数股东损害公司利益和少数股东利益，股东会能有效作出对拒不出资的股东除名的决议，被除名的股东对该表决事项不应具有表决权。本案中，由于孙某、蔡某、郑某、刘某四人未按公司通知的期限参加股东会，且四人对解除自己股东身份的表决事项不具有表决权，作为已实际出资的另一股东赵某兰以100%的表决权同意并通过解除孙某、蔡某、郑某、刘某四人西某肥业公司股东资格的决议，该决议符合法律规定和公司章程，应认定有效"。

案例九：厦门市中级人民法院审理的陈某辉、厦门华某兴业房地产开发有限公司与叶某源一案二审民事判决书［(2015) 厦民终字第3441号］认为，"因股东未履行出资义务而被公司股东会除名的决议，可以适用表决权排除，被除名股东对该股东会决议没有表决权。股东表决权例外规则最主要的功能是防止大股东滥用资本多数决损害公司和小股东利益。按法律规定和章程约定履行出资义务是股东最基本的义务，只有在出资的基础上才有股东权。根据公司契约理论，有限公司是股东之间达成契约的成果。如果股东长时间未履行出资义务，构成对其他股东的根本违约，违约方对是否解除其股东资格无选择权。基于公司契约和根本违约的理论，在因股东未出资而形成的股东除名决议中，只有守约股东有表决权，违约股东没有表决权。华某兴业公司2014年5月26日股东会议内容是对是否解除叶某源股东资格作出决议,故应排除叶某源表决权的行使"。

案例十:武汉市中级人民法院审理的湖北武汉国某酒店股份有限公司与严某青、严某建与公司有关的纠纷一审民事判决书〔(2015)鄂武汉中民商初字第00342号〕认为,"鉴于严某青、严某建、刘某平、唯某公司虚假出资的行为,虽然公司章程、行政管理登记部门记载严某青、严某建、刘某平、唯某公司为国某酒店的股东,但其对国某酒店的资产并不实际享有股权。对此,国某酒店召开股东大会形成的《股东大会决议》,该决议的内容未违反法律、行政法规的禁止性规定,为有效。本案中,除严某青、严某建、刘某平、唯某公司之外,仅有某军供站一个股东,在严某青、严某建、刘某平、唯某公司未出资且不同意退出公司的情况下,通过召开股东会决定将严某青、严某建、刘某平、唯某公司除名,确认公司注册资金为2000万元,依法修改公司章程的决议,并无不当,亦符合权利义务相一致原则和公平原则。"

三、公司解除股东资格,应催告股东缴纳或者返还出资,并作出股东会决议

案例十一:重庆市第四中级人民法院审理的雷某琼、钟某青等与石某县农业特色产业发展中心,石某县财政局股东出资纠纷二审民事判决书〔(2016)渝04民终393号〕认为,"公司在对未履行出资义务或者抽逃全部出资的股东除名前,应当催告该股东在合理期间内缴纳或者返还出资,公司解除该股东资格,应当依法召开股东会,作出股东会决议。未有证据证明富某公司催告石某县辣椒办在合理期间内缴纳出资以及召开股东会决议解除石某县辣椒办的股东资格。因此,石某县辣椒办股东资格并未丧失"。

案例十二:北京市第三中级人民法院审理的辜某与北京宜某英泰工程咨询有限公司公司决议效力确认纠纷二审民事判决书〔(2015)三中民(商)终字第10163号〕认为,"首先,解除股东资格这种严厉的措施只应用于严重违反出资义务的情形,即未出资和抽逃全部出资,未完全履行出资义务和抽逃部分出资不应包括在内。其次,公司对未履行出资义务或者抽逃全部出资的股东除名前,应给该股东补正的机会,即应当催告该股东在合理期间内缴纳或者返还出资。最后,解除未履行出资义务或抽逃全部出资股东的股东资格,应当依法召开股东会,作出股东会决议,如果章程没有特别规定,经代表1/2以上表决权的股东通过即可"。

四、公司不可以直接提起诉讼,请求法院解除某股东的股东资格;也不可以在被解除股东资格的股东不存在异议的情况下,请求确认股东会决议有效

案例十三:内蒙古自治区高级人民法院审理的陆某波、四子王旗阿某乌素矿业有限责任公司一案二审民事判决书〔(2013)内商终字第14号〕,该案系阿某乌素

矿业公司请求人民法院依法判令陆某波不具备阿某乌素矿业公司股东（发起人）资格。内蒙古自治区高级人民法院认为，"当事人提起民事诉讼，应当符合人民法院受理民事诉讼的条件和范围。本案是阿某乌素矿业公司以陆某波构成虚假出资，并已召开股东会解除陆某波股东资格等为由，请求人民法院确认陆某波不具备阿某乌素矿业公司的股东资格。对于出资瑕疵的股东，公司有权向该股东提出全面履行出资义务的主张，或可提起诉讼，但是如果公司以此为由解除其股东资格，根据《最高人民法院关于适用〈中华人民共和国公司法〉若干问题的规定（三）》第十八条的规定，应属公司自治权范围，人民法院无权以此为由解除股东的股东资格。同理，对于公司已形成的相关股东会决议，人民法院亦无权根据公司的主张以民事诉讼方式做公司法确认。综上，阿某乌素矿业公司提起的陆某波不具备公司股东资格的确认之诉，不属人民法院受理的民事诉讼的范围"。

案例十四：惠州市中级人民法院审理的麦某特集团精密有限公司与麦某特集团有限公司股东出资纠纷二审民事裁定书［(2014)惠中法民二终字第364号］认为，"股东除名权是形成权和固有权，（除其内容违反法律、行政法规强制性规定自始至终无效外）其一经作出决定即生效力，不需要征求被除名股东的意见。同时，《中华人民共和国公司法》第二十二条规定，公司股东会或者股东大会、董事会的决议内容违反法律、行政法规的无效。① 股东会或者股东大会、董事会的会议召集程序、表决方式违反法律、行政法规或者公司章程，或者决议内容违反公司章程的，股东可以自决议作出之日起六十日内，请求人民法院撤销。该法条是关于股东大会、董事会决议无效和撤销的规定。根据该条第一款规定，股东（大）会、董事会决议内容违反法律、行政法规的强制性规定的无效，且自始至终无效；根据该条第二款规定，股东（大）会、董事会决议在程序上存在瑕疵或者决议内容违反公司章程的，股东可以提起撤销之诉。根据该条规定，股东对公司决议提起确认效力之诉，应由不服公司决议的股东以公司为被告提起无效或者撤销之诉。公司股东或公司以公司其他股东为被告，请求确认公司决议有效，不符合上述公司法的规定，亦无诉的利益。本案中，麦某特集团精密有限公司于2013年10月17日形成股东会决议，除去麦某特集团有限公司股东资格，麦某特集团有限公司对此明确表示没有异议，并未作为被除名股东提出确认股东会决议无效之诉，双方之间不存在诉的争议，根据上述法律和司法解释的规定，麦某特集团精密有限公司的诉讼请求不属于人民法院民事诉讼审理范围，对其起诉应当予以驳回"。

---

① 《公司法》已修改，现相关规定见《公司法》（2023年修正）第二十五条。

五、未履行出资义务的股东解除其他未出资股东的股东资格，法院可能不会支持

案例十五：上海市第一中级人民法院审理的上海凯某建设工程有限公司诉赵某伟公司决议效力确认纠纷二审民事判决书［(2016) 沪 01 民终 10409 号］认为，"凯某公司称其对赵某伟除名的理由是赵某伟抽逃全部出资，但现有证据并不足以证明其主张，更不能证明另一股东王某已履行出资义务。鉴于此，一审基于查明事实，并结合凯某公司股东情况及实际经营状况等各种因素，在未有法院生效判决确认赵某伟存在未履行出资义务或者抽逃全部出资的情况下，认定凯某公司作出的股东会决议中'对股东赵某伟除名'及修改相关公司章程的决议内容无效，于法有据"。

案例十六：南京市中级人民法院审理的胡某华与南京通某文化传播有限公司、徐某等公司决议纠纷二审民事判决书［(2013) 宁商终字第 822 号］认为，"关于本案第三个争议焦点通某公司召开股东会作出解除胡某华股东资格的决议是否出于正当目的、是否符合法定条件的问题。股东除名权是公司为消除特定股东对公司和其他股东的共同利益所产生的不利影响而享有的一项权能。当股东违反义务，其存在对公司继续经营的利益有所妨害，致使公司股东共同目的无法实现时，应允许将该股东驱离公司，使公司和其他股东不受影响……就本案而言，首先，通某公司明确表示在要求胡某华补资及作出股东会决议时，公司的税务登记证被注销、银行账户被撤销，已无经营场所，且不再实际经营，可见通某公司已无正常的经营活动。通某公司称其欲恢复经营，但未见其为此作相应准备。其次，通某公司其他三名股东一致表示在公司成立后抽逃了全部出资，且至今未按照公司章程及法律规定完成补资手续，本身亦非诚信股东。最后，根据通某公司审计报告及工商年检资料的记载，其对外并不负有债务，公司歇业以来也无债权人向公司主张权利，不存在为保护债权人的利益作出股东除名决议的情况。结合该股东会决议是在双方当事人的公司解散之诉期间作出的，胡某华关于该决议的作出是为了阻止公司解散诉讼的陈述有其合理性。可见，案涉股东会决议的作出背离了《公司法司法解释（三）》创设股东除名权的宗旨，故通某公司召开股东会作出解除胡某华股东资格的决议目的不正当。《公司法司法解释（三）》确认了股东资格解除规则，由于这种解除股东资格的方式相较于其他方式更为严厉，也更具有终局性，故《公司法司法解释（三）》也对此设定了严格的适用规则。而本案中，通某公司未能提供证据充分证明胡某华抽逃了全部出资，且公司的其他股东也无证据证明其依法完成了补资手续。即便胡某华存在抽逃出资的行为，通某公司也未能证明由此对公司及公司其他

股东的权利造成了损害，故通某公司关于解除胡某华股东资格的股东会决议不符合法定条件。现通某公司已被吊销了营业执照，依法应予清算，股东与公司之间的相关事宜可在清算程序中予以解决"。

023 防止大股东侵占公司资产，公司章程可规定"占用即冻结"机制

设计要点

公司章程可规定"占用即冻结"机制，一旦发现股东侵占公司资产，对其及关联公司所持股份进行冻结。

阅读提示

公司治理中最难防范的往往不是外部竞争，而是为追求个人利益最大化而不顾公司生死的控股股东、实际控制人。因公司缺乏合理有效的监督机制，无法及时发现并制止控股股东掏空公司的案例并不少见，其中大股东随意占用公司资金的情况更是公司治理中的顽疾。大股东占用公司资金的直接后果就是公司的经营受到严重影响，资金短缺，利润下降；更严重的情况是导致公司的资金链断裂，公司被迫走向破产清算。然而，尽管是顽疾，却并非无药可救。笔者将结合部分上市公司章程，探讨如何在章程中规定"占用即冻结"制度，从而给任性的控股股东们戴上一个"紧箍咒"。

章程研究文本

《岳阳兴长石化股份有限公司章程》（2023年1月版）

第四十条第四款 当发现控股股东有侵占公司资产行为时，董事会有权立即启动"占用即冻结"机制。即：发现控股股东侵占公司资产行为时，董事会有权立即申请司法冻结控股股东股权，凡不能以现金清偿的，通过变现股权偿还侵占资产。

同类章程条款

笔者查阅了多家上市公司的章程中关于"占用即冻结"机制的规定，其中大多数公司与上述岳阳兴长石化股份有限公司章程的规定相同，但是也有部分公司与上

述章程存在差异，具体如下：

一、将"占用即冻结"机制的适用范围扩大到全部股东及其关联方，并非仅限于控股股东

《北京平安力合科技发展股份有限公司章程》（2024年1月版）

第四十一条第四款　公司董事会建立对股东所持股份"占用即冻结"的机制，即发现股东或其关联方占用或者转移公司资金、资产及其他资源，应立即申请司法冻结股东本人、股东的关联方所对应股东所持公司股份；凡不能以现金清偿的，应通过变现其股权偿还侵占资产。

二、在公司章程中对"占用即冻结"机制作出详细规定，包括第一责任人、执行程序、发现报告审议机制、披露程序等

《南京商贸旅游股份有限公司章程》（2023年12月）

第四十条第三款　……公司应建立对大股东所持股份"占用即冻结"机制，即发现控股股东侵占公司资产时应立即申请司法冻结，凡不能以现金清偿的，通过变现股权偿还侵占资产。公司董事、监事和高级管理人员负有维护公司资金安全的法定义务。公司董事长为"占用即冻结"机制的第一责任人，董事会秘书协助其做好"占用即冻结"工作。防止控股股东占用公司资产具体按照以下程序执行：

（一）财务负责人在发现控股股东及其附属企业侵占公司资产当天，应以书面形式报告董事长；若董事长为控股股东的，财务负责人应在发现控股股东及其附属企业侵占资产当天，以书面形式报告董事会秘书，同时抄送董事长；报告内容包括但不限于占用股东名称、占用资产名称、占用资产位置、占用时间、涉及金额、拟要求清偿期限等；若发现存在公司董事、高级管理人员协助、纵容控股股东及其附属企业侵占公司资产情况的，财务负责人在书面报告中还应当写明涉及董事或高级管理人员姓名、协助或纵容控股股东及其附属企业侵占公司资产的情节、涉及董事或高级管理人员拟处分决定等。

（二）董事长根据财务负责人书面报告，敦促董事会秘书以书面或电子邮件形式通知各位董事并召开紧急会议，审议要求控股股东及其附属企业清偿的期限、涉及董事或高级管理人员的处分决定、向相关司法部门申请办理控股股东股份冻结等相关事宜；若董事长为控股股东的，董事会秘书在收到财务负责人书面报告后应立即以书面或电子邮件形式通知各位董事并召开紧急会议，审议要求控股股东及其附属企业清偿的期限、涉案董事或高级管理人员的处分决定、向相关司法部门申请办理控股股东股份冻结等相关事宜。关联董事在审议时应予以回避。对于负有严重责任的董事，董事会在审议相关处分决定后应提交公司股东大会审议。

（三）董事会秘书根据董事会决议向控股股东及其附属企业发送限期清偿通知，向相关司法部门申请办理控股股东股份冻结等相关事宜，并做好相关信息披露工作；对于负有严重责任的董事，董事会秘书应在公司股东大会审议通过相关事项后及时告知当事董事，并起草相关处分文件、办理相应手续。

（四）若控股股东及其附属企业无法在规定期限内清偿，公司应在规定期限到期后30日内向相关司法部门申请将冻结股份变现以偿还侵占资产，董事会秘书做好相关信息披露工作。

三、未在公司章程中规定"占用即冻结"机制，而是在《防止资金占用管理办法》等专门文件中规定"占用即冻结"机制

如沪士电子股份有限公司的《防止大股东占用上市公司资金管理办法》。

公司法和相关规定

《公司法》（2023年修订）

第二十一条 公司股东应当遵守法律、行政法规和公司章程，依法行使股东权利，不得滥用股东权利损害公司或者其他股东的利益。

公司股东滥用股东权利给公司或者其他股东造成损失的，应当承担赔偿责任。

第二十二条 公司的控股股东、实际控制人、董事、监事、高级管理人员不得利用关联关系损害公司利益。

违反前款规定，给公司造成损失的，应当承担赔偿责任。

《公司法》（2018年修正，已被修订）

第二十条 公司股东应当遵守法律、行政法规和公司章程，依法行使股东权利，不得滥用股东权利损害公司或者其他股东的利益；不得滥用公司法人独立地位和股东有限责任损害公司债权人的利益。

公司股东滥用股东权利给公司或者其他股东造成损失的，应当依法承担赔偿责任。

公司股东滥用公司法人独立地位和股东有限责任，逃避债务，严重损害公司债权人利益的，应当对公司债务承担连带责任。

第二十一条 公司的控股股东、实际控制人、董事、监事、高级管理人员不得利用其关联关系损害公司利益。

违反前款规定，给公司造成损失的，应当承担赔偿责任。

专家分析

公司章程规定"占用即冻结"机制的意义在于：在公司经营过程中，大股东为了追求个人利益的最大化，往往会牺牲中小股东、债权人的利益，侵害公司。在内部监督机制不健全，财务制度不完善的公司中，大股东占用公司资金的情况时有发生。如何及时发现大股东占用资金的情况，并且在发现后及时采取止损措施是公司章程中应当考虑的内容。"占用即冻结"机制的目的在于，一旦发现大股东占用资金即采取冻结股东股份的措施，从而迅速并且有效地减少中小股东以及公司的损失。

章程条款设计建议

第一，公司应当在公司章程中明确列入"占用即冻结"机制。笔者在查阅上市公司章程中发现，并不是所有的上市公司都在公司章程中规定"占用即冻结"机制，部分公司是通过设置专门的《防止股东占用资金管理办法》等实现内部监督。公司章程作为公司全体股东的意思表示，对公司、股东、高级管理人员等均具有约束力，是公司内部效力最高的文件。因此，公司可以在公司章程中对"占用即冻结"机制作出简要规定，并在管理办法等文件中对具体的程序性事项作出规定。

第二，公司应当在公司章程中规定"占用即冻结"的主要负责机构、责任人，保证该机制能够有效运行。一般来说，"占用即冻结"机制的负责机构为董事会，具体可规定董事长为"占用即冻结"机制的第一责任人，董事会秘书协助董事长做好相关工作。

第三，针对"占用即冻结"机制的具体执行程序，由于篇幅较长、规定较为细致，公司可以选择在章程中概括规定，在专门的管理办法等文件中详细规定。

第四，"占用即冻结"机制的具体执行程序包括，发现报告程序、审议程序、关联股东回避、申请司法冻结、上市公司按照证监会要求进行信息披露。

第五，公司可以扩大"占用即冻结"机制的适用范围，将其适用主体由控股股东、实际控制人扩大到全体股东，从而最大限度地保护公司的利益不受股东侵害。

公司章程条款实例

一、有限责任公司

有限责任公司股东人数较少，各个股东持股比例相差不大，都有侵占公司利益的可能性，因此可规定"占用即冻结"机制适用于所有股东。具体如下：

公司董事会应建立对股东所持股份"占用即冻结"机制，即发现股东侵占公司资产时应立即申请司法冻结，凡不能以现金清偿的，通过变现股权偿还侵占资产。公司董事、监事和高级管理人员负有维护公司资金安全的法定义务。

二、股份公司

股份有限公司，特别是上市公司，应当建立较为完善的"占用即冻结"机制。具体如下：

公司应建立对大股东所持股份"占用即冻结"机制，即发现控股股东侵占公司资产时应立即申请司法冻结，凡不能以现金清偿的，通过变现股权偿还侵占资产。公司董事、监事和高级管理人员负有维护公司资金安全的法定义务。公司董事长为"占用即冻结"机制的第一责任人，董事会秘书协助其做好"占用即冻结"工作。防止控股股东占用公司资产具体按照以下程序执行：

（一）财务负责人在发现控股股东及其附属企业侵占公司资产当天，应以书面形式报告董事长；若董事长为控股股东的，财务负责人应在发现控股股东及其附属企业侵占资产当天，以书面形式报告董事会秘书，同时抄送董事长；报告内容包括但不限于占用股东名称、占用资产名称、占用资产位置、占用时间、涉及金额、拟要求清偿期限等；若发现存在公司董事、高级管理人员协助、纵容控股股东及其附属企业侵占公司资产情况的，财务负责人在书面报告中还应当写明涉及董事或高级管理人员姓名、协助或纵容控股股东及其附属企业侵占公司资产的情节、涉及董事或高级管理人员拟处分决定等。

（二）董事长根据财务负责人书面报告，敦促董事会秘书以书面或电子邮件形式通知各位董事并召开紧急会议，审议要求控股股东及其附属企业清偿的期限、涉及董事或高级管理人员的处分决定、向相关司法部门申请办理控股股东股份冻结等相关事宜；若董事长为控股股东的，董事会秘书在收到财务负责人书面报告后应立即以书面或电子邮件形式通知各位董事并召开紧急会议，审议要求控股股东及其附属企业清偿的期限、涉案董事或高级管理人员的处分决定、向相关司法部门申请办理控股股东股份冻结等相关事宜。关联董事在审议时应予以回避。对于负有严重责任的董事，董事会在审议相关处分决定后应提交公司股东大会审议。

（三）董事会秘书根据董事会决议向控股股东及其附属企业发送限期清偿通知，向相关司法部门申请办理控股股东股份冻结等相关事宜，并做好相关信息披露工作；对于负有严重责任的董事，董事会秘书应在公司股东大会审议通过相关事项后及时告知当事董事，并起草相关处分文件、办理相应手续。

（四）若控股股东及其附属企业无法在规定期限内清偿，公司应在规定期限到期后三十日内向相关司法部门申请将冻结股份变现以偿还侵占资产，董事会秘书做好相关信息披露工作。

> **延伸阅读**
>
> **有关股东侵占公司资产的案例**
>
> 案例一：呼和浩特市中级人民法院审理的吕某明诉郑某俊损害股东利益责任纠纷二审民事判决书［（2016）内 01 民终 1664 号］认为，"《中华人民共和国公司法》第二十条规定，公司股东滥用股东权利给公司或者其他股东造成损失的，应当依法承担赔偿责任。① 本案中，吕某明作为海某公司占 98.683% 股份的股东，滥用股东权利，任意处分公司财产，用公司财产为自己借款提供了担保，侵害了公司另一位股东郑某俊的合法权益，给郑某俊造成了相应的损失，其损失一审法院认定的金额并无不妥，本院予以确认"。
>
> 案例二：宝鸡市中级人民法院审理的九某建设有限公司与宝鸡市凯某置业有限公司建设工程施工合同纠纷执行裁定书［（2017）陕 03 执异 14 号］认为，"在本案中，被执行人宝鸡市凯某置业有限公司作为一人有限责任公司（自然人投资），其公司向法定代表人张某超转款 500 万元，第三人张某超作为宝鸡市凯某置业有限公司的唯一股东，未能向本院提供证据证明被执行人宝鸡市凯某置业有限公司的财产独立于其个人财产，属滥用公司法人独立地位和股东有限责任，逃避债务，是一种侵害公司财产权的行为，严重损害了异议人九某建设有限公司的合法权益，理应承担相应的法律责任"。
>
> 案例三：莱芜市中级人民法院审理的莱芜市钢某特矿用材料有限公司与莱芜市九某矿用支护材料有限公司、赵某等合同纠纷二审民事判决书［（2015）莱中商终字第 2 号］认为，"《中华人民共和国公司法》第二十条规定，'公司股东应当遵守法律、行政法规和公司章程，依法行使股东权利，不得滥用股东权利损害公司或者其他股东的利益；不得滥用公司法人独立地位和股东有限责任损害公司债权人的利益。公司股东滥用股东权利给公司或者其他股东造成损失的，应当依法承担赔偿责任。公司股东滥用公司法人独立地位和股东有限责任，逃避债务，

---

① 《公司法》已修改，现相关规定见《公司法》（2023 年修正）第二十一条。

严重损害公司债权人利益的，应当对公司债务承担连带责任'。① 钢某特公司依上述条款要求赵某、赵某和承担连带责任，主张赵某、赵某和将公司资产作为个人资产、公款私存，钢某特公司理应承担举证责任。在一审期间钢某特公司提供的其与赵某、赵某和的款项往来财务凭证，大多反映赵某、赵某和代九某公司向钢某特公司履行支付义务，但并不能必然推定赵某、赵某和存在'以公司资产作为个人资产、公款私存'的情形。且赵某和非九某公司股东，并不符合上述规定所设置的前提条件。故钢某特公司关于赵某、赵某和应承担连带责任的主张无事实和法律依据，本院不予支持"。

024 公司章程可规定大股东不得干预公司生产经营决策

设计要点

公司的重大决策应由股东会和董事会作出，控股股东不得直接或间接干预公司的决策及生产经营活动。

阅读提示

根据《公司法》的规定，公司经营决策应通过股东会、董事会的决策结构进行，但实践中不少公司的大股东一股独大，认为可以不经股东会、董事会，径行向公司下达经营指令。那么，大股东的此种做法会产生哪些风险？公司的其他股东在公司章程的设计过程中，应如何对大股东的该等行为作出有效规制呢？本文将通过介绍美的集团股份有限公司章程的有关条款，对这些问题进行分析。

章程研究文本

《美的集团股份有限公司章程》（2023年4月版）

第三十九条第二款 公司控股股东及实际控制人对公司和公司社会公众股股东负有诚信义务。控股股东对公司应当严格依法行使股东权利，履行股东义务，控股股东不得利用利润分配、资产重组、对外投资、资金占用、借款担保等方式损害公

---

① 《公司法》已修改，现相关规定见《公司法》（2023年修正）第二十一条、第二十二条、第二十三条。

司和公司社会公众股股东的合法权益,不得利用其控制地位谋取非法利益,不得对股东大会人事选举决议和董事会人事聘任决议履行任何批准手续,不得超越股东大会和董事会任免公司高级管理人员,不得直接或间接干预公司生产经营决策,不得占用、支配公司资产或其他权益,不得干预公司的财务会计活动,不得向公司下达任何经营计划或指令,不得从事与公司相同或相近的业务,不得以其他任何形式影响公司经营管理的独立性或损害的合法权益。

同类章程条款

笔者查阅了多家上市公司的章程中的同类条款,其中大多数公司与美的集团的上述公司章程条款相同,也有一些公司如广州东华实业股份有限公司的章程与之略有差异,具体如下:

《奥飞娱乐股份有限公司章程》(2023年12月版)

第三十九条第二款 公司控股股东及实际控制人对公司和公司社会公众股股东负有诚信义务。控股股东应严格依法行使出资人的权利,履行股东义务。控股股东不得利用利润分配、资产重组、对外投资、资金占用、借款担保等方式损害公司和社会公众股股东的合法权益,不得利用其控制地位损害公司和社会公众股股东的利益。控股股东不得利用资产重组等方式损害公司和其他股东的合法权益,不得利用其特殊地位谋取额外利益,不得对股东大会人事选举决议和董事会人事聘任决议履行任何批准手续,不得直接或间接干预公司生产经营决策,不得占用、支配公司资产或其他权益,不得干预公司的财务、会计活动,不得向公司下达任何经营计划或指令,不得从事与公司相同或相近的业务,不得以其他任何形式影响公司经营管理的独立性或损害公司的合法权益。

《广州粤泰集团股份有限公司章程》(2021年4月版)

第三十九条 公司的控股股东及实际控制人对公司负有如下义务:

(一)应与公司实行人员、资产、财务分开,机构、业务独立;

(二)应尊重公司股东大会及董事会的决策,不得越过股东大会或董事会直接或间接干预公司的决定及依法开展的生产经营活动;

(三)应严格依照法律法规和公司章程规定的条件和程序提名公司董事及监事候选人,并且提名的董事、监事候选人应当具备相关专业知识和决策、监督能力。控股股东不得对股东大会人事选举决议和董事会人事聘任决议履行任何批准手续,不得越过股东大会及董事会任免公司的高级管理人员;控股股东不得干涉公司高级管理人员的任免和使用;控股股东除董事之外的其他人员不得兼任公司的执行人员

(包括经理人员、财务负责人、营销负责人、董事会秘书);

（四）不得利用资产重组等方式损害公司及其他股东的合法权益，不得利用其特殊地位谋取额外利益；

（五）应自觉遵守公司关于关联交易的决策回避制度；

（六）及其关联公司应避免与公司的直接竞争，在同等的市场条件下，应优先与公司合作；

（七）保证向公司真实、准确、完整地提供有关信息，以保证公司依法履行向公众投资者披露信息的义务；

（八）在行使表决权时，不得作出有损于公司和其他股东合法权益的决定；

（九）不得干预公司财务会计活动，不得向公司下达任何经营计划或指令。

公司法和相关规定

《公司法》（2023年修订）

第二十二条　公司的控股股东、实际控制人、董事、监事、高级管理人员不得利用关联关系损害公司利益。

违反前款规定，给公司造成损失的，应当承担赔偿责任。

《公司法》（2018年修正，已被修订）

第二十一条　公司的控股股东、实际控制人、董事、监事、高级管理人员不得利用其关联关系损害公司利益。

违反前款规定，给公司造成损失的，应当承担赔偿责任。

专家分析

公司章程规定"公司股东不得直接或间接干预公司生产经营决策、不得向公司下达经营计划或指令"的意义在于：在《公司法》未对公司控股股东干预公司经营活动作出明确限制的前提下，公司章程可以对控股股东（也可以包括其他股东）的相关行为作出限制，核心在于督促公司股东尊重《公司法》、公司章程规定的公司治理结构。公司股东应当按照《公司法》、公司章程的规定，通过股东会、董事会、经理等决策机制行使股东权利，而不应擅自以个人名义对公司的经营活动发号施令。

章程条款设计建议

笔者认为，"企业家"和"资本家"可以对该章程条款的设计进行博弈。

第一，站在直接经营公司的"企业家"的角度，笔者建议：

该条款在本质上是对公司股东，尤其是实际掌控公司运营的股东的约束，因此站在企业家的角度而言，在公司章程中可不规定该等条款。

虽然公司章程中可不规定该等条款，但不意味着公司股东的类似行为不受约束。结合本文延伸阅读部分所引用的案例可知，如果公司股东未经股东会、董事会等决策机制，擅自作出公司经营决策，致使公司遭受损失的，则应向公司承担赔偿责任。

第二，站在不直接经营公司的"资本家"的角度，笔者建议：

可在公司章程中加入该条款，以实现对直接经营公司的"企业家"的有效约束。

考虑到实践中实际经营公司的一方股东未必是控股股东，可将该条款的约束范围扩大至公司全体股东，而不仅仅局限于控股股东。

增加"违约责任"条款，即明确股东出现干预公司生产经营决策等行为时，应当向公司承担赔偿损失的责任。

公司章程条款实例

站在不直接经营公司的"资本家"的角度，笔者建议本章程条款可以设计如下：

公司股东应当严格遵守公司法、公司章程规定的公司决策机制，不得干预公司生产经营决策，不得干预公司的财务、会计活动，不得向公司下达经营计划或指令。

公司股东违反前款规定，给公司造成损失的，应当承担赔偿责任，赔偿损失的范围包括公司直接损失及公司可得利益损失。

在直接经营公司的"企业家"的角度上的建议：在公司章程中可以有意回避该条款。

延伸阅读

因股东擅自作出公司经营决策，致使公司遭受损失，被判令向公司承担赔偿责任的案例

案例一：杭州市中级人民法院审理的杭州耀某阻燃科技有限公司、朱某良与汉某（杭州）精细化工有限公司等损害公司利益责任纠纷二审民事判决书［(2016)

浙01民终3833号]认为,"耀某公司在2007年成立之初就与汉某公司签订了房屋租赁协议,约定租赁厂房,租期10年,租金每年人民币10万元,双方均按约实际履行。然而于2009年3月9日重新签订的租赁协议中不仅包括大幅提高租金数额至每年60万元而且还将之前已履行的租赁期间的租金也需按每年60万元标准补足差额,该协议内容显然对原协议进行了重大的实质性的变更,会对耀某公司产生重大的影响。而当时耀某公司已经因经营状况不佳濒临停产,朱某良作为负责公司日常经营的管理者,明知耀某公司当时的境况,在其无权对此影响耀某公司利益的重大事项决策的情况下,既未向公司董事会汇报告知,也未经公司法定代表人同意和授权,就擅自作出决定并代表耀某公司与汉某公司签订了该份有利于汉某公司的协议,无正当的合理的理由……本案中朱某良违背作为公司股东和高级管理人员的法定义务,给耀某公司造成损失,应当承担赔偿责任"。据此,法院判决朱某良向耀某公司赔偿损失。

案例二:嘉兴市中级人民法院审理的浙江嘉兴同某房地产开发股份有限公司诉民某特种纸股份有限公司等公司的控股股东、实际控制人、董事损害公司利益赔偿纠纷案一审民事判决书[(2008)嘉民二初字第67号]认为,"三被告作为德某公司的控股股东、董事及高级管理人员,利用对公司的实际控制地位,在未召开股东会、董事会的情况下,擅自决定总投资达注册资本近十倍的热电及其配套项目、一号原料仓库及热敏纸项目,对由此造成的损失应当承担赔偿责任。德某公司章程第十七条第(一)项、第二十三条第(一)、(二)项规定,股东会决定公司的经营方针和投资计划,董事会执行股东会的决议,决定公司的经营计划和投资方案。《公司法》第三十八条第(一)项、第四十七条第(二)、(三)项也有同样的规定。德某公司的投资决策虽报政府相关部门批准,但该投资决策本身应当按照《公司法》及公司章程的规定经股东会、董事会决议,投资项目的合法性并不能免除决策者在公司内部应当承担的责任,至于其是否存在损害公司及其他股东利益的主观恶意,并不影响其滥用股东权利的认定。在经营过程中决策失误是在所难免的,根据风险和收益对等原则,其后果一般也应当由公司而不是由决策者承担,但前提是决策者在履行职责时未违反法律、行政法规和公司章程的规定。德某公司章程明确规定经营计划和投资方案由股东会、董事会决定和执行,总经理组织实施并负责拟订公司的基本管理制度,在公司未专门制定经营决策程序的情况下,三被告在具体操作时更应当尽到勤勉、谨慎的义务,对涉及如此重大的投资项目,应当严格按照《公司法》和公司章程的规定,交由股东会、董事会讨论决定。三被告认为其投资决策经过股东讨论,没有提供证据证实,而在同创公司提供的股东会、董事会决议中,均未提及上述投资项目"。

案例三:上海市第二中级人民法院审理的蔡某、石某某与上海零某电气有限公司、第三人上海零某电气技术有限公司损害股东利益纠纷二审民事判决书[(2010)沪二中民四(商)终字第748号]认为,"根据零某技术公司章程,对外投资需由股东会作出决议,注销解体协议中亦约定所有零某技术公司所出具的文件需两股东签字后方可盖章发出,而石某某利用其保管的零某技术公司公章,擅自以零某技术公司名义收购原上海庞某机电设备安装有限公司5%股权,同意原上海庞某机电设备安装有限公司使用'零某'字号,转让属于零某技术公司所有的商标,明显属于违约行为,应承担相应的违约责任"。

025 隐蔽性、长期性股东压制行为可在章程中列为公司解散的理由

设计要点

公司章程可将具有隐蔽性、长期性股东压制行为列为公司解散的理由。

阅读提示

在实践中,公司治理的困境除因股权势均力敌而造成的公司僵局外,还存在实力悬殊造成的股东压制。例如,大股东利用大股东的控制地位,违反公司章程规定,使小股东始终不能行使决策经营权、不能享有知情权且小股东在股东会决议上对大股东作出的相关报告始终表示反对,大股东通过转嫁投资、交易及利用公司资产为自己贷款作抵押等行为直接或间接侵害股东利益,该类压制行为在外观上具有相当的隐蔽性,呈现出环环相扣的连贯性与持续不断的过程性。常见的股东压制行为有:排斥少数股东参与公司管理;剥夺少数股东的知情权;长期不向少数股东分配股利;稀释少数股东的股权比例;等等。对于该类具有隐蔽性、持续性、综合性的股东压制情形,在公司章程没有作出特别约定的情形下,法院一般不予支持。为使公司治理机制更加和谐,赋予被压制股东合理的退出通道,有必要防患于未然,提前在公司章程中约定一些公司解散的事由。

章程研究文本

《泸州老窖股份有限公司章程》（2023年11月版）

第二百零一条　公司因下列原因解散：

（一）本章程规定的营业期限届满或者本章程规定的其他解散事由出现；

（二）股东大会决议解散；

（三）因公司合并或者分立需要解散；

（四）依法被吊销营业执照、责令关闭或者被撤销；

（五）公司经营管理发生严重困难，继续存续会使股东利益受到重大损失，通过其他途径不能解决的，持有公司全部股东表决权10%以上的股东，可以请求人民法院解散公司。

同类章程条款

笔者查阅了近百家上市公司的公司章程，其中大多数公司章程都对公司解散的事由作出了规定，但未发现对股东压制行为作出规定的章程。以下列举上市公司对公司解散事由的规定如下：

《东北制药集团股份有限公司章程》（2021年7月版）

第一百八十三条　公司因下列原因解散：

（一）本章程规定的营业期限届满或者本章程规定的其他解散事由出现；

（二）股东大会决议解散；

（三）因公司合并或者分立需要解散；

（四）依法被吊销营业执照、责令关闭或者被撤销；

（五）公司经营管理发生严重困难，继续存续会使股东利益受到重大损失，通过其他途径不能解决的，持有公司全部股东表决权10%以上的股东，可以请求人民法院解散公司。

《仁和药业股份有限公司章程》（2023年5月版）

第一百七十九条　公司因下列原因解散：

（一）本章程规定的营业期限届满或者本章程规定的其他解散事由出现；

（二）股东大会决议解散；

（三）因公司合并或者分立需要解散；

（四）依法被吊销营业执照、责令关闭或者被撤销；

（五）公司经营管理发生严重困难，继续存续会使股东利益受到重大损失，通过其他途径不能解决的，持有公司全部股东表决权百分之十以上的股东，可以请求人民法院解散公司。

公司法和相关规定

《公司法》（2023年修订）

第二百二十九条　公司因下列原因解散：

（一）公司章程规定的营业期限届满或者公司章程规定的其他解散事由出现；

（二）股东会决议解散；

（三）因公司合并或者分立需要解散；

（四）依法被吊销营业执照、责令关闭或者被撤销；

（五）人民法院依照本法第二百三十一条的规定予以解散。

公司出现前款规定的解散事由，应当在十日内将解散事由通过国家企业信用信息公示系统予以公示。

第二百三十条　公司有前条第一款第一项、第二项情形，且尚未向股东分配财产的，可以通过修改公司章程或者经股东会决议而存续。

依照前款规定修改公司章程或者经股东会决议，有限责任公司须经持有三分之二以上表决权的股东通过，股份有限公司须经出席股东会会议的股东所持表决权的三分之二以上通过。

第二百三十一条　公司经营管理发生严重困难，继续存续会使股东利益受到重大损失，通过其他途径不能解决的，持有公司百分之十以上表决权的股东，可以请求人民法院解散公司。

《公司法》（2018年修正，已被修订）

第一百八十条　公司因下列原因解散：

（一）公司章程规定的营业期限届满或者公司章程规定的其他解散事由出现；

（二）股东会或者股东大会决议解散；

（三）因公司合并或者分立需要解散；

（四）依法被吊销营业执照、责令关闭或者被撤销；

（五）人民法院依照本法第一百八十二条的规定予以解散。

第一百八十一条　公司有本法第一百八十条第（一）项情形的，可以通过修改公司章程而存续。

依照前款规定修改公司章程，有限责任公司须经持有三分之二以上表决权的股东通过,股份有限公司须经出席股东大会会议的股东所持表决权的三分之二以上通过。

第一百八十二条 公司经营管理发生严重困难,继续存续会使股东利益受到重大损失,通过其他途径不能解决的,持有公司全部股东表决权百分之十以上的股东,可以请求人民法院解散公司。

《最高人民法院关于适用〈中华人民共和国公司法〉若干问题的规定(二)》(2020年修正)

第一条 单独或者合计持有公司全部股东表决权百分之十以上的股东,以下列事由之一提起解散公司诉讼,并符合公司法第一百八十二条规定的,人民法院应予受理:

(一)公司持续两年以上无法召开股东会或者股东大会,公司经营管理发生严重困难的;

(二)股东表决时无法达到法定或者公司章程规定的比例,持续两年以上不能作出有效的股东会或者股东大会决议,公司经营管理发生严重困难的;

(三)公司董事长期冲突,且无法通过股东会或者股东大会解决,公司经营管理发生严重困难的;

(四)经营管理发生其他严重困难,公司继续存续会使股东利益受到重大损失的情形。

股东以知情权、利润分配请求权等权益受到损害,或者公司亏损、财产不足以偿还全部债务,以及公司被吊销企业法人营业执照未进行清算等为由,提起解散公司诉讼的,人民法院不予受理。

第五条 人民法院审理解散公司诉讼案件,应当注重调解。当事人协商同意由公司或者股东收购股份,或者以减资等方式使公司存续,且不违反法律、行政法规强制性规定的,人民法院应予支持。当事人不能协商一致使公司存续的,人民法院应当及时判决。

经人民法院调解公司收购原告股份的,公司应当自调解书生效之日起六个月内将股份转让或者注销。股份转让或者注销之前,原告不得以公司收购其股份为由对抗公司债权人。

专家分析

根据《公司法》第二百三十一条的规定,解散事由的适用存在层级递进的三步走。①

第一步：经营管理发生严重困难。"公司经营管理发生严重困难"的侧重点在于公司管理方面存有严重内部阻碍，实质上是指公司（尤其封闭型公司）发生了严重的人合性治理障碍（失灵），如股东会机制失灵、无法就公司的经营管理进行决策等，不应片面理解为公司资金缺乏、严重亏损等经营性困难。"经营管理困难"的实质指向公司治理的严重阻碍，主要有两种情形：一是"势均力敌的对峙"形成"股东僵局"，二是"实力悬殊的暴政"形成"股东压制"。公司僵局的形成以相对立的两方（多方）股东在表决权（控制权）上的大致平衡为前提，《最高人民法院关于适用〈中华人民共和国公司法〉若干问题的规定（二）》第一条第一款列举的如"公司持续两年以上无法召开股东会或者股东大会""股东表决时无法达到法定或者公司章程规定的比例，持续两年以上不能作出有效的股东会或者股东大会决议""公司董事长期冲突，且无法通过股东会或者股东大会解决"。股东压制则是对于股权集中度较高的公司中多数股东与少数股东之间关系的一种描述。前者利用股东会上的表决权优势或者董事会的多数席位而实质性剥夺后者参与公司经营管理权，压制由此而生。常见的股东压制行为主要表现为：排斥少数股东参与公司管理；剥夺少数股东的知情权；长期不向少数股东分配股利；稀释少数股东的股权比例；等等。公司僵局属于公司解散的法定事由，而股东压制在公司章程没有特别约定的情形下，不能够导致公司解散。

需要注意的是，被诉公司陷入经营亏损，是解散之诉的整体性特征，即使公司仍在营业甚至盈利的也可被解散，但是公司盈亏经营状况是法院进行解散公司裁判时着重考量的因素之一，其既可以作为判定"公司经营管理发生严重困难"与否的依据，也可以作为判定"继续存续会使股东利益受到重大损害"与否的证据。

第二步：继续存续会使股东利益受到重大损失。"股东利益受到重大损失"是指公司的人合基础已完全丧失，且法人财产已处于不断消耗和流失状态。首先，此处股东"利益受损"，包括权力和利益。其次，股东利益可以分为公司管理控制权益与财产收益权益。公司发生经营困难，将导致股东财产收益权益受损；公司发生管理困难，将相应地导致股东管理控制权益受损。最后，"股东利益受到重大损失"通常不是指股东利益的具体、个别、直接、有形的损害，而是股东利益将来、可能、间接、整体、全面遭受的损害，某项具体股东权利，如知情权、利润分配请求

---

① 参见李建伟：《司法解散公司事由的实证研究》，载《法学研究》2017年第4期。本部分内容为该篇文章部分结论性的内容。

权受损害的，可以通过单项诉讼求得救济，不必诉诸解散之诉。

第三步：通过其他途径不能解决。"通过其他途径不能解决"通常视为一种诉讼前置程序。《最高人民法院关于适用〈中华人民共和国公司法〉若干问题的规定（二）》第五条第一款列举了法院调解下的股权转让、公司回购与减资等替代性救济措施，也即"其他途径"。实践中，原告几乎都会向立案庭提供被告公司不同意回购、收购股权或者其他对立的股东不肯受让股权的证据；除此之外，原告也通常会在前述基础上举证用尽更多的"其他途径"，如第三人居中调停、双方和解等仍不能解决与对立股东的矛盾。鉴于解散公司在结果上的终局性、不可逆转性以及谦抑性适用司法解散的理念要求，法院希望各方通过自行协商等方式解决争议，而不轻易解散了之。法院在审理过程中自然将"通过其他途径不能解决"当作裁判解散公司的实质要件，原告通过前述方式高度盖然性地证明"通过其他途径不能解决"，又在法院多次调解不能够解决的情况下，法院通常予以认可。

章程条款设计建议

第一，在章程中将股东压制行为设定为公司解散的事由。例如，公司连续三年盈利，符合法定的分红条件，多数股东利用表决权多数的优势，对于小股东要求分红的提案连续三次不予通过时，股东有权提起司法解散之诉。多数表决权股东利用表决权优势长期将小股东排挤在公司经营管理层之外，在股东提出行使知情权30日内，公司拒不满足股东知情权要求的，股东有权提起司法解散之诉。

第二，在章程中预先设定公司僵局的处理办法。例如，赋予董事长在出现表决僵局时最终的决定权；规定董事会成员与股东会成员不得完全重合，在董事会出现表决僵局时将该事项提交股东会表决；规定大股东应履行诚信义务，不得不正当侵害公司和其他少数股东利益，不得在合法形式的外表下进行实质性的违法行为，保障少数股东知情权和会议召集权。在章程中设置出现公司僵局时，股东的退出条款。当公司股东或董事之间发生分歧或纠纷时，由控制方股东以合理的价格收买相对方股东股权或股份，从而让弱势方股东退出公司，以此达到预防僵局的目的，可以预先设定股权价格的计算及评估方式。

公司章程条款实例

公司因下列原因解散：

（一）本章程规定的营业期限届满或者本章程规定的其他解散事由出现；

(二) 股东大会决议解散；

(三) 因公司合并或者分立需要解散；

(四) 依法被吊销营业执照、责令关闭或者被撤销；

(五) 公司经营管理发生严重困难，继续存续会使股东利益受到重大损失，通过其他途径不能解决的，持有公司全部股东表决权10%以上的股东，可以请求人民法院解散公司；

(六) 公司出现严重的股东压制行为，致使公司设立目的不能实现的。股东压制行为包括：公司连续三年盈利，符合法定的分红条件，多数股东利用表决权多数的优势，对于小股东要求分红的提案连续三次不予通过时；多数表决权股东利用表决权优势连续三年以上将小股东排挤在公司经营管理层之外的；在股东连续三次向公司提出行使知情权，公司无正当理由拒不满足股东知情权要求的。

股东会决议解散公司时，任一股东有以净资产价格购买其他股东股权继续经营公司的权利，多名股东购买实行竞价。

延伸阅读

公司解散诉讼裁判规则

裁判规则一：公司虽处于盈利状态，但其股东会机制长期失灵，内部管理有严重障碍，已陷入僵局状态，可以认定为公司经营管理发生严重困难，股东可以请求解散公司

案例一：江苏省高级人民法院审理林某清诉常熟市凯某实业有限公司、戴某明公司解散纠纷案二审民事判决书［(2010) 苏商终字第0043号］认为：首先，凯某公司的经营管理已发生严重困难。根据《公司法》第一百八十三条①和《最高人民法院关于适用〈中华人民共和国公司法〉若干问题的规定 (二)》（简称《公司法解释 (二)》）第一条的规定，判断公司的经营管理是否出现严重困难，应当从公司的股东会、董事会或执行董事及监事会或监事的运行现状进行综合分析。"公司经营管理发生严重困难"的侧重点在于公司管理方面存有严重内部阻碍，如股东会机制失灵、无法就公司的经营管理进行决策等，不应片面理解为公司资金缺乏、严重亏损等经营性困难。本案中，凯某公司仅有戴某明与林某清两名股东，两人各占50%的股份，凯某公司章程规定"股东会的决议须经代表二分之一以上表决权的股东通过"，且各方当事人一致认可该"二分之一以上"不包括本数。因此，只要两

---

① 《公司法》已修改，现相关规定见《公司法》（2023年修订）第二百三十一条。

名股东的意见存有分歧、互不配合，就无法形成有效表决，显然影响公司的运营。凯某公司已持续4年未召开股东会，无法形成有效股东会决议，也就无法通过股东会决议的方式管理公司，股东会机制已经失灵。执行董事戴某明作为互有矛盾的两名股东之一，其管理公司的行为，已无法贯彻股东会的决议。林某清作为公司监事不能正常行使监事职权，无法发挥监督作用。由于凯某公司的内部机制已无法正常运行、无法对公司的经营作出决策，即使尚未处于亏损状况，也不能改变该公司的经营管理已发生严重困难的事实。

其次，由于凯某公司的内部运营机制早已失灵，林某清的股东权、监事权长期处于无法行使的状态，其投资凯某公司的目的无法实现，利益受到重大损失，且凯某公司的僵局通过其他途径长期无法解决。《公司法解释（二）》第五条明确规定了"当事人不能协商一致使公司存续的，人民法院应当及时判决"。本案中，林某清在提起公司解散诉讼之前，已通过其他途径试图化解与戴某明之间的矛盾，服装城管委会也曾组织双方当事人进行调解，但双方仍不能达成一致意见。两审法院也基于慎用司法手段强制解散公司的考虑，积极进行调解，但均未成功。

此外，林某清持有凯某公司50%的股份，也符合公司法关于提起公司解散诉讼的股东须持有公司10%以上股份的条件。

综上所述，凯某公司已符合《公司法》及《公司法解释（二）》所规定的股东提起解散公司之诉的条件。二审法院从充分保护股东合法权益，合理规范公司治理结构，促进市场经济健康有序发展的角度出发，依法作出了上述判决。

裁判规则二： 即使一方股东对公司僵局的产生具有过错，其仍然有权请求解散公司

案例二：四川省高级人民法院审理的四川奶某乐乳业有限公司与罗伯特、四川菊某食品有限公司公司解散纠纷二审民事判决书［（2016）川民终318号］认为，"公司能否解散取决于公司是否存在僵局以及是否符合《中华人民共和国公司法》第一百八十二条①规定的实质性条件，而不取决于公司僵局产生的原因和责任。《公司法》没有限制过错方股东解散公司，因此，即使一方股东对公司僵局的产生具有过错，其仍然有权依据该条规定，请求解散公司。对奶某乐公司的僵局是何方过错所造成，法院不予审查"。

案例三：四川省高级人民法院审理的四川全某电视发展有限公司因与香港艺某国际有限公司、四川省某实业开发公司公司解散纠纷二审民事判决书［（2015）川

---

① 《公司法》已修改，现相关规定见《公司法》（2023年修订）第二百三十一条。

民终字第 1141 号］认为，"一审法院对全某公司的僵局是何方过错所造成，不予审查。全某公司已陷入僵局达 14 年，艺某公司持有全某公司 50%的股份，其行使请求司法解散公司的诉权，符合《公司法》第一百八十二条①的规定"。

案例四：南京市中级人民法院审理的南京江某医疗产业发展有限公司、北京华某江北医院管理咨询有限公司与北京博某维欣财务咨询有限公司公司解散纠纷二审民事判决书［(2015) 宁商终字第 1015 号］认为，"华某公司上诉认为，博某维欣公司委派的监事付某建因侵占公司财产被网上追逃，故其不能发挥监督作用的责任在于博某维欣公司。本院认为，公司能否解散取决于公司是否存在僵局以及是否符合《公司法》第一百八十三条②及《公司法解释（二）》第一条第一款规定的实质性条件，而不取决于公司僵局产生的原因和责任。《公司法》第一百八十三条并未限制过错方股东解散公司，故即使一方股东对公司僵局的产生具有过错，其仍然有权依据该条规定请求解散公司。本案中，博某维欣公司提出本案解散之诉系因其认为江某医疗公司已陷入公司僵局，其行使请求司法解散公司的诉权，符合《公司法》第一百八十三条的规定，不属于滥用权利、恶意诉讼的情形。至于博某维欣公司委派的监事、经理是否存在侵害公司利益的过错行为，应另案解决，本案不予理涉"。

案例五：新乡市中级人民法院审理的冯某贵与封丘县恒某丝网有限公司公司解散纠纷二审民事判决书［(2016) 豫 07 民终 733 号］认为，"恒某公司称冯某贵损害公司利益系导致股东之间冲突的主要原因，但公司是否能够解散取决于公司是否存在僵局，而不取决于僵局产生的原因和责任。《公司法》第一百八十二条③规定没有限制过错方股东解散公司，因此即使一方股东对公司僵局的产生具有过错，其仍然有权依据该条规定，请求解散公司"。

案例六：苏州市中级人民法院审理的王某星、陈某香等与苏州富某姆能源环境科技有限公司公司解散纠纷［(2015) 苏中商终字第 02025 号］认为，"关于富某姆公司上诉主张经营困难是由于王某星、陈某香、李某萍侵占公司资产导致的，即涉及公司解散是否应当考虑公司僵局产生的原因以及过错，本院认为，依据法律的规定，公司能否解散取决于公司是否存在僵局以及是否符合《公司法》第一百八十二条④规定的条件，而不取决于公司僵局产生的原因和责任。《公司法》第一百八

---

① 《公司法》已修改，现相关规定见《公司法》（2023 年修订）第二百三十一条。
② 《公司法》已修改，现相关规定见《公司法》（2023 年修订）第二百三十一条。
③ 《公司法》已修改，现相关规定见《公司法》（2023 年修订）第二百三十一条。
④ 《公司法》已修改，现相关规定见《公司法》（2023 年修订）第二百三十一条。

十二条没有限制过错方股东解散公司,因此即使一方股东对公司僵局的产生具有过错,其仍然有权依据该条规定,请求解散公司"。

案例七:北京市第一中级人民法院审理的北京市全某商贸有限公司、郭某利与刘某英公司解散纠纷案二审民事判决书[(2009)一中民终字第2831号]认为,"对于全某公司、郭某利的上诉理由,即全某公司股权尚未确定且过错在刘某英一方,本院认为:首先,(2005)一中民终字第4604号民事判决书对全某公司股权进行了处分,结合全某公司股权登记文件,现股东刘某英及股东郭某利分别持有确定比例的公司股权,故全某公司及郭某利的该项上诉理由缺乏事实依据,本院不予采信;其次,公司解散纠纷是对公司主体是否能够依法存续作出法律判断,即对法律规定的公司解散事由是否成就进行认定,而非对股东僵局或董事僵局中何人具有过错进行评价,故全某公司及郭某利的该项上诉理由不能支持其上诉请求,本院对其上诉请求不予支持"。

第四章　董监高权利与义务条款

026 董事长的选任程序可以由公司章程任意约定吗？

设计要点

有限责任公司章程可自由规定董事长的选任程序，但股份有限公司章程仅可规定"董事长以全体董事过半数选举产生"。

阅读提示

在一般人的意识中，董事长为公司内的最高领导，在公司中的地位可谓举足轻重，具有公司内最大的权力。但是，董事长是如何产生的，如何才能夺取这一重要的职位？公司章程对董事长的选举和罢免是否可以作出特殊的约定？董事长的姓名是否可以直接约定在公司章程中？股份有限公司是否可以自由约定董事长的选任程序？下文将对上述问题予以解答。

章程研究文本

《中兴通讯股份有限公司章程》（2023年4月版）

第一百四十一条第二款　董事长、副董事长由全体董事的过半数选举和罢免。董事长、副董事长任期三年，可以连选连任。

同类章程条款

笔者查阅了近百家上市公司的公司章程，其中绝大部分章程对董事长选任程序均规定由董事会全体董事过半数选举产生，鲜有公司章程对董事长的选任资格作出规定。

《平安银行股份有限公司章程》（2020年6月版）

第一百二十八条　董事会董事长和副董事长（如设）由董事会以全体董事过

半数选举产生。

《方大集团股份有限公司章程》(2023年12月版)

第一百一十三条　董事会设董事长1人，可以设副董事长1人。董事长和副董事长由董事会以全体董事的过半数选举产生和罢免。

公司法和相关规定

《公司法》(2023年修订)

第六十八条　有限责任公司董事会成员为三人以上，其成员中可以有公司职工代表。职工人数三百人以上的有限责任公司，除依法设监事会并有公司职工代表的外，其董事会成员中应当有公司职工代表。董事会中的职工代表由公司职工通过职工代表大会、职工大会或者其他形式民主选举产生。

董事会设董事长一人，可以设副董事长。董事长、副董事长的产生办法由公司章程规定。

第一百二十二条　董事会设董事长一人，可以设副董事长。董事长和副董事长由董事会以全体董事的过半数选举产生。

董事长召集和主持董事会会议，检查董事会决议的实施情况。副董事长协助董事长工作，董事长不能履行职务或者不履行职务的，由副董事长履行职务；副董事长不能履行职务或者不履行职务的，由过半数的董事共同推举一名董事履行职务。

第一百七十三条　国有独资公司的董事会依照本法规定行使职权。

国有独资公司的董事会成员中，应当过半数为外部董事，并应当有公司职工代表。

董事会成员由履行出资人职责的机构委派；但是，董事会成员中的职工代表由公司职工代表大会选举产生。

董事会设董事长一人，可以设副董事长。董事长、副董事长由履行出资人职责的机构从董事会成员中指定。

《公司法》(2018年修正，已被修订)

第四十四条　有限责任公司设董事会，其成员为三人至十三人；但是，本法第五十条另有规定的除外。

两个以上的国有企业或者两个以上的其他国有投资主体投资设立的有限责任公司，其董事会成员中应当有公司职工代表；其他有限责任公司董事会成员中可以有公司职工代表。董事会中的职工代表由公司职工通过职工代表大会、职工大会或者其他形式民主选举产生。

董事会设董事长一人，可以设副董事长。董事长、副董事长的产生办法由公司章程规定。

第六十七条 国有独资公司设董事会，依照本法第四十六条、第六十六条的规定行使职权。董事每届任期不得超过三年。董事会成员中应当有公司职工代表。

董事会成员由国有资产监督管理机构委派；但是，董事会成员中的职工代表由公司职工代表大会选举产生。

董事会设董事长一人，可以设副董事长。董事长、副董事长由国有资产监督管理机构从董事会成员中指定。

第一百零九条 董事会设董事长一人，可以设副董事长。董事长和副董事长由董事会以全体董事的过半数选举产生。

董事长召集和主持董事会会议，检查董事会决议的实施情况。副董事长协助董事长工作，董事长不能履行职务或者不履行职务的，由副董事长履行职务；副董事长不能履行职务或者不履行职务的，由半数以上董事共同推举一名董事履行职务。

专家分析

在我国的公司治理实践中，董事长的职位可谓举足轻重，特别是在有限责任公司，董事长的权力往往远大于其他董事的权力，所以董事长的职位往往成为各方股东均想占据的目标。但是根据我国《公司法》的相关规定，董事长的法定权力并不比其他董事多多少，只是具有股东会的主持权，董事会的召集和主持权，股份有限公司的董事长对董事会决议执行情况的检查权等有限的法定职权，也即董事长只是在股东会和董事会的主持上有特定的法定职权，其他的职权与普通董事一样。

那么董事长是如何产生的呢？根据《公司法》的规定，股份有限公司董事长的产生方式是法定的，即由全体董事过半数以上选举产生；而对于有限责任公司，《公司法》将董事长的产生方式交由公司自治，由公司自行在公司章程中进行约定，通常公司会约定由大股东指派的董事担任董事长，或由全体董事过半数以上选举产生。另外，国有独资公司的董事长直接由国资委在董事会成员中直接指定。当然，成为董事长的前提是必须为董事，股东会无权直接任命非董事人士担任董事长。

章程条款设计建议

第一，站在直接经营公司的"企业家"的角度，笔者建议：

1. 对于股份有限公司,虽然《公司法》直接规定董事长由全体董事过半数以上同意选举产生,但是其完全可以效仿上文中兴通讯公司的章程,在不违反《公司法》的前提下,对担任董事长的董事的任职资格提出更高的要求,如必须在本公司全职担任董事或高级管理人员N年以上,持股比例必须占到十分之一以上且取得股东资格N年以上等限制性条件,以保证董事长的职位不会旁落。

2. 对于有限责任公司,可以直接在章程中规定,董事长由大股东委派的董事担任,或直接将董事长的名字写入章程。

第二,站在不直接经营公司的"资本家"的角度,笔者建议:

在不能够取得董事长席位的前提下,尽可能取得副董事长的席位,且尽可能多地安排己方的董事,并对董事长的职权作出详细且可量化监督的规定,例如,董事长仅有权批准100万元以下的款项,100万元以上的款项由董事会批准。

公司章程条款实例

一、有限公司章程条款实例

例1:董事会设董事长一人,设副董事长N人(副董事长人数根据公司具体情况确定)。董事长和副董事长由董事会选举和罢免,由全体董事过半数以上通过;

例2:董事会设董事长一人,设副董事长N人。董事长由××(股东)指派的董事担任,副董事长由××(股东)指派的董事担任;

例3:董事会设董事长一人,设副董事长N人。董事长和副董事长由股东会直接选举确定和罢免。

二、股份公司章程条款实例

董事长、副董事长由全体董事的过半数选举和罢免,董事长必须从担任公司董事或高级管理人员三年以上人士中产生。(股份有限公司也可以根据自身条件设置其他限定条件)

延伸阅读

违反公司法及公司章程的规定选举董事长涉嫌违法的案例

案例一:来凤县人民法院审理陈某、龚某等与林某生、来凤县凤某出租汽车有限责任公司公司决议纠纷一审民事判决书[(2015)鄂来凤民初字第01266号]认为:董事会成员由股东会选举产生,股东会通过选举董事会成员间接达到控制董事会的目的,所以股东会只有权选举和更换非职工代表担任的董事。根据凤某出租公司《章程》第三十二条的规定，董事长由董事会选举产生，即董事长的任免由董事会决定，股东会不能直接决定董事长的任免，董事会选举产生董事长所形成的董事会决议并非《公司法》第三十七条第三项所指股东会"审议批准董事会的报告"的对象。股东会审议批准董事长的任免有越权之嫌，决议的内容违反了公司《章程》第三十二条规定，但决议的内容没有违反法律、行政法规的效力性强制性规定，不存在导致决议内容无效的情形。

案例二：北京市房山区人民法院审理林某周与北京建某房地产开发有限责任公司请求变更公司登记纠纷一审民事判决书［（2015）房民（商）初字第16215号］认为：《中华人民共和国公司法》第十三条规定，公司法定代表人依照公司章程的规定，由董事长、执行董事或者经理担任，并依法登记。公司法定代表人变更，应当办理变更登记。①《中华人民共和国公司法》第四十四条第三款规定，董事会设董事长一人，可以设副董事长。董事长、副董事长的产生办法由公司章程规定。②建某公司的章程对董事长的产生办法亦作了规定。公司法定代表人的变更应符合公司法及公司章程的规定。董事长系董事之一，与其他董事一起，共同组成公司的董事会。不言而喻，董事长由董事会经选举产生。林某周虽提交了建某公司免去其董事长的董事会决议及任命周某为董事长的董事会决议，但周某并非建某公司董事。选举和更换非由职工代表担任的董事，系公司法及公司章程赋予股东会的法定权利。在周某未经建某公司股东会选举为董事之前，建某公司董事会将其选举为董事长，不符合公司法及公司章程的规定。在此情形下，林某周请求建某公司办理公司法定代表人的变更登记手续，依据不足，本院不予支持。

案例三：北京市第三中级人民法院审理中某公司与深圳世某星源股份有限公司公司决议撤销纠纷二审民事判决书［（2014）三中民终字第11950号］认为：关于决议内容，董事会设董事长一人，可以设副董事长。董事长、副董事长的产生办法由公司章程规定。有限责任公司可以设经理，由董事会决议聘任或解聘。中某公司章程规定选举和更换董事是股东会的职权，董事会设董事长一人、常务副董事长一人、副董事长一人，由董事会选举后产生；公司设总经理一名，由董事会聘任或者解聘。双方均确认在2013年第一次临时股东会召开之前，曾某松为中某公司副董事长、董事和总经理。副董事长由董事会选举产生，总经理的聘任或解聘都为董事会的职权范围，故中某公司2013年第一次临时股东会决议中免去曾某松副董事长、

---

① 《公司法》已修改，现相关规定见《公司法》（2023年修订）第十条。
② 《公司法》已修改，现相关规定见《公司法》（2023年修订）第六十八条第二款。

董事、总经理职位的内容违反公司章程规定，应予撤销。

027 公司章程可规定董事长对总经理以及董事会秘书的提名权

设计要点

公司章程可规定董事长有权提名或推荐总经理、董事会顾问及专业顾问、董事会秘书人选，供董事会会议讨论和表决。

阅读提示

总经理是公司运营管理中最重要的职位，依据《公司法》的规定，总经理在董事会决议执行、财务控制、制度建设、人事任命等方面拥有广泛的职权，可以说只要控制了总经理的职位，即可控制公司的运营管理。但是，依据《公司法》的规定，总经理的任免均由董事会决定，董事长若想提前锁定总经理的任免权，有必要在公司章程中规定，董事长对总经理有提名权。

章程研究文本

《万科企业股份有限公司章程》（2023年3月版）

第一百四十一条 董事会主席行使下列职权：

……

（七）提名或推荐总裁、董事会顾问及专业顾问、董事会秘书人选，供董事会会议讨论和表决；

……

同类章程条款

笔者查阅了近百家上市公司的公司章程，其中对董事长提名权作出特殊规定的公司不超过十家，而且大部分公司章程规定的提名权的对象范围非常有限，仅包括总经理（总裁）和董事会秘书两类。

《美的集团股份有限公司章程》（2023年4月版）

第一百一十四条第一款 董事长行使下列职权：

……

（八）提名公司总裁及董事会秘书人选名单；

……

《方大集团股份有限公司章程》（2023 年 12 月版）

第一百一十四条 董事长行使下列职权：

……

（四）提名公司总裁、董事会秘书人选，供董事会讨论和表决；

……

《烟台张裕葡萄酿酒股份有限公司章程》（2018 年 12 月版）

第一百一十三条 董事长行使下列职权：

……

（四）提名或推荐总经理人选，供董事会讨论和表决；

……

公司法和相关规定

《公司法》（2023 年修订）

第六十三条 股东会会议由董事会召集，董事长主持；董事长不能履行职务或者不履行职务的，由副董事长主持；副董事长不能履行职务或者不履行职务的，由过半数的董事共同推举一名董事主持。

董事会不能履行或者不履行召集股东会会议职责的，由监事会召集和主持；监事会不召集和主持的，代表十分之一以上表决权的股东可以自行召集和主持。

第六十七条第二款 董事会行使下列职权：

……

（八）决定聘任或者解聘公司经理及其报酬事项，并根据经理的提名决定聘任或者解聘公司副经理、财务负责人及其报酬事项；

……

第七十四条 有限责任公司可以设经理，由董事会决定聘任或者解聘。

经理对董事会负责，根据公司章程的规定或者董事会的授权行使职权。经理列席董事会会议。

第一百一十四条第一款 股东会会议由董事会召集，董事长主持；董事长不能履行职务或者不履行职务的，由副董事长主持；副董事长不能履行职务或者不履行职务的，由过半数的董事共同推举一名董事主持。

第一百二十二条第二款 董事长召集和主持董事会会议，检查董事会决议的实施情况。副董事长协助董事长工作,董事长不能履行职务或者不履行职务的,由副董事长履行职务;副董事长不能履行职务或者不履行职务的,由过半数的董事共同推举一名董事履行职务。

《公司法》(2018年修正,已被修订)

第四十条 有限责任公司设立董事会的,股东会会议由董事会召集,董事长主持;董事长不能履行职务或者不履行职务的,由副董事长主持;副董事长不能履行职务或者不履行职务的,由半数以上董事共同推举一名董事主持。

有限责任公司不设董事会的,股东会会议由执行董事召集和主持。

……

第四十六条第一款 董事会对股东会负责,行使下列职权:

……

(九)决定聘任或者解聘公司经理及其报酬事项,并根据经理的提名决定聘任或者解聘公司副经理、财务负责人及其报酬事项;

……

第四十九条第一款 有限责任公司可以设经理,由董事会决定聘任或者解聘。经理对董事会负责,行使下列职权:

……

(六)提请聘任或者解聘公司副经理、财务负责人;

(七)决定聘任或者解聘除应由董事会决定聘任或者解聘以外的负责管理人员;

……

第一百零一条第一款 股东大会会议由董事会召集,董事长主持;董事长不能履行职务或者不履行职务的,由副董事长主持;副董事长不能履行职务或者不履行职务的,由半数以上董事共同推举一名董事主持。

第一百零九条第二款 董事长召集和主持董事会会议,检查董事会决议的实施情况。副董事长协助董事长工作,董事长不能履行职务或者不履行职务的,由副董事长履行职务;副董事长不能履行职务或者不履行职务的,由半数以上董事共同推举一名董事履行职务。

专家分析

根据《公司法》规定,董事长的法定职权并不多,仅有股东会的主持权以及董事会的召集与主持权,股份有限公司董事长还有督促、检查董事会决议执行的职权,而是否有其他职权需要董事会在职权范围内以决议的方式授予。根据《上市公司章程指引》的提示，董事会应谨慎授予董事长职权，例行或长期授权须在章程中明确规定。因此，董事长的职权并未超出普通董事多少，董事长行使职权务必师出有名，符合《公司法》或公司章程的规定。但在实践中，控股股东通常占据董事长的席位，为加强对公司日常经营管理的控制权，董事长有必要对总经理的职位作出必要的控制。但是，总经理的聘任、解聘与权限范围属于董事会的法定职权，为使得总经理的席位有更大的可控性，可在公司章程中规定董事长对总经理的提名权。董事长对总经理的提名权一般指在董事会选举公司总经理之前，董事长向董事会推荐拟被任命为总经理的名单，并提交董事会进行决议的权利。如此一来，董事会在选任总经理时，只能在被提名的名单中选择，势必大大增加董事长对总经理席位的控制，而总经理又有对副总经理、财务负责人的提名权，以及对其他职位的决定权，这样董事长通过总经理的提名权，可以间接掌控公司的整个人事权。

另外，根据《公司法》第一百三十八条的规定，上市公司设董事会秘书，负责公司股东大会和董事会会议的筹备、文件保管以及公司股东资料的管理，办理信息披露事务等事宜。上市公司的董事会秘书也被视为公司高级管理人员，负责董事会闭会期间的多项重要工作，公司章程中若规定董事长对董事会秘书的提名权，必将有利于董事长对董事会的管理与控制。

但需要提醒的是，公司章程在赋予董事长职权的时候，切记不要与公司其他权力机关的法定职权相冲突。

章程条款设计建议

第一，站在直接经营公司的"企业家"的角度，笔者建议：

在公司章程中细化董事长的职权，务必加入董事长对总经理、董事会秘书的提名权。为加强对外来投资者的防御，也可以在章程中约定总经理的人选必须已在公司实际参与经营管理工作3年以上。另外，对于董事会顾问或其他专业顾问的人选，也可学习万科的做法，赋予董事长对这些职位人选的提名权。

第二，站在不直接经营公司的"资本家"的角度，笔者建议：

从融资谈判开始就不要答应公司原控制人对总经理提名权的要求，对董事长的职权直接援引《公司法》的规定，如有必要扩大董事长的职权，可通过日后董事会决议的方式赋予，以免人事权的旁落，在公司的实际经营管理中出现阻碍。

如果公司的原控制人坚持赋予董事长总经理提名权等法定职权以外的权力，"资本家"可以对这些权力的行使附加有利于己方的条件，例如，总经理须具有同类行业5年以上管理经验等。

公司章程条款实例

公司董事长行使下列职权：

……

提名或推荐总经理、董事会顾问及专业顾问、董事会秘书人选，供董事会会议讨论和表决；其中，总经理须在本公司从事经营管理工作3年以上。

延伸阅读

关于董事长选任以及职权的相关案例

裁判观点一：公司法未赋予董事长召集股东会的职权，股东会的召集权属于董事会，董事长无权擅自召集股东会

案例一：许昌市中级人民法院审理上诉人河南林某实业有限公司与被上诉人河南鄢某花木交易中心有限公司、河南中某投资有限公司股东会决议纠纷二审民事判决书［(2015) 许民终字第1029号］认为，董事会是有限责任公司的业务执行机构，享有业务执行权和日常经营决策权。《公司法》第四十六条规定了董事会的职权为召集股东会，并向股东会报告工作等。① 董事长的职权是主持股东会会议，召集和主持董事会会议。《公司法》未赋予董事长召集股东会的职权，股东会的召集权属于董事会。董事长在没有经过董事会讨论并作出决定的情况下，无权擅自召集股东会。花木公司章程规定由董事长个人行使本应由董事会这个组织机构行使的职权，违反了《公司法》规定，可能损害公司、股东的权益或董事会及其他董事的权力行使，应为无效条款。原花木公司董事长姚某某在接到股东中某公司提议召开临时股东会议的提议后，未召集董事会讨论，也未答复。其发出的《关于召开2014年第一次临时股东会的通知》中的议案内容在没有召开董事会进行讨论、决定的情况下直接对中某公司议案内容进行否定，超越了董事长的职权范围。中某公司自行召集花木公司2014年第一次临时股东会于法有据。花木公司2014年第一次临时股东会决议召集程序、表决方式不违反法律、行政法规和公司章程有效条款相关规定，内容不违反公司章程有效条款规定，林某公司请求撤销的依据不足，本院不予支持。

裁判观点二：公司章程可规定总经理的提名权由特定的股东行使

案例二：南京市中级人民法院审理上诉人南京长某天远企业管理咨询中心与被

---

① 《公司法》已修改，现相关规定见《公司法》（2023年修订）第六十七条。

上诉人江苏长某智远交通科技有限公司撤销公司决议纠纷一案的民事判决书［（2015）宁商终字第 482 号］认为，交通科技公司章程第二十五条规定，总经理由董事会聘任或解聘，交通科技公司董事会于 2014 年 6 月 4 日决议解聘肖某总经理职务并未违反公司章程和相关法律的规定。现任总经理被解聘后，根据公司章程第二十一条规定，新的总经理人选仍应由苏某特公司以外的其他股东提名，董事会只能在其他股东提名的人选中选任新的总经理。因此，由董事会直接解除总经理职务并不影响苏某特公司以外的其他股东对总经理人选的控制权。综上，咨询中心认为公司章程第二十一条规定董事会解聘总经理也要经苏某特公司以外的其他股东提议系其对公司章程该条规定的单方解读，无事实和法律依据，不能成立。

裁判观点三：有限责任公司董事长的选任和罢免，可由公司章程自由约定，未作约定时由董事会任免

案例三：咸宁市中级人民法院审理上诉人咸某饮食旅游公司与被上诉人高某公司决议纠纷二审民事判决书［（2016）鄂 12 民终 1081 号］认为：本案审理的焦点应为选举和更换咸某饮食旅游公司董事长是不是公司董事会职权，该董事会决议程序、内容是否符合法律和公司章程的相关规定。根据《中华人民共和国公司法》第四十四条第三款的规定"董事会设董事长一人，也可以设副董事长。董事长、副董事长的产生办法由公司章程规定"，公司章程是公司成立的基础，也是公司赖以生存的灵魂，公司的组织和活动应按照公司章程的相关规定进行。结合本案，咸某市咸安区工商行政管理局备案的咸某饮食旅游公司章程第二十条规定："董事会设董事长一名、董事二名。董事长是公司的法定代表人。"在第十四条的股东会职权范围和第二十一条的董事会职权范围中，均未明确规定公司董事长、副董事长的产生办法。而公司章程第四十一条第二款规定"本章程的未尽事宜由股东会决议解决，或依照《中华人民共和国公司法》的有关规定执行"，则公司董事长、副董事长的产生办法应由公司股东会决议解决，公司董事会无权决定公司董事长的产生办法这一内容。因上诉人提供的证据不能证明该次董事会召集程序符合法律和公司章程的相关规定，且该董事会决议内容亦超越了董事会职权范围，违反了公司章程的相关规定，故该董事会决议程序、内容均存在瑕疵。作为公司股东的高某有权向法院申请撤销该董事会决议，并按照《中华人民共和国公司法》第二十二条第四款"公司根据股东会或者股东大会、董事会决议已办理变更登记的，人民法院宣告该决议无效或者撤销该决议后，公司应当向公司登记机关申请撤销变更登记"的规定，请求法院判决咸某饮食旅游公司向咸某市咸安区工商行政管理局申请撤销变更登记。

案例四：上海市第一中级人民法院审理沈某华诉唐某宏公司决议纠纷一案二审

民事判决书［(2017) 沪 01 民终 3466 号］认为，柯某拓公司章程第十条第一款虽然规定"股东会行使以下职权：……（二）选举和更换非由职工代表担任的董事、监事，决定有关董事、监事的报酬事项……"，但此处仅规定了董事的选举和更换，与董事长无关，由该条规定推导不出董事长的任免是股东会的职权；柯某拓公司章程第二十一条规定"董事会由 3 名董事组成，由投资方委派。设董事长一名，董事长是公司的法定代表人。董事任期 3 年，可以连任。投资方在委派或更换董事人选时，应书面通知董事会"，该条也并未规定董事长的任免程序。柯某拓公司章程对董事长的产生办法并无明确规定，依照现行《公司法》的规定和柯某拓公司章程，原审法院认定"董事会无权作出任免董事长的决议"这样的结论，依据不足。在公司治理之中，除法律、行政法规、公司章程有明确规定的内容外，应尊重当事人意思自治，法无禁止即可为，扩大解释公司章程会导致公司治理的僵局，不利于公司的存续发展。因此，本院对原审法院关于"董事会无权作出任免董事长的决议"予以纠正。

028 公司章程可规定董事长对公司交易事项的审批权

> 设计要点

公司章程可规定董事长有权决定金额在公司最近经审计净资产低于 10% 的对外投资（含委托理财、委托贷款、对子公司投资等）、租入或租出资产、签订管理方面合同（含委托经营、受托经营等）、债权或债务重组、研究与开发项目的转移、签订许可协议等事项。

> 章程研究文本

《美的集团股份有限公司章程》（2023 年 4 月版）
第一百一十四条第一款 董事长行使下列职权：
……
（九）决定金额在公司最近经审计净资产低于 10% 的对外投资（含委托理财、委托贷款、对子公司投资等）、租入或租出资产、签订管理方面合同（含委托经营、受托经营等）、债权或债务重组、研究与开发项目的转移、签订许可协议等事项；
……

（十一）决定金额在公司最近经审计净资产低于0.5%的关联交易事项；

……

同类章程条款

笔者查阅了近百家上市公司的公司章程，其中对董事长交易审批权作出特殊规定的公司有十几家，精选下列几则供大家参考。

《南华生物医药股份有限公司章程》（2022年10月版）

第一百一十五条　董事长行使下列职权：

（三）审议批准达到下列标准之一的交易事项：

1. 交易涉及的资产总额低于公司最近一期经审计总资产的10%，该交易涉及的资产总额同时存在账面值和评估值的，以较高者作为计算数据；

2. 交易标的（如股权）涉及的资产净额低于公司最近一期经审计净资产的10%，或绝对金额低于1,000万元，该交易涉及的资产净额同时存在账面值和评估值的，以较高者作为计算数据；

3. 交易标的（如股权）在最近一个会计年度相关的营业收入低于公司最近一个会计年度经审计营业收入的10%，或绝对金额低于1,000万元人民币；

4. 交易标的（如股权）在最近一个会计年度相关的净利润低于公司最近一个会计年度经审计净利润的10%，或绝对金额低于100万元人民币；

5. 交易的成交金额（含承担债务和费用）低于公司最近一期经审计净资产的10%，或绝对金额低于1,000万元人民币；

6. 交易产生的利润不超过公司最近一个会计年度经审计净利润的10%，或绝对金额低于100万元人民币。

（四）审议决定以下关联交易事项：

1. 公司与关联自然人发生的交易金额低于30万元的关联交易；

2. 公司与关联法人发生的交易金额低于300万元，或低于公司最近一期经审计净资产绝对值0.5%的关联交易。

……

《深圳市机场股份有限公司章程》（2020年10月版）

第一百二十三条　董事长行使下列职权：

……

（十一）三千万元以下、五百万元以上的资金运用（不包括贷款）审批权；三千万元以上的资金运用（不包括贷款）由董事会决定；

......

《广东宝丽华新能源股份有限公司章程》（2023年11月版）

第一百一十五条 董事长行使下列职权：

......

（七）决定并签署单笔金额在公司最近一期经审计的净资产10%以内（包括10%）的项目投资、资产经营、风险投资、资产处置等事项；

......

《南方黑芝麻集团股份有限公司章程》（2024年3月版）

第一百一十七条 董事长行使下列职权：

......

（六）在董事会授权范围内，决定公司的对外投资、收购出售资产、委托理财等事项：

（1）交易涉及的资产总额占公司最近一期经审计总资产的10%以下的事项，该交易涉及的资产总额同时存在账面值和评估值的，以较高者作为计算数据；

（2）交易的成交金额（含承担债务和费用）占公司最近一期经审计净资产的10%以下的事项；

（3）公司在一年内购买、出售重大资产不超过公司最近一期经审计总资产10%的事项；

上述指标计算中涉及的数据如为负值，取其绝对值计算；

......

公司法和相关规定

《公司法》（2023年修订）

第十五条 公司向其他企业投资或者为他人提供担保，按照公司章程的规定，由董事会或者股东会决议；公司章程对投资或者担保的总额及单项投资或者担保的数额有限额规定的，不得超过规定的限额。

公司为公司股东或者实际控制人提供担保的，应当经股东会决议。

前款规定的股东或者受前款规定的实际控制人支配的股东，不得参加前款规定事项的表决。该项表决由出席会议的其他股东所持表决权的过半数通过。

第一百三十五条 上市公司在一年内购买、出售重大资产或者向他人提供担保的金额超过公司资产总额百分之三十的，应当由股东会作出决议，并经出席会议的股东所持表决权的三分之二以上通过。

《公司法》（2018年修正，已被修订）

第十六条 公司向其他企业投资或者为他人提供担保，依照公司章程的规定，由董事会或者股东会、股东大会决议；公司章程对投资或者担保的总额及单项投资或者担保的数额有限额规定的，不得超过规定的限额。

公司为公司股东或者实际控制人提供担保的，必须经股东会或者股东大会决议。

前款规定的股东或者受前款规定的实际控制人支配的股东，不得参加前款规定事项的表决。该项表决由出席会议的其他股东所持表决权的过半数通过。

第一百二十一条 上市公司在一年内购买、出售重大资产或者担保金额超过公司资产总额百分之三十的，应当由股东大会作出决议，并经出席会议的股东所持表决权的三分之二以上通过。

专家分析

根据《公司法》规定，董事长的法定职权并不多，仅有股东会的主持权以及董事会的召集与主持权，股份有限公司董事长还有权督促、检查董事会决议执行的职权，而其他职权需要董事会在职权范围内以决议的方式授予。根据《上市公司章程指引》的提示，董事会应谨慎授予董事长职权，例行或长期授权须在章程中明确规定。因此，董事长的职权并未超出普通董事多少，董事长行使职权务必师出有名，符合公司法或公司章程的规定。但在实践中，控股股东通常占据董事长的席位，为加强对公司日常经营管理的控制权，董事长有必要对总经理的职位作出必要的控制，因为公司法赋予了总经理多项职权，几乎涉及公司日常管理的方方面面。但是总经理的聘任与解聘属于董事会的法定职权，为使得总经理的席位有更大的可控性，可在公司章程中规定董事长对总经理的提名权。董事长对总经理的提名权一般指在董事会选举公司总经理之前，董事长向董事会推荐拟被任命为总经理的名单，并提交董事会进行决议的权利。如此一来，董事会在选任总经理的过程中，只能在被提名的名单中选择，势必大大增加董事长对总经理席位的控制，而总经理又有对副总经理、财务负责人的提名权，以及对其他职位的决定权，这样董事长通过总经理的提名权，可以间接掌控公司的整个人事权。

另外，根据《公司法》第一百三十八条的规定，上市公司设董事会秘书，负责公司股东大会和董事会会议的筹备、文件保管以及公司股东资料的管理，办理信息披露事务等事宜。董事会秘书也被视为公司高级管理人员，负责董事会闭会期间的多项重要工作，公司章程中若规定董事长对董事会秘书的提名权，必将有利于董事长对董事会的管理与控制。

但需要提醒的是，公司章程在赋予董事长职权的时候，切记不要与公司其他权力机关的法定职权相冲突。

章程条款设计建议

第一，站在直接经营公司的"企业家"的角度，笔者建议：

在公司章程中细化董事长的职权，务必加入董事长对总经理、董事会秘书的提名权，为加强对外来投资者的防御，也可以在章程中约定总经理的人选必须已在公司实际参与经营管理工作3年以上；另外，对于董事会顾问或其他专业顾问的人选，也可学习万科做法，赋予董事长对这些职位人选的提名权。

第二，站在不直接经营公司的"资本家"的角度，笔者建议：

在融资谈判开始时，不要答应企业原控制人对总经理提名权的要求，对董事长的职权直接援引《公司法》的规定，如有必要扩大董事长的职权，通过日后董事会决议的方式赋予，以免人事权的旁落，在公司的实际经营管理中出现阻碍。

如果公司原控制人坚持赋予董事长总经理提名权等法定职权以外的权力，"资本家"可以对这些权力的行使附加有利于乙方的条件，例如，总经理须具有同类行业5年以上的管理经验等。

公司章程条款实例

公司董事长行使下列职权：

……

提名或推荐总经理、董事会顾问及专业顾问、董事会秘书人选，供董事会会议讨论和表决；其中，总经理须在本公司从事经营管理工作3年以上。

延伸阅读

案例：上海市浦东新区人民法院审理王某生与中某激光显示技术（上海）有限公司公司决议效力确认纠纷一审民事判决书［(2014)浦民二（商）初字第2675

号]认为,根据《中华人民共和国公司法》第二十二条第一款的规定,公司股东会的决议内容违反法律、行政法规的无效。① 故涉案股东会决议内容是否无效,应审查其是否违反法律、行政法规。2013年6月2日,《股东会决议》第一条规定通过《中某激光显示技术(上海)有限公司章程》,其中:……二、关于被告章程第十一条的内容。《中华人民共和国公司法》第四十条第一款规定:"有限责任公司设立董事会的,股东会会议由董事会召集,董事长主持;董事长不能履行职务或者不履行职务的,由副董事长主持;副董事长不能履行职务或者不履行职务的,由半数以上董事共同推举一名董事主持。"② 本案中,被告设立董事会,故股东会会议应由董事会召集,而被告章程第十一条约定股东会会议由董事长召集,违反了上述法律的规定。三、关于被告章程第十四条的内容。《中华人民共和国公司法》第十六条第一款规定:"公司向其他企业投资或者为他人提供担保,依照公司章程的规定,由董事会或者股东会、股东大会决议;公司章程对投资或者担保的总额及单项投资或者担保的数额有限额规定的,不得超过规定的限额。"③ 该条款明确规定公司向其他企业投资或者为他人提供担保,依照公司章程的规定,由董事会或者股东会、股东大会决议,而被告章程第十四条第一款约定公司向其他企业投资或者为他人提供担保,由董事长作出决定,违反了上述法律的规定。四、关于被告章程第十七条、第十八条的内容。《中华人民共和国公司法》第四十六条规定:"董事会对股东会负责,行使下列职权:(一)召集股东会会议,并向股东会报告工作;(二)执行股东会的决议;(三)决定公司的经营计划和投资方案;(四)制定公司的年度财务预算方案、决算方案;(五)制定公司的利润分配方案和弥补亏损方案;(六)制定公司增加或者减少注册资本以及发行公司债券的方案;(七)制定公司合并、分立、解散或者变更公司形式的方案;(八)决定公司内部管理机构的设置;(九)决定聘任或者解聘公司经理及其报酬事项,并根据经理的提名决定聘任或者解聘公司副经理、财务负责人及其报酬事项;(十)制定公司的基本管理制度;(十一)公司章程规定的其他职权。"④ 本案中,被告章程第十七条、第十八条规定董事长对股东会负责,并将上述董事会的职权规定为董事长的职权,违反了上述法律的规定。五、关于被告章程第三十一条的内容。《中华人民共和国公司法》第一

---

① 《公司法》已修改,现相关规定见《公司法》(2023年修订)第二十五条。
② 《公司法》已修改,现相关规定见《公司法》(2023年修订)第六十三条第一款。
③ 《公司法》已修改,现相关规定见《公司法》(2023年修订)第十五条第一款。
④ 《公司法》已修改,现相关规定见《公司法》(2023年修订)第六十七条。

百六十九条第一款规定:"公司聘用、解聘承办公司审计业务的会计师事务所,依照公司章程的规定,由股东会、股东大会或者董事会决定。"① 本案中,被告章程第三十一条约定公司聘用、解聘承办公司审计业务的会计师事务所由董事长决定,违反了上述法律的规定。被告章程第十一条、第十四条第一款、第十七条、第十八条、第三十一条违反了《中华人民共和国公司法》的相关规定,将应由董事会或股东会、股东大会行使的职权,交由董事长个人行使,《中华人民共和国公司法》也没有规定公司章程可以对上述职权的行使作出另行约定,故被告章程第十一条、第十四条第一款、第十七条、第十八条、第三十一条的内容应确认无效。

029 公司章程可规定董事长对一定额度内公司财务的审批权

设计要点

公司章程可规定董事长有权决定三千万元以下、五百万元以上的资金运用审批权。

阅读提示

《公司法》第一百三十五条规定,上市公司在一年内购买、出售重大资产或者向他人提供担保的金额超过公司资产总额30%的,应当由股东大会作出决议,并经出席会议的股东所持表决权的三分之二以上通过。那么,在上述资产处置的总额在公司资产总额30%以下的情况下,公司章程可否将此类资产处置的权力交与董事会或董事长行使呢?笔者认为,依据私法自治的原则,公司章程可以根据资产处置金额,将占总资产30%以下的资产处置权赋予董事会或董事长。

章程研究文本

《美的集团股份有限公司章程》(2023年4月版)
第一百一十四条第一款 董事长行使下列职权:
……

---

① 《公司法》已修改,现相关规定见《公司法》(2023年修订)第二百一十五条第一款。

(九）决定金额在公司最近经审计净资产低于10%的对外投资（含委托理财、委托贷款、对子公司投资等）、租入或租出资产、签订管理方面合同（含委托经营、受托经营等）、债权或债务重组、研究与开发项目的转移、签订许可协议等事项；

(十）决定金额在公司最近经审计净资产低于0.5%的关联交易事项；

……

同类章程条款

笔者查阅了近百家上市公司的公司章程，其中对董事长财务审批权作出特殊规定的公司有十几家，精选下列几则供大家参考。

《南华生物医药股份有限公司章程》（2022年10月版）

第一百一十五条　董事长行使下列职权：

……

（三）审议批准达到下列标准之一的交易事项：

1. 交易涉及的资产总额低于公司最近一期经审计总资产的10%，该交易涉及的资产总额同时存在账面值和评估值的，以较高者作为计算数据；

……

2. 交易标的（如股权）涉及的资产净额低于公司最近一期经审计净资产的10%，或绝对金额低于1,000万元，该交易涉及的资产净额同时存在账面值和评估值的，以较高者作为计算数据；

3. 交易标的（如股权）在最近一个会计年度相关的营业收入低于公司最近一个会计年度经审计营业收入的10%，或绝对金额低于1,000万元人民币；

4. 交易标的（如股权）在最近一个会计年度相关的净利润低于公司最近一个会计年度经审计净利润的10%，或绝对金额低于100万元人民币；

5. 交易的成交金额（含承担债务和费用）低于公司最近一期经审计净资产的10%，或绝对金额低于1,000万元人民币；

6. 交易产生的利润不超过公司最近一个会计年度经审计净利润的10%，或绝对金额低于100万元人民币。

（四）审议决定以下关联交易事项：

1. 公司与关联自然人发生的交易金额低于30万元的关联交易；

2. 公司与关联法人发生的交易金额低于300万元，或低于公司最近一期经审计净资产绝对值0.5%的关联交易。

……

《深圳市机场股份有限公司章程》（2022 年 10 月版）

第一百二十三条　董事长行使下列职权：

……

（十一）三千万元以下、五百万元以上的资金运用（不包括贷款）审批权；三千万元以上的资金运用（不包括贷款）由董事会决定；

……

《广东宝丽华新能源股份有限公司》（2023 年 11 月版）

第一百一十五条　董事长行使下列职权：

……

（七）决定并签署单笔金额在公司最近一期经审计的净资产 10% 以内（包括 10%）的项目投资、资产经营、风险投资、资产处置等事项；

……

《南方黑芝麻集团股份有限公司》（2024 年 3 月版）

第一百一十七条　董事长行使下列职权：

……

（六）在董事会授权范围内，决定公司的对外投资、收购出售资产、委托理财等事项：

（1）交易涉及的资产总额占公司最近一期经审计总资产的 10% 以下的事项，该交易涉及的资产总额同时存在账面值和评估值的，以较高者作为计算数据；

（2）交易的成交金额（含承担债务和费用）占公司最近一期经审计净资产的 10% 以下的事项；

（3）公司在一年内购买、出售重大资产不超过公司最近一期经审计总资产 10% 的事项；

上述指标计算中涉及的数据如为负值，取其绝对值计算；

……

公司法和相关规定

《公司法》（2023 年修订）

第十五条　公司向其他企业投资或者为他人提供担保，按照公司章程的规定，由董事会或者股东会决议；公司章程对投资或者担保的总额及单项投资或者担保的数额有限额规定的，不得超过规定的限额。

公司为公司股东或者实际控制人提供担保的，应当经股东会决议。

前款规定的股东或者受前款规定的实际控制人支配的股东，不得参加前款规定事项的表决。该项表决由出席会议的其他股东所持表决权的过半数通过。

第一百三十五条 上市公司在一年内购买、出售重大资产或者向他人提供担保的金额超过公司资产总额百分之三十的，应当由股东会作出决议，并经出席会议的股东所持表决权的三分之二以上通过。

《公司法》（2018 年修正，已被修订）

第十六条 公司向其他企业投资或者为他人提供担保，依照公司章程的规定，由董事会或者股东会、股东大会决议；公司章程对投资或者担保的总额及单项投资或者担保的数额有限额规定的，不得超过规定的限额。

公司为公司股东或者实际控制人提供担保的，必须经股东会或者股东大会决议。

前款规定的股东或者受前款规定的实际控制人支配的股东，不得参加前款规定事项的表决。该项表决由出席会议的其他股东所持表决权的过半数通过。

第一百二十一条 上市公司在一年内购买、出售重大资产或者担保金额超过公司资产总额百分之三十的，应当由股东大会作出决议，并经出席会议的股东所持表决权的三分之二以上通过。

专家分析

根据《公司法》规定，董事长的法定职权并不多，仅有股东会的主持权以及董事会的召集与主持权，股份有限公司董事长还有权督促、检查董事会决议执行的职权，而是否有其他职权需要董事会在职权范围内以决议的方式授予。根据《上市公司章程指引》的提示，董事会应谨慎授予董事长职权，例行或长期授权须在章程中明确规定。因此，董事长的职权并未超出普通董事多少，董事长行使职务必师出有名，符合《公司法》或公司章程的规定。

那么《公司章程》中是否可以约定董事长的财务审批权呢？《公司法》第一百三十五条规定："上市公司在一年内购买、出售重大资产或者向他人提供担保的金额超过公司资产总额百分之三十的，应当由股东大会作出决议，并经出席会议的股东所持表决权的三分之二以上通过。"但对于购买、出售重大资产低于公司资产总额 30%的部分，《公司法》并没有作出强制性的规定，依据法无禁止即可为的私法原则，公司章程可将购买、出售重大资产的权限授予其他公司机关，以提高经济决策的效率，但前提是其所运用的资金额度和资产价值不超过公司资产总额的30%。无疑，公司财务的审批权是董事长控制管理公司的一把利器，包括对外投资、出售或购买资产、委托理财、重要经济合同的签订等。董事长掌握这些财务事项的审批权，不但免去了召开股东会或董事会的烦冗程序，提高了效率，而且有助于董事长了解公司资金运用的实际情况，进一步控制公司的财务权，在本质上强化对公司的控制权。

但需要提醒的是，笔者认为公司无权将公司担保的决定权交给董事长，因为根据《公司法》第十六条的规定，《公司法》将对外担保事宜赋予股东会或董事会决议决定，而且没有金额的限制。如果在公司章程中将该职权赋予董事长，将和《公司法》的强制性规范相抵触，效力上存在瑕疵。

章程条款设计建议

第一，站在直接经营公司的"企业家"的角度，笔者建议：

为强化董事长的财务审批权，有必要在公司章程中明确列举董事长财务审批权的事项与额度，审批事项可包括项目投资、股权投资、风险投资、出售或购买重大资产，签订重大经济合同等事项，财务审批权的额度一般不超公司净资产额的10%。为了更加易于操作，也可简单规定董事长有权决定1000万元以下的资金运用事项。

第二，站在不直接经营公司的"资本家"的角度，笔者建议：

由于"资本家"一般并不能取得董事长的席位，因此不要在董事长的法定职权之外，另行赋予董事长章程约定的职权，尤其是财务审批权。如果企业原有股东坚持赋予董事长以财务审批权，"资本家"则需要严格限定其可以决定的事项范围，例如，财务审批权仅限于日常的交易行为，而不包括对外投资，仅限于对公司主营产品或服务的产品具有审批权，而不包括公司的土地、房产、设备、知识产权等其他资产。另外，"资本家"也有必要对财务审批权的额度进行控制，在谈判过程中将财务审批权的额度控制在合理的范围之内。

公司章程条款实例

公司董事长行使下列职权：

（一）审议批准达到下列标准之一的交易事项：

1. 交易涉及的资产总额低于公司最近一期经审计总资产的 10%，该交易涉及的资产总额同时存在账面值和评估值的，以较高者作为计算数据；

2. 交易标的（如股权）在最近一个会计年度相关的营业收入低于公司最近一个会计年度经审计营业收入的 10%，或绝对金额低于 1000 万元人民币；

3. 交易标的（如股权）在最近一个会计年度相关的净利润低于公司最近一个会计年度经审计净利润的 10%，或绝对金额低于 10 万元人民币；

4. 交易的成交金额（含承担债务和费用）低于公司最近一期经审计净资产的 10%，或绝对金额低于 1000 万元人民币。

（二）审议决定以下关联交易事项：

1. 公司与关联自然人发生的交易金额在 30 万元以下的关联交易；

2. 公司与关联法人发生的交易金额低于 300 万元，或低于公司最近一期经审计净资产绝对值 0.5% 的关联交易。

> **延伸阅读**
>
> **在未设定额度的情形下，将对外投资和担保的决定权赋予董事长被判无效的案例**
>
> 案例：上海市浦东新区人民法院审理王某生与中某激光显示技术（上海）有限公司公司决议效力确认纠纷一审民事判决书［(2014) 浦民二（商）初字第 2675 号］认为，根据《中华人民共和国公司法》第二十二条第一款的规定，公司股东会的决议内容违反法律、行政法规的无效。① 故涉案股东会决议内容是否无效，应审查其是否违反法律、行政法规。2013 年 6 月 2 日，《股东会决议》第一条规定通过《中某激光显示技术（上海）有限公司章程》，其中：……二、关于被告章程第十一条的内容。《中华人民共和国公司法》第四十条第一款规定："有限责任公司设立董事会的，股东会会议由董事会召集，董事长主持；董事长不能履行职务或者不履行职务的，由副董事长主持；副董事长不能履行职务或者不履行职务的，由半数以上董事共同推举一名董事主持。"② 本案中，被告设立董事会，故股东会会议应由董事会召集，而被告章程第十一条约定股东会会议由董事长召集，违反了上述法律的规定。三、关于被告章程第十四条的内容。《中华人民共和国公司法》第十

---

① 《公司法》已修改，现相关规定见《公司法》（2023 年修订）第二十五条。
② 《公司法》已修改，现相关规定见《公司法》（2023 年修订）第六十三条第一款。

六条第一款规定："公司向其他企业投资或者为他人提供担保，依照公司章程的规定，由董事会或者股东会、股东大会决议；公司章程对投资或者担保的总额及单项投资或者担保的数额有限额规定的，不得超过规定的限额。"① 该条款明确规定公司向其他企业投资或者为他人提供担保，依照公司章程的规定，由董事会或者股东会、股东大会决议，而被告章程第十四条第一款约定公司向其他企业投资或者为他人提供担保，由董事长作出决定，违反了上述法律的规定。四、关于被告章程第十七条、第十八条的内容。《中华人民共和国公司法》第四十六条规定："董事会对股东会负责，行使下列职权：（一）召集股东会会议，并向股东会报告工作；（二）执行股东会的决议；（三）决定公司的经营计划和投资方案；（四）制定公司的年度财务预算方案、决算方案；（五）制定公司的利润分配方案和弥补亏损方案；（六）制定公司增加或者减少注册资本以及发行公司债券的方案；（七）制定公司合并、分立、解散或者变更公司形式的方案；（八）决定公司内部管理机构的设置；（九）决定聘任或者解聘公司经理及其报酬事项，并根据经理的提名决定聘任或者解聘公司副经理、财务负责人及其报酬事项；（十）制定公司的基本管理制度；（十一）公司章程规定的其他职权。"② 本案中，被告章程第十七条、第十八条规定董事长对股东会负责，并将上述董事会的职权规定为董事长的职权，违反了上述法律的规定。五、关于被告章程第三十一条的内容。《中华人民共和国公司法》第一百六十九条第一款规定："公司聘用、解聘承办公司审计业务的会计师事务所，依照公司章程的规定，由股东会、股东大会或者董事会决定。"③ 本案中，被告章程第三十一条约定公司聘用、解聘承办公司审计业务的会计师事务所由董事长决定，违反了上述法律的规定。被告章程第十一条、第十四条第一款、第十七条、第十八条、第三十一条违反了《中华人民共和国公司法》的相关规定，将应由董事会或股东会、股东大会行使的职权，交由董事长个人行使，《中华人民共和国公司法》也没有规定公司章程可以对上述职权的行使作出另行约定，故被告章程第十一条、第十四条第一款、第十七条、第十八条、第三十一条的内容应确认无效。

---

① 《公司法》已修改，现相关规定见《公司法》（2023年修订）第十五条第一款。
② 《公司法》已修改，现相关规定见《公司法》（2023年修订）第六十七条。
③ 《公司法》已修改，现相关规定见《公司法》（2023年修订）第二百一十五条第一款。

030 公司章程可在法定范围外确认高级管理人员的范围

设计要点

公司章程可将总裁助理、合规总监等法定范围之外的职位列为高管，也可开放式规定董事会聘任的人员为高管。

阅读提示

高级管理人员是一个公司中的核心人物，属于公司的四梁八柱，具体负责公司的经营管理，掌握公司的财务、行政、人事等核心权力。但是高管在被委以重任的同时，也承担着比一般员工更加严格的忠实勤勉义务，例如，不得实行关联交易、不得侵占公司商业机会、遵从竞业禁止义务等。但是哪些人属于公司高管？除《公司法》明文规定的经理、副经理、财务负责人及董事会秘书之外，是否还有其他人员属于公司高级管理人员？为搞清这些基本问题，笔者将通过上市公司章程以及司法案例予以回应。

章程研究文本

《上市公司章程指引》（2023年修正）

第十一条 本章程所称其他高级管理人员是指公司的副经理、董事会秘书、财务负责人。

注释：公司可以根据实际情况，在章程中确定属于公司高级管理人员的人员。

同类章程条款

笔者查阅了近百家上市公司的公司章程，发现对于高级管理人员范围的条款主要可以分为以下三类：

一、公司章程中高级管理人员范围条款的标准版

《上市公司章程指引》（2023年修正）

第十一条 本章程所称其他高级管理人员是指公司的副经理、董事会秘书、财务负责人。

《方大集团股份有限公司章程》（2023年12月版）

第十一条 本章程所称其他高级管理人员是指公司的副总裁、财务总监、董事会秘书。

《深圳机场股份有限公司章程》（2020年10月版）

第十二条 本章程所称高级管理人员是指公司的经理、副经理、财务总监、董事会秘书、财务负责人。

二、公司章程中非法定的将特定职位人员列为高级管理人员的示例

《珠海格力电器股份有限公司章程》（2022年7月版）

第1.11条 本章程所称其他高级管理人员是指公司的副总裁、董事会秘书、财务负责人、经董事会聘任的总裁助理。

《东北证券股份有限公司章程》（2021年版）

第十一条 本章程所称其他高级管理人员是指公司的副总裁、财务总监、合规总监、首席风险官、首席信息官、董事会秘书及实际承担上述职责的其他人员。

《国元证券股份有限公司章程》（2024年版）

第十一条 本章程所称其他高级管理人员是指公司的执行委员会委员、副总裁、董事会秘书、财务负责人（总会计师）、合规总监、首席风险官、首席信息官以及实际履行上述职务的人员。

三、公司章程中将非法定的高级管理人员的选任分配给董事会的条款示例

《平安银行股份有限公司章程》（2020年6月版）

第十四条 本行章程所称高级管理人员是指行长、副行长、财务负责人、董事会秘书以及由董事会聘任的其他高级管理人员。

《申万宏源集团股份有限公司章程》（2021年版）

第十二条 本章程所称高级管理人员是指公司的总经理、副总经理、执行委员会成员、财务总监、董事会秘书以及其他经董事会决议聘任的履行高级管理人员职责的人员。

《珠海港股份有限公司章程》（2023年12月版）

第十四条 本章程所称其他高级管理人员是指公司副总裁、董事局秘书、财务总监以及总裁提请董事局认定的其他高级管理人员。

公司法和相关规定

《公司法》（2023年修订）

第二十二条 公司的控股股东、实际控制人、董事、监事、高级管理人员不得利用关联关系损害公司利益。

违反前款规定，给公司造成损失的，应当承担赔偿责任。

第一百七十九条 董事、监事、高级管理人员应当遵守法律、行政法规和公司章程。

第一百八十条 董事、监事、高级管理人员对公司负有忠实义务，应当采取措施避免自身利益与公司利益冲突，不得利用职权牟取不正当利益。

董事、监事、高级管理人员对公司负有勤勉义务，执行职务应当为公司的最大利益尽到管理者通常应有的合理注意。

公司的控股股东、实际控制人不担任公司董事但实际执行公司事务的，适用前两款规定。

第一百八十一条 董事、监事、高级管理人员不得有下列行为：

（一）侵占公司财产、挪用公司资金；

（二）将公司资金以其个人名义或者以其他个人名义开立账户存储；

（三）利用职权贿赂或者收受其他非法收入；

（四）接受他人与公司交易的佣金归为己有；

（五）擅自披露公司秘密；

（六）违反对公司忠实义务的其他行为。

第一百八十六条 董事、监事、高级管理人员违反本法第一百八十一条至第一百八十四条规定所得的收入应当归公司所有。

第一百八十八条 董事、监事、高级管理人员执行职务违反法律、行政法规或者公司章程的规定，给公司造成损失的，应当承担赔偿责任。

第二百六十五条 本法下列用语的含义：

（一）高级管理人员，是指公司的经理、副经理、财务负责人，上市公司董事会秘书和公司章程规定的其他人员。

……

《公司法》（2018年修正，已被修订）

第二十一条 公司的控股股东、实际控制人、董事、监事、高级管理人员不得利用其关联关系损害公司利益。

违反前款规定,给公司造成损失的,应当承担赔偿责任。

第一百四十七条 董事、监事、高级管理人员应当遵守法律、行政法规和公司章程,对公司负有忠实义务和勤勉义务。

董事、监事、高级管理人员不得利用职权收受贿赂或者其他非法收入,不得侵占公司的财产。

第一百四十八条 董事、高级管理人员不得有下列行为:

(一)挪用公司资金;

(二)将公司资金以其个人名义或者以其他个人名义开立账户存储;

(三)违反公司章程的规定,未经股东会、股东大会或者董事会同意,将公司资金借贷给他人或者以公司财产为他人提供担保;

(四)违反公司章程的规定或者未经股东会、股东大会同意,与本公司订立合同或者进行交易;

(五)未经股东会或者股东大会同意,利用职务便利为自己或者他人谋取属于公司的商业机会,自营或者为他人经营与所任职公司同类的业务;

(六)接受他人与公司交易的佣金归为己有;

(七)擅自披露公司秘密;

(八)违反对公司忠实义务的其他行为。

董事、高级管理人员违反前款规定所得的收入应当归公司所有。

第一百四十九条 董事、监事、高级管理人员执行公司职务时违反法律、行政法规或者公司章程的规定,给公司造成损失的,应当承担赔偿责任。

第二百一十六条 本法下列用语的含义:

(一)高级管理人员,是指公司的经理、副经理、财务负责人,上市公司董事会秘书和公司章程规定的其他人员。

……

专家分析

公司高级管理人员的范围现实判例中一般依据《公司法》第二百六十五条第一款第一项:"高级管理人员,是指公司的经理、副经理、财务负责人,上市公司董事会秘书和公司章程规定的其他人员。"但是高级管理人员的范围远不止这些,首先,在《公司法》和公司章程都没有覆盖的其他人员中,仍然有高级管理人员的甄别问题。比如,《关于中外合资经营企业内中方干部的管理办法》第四条规定:"由中方委派的董事长、董事和中方推荐的正、副总经理、总工程师、总会计师、审计师等高级管理人员，应具备下列条件：……"此处规定，董事长、董事、总工程师、总会计师、审计师以及副总经理都为高级管理人员。依据《国有企业法律顾问管理办法》第十六条的规定，企业的总法律顾问也为企业的高级管理人员。其次，一些企业和事业单位的制度依据和管理体系与《公司法》规定有所不同，参照《公司法》的规定，难免有些削足适履。比如，全民所有制企业中的厂长、副厂长又该如何判定？企业的部分第二层级管理人员的实际权力比第一层级的领导大，是否应被视为高级管理人员？这种现象在事业单位中尤为突出，以科研院所为例，研究院具有法人资格，下设若干无法人资格的研究所。研究所大多具有独立的业务领域和核算机制，其所长对于本所的自主权和业务信息的掌握肯定要强于院级领导，是否可被视为高级管理人员呢？

笔者认为，可以从四个角度判断是否为高级管理人员：第一，法律标准，参照《劳动法》《公司法》以及相关的法规看此类人员的职务是否被法律明确列举；第二，程序标准，分析此类人员是否被本单位经民主程序所指定的公司章程所列举，将此类人员的判断标准交给企业事先列明；第三，实质标准，分析此类人员所从事的工作是否能够全面地接触用人单位的秘密信息，在"质"的层面上进行判断；第四，工资标准，通过分析此类人员的工资水平在本企业中所处的位置，在"量"的层面上判断。

章程条款设计建议

因为公司高管比普通员工要承担更多的忠实勤勉义务，所以《公司法》对高级管理人员的范围予以界定，并明确其范围可通过公司章程来进行扩张，所以公司制定章程时可以根据自身具体规模和各岗位的职权，将必要的人员列入"高级管理人员"，例如，将上文所提到的合规总监、首席风险官、财务总监等列为高级管理人员，同时为了应对后续高级管理人员的扩编，在列出个性化职位的同时，可以"由董事会聘任的其他高级管理人员进行兜底"。

公司章程条款实例

本章程所称其他高级管理人员是指公司的副经理、董事会秘书、财务负责人、×××、×××，以及由董事会聘任的其他高级管理人员。

延伸阅读

裁判观点一：未经公司章程规定及董事会聘任的人员不被视为高级管理人员

案例一：重庆市第一中级人民法院审理重庆纬某地产顾问有限公司诉被告重庆正某古麦地产顾问有限公司、张某军损害公司利益责任纠纷一审民事裁定书[（2012）渝一中法民初字第00443号]认为，根据《中华人民共和国公司法》第二百一十七条规定，"高级管理人员"是指公司的经理、副经理、财务负责人，上市公司董事会秘书和公司章程规定的其他人员。① 上述法条中所称的经理根据《公司法》的相关规定由公司董事会（股东会）决定聘任和解聘，副经理则由公司董事会（股东会）根据经理的提名决定聘任或解聘。本案中，虽然原告出示的代理服务合同附件及合同审批表等证据中载明被告张某军为原告的副总经理，原告与被告张某军签订的《酬金及业绩激励协议》中载明被告张某军在原告处担任主要管理人员，但当事人提交的工商登记材料中仅注明被告张某军为原告监事，且在被告张某军离职后，原告股东会决议也仅是免除其监事一职，现有证据中并无董事会（股东会）聘任或解聘被告张某军担任原告副总经理的相关决议，也无原告公司章程关于被告张某军担任原告其他高级管理人员的规定，而《公司法》已明确规定董事、高级管理人员不得兼任监事，故原告认为被告张某军属于《公司法》规定的高级管理人员的证据和理由不充分，本院不予支持。

裁判观点二：部门经理并不属于高级管理人员中的"经理"

案例二：无锡市滨湖区人民法院审理爱某华（无锡）电子有限公司与沈某宏、何某等损害公司利益责任纠纷一审民事判决书[（2010）锡滨商初字第0617号]认为：《公司法》虽规定了公司高级管理人员的忠实义务，但《公司法》规定的高级管理人员应限于《公司法》所定义的经理、副经理、财务负责人，上市公司董事会秘书和公司章程规定的其他人员。《公司法》意义上的经理为具有公司概括授权并具有对外代表权的公司最上层的经理。部门经理仅是公司的部门负责人，在公司中仅能依据公司特定行为行使权力，不享有《公司法》第五十条有关公司经理的法定概括授权，因此并非公司的高级管理人员，即并不是法定忠实义务的主体。本案中，从爱某华公司举证的劳动合同书、特聘协议等证据来看，沈某宏、刘某林担任过该公司的部门经理，其余三人均为公司的一般职员，故上述五被告均非爱某华公司的高级管理人员，因此沈某宏等五被告对爱某华公司并不负有《公司法》规定的

---

① 《公司法》已修改，现相关规定见《公司法》（2023年修订）第二百六十五条。

高级管理人员的忠实义务。爱某华公司基于沈某宏等五被告的公司高级管理人员身份，要求其返还因违反忠实义务而所得收益并要求宏某公司承担连带责任的诉请，并无事实及法律依据，本院不予支持。

裁判观点三：兼职会计不属于高级管理人员中的"财务负责人"

案例三：杭州市下城区人民法院审理翁某松与杭州元某建筑设计咨询有限公司损害公司利益赔偿纠纷一案一审民事判决书［(2010)杭下商初字第608号］认为：本案争议的焦点为周某、翁某松身份是否为元某公司的高级管理人员。《中华人民共和国公司法》第二百一十七条第（一）项规定：高级管理人员，是指公司的经理、副经理、财务负责人，上市公司董事会秘书和公司章程规定的其他人员；第（三）项规定：实际控制人，是指虽不是公司的股东，但通过投资关系、协议或者其他安排，能够实际支配公司行为的人。而本案被告周某为元某公司聘用兼职会计，仅凭元某公司交付的凭证做账，并不实际支配公司的财务，元某公司将其以财务负责人列为高级管理人员不适格。第二被告翁某松并不是元某公司的自然人股东，虽接受元某公司法定代表人吴某莉的口头委托，办理元某公司的部分事务性工作，但元某公司据此认为翁某松为公司实际管理人员而将其列为高级管理人员，同样不适格。元某公司主张周某、翁某松为公司高级管理人员，显属不当。

031 公司章程可规定董监高聘任程序细化条款

设计要点

董监高候选人在股东大会、董事会等有权机构审议其受聘议案时，应当亲自出席会议，就其任职资格、专业能力、从业经历、违法违规情况、与公司是否存在利益冲突等情况进行说明。

阅读提示

我国《公司法》并未对董事、监事的选举程序进行过多限制，因此公司在这一事项上掌握了相当的自治权。不过，实践中公司章程对于董事、监事选举程序的规定大多趋于一致，内容较为笼统，规定流于形式，很多公司对于选举董事、监事的股东大会提案程序、通知事项、表决方式、当选条件都没有进行明确规定。那么，公司章程是否有必要对董事、监事选举程序进行详细的规定呢？这种规定会对董事、监事选举决议的有效性造成什么影响？本文将以《新疆贝肯能源工程股份有限公司章程》和《江苏捷捷微电子股份有限公司章程》中的"个性化"条款进行分析。

章程研究文本

《新疆贝肯能源工程股份有限公司章程》（2023年12月版）

4.4.5 股东大会拟讨论董事、监事选举事项的，股东大会通知中将充分披露董事、监事候选人的详细资料，至少包括以下内容：

（一）教育背景、工作经历、兼职等个人情况；

（二）与本公司或本公司的控股股东及实际控制人是否存在关联关系；

（三）披露持有本公司股份数量；

（四）是否受过中国证监会及其他有关部门的处罚和证券交易所惩戒。

除采取累积投票制选举董事、监事外，每位董事、监事候选人应当以单项提案提出。

董事、监事和高级管理人员候选人在股东大会、董事会或职工代表大会等有权机构审议其受聘议案时，应当亲自出席会议，就其任职资格、专业能力、从业经历、违法违规情况、与公司是否存在利益冲突，与公司控股股东、实际控制人以及其他董事、监事和高级管理人员的关系等情况进行说明。

同类章程条款

我国上市公司章程对于董事、监事选举程序的规定趋于一致，内容主要包括提案程序与披露信息、投票方式、计票程序、当选条件等方面，少数公司章程对其中某方面进行了个性化的详细规定。《新疆贝肯能源工程股份有限公司章程》规定了董监高候选人须在有权机构审议其受聘议案时亲自到场陈述，是对于提案程序进行个性化规定的典型实例；《江苏捷捷微电子股份有限公司章程》详细规定了董事、监事选举的累积投票程序，则是对投票方式、计票程序和当选条件进行个性化规定的典型实例。

《江苏捷捷微电子股份有限公司章程》（2024年2月版）

第一百〇三条 提名人应事先征求被提名人同意后，方提交董事、独立董事、监事候选人的提案。

董事、监事候选人应在股东大会召开之前作出书面承诺，同意接受提名，承诺公开披露的个人资料真实、完整并保证当选后切实履行职责。

在提交提名董事、监事候选人的提案时，应当同时提供候选人的详细资料，以及候选人的声明或承诺书。

第一百〇四条 股东大会就选举董事进行表决时，应该采用累积投票制，独立董事和非独立董事的表决应当分别进行。

累积投票制实施办法如下：

（一）累积表决票数计算办法

1. 每位股东持有的有表决权的股份乘以本次股东大会应选举董事人数之积，即为该股东本次表决票数。

2. 股东大会进行多轮选举时，应当根据每轮选举应当选董事人数重新计算股东累积表决票数。

3. 公司董事会秘书应当在每轮累积投票表决前，宣布每位股东的累积表决票数，任何股东、独立董事、监事、本次股东大会监票人、见证律师或公证处公证员对宣布结果有异议时，应当立即进行核对。

（二）投票办法

每位股东均可以按照自己的意愿（代理人应遵守委托人授权书指示），将累积表决票数分别或全部集中投向任一董事候选人。如果股东投票于两名以上董事候选人时，不必平均分配票数；但其分别投票之和只能等于或者小于其累积表决票数，否则，其该项表决无效。

（三）董事当选

1. 等额选举

（1）董事候选人获取选票数超过参加会议有效表决股份数二分之一以上时，即为当选；

（2）若当选董事人数少于应选董事，但已当选董事人数超过本章程规定的董事成员三分之二时，则缺额应当在下次股东大会填补；

（3）若当选董事人数少于应选董事，且由此导致董事会成员不足本章程规定的三分之二时，则应当对未当选的董事候选人进行第二轮选举；

（4）若第二轮选举仍未能满足上款要求时，则应当在本次股东大会结束之后的二个月内，再次召开股东大会对缺额董事进行选举。

2. 差额选举

（1）董事候选人获取选票数超过参加会议有效表决股份数二分之一以上时，且该等人数等于或小于应当选董事人数时，该等候选人即为当选；

（2）若获取超过参加会议有效表决股份数二分之一以上选票的董事候选人多于应当选董事人数时，则按得票多少排序，取得票数较多者当选；

（3）若因两名及其以上的候选人得票相同而不能决定其中当选者时，则对该等候选人进行第二轮选举；

（4）若第二轮选举仍未能决定当选者时，则应在下次股东大会另行选举；

（5）由此导致董事会成员不足本章程规定的三分之二以上时，则下次股东大会应当在本次股东大会结束后的二个月内召开。

第一百〇五条 股东大会选举股东代表担任的监事时，表决方法与选举董事相同。

公司法和相关规定

《公司法》（2023年修订）

第一百一十七条 股东会选举董事、监事，可以按照公司章程的规定或者股东会的决议，实行累积投票制。

本法所称累积投票制，是指股东会选举董事或者监事时，每一股份拥有与应选董事或者监事人数相同的表决权，股东拥有的表决权可以集中使用。

《公司法》（2018年修正，已被修订）

第一百零五条 股东大会选举董事、监事，可以依照公司章程的规定或者股东大会的决议，实行累积投票制。

本法所称累积投票制，是指股东大会选举董事或者监事时，每一股份拥有与应选董事或者监事人数相同的表决权，股东拥有的表决权可以集中使用。

《上市公司治理准则》（2018年修订）

第十七条 董事、监事的选举，应当充分反映中小股东意见。股东大会在董事、监事选举中应当积极推行累积投票制。单一股东及其一致行动人拥有权益的股份比例在30%及以上的上市公司，应当采用累积投票制。采用累积投票制的上市公司应当在公司章程中规定实施细则。

第十八条 上市公司应当在公司章程中规定规范、透明的董事提名、选任程序，保障董事选任公开、公平、公正。

第十九条 上市公司应当在股东大会召开前披露董事候选人的详细资料，便于股东对候选人有足够的了解。

董事候选人应当在股东大会通知公告前作出书面承诺，同意接受提名，承诺公开披露的候选人资料真实、准确、完整，并保证当选后切实履行董事职责。

专家分析

第一，我国《公司法》在董事、监事选举程序事项上赋予了公司极大的自治权，在不违反《公司法》及《上市公司治理准则》，不损害、不剥夺股东正常的提案权、表决权的前提下，公司章程可以对董事、监事的选举程序进行或详细或简略的个性化规定。目前，累积投票制和网络投票制是学界和实业界较为关注的两个问题，这两项制度也已经见诸各上市公司章程，笔者也曾对如何细化累积投票制和网络投票制进行解读（具体请参见微信公众号"公司法权威解读"于2017年10月12日发布的《章程设计：股东会网络投票怎么搞？公司应规定哪些要点？》及于2017年10月17日发布的《章程设计：累积投票制如何发挥作用？公司可指定累积投票制实施细则》）。而2023年修订的《公司法》第二十四条亦规定公司股东会、董事会、监事会召开会议和表决可以采用电子通信方式，公司章程另有规定的除外。

纵观各上市公司章程，不难发现董事、监事选举程序的规定大多千篇一律，有的甚至仅有寥寥几笔。这种"套路化"的董事、监事选择程序规定往往过于笼统，不仅无法保证选举的程序规范，也容易将公司的管理权与监督权交给不具备专业知识和管理能力，或与公司存在利益冲突的人员之手。

第二，根据《公司法》第二十六条的规定，股东大会召集程序、表决方式违反法律、行政法规或者公司章程，或者决议内容违反公司章程的，股东可以请求人民法院撤销。由于我国《公司法》并未对董事、监事的选举程序进行过多限制，若公司章程对于此问题缺乏规定或规定过于笼统，则股东难以对违反法律、行政法规或公司章程的选举决议进行事后纠正。在延伸阅读中的案例中，由于《公司法》和公司章程均未规定临时股东会的选举办法和选票的发放程序，因此法院认定争议决议不违反法律和公司章程的规定。

章程条款设计建议

公司可以根据实际需要，从提名、股东大会通知、选举程序三个方面，对董事、监事的选举事项进行详细规定：

第一，为了保证股东大会充分掌握董事、监事的信息，公司章程可规定，提交董事、监事提名提案时，须同时提交候选人的详细资料、候选人的声明或承诺书。董事、监事候选人应在股东大会召开之前作出书面承诺，同意接受提名，承诺公开披露的个人资料真实、完整并保证当选后切实履行职责。

第二，股东大会拟讨论董事、监事选举事项的，股东大会通知中将充分披露董事、监事候选人的详细资料，公司章程应当具体规定股东大会通知中应当包含的董事、监事候选人的信息。这一信息披露可以有效利用提案中提供的候选人资料、候选人的申明或承诺书，充分保障股东的知情权，促使其充分行使表决权。

第三，上市公司章程应当对选举董事、监事的表决程序进行明确规定，其内容应当涵盖表决方式、计票程序、当选条件等。当然，表决程序本身涉及诸多的操作细节，不宜全部规定于公司章程中，可以采用细则的方式进行规定，如诸多上市公司都针对累积投票制制定了实施细则。

公司章程条款实例

第一条　董事、监事提名

董事、监事候选人名单以提案的方式提请股东大会表决。

提名人应事先征求被提名人同意后，方接交董事、独立董事、监事候选人的提案。

董事、监事候选人应在股东大会召开之前作出书面承诺，同意接受提名，承诺公开披露的个人资料真实、完整并保证当选后切实履行职责。

在提交提名董事、监事候选人的提案时，应当同时提供候选人的详细资料，以及候选人的声明或承诺书。

除采取累积投票制选举董事、监事外，每位董事、监事候选人应当以单项提案提出。

第二条　通知与信息披露

股东大会拟讨论董事、监事选举事项的，股东大会通知中将充分披露董事、监事候选人的详细资料，至少包括以下内容：

（一）教育背景、工作经历、兼职等个人情况；

（二）与本公司或本公司的控股股东及实际控制人是否存在关联关系；

（三）披露持有本公司股份数量；

（四）是否受过中国证监会及其他有关部门的处罚和证券交易所惩戒。

董事、监事和高级管理人员候选人在股东大会、董事会或职工代表大会等有权机构审议其受聘议案时，应当亲自出席会议，就其任职资格、专业能力、从业经历、违法违规情况、与公司是否存在利益冲突，与公司控股股东、实际控制人以及其他董事、监事和高级管理人员的关系等情况进行说明。

第三条　累积投票制

公司应在选举独立董事、两名及以上董事或监事时实行累积投票制度。

前款所称累积投票制是指股东大会选举董事或者监事时，每一股份拥有与应选董事或者监事人数相同的表决权，股东拥有的表决权可以集中使用。

选举董事并实行累积投票制时，独立董事和其他董事应分别进行选举，以保证公司董事会中独立董事的比例。

除累积投票制外，股东大会将对所有提案进行逐项表决，对同一事项有不同提案的，将按提案提出的时间顺序进行表决。除因不可抗力等特殊原因导致股东大会中止或不能作出决议外，股东大会将不会对提案进行搁置或不予表决。

> 延伸阅读

由于公司章程没有具体规定股东大会的通知、选举办法和选票的发放程序，因此法院认为争议的董事选举决议并不违反公司章程

案例：李某亭与焦作某工程建设集团有限公司公司决议撤销纠纷再审复查与审判监督民事裁定书［(2014) 豫法立二民申字第 00519 号］中，河北高级人民法院认为：《公司法》第四十一条第一款规定，"召开股东会会议，应当于会议召开十五日前通知全体股东；但是，公司章程另有规定或者全体股东另有约定的除外"。①公司章程第三十六条规定，召开股东会会议，应当于会议召开五日前通知全体股东。关于通知的形式，《公司法》和公司章程均未作规定。但就通知的目的而言，主要是为了确保股东知道股东会会议的召开，从而能够参与公司决策。根据一、二审查明的事实，临时股东会的召集人朱某国等在会议召开五日前采用按科室分发、电话通知、书面通知、张贴公告等形式通知公司股东。此外，根据 2012 年 5 月 9 日焦作某公司董事会、监事会、纪检委、工会作出的《告全体职工书》，可以推定李某亭对临时股东会会议的召开是知情的。因此，对李某亭而言，临时股东会的召集人朱某国等事实上已经履行通知义务，实现了通知的目的。

另外，《公司法》和公司章程并未规定召开临时股东会会议涉及选举时，选举办法和选票的发放程序。因此，朱某国等在临时股东会召开前一天将选举办法和选票送达公司注册股东，并不违反法律和公司章程的规定。

---

① 《公司法》已修改，现相关规定见《公司法》(2023 年修订)，第六十四条。

032 高级管理人员的勤勉义务在章程中如何规定？

设计要点

公司章程中应对高级管理人员的勤勉义务进行详细规定，督促其勤勉、尽责履行职务。

阅读提示

根据《公司法》的规定，公司高级管理人员对公司负有忠实义务和勤勉义务。对于忠实义务，《公司法》第一百八十一条进行了详尽的列举式规定；但《公司法》未对勤勉义务的情形进行列举式规定，而只是在《公司法》第一百八十条第二款中规定"执行职务应当为公司的最大利益尽到管理者通常应有的合理注意"。那么，高级管理人员应遵守哪些勤勉义务？违反公司勤勉义务的情形包括哪些？在公司章程的设计过程中，应如何对高级管理人员未尽勤勉义务的行为作出有效规制呢？本文将通过介绍民生控股股份有限公司的章程的有关条款及三个司法案例，对这些问题进行分析。

章程研究文本

《民生控股股份有限公司章程》（2020年3月版）

第九十九条 董事应当遵守法律、行政法规和本章程，对公司负有下列勤勉义务：

......

（四）应当对公司定期报告签署书面确认意见。保证公司所披露的信息真实、准确、完整；

（五）应当如实向监事会提供有关情况和资料，不得妨碍监事会或者监事行使职权；

（六）法律、行政法规、部门规章及本章程规定的其他勤勉义务。

第一百二十六条第二款 本章程第九十八条关于董事的忠实义务和第九十九条（四）~（六）关于勤勉义务的规定，同时适用于高级管理人员。

同类章程条款

笔者查阅了多家上市公司的章程中关于公司高级管理人员勤勉责任的条款，其中大多数公司，如天津渤商大百商贸股份有限公司的章程，与上述民生控股股份有限公司的公司章程条款相同，仅有徐工集团工程机械股份有限公司的章程与之略有差异，具体如下：

《徐工集团工程机械股份有限公司章程》（2023年4月版）

第九十八条　董事应当遵守法律、行政法规和本章程，对公司负有下列勤勉义务：

（一）应谨慎、认真、勤勉地行使公司赋予的权利，以保证公司的商业行为符合国家法律、行政法规以及国家各项经济政策的要求，商业活动不超过营业执照规定的业务范围；

（二）应公平对待所有股东；

（三）及时了解公司业务经营管理状况；

（四）应当对公司定期报告签署书面确认意见。保证公司所披露的信息真实、准确、完整；

（五）应当如实向监事会提供有关情况和资料，不得妨碍监事会或者监事行使职权；

（六）应维护公司资金安全；

（七）法律、行政法规、部门规章及本章程规定的其他勤勉义务。

第一百二十五条第二款　本章程第九十七条关于董事的忠实义务和第九十八条关于董事勤勉义务的规定，同时适用于高级管理人员。

公司法和相关规定

《公司法》（2023年修订）

第一百八十条　董事、监事、高级管理人员对公司负有忠实义务，应当采取措施避免自身利益与公司利益冲突，不得利用职权牟取不正当利益。

董事、监事、高级管理人员对公司负有勤勉义务，执行职务应当为公司的最大利益尽到管理者通常应有的合理注意。

公司的控股股东、实际控制人不担任公司董事但实际执行公司事务的，适用前两款规定。

第一百八十一条 董事、监事、高级管理人员不得有下列行为：

（一）侵占公司财产、挪用公司资金；

（二）将公司资金以其个人名义或者以其他个人名义开立账户存储；

（三）利用职权贿赂或者收受其他非法收入；

（四）接受他人与公司交易的佣金归为己有；

（五）擅自披露公司秘密；

（六）违反对公司忠实义务的其他行为。

第一百八十七条 股东会要求董事、监事、高级管理人员列席会议的，董事、监事、高级管理人员应当列席并接受股东的质询。

第一百八十八条 董事、监事、高级管理人员执行职务违反法律、行政法规或者公司章程的规定，给公司造成损失的，应当承担赔偿责任。

第一百九十条 董事、高级管理人员违反法律、行政法规或者公司章程的规定，损害股东利益的，股东可以向人民法院提起诉讼。

《公司法》（2018年修正，已被修订）

第一百四十七条 董事、监事、高级管理人员应当遵守法律、行政法规和公司章程，对公司负有忠实义务和勤勉义务。

董事、监事、高级管理人员不得利用职权收受贿赂或者其他非法收入，不得侵占公司的财产。

第一百四十九条 董事、监事、高级管理人员执行公司职务时违反法律、行政法规或者公司章程的规定，给公司造成损失的，应当承担赔偿责任。

第一百五十条 股东会或者股东大会要求董事、监事、高级管理人员列席会议的，董事、监事、高级管理人员应当列席并接受股东的质询。

董事、高级管理人员应当如实向监事会或者不设监事会的有限责任公司的监事提供有关情况和资料，不得妨碍监事会或者监事行使职权。

第一百五十二条 董事、高级管理人员违反法律、行政法规或者公司章程的规定，损害股东利益的，股东可以向人民法院提起诉讼。

专家分析

公司章程对公司高级管理人员未尽勤勉义务的情形进行规定的意义在于：在《公司法》仅规定"董事、监事、高级管理人员应当遵守法律、行政法规和公司章程，对公司负有忠实义务和勤勉义务"的情况下，有必要在公司章程中详细规定高级管理人员应如何尽到勤勉义务，以督促高级管理人员谨慎、尽责履行职责；在其违反公司章程规定的勤勉义务的情形下,公司有权对其进行追责。

章程条款设计建议

第一,股东作为公司的拥有者,有必要在公司章程中对高级管理人员违反勤勉义务的情形作出规定。结合笔者办理有关公司法律顾问业务、公司诉讼业务的经验,除上述公司章程中规定的情形外,建议在公司章程中将如下情形列为高级管理人员违反勤勉义务的情形:

(1)高级管理人员拒绝执行公司股东会、董事会所作决议;

(2)股东会要求高级管理人员列席股东会并接受质询的,高级管理人员拒绝列席股东会或接受质询;

(3)违反岗位职责,致使公司错失重大商业机会;

(4)违反岗位职责,致使泄露公司商业秘密;

(5)其他违反本岗位职责,致使公司利益受到损失的情形。

第二,公司章程中可根据本公司的实际特点,对高级管理人员违反勤勉义务的情形进行更加详尽的规定。

第三,除公司章程外,建议公司股东另行制定公司高级管理人员工作规则,并根据不同岗位进行有针对性的制度安排。

第四,除公司章程外,建议公司在与高级管理人员签订合同及制定公司员工手册时,将违反忠实义务和勤勉义务作为解除公司与高级管理人员劳动关系的约定情形。

公司章程条款实例

高级管理人员应当遵守法律、行政法规和本章程,对公司负有下列勤勉义务:

(一)应谨慎、认真、勤勉地行使公司赋予的权利,以保证公司的商业行为符合国家法律、行政法规以及国家各项经济政策的要求,商业活动不超过营业执照规定的业务范围;

(二)应公平对待所有股东,公司股东或实际控制人以个人名义下达的指令属于应由股东会或董事会行使的职权的,高级管理人员不得执行;

(三)应及时了解公司有关业务经营管理状况;

(四)股东会要求高级管理人员列席股东会并接受质询的,不得拒绝列席股东会或接受质询;

(五)不得拒绝执行或擅自变更执行公司股东会、董事会所作决议;

（六）应遵守岗位职责，及时报告公司可能获取的重大商业机会，不得泄露公司秘密或致使公司利益受到损失；

（七）应如实向监事会提供有关情况和资料，不得妨碍监事会或者监事行使职权；

（八）应维护公司资金安全；

（九）法律、行政法规、部门规章及本章程、公司各项管理制度规定的其他勤勉义务。

延伸阅读

被认定为公司高级管理人员未尽勤勉义务的案例

案例一：上海市第一中级人民法院审理的李某某与甲公司财产损害赔偿纠纷一案二审民事判决书［(2009) 沪一中民三（商）终字第 969 号］认为，"董事、监事、高级管理人员的勤勉义务，是指董事、监事和高级管理人员行使职权、作出决策时，必须以公司利益为标准，不得有疏忽大意或者重大过失，以适当的方式并尽合理的谨慎和注意义务，履行自己的职责。判断董事等高级管理人员是否履行了勤勉义务，应该从三个方面加以辨别：1. 须以善意为之；2. 在处理公司事务时负有在类似的情形、处于类似地位的具有一般性谨慎的人在处理自己事务时的注意；3. 有理由相信是为了公司的最大利益的方式履行其职责。李某某在全面负责甲公司经营期间，作为 UV 手机外壳涂装线项目甲公司一方的具体经办人，仅以口头协议的方式与相对方日某公司发生交易行为，在其离职时亦无法向甲公司提供经交易对象确认的文件资料。按照经营的一般常识，采用口头协议交易的方式，一旦与交易对象产生纷争时，无法明确各自的权利义务关系。故对于不能即时完成交易的民事行为，交易双方一般均采取签订书面协议或由交易相对方对相关内容作出确认。因而李某某应有理由相信采用口头协议方式的经营与公司的最佳利益不相符合，然而其无视该经营风险的存在，没有以善意（诚实）的方式，按照其合理地相信是符合公司最佳利益的方式履行职务；并且，以一种可以合理地期待一个普通谨慎的人，在同样的地位上，类似的状况下能够尽到的注意，履行一个高级职员的职责。因此，李某某明显违反了勤勉义务"。

案例二：上海市第一中级人民法院审理的方某诉多某工具（上海）有限公司劳动合同纠纷二审民事判决书［(2016) 沪 01 民终 11770 号］认为，"二审审理中，方某对于将包含商品底价的电子邮件发送给客户一事，予以认可。方某作为多某公司的技术总监，在日常工作中对用人单位负有严格意义上的勤勉义务和审慎义务。虽然对外报价非其分内职责，但其参与了案涉项目从国外报价起的商业谈判过程，其在与客户沟通时，自当审慎行事，对于发送的电子邮件应主动予以审查，方某将包含商品底价的邮件发送给客户，导致秘密外泄。方某的行为违反了勤勉义务和审慎义务，亦违反了双方签订的保密协议，多某公司据此作出合同解除并无不当"。

案例三：上海市第二中级人民法院审理的陈某与美国商某协会公司上海代表处、中国某人才开发中心上海分部等劳动合同纠纷［（2016）沪02民终10616号］认为，"陈某作为美国商某协会上海代表处的高级管理人员，在与上级产生意见分歧后理应在确保工作正常开展的情况下通过正常途径和程序与总部进行沟通反映，然根据美国商某协会上海代表处提供的邮件可知，在上级多次作出工作指示和安排，提出具体工作要求后，陈某以被停止一切职务行为为由拒绝接受合理的工作安排，拒绝进行正常工作，显然有违劳动者之前述义务，导致用人单位无法实现其工作目的。美国商某协会上海办事处为维护企业的正常经营管理秩序，解除与陈某的用工关系并退回中国人才上海分部于法不悖"。

033 协助股东侵占公司财产的董事将被股东会罢免

设计要点

董事有义务维护公司资金安全，不得协助股东侵占公司财产，否则股东会有权罢免董事。

阅读提示

实践中，股东占用资金的情况屡有发生，且一些公司董事、高级管理人员唯股东命令是从，协助己方股东占用公司资金，该等行为严重侵犯了其他方股东及公司的合法权益。那么，对于协助股东侵占公司资金的董事、高级管理人员，其他方股东可否提出罢免？在公司章程未作出明确规定的情况下，股东会罢免董事是否符合法律规定？本文将通过介绍美的集团股份有限公司章程的有关条款及三个司法案例，对这些问题进行分析。

章程研究文本

《美的集团股份有限公司章程》（2023年4月版）

第四十条第一款 公司董事、监事、高级管理人员有义务维护公司资金不被控股股东占用。公司董事、高级管理人员协助、纵容控股股东及其附属企业侵占公司资产时，公司董事会应视情节轻重对直接责任人给予处分和对负有严重责任的董事启动罢免程序。

同类章程条款

笔者查阅了多家上市公司的章程中的同类条款，其中该条款对于有权处罚的机构作了不同规定。除美的集团规定董事会有权对董事启动罢免程序外，多家上市公司的章程规定由董事会提交股东大会罢免董事，宜宾五粮液股份有限公司的章程还规定监事的该等行为应由监事会给予处分，具体如下：

《绿景控股股份有限公司章程》(2023年3月版)

第三十九条第三款　公司董事、监事和高级管理人员具有维护公司资金安全的法定义务。公司董事、监事和高级管理人员违反本章程的规定，协助、纵容控股股东及其他关联方侵占公司财产，损害公司利益的，公司董事会将视情节轻重对直接责任人给予处分，对负有严重责任的董事提交股东大会罢免直至追究刑事责任。

《广东电力发展股份有限公司章程》(2023年9月版)

第一百一十三条　董事会行使下列职权：

……

(十九) 考核公司董事及公司总经理、副总经理、财务负责人、董事会秘书等高级管理人员维护公司资金安全义务的履行情况，并对有关责任人视情节轻重给予不同处分和对负有严重责任董事向股东大会提出予以罢免的方案。

……

《宜宾五粮液股份有限公司章程》(2023年12月版)

第四十二条第二款　公司董事、监事和高级管理人员有维护公司资金安全的法定义务。公司董事、高级管理人员协助、纵容股东及其附属企业侵占公司资产时，董事会视情节轻重对董事和高级管理人员给予处分；监事有上述行为由监事会给予处分；对负有严重责任的董事、监事提请股东大会予以罢免。

公司法及相关法律规定

《公司法》(2023年修订)

第五十九条第一款第一项　股东会行使下列职权：

(一) 选举和更换董事、监事，决定有关董事、监事的报酬事项；

……

第七十八条第一款 监事会行使下列职权：

……

（二）对董事、高级管理人员执行职务的行为进行监督，对违反法律、行政法规、公司章程或者股东会决议的董事、高级管理人员提出解任的建议；

……

《公司法》（2018 年修正，已被修订）

第三十七条第一款 股东会行使下列职权：

……

（二）选举和更换非由职工代表担任的董事、监事，决定有关董事、监事的报酬事项；

……

第五十三条第一款 监事会、不设监事会的公司的监事行使下列职权：

……

（二）对董事、高级管理人员执行公司职务的行为进行监督，对违反法律、行政法规、公司章程或者股东会决议的董事、高级管理人员提出罢免的建议；

……

专家分析

公司章程规定此类条款的意义在于：实践中董事、高级管理人员协助股东侵占公司资产的情况屡见不鲜，其他股东的合法权益遭受侵犯，但除最终运用司法手段之外往往又无可奈何。通过将该等行为明确写入章程，并规定明确的法律后果，将对相关人员起到震慑作用；也可提示其他股东对此类董事、高级管理人员采取处分、罢免等非司法手段，丰富其权利救济途径，保护公司及其他股东的合法权益。

章程条款设计建议

笔者认为，"企业家"和"资本家"可以对于该章程条款的设计进行博弈。

第一，站在直接经营公司的"企业家"的角度，笔者建议：

该条款在本质上是对公司股东，尤其是实际掌控公司运营的股东的约束，因此站在"企业家"的角度而言，在公司章程中可不规定该等条款。

虽然公司章程中可不规定该等条款，但不意味着公司股东及其委派的董事、高管的类似行为不受约束，其他方股东发现公司股东占用公司资金等行为时，有权要求该股东对给公司造成的损失承担相应的赔偿责任。

第二，站在不直接经营公司的"资本家"的角度，笔者建议：

可在公司章程中加入该条款，以实现对直接经营公司的"企业家"的有效约束。

对于董事、高管违规行为的罢免，并不以公司章程规定了罢免事由为前提。解聘董事系公司股东会的法定职权，且属于公司自治范畴，只要公司未对股东会解除董事资格作出限制性规定，罢免董事所依据的事实是否属实、依据是否成立等，不属于司法审查的范畴，不影响公司决议的效力。

鉴于罢免董事的决定最终应由股东会作出，且股东会能否顺利通过该决议取决于各股东在股东会的表决权比例，因此建议公司章程规定此等情形下"公司应当解除其职务"，而非"股东会有权罢免董事"。

如果公司章程规定此种情况下公司有权对董事予以处分，建议规定处分的种类、幅度，以免相关决议最终被认定为无效。

公司章程条款实例

公司董事、监事和高级管理人员有维护公司资金安全的法定义务。公司董事、高级管理人员协助、纵容股东及其附属企业侵占公司资产时，应当与股东共同赔偿公司因此而遭受的损失。董事会有权视情节轻重对董事和高级管理人员给予罚款处分，罚款数额不超出因此给公司造成的损失。董事会未对董事、高级管理人员给予处分的，由股东会给予处分。

董事、监事、高级管理人员在任职期间出现本条第一款所列情形的，公司应当解除其职务，且五年内不得再担任公司董事、监事、高级管理人员。

延伸阅读

司法实践中认为，公司内部法律关系原则上由公司自治机制调整，只要公司章程中未对股东会罢免董事作出限制，罢免董事所依据的事实是否属实、依据是否成立等，不属于司法审查的范畴，不影响公司决议的效力。以下为笔者检索到的三个关于罢免董事的案例：

案例一：象山县人民法院审理的陈某全、储某恩与陈某花、象山玖某润滑科技有限公司公司决议纠纷一审民事判决书［（2014）甬象商初字第843号］认为，

"司法尊重公司自治，公司内部法律关系原则上由公司自治机制调整，司法机关原则上不介入公司内部事务，被告玖某公司的章程中未对股东会罢免执行董事兼法定代表人的情形作出限制，并未规定股东会罢免执行董事兼法定代表人要有一定的原因，该章程内容未违反《公司法》的强制性规定，应认定有效，因此，被告玖某公司的股东会可以行使公司章程赋予的权力作出罢免公司的执行董事兼法定代表人的决定，故法院应当尊重公司自治，罢免执行董事兼法定代表人职务的决议所依据的事实是否属实，理由是否成立，不属于司法审查的范围"。

案例二：杭州市滨江区人民法院审理的陈某与杭州君某资产管理有限公司公司决议效力确认纠纷简易程序民事判决书［（2016）浙0108民初3590号］认为，"选举和更换非由职工代表担任的董事、监事是公司股东会的职权，且属于公司自治的范畴，只要股东会决议内容不违反法律和行政法规的规定，本院对解聘事由不予审查和认定，其对股东会决议的效力不构成影响。本案适用《公司法》第二十二条①予以审查，认定股东会决议内容不违反法律和行政法规的规定，不符合无效的要件，故对陈某的诉讼请求不予支持"。

案例三：烟台市福山区人民法院审理的尹某良与烟台恒某电气设备有限公司公司决议撤销纠纷一审民事判决书［（2014）福商初字第108号］认为，"从决议内容上，原告主张公司章程并没有规定对执行董事的罢免程序，更没规定临时股东会可以罢免执行董事，认为依照章程第七条，只有在执行董事任期届满后方可进行选举、更换。对此本院认为，公司章程第七条明确规定，股东会有权利选举、更换执行董事，该股东会不仅包括定期会议，亦应包括临时会议。根据《公司法》及公司章程规定，公司执行董事为公司的法定代表人，原告作为公司的执行董事兼法定代表人在被司法机关刑事拘留后，已经无法履行公司法定代表人的职责，依照《企业法人法定代表人登记管理规定》第八条：法定代表人任职期间出现被执行刑罚或者被执行刑事强制措施情形的，该企业法人应当申请办理法定代表人变更登记。故被告公司通过本次股东会会议更换法定代表人兼执行董事符合法律规定"。

---

① 《公司法》已修改，现相关规定见《公司法》（2023年修订）第二十五条。

034 公司章程可对董监高在法定禁售期外转让股份的数量和期间另行作出限制

设计要点

公司章程可对董监高在法定禁售期外转让股份的数量和期间另行作出限制。

阅读提示

董监高作为公司内部的核心人员，对于公司的内幕消息最为灵通，对于上市公司来讲，该种内幕消息与股价的涨跌具有非常密切的关系，《公司法》为防止董监高利用内幕消息操纵股价、牟取暴利，对其在职期间转让本公司股份的数量以及其离职后转让股份的期间作出了限制。但是，《公司法》作出的限制性规定仅是最低限度的限制，公司章程可以对转让的数量及期间作出更加严格细致的规定，也可对董监高转让极少数量的股份作出豁免性的规定。

章程研究文本

《步步高商业连锁股份有限公司章程》（2024年3月版）

第二十八条第二款、第三款 公司董事、监事、高级管理人员应当向公司申报所持有的本公司的股份及其变动情况，在任职期间每年转让的股份不得超过其所持有本公司股份总数的25%；所持本公司股份自公司股票上市交易之日起1年内不得转让。上述人员离任六个月后的十二月内通过证券交易所挂牌交易出售本公司股票数量占其所持有本公司股票总数的比例不得超过50%。

公司董事、监事、高级管理人员及其配偶不得在下述窗口敏感期买卖本公司股票：

（一）上市公司定期报告公告前30日内，因特殊原因推迟公告日期的，自原公告日前30日起至最终公告日；

（二）上市公司业绩预告、业绩快报公告前10日内；

（三）自可能对本公司股票交易价格产生重大影响的重大事项发生之日或在决策过程中，至依法披露后2个交易日内；

（四）深圳证券交易所规定的其他期间。

同类章程条款

笔者查阅了近百家上市公司的公司章程，其中少部分公司对董监高转让其所持有的本公司的股份作出了比《公司法》更加细致严苛的规定，列举如下：

《博士眼镜连锁股份有限公司章程》（2023年12月版）

第二十九条第二款至第六款　公司董事、监事、高级管理人员应当向公司申报所持有的本公司的股份及其变动情况，在任职期间每年转让的股份不得超过其所持有本公司股份总数的百分之二十五（25%）；所持本公司股份自公司股票上市交易之日起一（1）年内不得转让。上述人员离职后半年内，不得转让其所持有的本公司股份。

公司董事、监事和高级管理人员在首次公开发行股票上市之日起六个月内申报离职的，自申报离职之日起十八个月内不得转让其直接持有的本公司股份；在首次公开发行股票上市之日起第七个月至第十二个月之间申报离职的，自申报离职之日起十二个月内不得转让其直接持有的本公司股份。

因公司进行权益分派等导致其董事、监事和高级管理人员直接持有本公司股份发生变化的，仍应遵守上述规定。

公司董事、监事、高级管理人员在任职期间，每年通过集中竞价、大宗交易、协议转让等方式转让的股份不得超过其所持本公司股份总数的百分之二十五，因司法强制执行、继承、遗赠、依法分割财产等导致股份变动的除外。

公司董事、监事和高级管理人员所持股份不超过1,000股的，可一次全部转让，不受前款转让比例的限制。

《国海证券股份有限公司章程》（2023年11月版）

第二十九条第二款　公司董事、监事、高级管理人员应当向公司申报所持有的本公司的股份及其变动情况，在任职期间每年转让的股份不得超过其所持有本公司股份总数的25%；所持本公司股份自公司股票上市交易之日起1年内不得转让；因司法强制执行、继承、遗赠、依法分割财产等导致股份变动的除外。上述人员离职后半年内，不得转让其所持有的本公司股份。公司董事、监事和高级管理人员所持股份不超过1000股的，可一次全部转让，不受上述转让比例的限制。

《长城影视股份有限公司章程》（2023年6月版）

第二十八条第二款、第三款　公司董事、监事、高级管理人员应当向公司申报所持有的本公司的股份及其变动情况，在任职期间每年转让的股份不得超过其所持有本公司股份总数的25%；所持本公司股份自公司股票上市交易之日起1年内不得转让。上述人员离职后半年内，不得转让其所持有的本公司股份。

公司董事、监事和高级管理人员在申报离任6个月后的12个月内通过证券交易所挂牌交易出售本公司股票数量占其所持有本公司股票总数的比例不得超过50%。

公司法和相关规定

《公司法》（2023年修订）

第一百六十条 公司公开发行股份前已发行的股份，自公司股票在证券交易所上市交易之日起一年内不得转让。法律、行政法规或者国务院证券监督管理机构对上市公司的股东、实际控制人转让其所持有的本公司股份另有规定的，从其规定。

公司董事、监事、高级管理人员应当向公司申报所持有的本公司的股份及其变动情况，在就任时确定的任职期间每年转让的股份不得超过其所持有本公司股份总数的百分之二十五；所持本公司股份自公司股票上市交易之日起一年内不得转让。上述人员离职后半年内，不得转让其所持有的本公司股份。公司章程可以对公司董事、监事、高级管理人员转让其所持有的本公司股份作出其他限制性规定。

股份在法律、行政法规规定的限制转让期限内出质的，质权人不得在限制转让期限内行使质权。

《公司法》（2018年修正，已被修订）

第一百四十一条 发起人持有的本公司股份，自公司成立之日起一年内不得转让。公司公开发行股份前已发行的股份，自公司股票在证券交易所上市交易之日起一年内不得转让。

公司董事、监事、高级管理人员应当向公司申报所持有的本公司的股份及其变动情况，在任职期间每年转让的股份不得超过其所持有本公司股份总数的百分之二十五；所持本公司股份自公司股票上市交易之日起一年内不得转让。上述人员离职后半年内，不得转让其所持有的本公司股份。公司章程可以对公司董事、监事、高级管理人员转让其所持有的本公司股份作出其他限制性规定。

专家分析

根据《公司法》规定，需要注意法律明文规定的股份禁止转让期包括以下五种：(1) 公司公开发行股份前已发行的股份，自公司股票在证券交易所上市交易之日起一年内不得转让；(2) 公司董事、监事、高级管理人员在就任时确定的任职期间每年转让的股份不得超过其所持有本公司股份总数的 25%；（3）公司董事、监事、高级管理人员所持本公司股份自公司股票上市交易之日起一年内不得转让；（4）公司董事、监事、高级管理人员离职后半年内，不得转让其所持有的本公司股份；（5）公司章程可以对公司董事、监事、高级管理人员转让其所持有的本公司股份作出其他限制性规定。

仔细观察上述第三种及第四种情形可知，如果董监高自公司上市之日起离职，其离职六个月后即可以自由转让股权，这样即可规避董监高在公司上市后一年内不得转让股权的规定（也即董监高可以在离职后的第 7 个月开始自由转让股份）。为防止此类恶意规避法律的情形，有必要将公司首次公开募股后的禁售期与离职后的禁售期进行无缝衔接，在公司章程中作出个性化的规定。另外，某些窗口敏感期对于股价也会产生重要的影响，例如，定期报告公告前的一段期间，业绩预告、业绩快报前的某段期间，重大决策作出前的某段期间，董监高往往是近水楼台先得月，有可能利用该类信息牟利，所以有必要对这些期间转让股权作出限制性的规定。此外，对于董监高转让少量股份（小于 1000 股）的炒股行为，在期间及转让比例上没有必要作出限制性规定，可以通过公司章程的规定，对该类法定的限制性规定予以豁免。

章程条款设计建议

第一，为防止此类恶意规避法律的情形，有必要将公司首次公开募股后的禁售期与离职后的禁售期进行无缝对接，在公司章程中可规定：公司董事、监事和高级管理人员自首次公开发行股票上市之日起 6 个月内申报离职的，自申报离职之日起 18 个月内不得转让其直接持有的本公司股份；自首次公开发行股票上市之日起第 7 个月至第 12 个月之间申报离职的，自申报离职之日起 12 个月内不得转让其直接持有的本公司股份；自首次公开发行股票上市之日起第 12 个月后申报离职的，自申报离职之日起 6 个月内不得转让其直接持有的本公司股份。

第二，为防止董监高在窗口敏感期，利用优先获得信息资源的信息优势获取不当利益，可在公司章程中约定：公司董事、监事、高级管理人员及其配偶不得在下述窗口敏感期买卖本公司股票：（1）上市公司定期报告公告前 30 日内，因特殊原因推迟公告日期的，自原公告日前 30 日起至最终公告日；（2）上市公司业绩预告、业绩快报公告前 10 日内；（3）自可能对本公司股票交易价格产生重大影响的重大事项发生之日起或在决策过程中，至依法披露后 2 个交易日内；（4）上海/深圳证券交易所规定的其他期间。

第三，对董监高作出少量炒股的豁免性规定，如"公司董事、监事和高级管理人员所持股份不超过 1000 股的，可一次全部转让，不受上述转让比例的限制"。

> 公司章程条款实例

公司董事、监事、高级管理人员应当向公司申报所持有的本公司的股份及其变动情况，在任职期间每年转让的股份不得超过其所持有本公司股份总数的 25%；所持本公司股份自公司股票上市交易之日起 1 年内不得转让。公司董事、监事和高级管理人员所持股份不超过 1000 股的，可一次全部转让，不受上述转让比例的限制。

公司董事、监事和高级管理人员自首次公开发行股票上市之日起 6 个月内申报离职的，自申报离职之日起 18 个月内不得转让其直接持有的本公司股份；自首次公开发行股票上市之日起第 7 个月至第 12 个月之间申报离职的，自申报离职之日起 12 个月内不得转让其直接持有的本公司股份；自首次公开发行股票上市之日起第 12 个月后申报离职的，自申报离职之日起 6 个月内不得转让其直接持有的本公司股份。（或规定：上述人员离任 6 个月后的 12 月内通过证券交易所挂牌交易出售本公司股票数量占其所持有本公司股票总数的比例不得超过 50%）。

公司董事、监事、高级管理人员及其配偶不得在下述窗口敏感期买卖本公司股票：

（一）上市公司定期报告公告前 30 日内，因特殊原因推迟公告日期的，自原公告日前 30 日起至最终公告日；

（二）上市公司业绩预告、业绩快报公告前 10 日内；

（三）自可能对本公司股票交易价格产生重大影响的重大事项发生之日起或在决策过程中，至依法披露后 2 个交易日内；

（四）深圳证券交易所规定的其他期间。

> 延伸阅读

裁判观点：股份禁售期内签订转让协议约定禁售期满后办理转让手续的，转让协议有效

江苏省高级人民法院审理张某平诉王某股权转让合同纠纷一审案（《中华人民共和国最高人民法院公报》2007 年第 5 期）认为，关于本案《股份转让协议》及《过渡期经营管理协议》是否有效、能否撤销的问题。（一）本案原告、反诉被告张某平和本案被告、反诉原告王某作为浦某公司的发起人，在浦某公司成立两年后，于 2004 年 10 月 22 日签订《股份转让协议》及《过渡期经营管理协议》，约定

"过渡期"后王某将所持的标的股份转让于张某平名下。上述约定并不违反《公司法》第一百四十七条关于"发起人持有的本公司股份，自公司成立之日起三年内不得转让。公司董事、监事、经理应当向公司申报所持有的本公司的股份，并在任职期内不得转让"的规定，不违反《浦某公司章程》的相关规定，亦不违反社会公共利益，应认定为合法有效。

第一，股份有限公司发起人的主要职责在于设立公司，发起人需要对公司设立失败的后果负责，在公司设立过程中因发起人的过错造成公司损失的，发起人也需要承担相应的责任。公司成功设立后，发起人的身份就被股东的身份所替代，其对公司的权利义务与其他非发起人股东相同。考虑到有些不当发起行为的法律后果和法律责任的滞后性，如果发起人在后果实际发生前因转让股份退出了公司，就很难追究其责任，不利于保护他人或社会公众的合法权益，因此，需要在一定期限内禁止发起人转让其持有的公司股份。《公司法》第一百四十七条第一款的立法目的即在于防范发起人利用公司设立谋取不当利益，并通过转让股份逃避发起人可能承担的法律责任。该条第二款关于"公司董事、监事、经理应当向公司申报所持有的本公司的股份，并在任职期内不得转让"的规定，也是基于相同的立法目的。

第二，《公司法》第一百四十七条所禁止的发起人转让股份的行为，是指发起人在自公司成立之日起三年内实际转让股份。法律并不禁止发起人为公司成立三年后转让股份而预先签订合同。只要不实际交付股份，就不会引起股东身份和股权关系的变更，即拟转让股份的发起人仍然是公司的股东，其作为发起人的法律责任并不会因签订转让股份的协议而免除。因此，发起人与他人订立合同约定在公司成立三年之后转让股权的，并不违反《公司法》第一百四十七条的禁止性规定，应认定为合法有效。本案中，根据双方当事人所签订的《股份转让协议》第五条、第六条关于过渡期的规定、第七条关于"办理股份变更手续"的规定、第十条关于"依照《中华人民共和国公司法》的规定，合法有效地将甲方所持有的股份转让于乙方名下"和"如遇法律和国家政策变化，修改了股份有限公司发起人股份的转让条件和限制，将依照新的法律和政策的规定相应调整合同的生效时间"的规定等协议内容，可以确定双方对公司发起人转让股份的限制有着清醒的认识，故双方虽然在公司成立后三年内签订股份转让协议，但明确约定股份在"过渡期"届满即浦某公司成立三年之后再实际转让。同时，双方签订《股份转让协议》和《过渡期经营管理协议》后，本案被告、反诉原告王某即签署了向浦某公司董事会提出辞去该公司董事职务的申请，不再担任公司董事。综上，双方当事人的上述约定显然并不违反《公司法》第一百四十七条的规定，亦不违反《浦某公司章程》的相关规定，应认定为合法有效的合同。

第三，本案原告、反诉被告张某平和本案被告、反诉原告王某未在公司成立后三年内实际转让股份，不存在违反《公司法》第一百四十七条的行为。本案中，王某所持有的是记名股票，根据《公司法》第一百四十五条关于"记名股票，由股东以背书方式或者法律、行政法规规定的其他方式转让；记名股票的转让，由公司将受让人的姓名或者名称及住所记载于股东名册"的规定①，判断记名股票转让与否应当以股东名册和工商登记的记载为依据。本案中，根据浦某公司股东名册及该公司工商登记的记载，王某仍是浦某公司的股东和发起人，涉案标的股份至今仍属于王某所有。

第四，根据本案原告、反诉被告张某平和本案被告、反诉原告王某所签订的《过渡期经营管理协议》和《授权委托书》，王某在过渡期内作为股东的全部权利和义务都授权张某平行使。该《过渡期经营管理协议》的性质属于股份或股权的托管协议，双方形成事实上的股份托管关系，即法律上和名义上的股东仍是王某，而实际上王某作为浦某公司股东的权利和义务由张某平享有、承担。由于我国《公司法》对公司股份的托管行为和托管关系并无禁止性规定，因此，本案当事人所签订的《过渡期经营管理协议》合法有效。尽管双方在协议中约定过渡期内王某作为浦某公司股东的一切义务和责任由张某平承担，但这种约定只在双方当事人之间内部有效，而对第三人并不具有法律约束力。正因为该《过渡期经营管理协议》并不能免除王某作为发起人、股东的责任，故王某与张某平签订《过渡期经营管理协议》和《授权委托书》的行为应确认为合法有效。

第五，上述《股份转让协议》和《过渡期经营管理协议》不存在以合法形式掩盖非法目的情形。如上所述，双方订立合同的根本目的是公司成立三年后转让股份，过渡期内由本案原告、反诉被告张某平代行本案被告、反诉原告王某的股权，这一目的并不违法。上述协议形式、内容均合法有效，也不违反《浦某公司章程》第二十八条关于"发起人持有的公司股票自公司成立之日起三年以内不得转让"的规定。王某关于上述协议的签订和履行，使张某平实际取得王某在浦某公司的股份项下的全部权力和利益，王某不再承担其作为股东的风险和义务，双方已实质性转让股份，故上述协议违反《公司法》和《浦某公司章程》有关公司发起人转让股份的禁止性规定，应确认为无效协议的反诉主张，没有事实和法律依据，不予采纳。

---

① 《公司法》已修改，现相关规定见《公司法》（2023年修订）第一百五十九条。

035 为保持董事独立性，章程可细化规定独立董事的任职条件

> 设计要点

独立董事应独立履行职责，不受公司主要股东、实际控制人以及其他与公司存在利害关系的单位或个人的影响。

> 阅读提示

早在 200 多年前，亚当·斯密在《国民财富的性质和原因的研究》中就曾对所有权与经营权分离后的经营人员责任心进行悲观的预测。时过境迁，公司的代理成本问题仍然困扰着股东，委托人与代理人之间的冲突也困扰着董事及高层管理人员。一方面，作为委托人的股东希望促进代理人勤勉尽责，最大限度地增进自己的利益；另一方面，作为代理人的董事希望优化公司的管理，不沦为"公司圣诞树上的装饰品"。在此背景下，独立董事制度应运而生，并肩负起了发表独立意见、维护公司利益、保护中小股东权利的重任。但是，我国《公司法》并没有对独立董事的"独立"作出规定，实践中独立董事是否真的有独立地位和独立作用也不可避免地遭到怀疑。

法律虽然并非实用主义，但是实用乃法律不可或缺之属性。不妨从实践而非理论的角度来分析独立董事制度，借鉴风靡营销界的黄金圈法则，把独立董事制度作为一种供给，把公司看作有需求的客户，分析独立董事制度之独立是不是上市公司所需要的，其应该怎样实现，在《公司章程》中的规定又该如何设计。

> 章程研究文本

《苏州天孚光通信股份有限公司章程》（2023 年 11 月）

第一百零六条 公司设立独立董事。独立董事应按照法律、行政法规及部门规章的有关规定和公司股东大会通过的独立董事工作制度执行。

下列人员不得担任公司独立董事：

（一）在公司或者其附属企业任职的人员及其配偶、父母、子女、主要社会关系；

（二）直接或者间接持有公司已发行股份百分之一以上或者是上市公司前十名股东中的自然人股东及其配偶、父母、子女；

（三）在直接或者间接持有公司已发行股份百分之五以上的股东或者在公司前五名股东任职的人员及其配偶、父母、子女；

（四）在公司控股股东、实际控制人的附属企业任职的人员及其配偶、父母、子女；

（五）与公司及其控股股东、实际控制人或者其各自的附属企业有重大业务往来的人员，或者在有重大业务往来的单位及其控股股东、实际控制人任职的人员；

（六）为公司及其控股股东、实际控制人或者其各自附属企业提供财务、法律、咨询、保荐等服务的人员，包括但不限于提供服务的中介机构的项目组全体人员、各级复核人员、在报告上签字的人员、合伙人、董事、高级管理人员及主要负责人；

（七）最近十二个月内曾经具有第一项至第六项所列举情形的人员；

（八）法律、行政法规、中国证监会规定、证券交易所业务规则和公司章程规定的不具备独立性的其他人员。

前款第四项至第六项中的公司控股股东、实际控制人的附属企业，不包括与公司受同一国有资产管理机构控制且按照相关规定未与公司构成关联关系的企业。

独立董事对公司及全体股东负有诚信及勤勉义务，独立董事应按照相关法律、法规、公司章程和公司独立董事工作制度的要求，认真履行职责，维护公司整体利益，尤其要关注中小股东的合法权益不受损害。独立董事应独立履行职责，不受公司主要股东、实际控制人、以及其他与公司存在利害关系的单位或个人的影响。

独立董事应当确保有足够的时间和精力有效地履行独立董事的职责，公司独立董事至少包括一名具备注册会计师资格或者具有会计、审计或者财务管理专业的高级职称、副教授或以上职称、博士学位或者具有经济管理方面高级职称，且在会计、审计或者财务管理等专业岗位有五年以上全职工作经验的会计专业人士。

独立董事每届任期三年，任期届满可以连选连任，但连续任期不得超过6年。

独立董事连续两次未能亲自出席董事会会议，也不委托其他独立董事代为出席的，视为不能履行职责，董事会应在该事实发生之日起三十日内提议召开股东大会解除独立董事职务。

对于不具备独立董事资格或能力、未能独立履行职责、或未能维护公司和中小股东合法权益的独立董事，单独或者合计持有公司1%以上股份的股东可向公司董事会提出对独立董事的质疑或罢免提议。被质疑独立董事应及时解释质疑事项并予以披露。

公司董事会应在收到相关质疑或罢免提议后及时召开专项会议进行讨论，并将讨论结果予以披露。

同类章程条款

目前，我国上市公司都在公司章程中规定了独立董事制度，但是其对于独立董事任职资格、任职期限、选任更换程序的规定之详细程度不甚相同，比如，下列《深圳市奥拓电子股份有限公司章程》的规定就比较简单：

《深圳市奥拓电子股份有限公司章程》（2023年12月版）

第一百零四条 独立董事应按照法律、行政法规及部门规章以及公司独立董事工作制度的有关规定执行。

公司法和相关规定

《公司法》（2023年修订）

第一百三十六条第一款 上市公司设独立董事，具体管理办法由国务院证券监督管理机构规定。

《公司法》（2018年修正，已被修订）

第一百二十二条 上市公司设立独立董事，具体办法由国务院规定。

专家分析

一、Why——独立董事制度的必要性

独立董事制度并非各国立法之一致选择，部分国家仍然坚持董事会与监事会或监察人相互分立的二元制。独立董事制度首创于美国，相比于监事会，其从董事会介入公司管理和决策，首先，可以避免内部董事"自己为自己打分"，缓解其管理能力的局限性和经营权利扩张性之间的矛盾；其次，独立董事作为"局外人"直接进入董事会，可以在利益纷争面前保持相对中立，从公司的大局出发；最后，独立董事直接参与董事会活动，可以突破内部董事眼界、能力的制约，帮助后者识别市场预警信号，正确应对公司的负担。因此，独立董事制度虽并非毫无争议，但其进行独立判断、强化公司治理、维护公司尤其是中小投资者利益的功能毋庸置疑，可见，该制度并非画蛇添足，也不是"公司圣诞树上的装饰品"。

二、How——独立董事如何得以独立

独立董事的独立只是相对的，绝对的独立并不存在，或者说绝对的独立恐怕带来的是对公司的漠不关心。公司独立董事应该对事独立、对人独立。《关于在上市公司建立独立董事制度的指导意见》（已失效）规定，在上市公司或者其附属企业任职的人员及其直系亲属、主要社会关系不能担任独立董事，任职人员及其直系亲属社会关系本身对公司的人和事均不可能独立，直接或间接持有上市公司已发行股份1%以上或者是上市公司前十名股东中的自然人股东及其直系亲属也不得担任独立董事，这主要是出于对事独立的考虑。当然，社会关系和利益关系往往具有延续性，因此，该条款规定一年之内有上述情况的人员不得担任独立董事。

即使独立董事本身与公司并无关系，随着任职时间的延长，独立董事也可能慢慢丧失原本具有的独立性。因此，公司章程应该对独立董事的任职时间进行限制。对独立董事独立性的评估是一个动态、持续的过程。

章程条款设计建议

What——公司章程中规定哪些独立董事任职条件？

1. 公司的独立董事首先应该是独立的，公司章程应当明确哪些人员不可以担任独立董事，根据《上市公司独立董事管理办法》，至少以下人员不可以担任独立董事：

（1）在上市公司或者其附属企业任职的人员及其配偶、父母、子女、主要社会关系；

（2）直接或者间接持有上市公司已发行股份1%以上或者是上市公司前十名股东中的自然人股东及其配偶、父母、子女；

（3）在直接或者间接持有上市公司已发行股份5%以上的股东或者在上市公司前五名股东任职的人员及其配偶、父母、子女；

（4）在上市公司控股股东、实际控制人的附属企业任职的人员及其配偶、父母、子女；

（5）与上市公司及其控股股东、实际控制人或者其各自的附属企业有重大业务往来的人员，或者在有重大业务往来的单位及其控股股东、实际控制人任职的人员；

（6）为上市公司及其控股股东、实际控制人或者其各自附属企业提供财务、法律、咨询、保荐等服务的人员，包括但不限于提供服务的中介机构的项目组全体人员、各级复核人员、在报告上签字的人员、合伙人、董事、高级管理人员及主要负责人；

（7）最近12个月内曾经具有第一项至第六项所列举情形的人员；

（8）法律、行政法规、中国证监会规定、证券交易所业务规则和公司章程规定的不具备独立性的其他人员。

2. 独立董事还需要具备相应的任职资格和工作经验，公司可以根据自己经营内容的需要，对独立董事的任职资格作出规定，但是其至少应当具备上市公司运作的基本知识，熟悉相关法律、行政法规、规章及规则；具有五年以上法律、经济或者其他履行独立董事职责所必需的工作经验。

3. 公司应当规范独立董事的提名、选任和更换程序，保证上述条件不沦为一纸空谈。

公司章程条款实例

公司设立独立董事。独立董事应按照法律、行政法规及部门规章的有关规定和公司股东大会通过的独立董事工作制度执行。

下列人员不得担任公司独立董事：

（一）在公司或者其附属企业任职的人员及其直系亲属、主要社会关系；

（二）直接或间接持有公司已发行股份1%以上或者是公司前十名股东中的自然人股东及其直系亲属；

（三）在直接或间接持有公司已发行股份5%以上的股东单位或者在公司前五名股东单位任职的人员及其直系亲属；

（四）在公司控股股东、实际控制人及其附属企业任职的人员及其直系亲属；

（五）为公司及其控股股东、实际控制人或者其各自附属企业提供财务、法律、咨询等服务的人员，包括但不限于提供服务的中介机构的项目组全体人员、各级复核人员、在报告上签字的人员、合伙人及主要负责人；

（六）在与公司及其控股股东、实际控制人或者其各自的附属企业有重大业务往来的单位任职，或者在有重大业务往来单位的控股股东单位任职的；

（七）近一年内曾经具有前六项所列情形之一的人员；

（八）近一年内，独立董事候选人、其任职及曾任职的单位存在其他影响其独立性情形的人员；

（九）被中国证监会采取证券市场禁入措施，且仍处于禁入期的；

（十）被证券交易所公开认定不适合担任上市公司董事、监事和高级管理人员的；

（十一）最近三年内受到中国证监会处罚的；

（十二）最近三年内受到证券交易所公开谴责或三次以上通报批评的。

独立董事对公司及全体股东负有诚信及勤勉义务，独立董事应按照相关法律、法规、公司章程和公司独立董事工作制度的要求，认真履行职责，维护公司整体利益，尤其要关注中小股东的合法权益不受损害。独立董事应独立履行职责，不受公司主要股东、实际控制人以及其他与公司存在利害关系的单位或个人的影响。

独立董事每届任期三年，任期届满可以连选连任，但连续任期不得超过六年。独立董事连续三次未亲自出席董事会会议，视为不能履行职责，董事会应当建议股东大会予以撤换。

对于不具备独立董事资格或能力、未能独立履行职责或未能维护公司和中小股东合法权益的独立董事，单独或者合计持有公司1%以上股份的股东可向公司董事会提出对独立董事的质疑或罢免提议。被质疑的独立董事应及时解释质疑事项并予以披露。

公司董事会应在收到相关质疑或罢免提议后及时召开专项会议进行讨论，并将讨论结果予以披露。

延伸阅读

一、司法实践中，独立董事是否对公司重大事项发表意见成为法院判断该事项是否程序正当、意思表示真实的重要依据之一，由此可见，独立董事按照公司章程行使职能，对于保证公司决策正当性、避免争议具有重要意义

案例：浙江海某得新材料股份有限公司诉广西地某矿业集团股份有限公司、广西鑫某交通能源投资有限公司、孙某忠、施某芳、广西田阳中某金业有限公司新增资本认购纠纷一案一审民事判决书中（[2014]浙嘉商初字第00011号），浙江省嘉兴市中级人民法院认为：海某得公司在认购股份前，对地某公司的资产财务状况委托多家中介机构做了尽职调查，并未发现异常。海某得公司作为上市公司，将其对地某公司的考察情况进行了公示披露，其独立董事对认购地某公司新增股份事项也发表了独立意见，其中指出，"此次投资目的符合公司股东的长远利益。同时，公司从未涉足矿产业务，没有相关经验，存在一定投资风险，仍须提请公司全体股东关注投资风险""因公司董事孟某亮先生也是地某公司的董事，地某公司与海某得公司存在关联关系。因此该增资事项已经构成关联交易。此次关联交易以事实为基础，交易经双方协商一致达成，定价公允，遵循了客观、公正、公平的交易原则，不存在损害公司及全体股东利益的情形"。而后，海某得公司召开股东大会，表决通过了《关于公司增资广西地某矿业集团股份有限公司的议案》。从以上过程来看，海某得公司认购地某公司新增股份是经过深思熟虑、全面考察后的投资决策，意思表示真实。现海某得公司基于其入股前进行考察的相同财务报表，得出地某公司财务虚假的分析结论，本院不予采信，对其要求重新审计的请求，亦不予支持。

二、为了保证董事的独立性，深交所在《深圳证券交易所上市公司自律监管指引第 1 号——主板上市公司规范运作（2023 年 12 月修订）》中对独立董事的任职资格进行了以下的规定：

第五节　独立董事任职管理及行为规范

3.5.1 独立董事除应当遵守本指引关于董事的一般规定外，还应当遵守本节关于独立董事的特别规定。

3.5.2 独立董事候选人应当符合下列法律法规和本所相关规定有关独立董事任职条件和要求：

（一）《公司法》有关董事任职条件的规定；

（二）《中华人民共和国公务员法》的相关规定（如适用）；

（三）中国证监会《上市公司独立董事管理办法》的相关规定；

（四）中共中央纪委《关于规范中管干部辞去公职或者退（离）休后担任上市公司、基金管理公司独立董事、独立监事的通知》的相关规定（如适用）；

（五）中共中央组织部《关于进一步规范党政领导干部在企业兼职（任职）问题的意见》的相关规定（如适用）；

（六）中共中央纪委、教育部、监察部《关于加强高等学校反腐倡廉建设的意见》的相关规定（如适用）；

（七）中国人民银行《股份制商业银行独立董事和外部监事制度指引》等的相关规定（如适用）；

（八）中国证监会《证券基金经营机构董事、监事、高级管理人员及从业人员监督管理办法》等的相关规定（如适用）；

（九）《银行业金融机构董事（理事）和高级管理人员任职资格管理办法》《保险公司董事、监事和高级管理人员任职资格管理规定》《保险机构独立董事管理办法》等的相关规定（如适用）；

（十）其他法律法规及本指引等有关独立董事任职条件和要求的规定。

3.5.3 独立董事候选人应当具备上市公司运作相关的基本知识，熟悉相关法律法规及本所业务规则，具有五年以上法律、经济、管理、会计、财务或者其他履行独立董事职责所必需的工作经验。

3.5.4 独立董事候选人应当具有独立性，下列人员不得担任独立董事：

（一）在上市公司或者其附属企业任职的人员及其直系亲属和主要社会关系；

（二）直接或者间接持有上市公司已发行股份 1% 以上或者是上市公司前十名股东中的自然人股东及其直系亲属；

（三）在直接或者间接持有上市公司已发行股份5%以上的股东或者在上市公司前五名股东任职的人员及其直系亲属；

（四）在上市公司控股股东、实际控制人的附属企业任职的人员及其直系亲属；

（五）与上市公司及其控股股东、实际控制人或者其各自的附属企业有重大业务往来的人员，或者在有重大业务往来的单位及其控股股东、实际控制人任职的人员；

（六）为上市公司及其控股股东、实际控制人或者其各自的附属企业提供财务、法律、咨询、保荐等服务的人员，包括但不限于提供服务的中介机构的项目组全体人员、各级复核人员、在报告上签字的人员、合伙人、董事、高级管理人员及主要负责人；

（七）最近十二个月内曾经具有前六项所列情形之一的人员；

（八）本所认定不具有独立性的其他人员。

前款第四项至第六项中的上市公司控股股东、实际控制人的附属企业，不包括根据《股票上市规则》第6.3.4条规定，与上市公司不构成关联关系的附属企业。

第一款中"直系亲属"是指配偶、父母、子女；"主要社会关系"是指兄弟姐妹、兄弟姐妹的配偶、配偶的父母、配偶的兄弟姐妹、子女的配偶、子女配偶的父母等；"重大业务往来"是指根据本所《股票上市规则》及本所其他相关规定或者上市公司章程规定需提交股东大会审议的事项，或者本所认定的其他重大事项；"任职"是指担任董事、监事、高级管理人员以及其他工作人员。

独立董事应当每年对独立性情况进行自查，并将自查情况提交董事会。董事会应当每年对在任独立董事独立性情况进行评估并出具专项意见，与年度报告同时披露。

3.5.5 独立董事候选人应当具有良好的个人品德，不得存在本指引第3.2.2条规定的不得被提名为上市公司董事的情形，并不得存在下列不良记录：

（一）最近三十六个月内因证券期货违法犯罪，受到中国证监会行政处罚或者司法机关刑事处罚的；

（二）因涉嫌证券期货违法犯罪，被中国证监会立案调查或者被司法机关立案侦查，尚未有明确结论意见的；

（三）最近三十六个月内受到证券交易所公开谴责或者三次以上通报批评的；

（四）重大失信等不良记录；

（五）在过往任职独立董事期间因连续两次未能亲自出席也不委托其他独立董事出席董事会会议被董事会提请股东大会予以解除职务，未满十二个月的；

（六）本所认定的其他情形。

3.5.6 在同一上市公司连续任职独立董事已满六年的，自该事实发生之日起三十六个月内不得被提名为该上市公司独立董事候选人。首次公开发行上市前已任职的独立董事，其任职时间连续计算。

3.5.7 独立董事候选人原则上最多在三家境内上市公司（含本次拟任职上市公司）担任独立董事，并确保有足够的时间和精力有效地履行独立董事职责。

3.5.8 以会计专业人士身份被提名的独立董事候选人，应当具备丰富的会计专业知识和经验，并至少符合下列条件之一：

（一）具备注册会计师资格；

（二）具有会计、审计或者财务管理专业的高级职称、副教授或以上职称、博士学位；

（三）具有经济管理方面高级职称，且在会计、审计或者财务管理等专业岗位有五年以上全职工作经验。

3.5.9 上市公司董事会、监事会、单独或者合计持有上市公司已发行股份1%以上的股东可以提出独立董事候选人，并经股东大会选举决定。

依法设立的投资者保护机构可以公开请求股东委托其代为行使提名独立董事的权利。

本条第一款规定的提名人不得提名与其存在利害关系的人员或者有其他可能影响独立履职情形的关系密切人员作为独立董事候选人。

上市公司在董事会中设置提名委员会的，提名委员会应当对被提名人任职资格进行审查，并形成明确的审查意见。

036 公司章程需要细化监事财务检查权的行使方式

> **设计要点**

公司章程需要明确监事财务检查权的检查范围、检查方式以及是否可委托第三方机构辅助检查。

> **阅读提示**

我国《公司法》对于监事会或监事检查公司财务权规定得非常笼统，如果不借助于具体的公司章程根本无法操作，监事会或监事的财务监督的权利也无法得到保障。在公司的实际运营过程中，监事这一职务常常被人忽视，认为这一职务可有可无，其实对于小股东来讲，在股权份额和董事会席位均不占优势的情况下，能够控制监事会或者占据不设监事会的公司的监事职位，无论是对监督董监高的经营行为还是检查财务状况，抑或提起股东代表诉讼均具有重要意义。

章程研究文本

公司不设置监事会，股东×××有权指定一名监事，监事拥有检查公司财务的权利，监事有权随时调阅公司有关的财务报告、会计账簿（包括记账凭证和原始凭证）、会计报表、合同、收据、信函、借款凭证等其他显示公司财务状况变化的一切表册和资料，监事在行使这一权利时，有权委托法律、财务、审计等方面的专家进行辅助检查。公司、股东、董事、财务人员等相关主体均应当予以配合。

公司法和相关规定

《公司法》（2023年修订）

第七十六条 有限责任公司设监事会，本法第六十九条、第八十三条另有规定的除外。

监事会成员为三人以上。监事会成员应当包括股东代表和适当比例的公司职工代表，其中职工代表的比例不得低于三分之一，具体比例由公司章程规定。监事会中的职工代表由公司职工通过职工代表大会、职工大会或者其他形式民主选举产生。

监事会设主席一人，由全体监事过半数选举产生。监事会主席召集和主持监事会会议；监事会主席不能履行职务或者不履行职务的，由过半数的监事共同推举一名监事召集和主持监事会会议。

董事、高级管理人员不得兼任监事。

第七十八条 监事会行使下列职权：

（一）检查公司财务；

（二）对董事、高级管理人员执行职务的行为进行监督，对违反法律、行政法规、公司章程或者股东会决议的董事、高级管理人员提出解任的建议；

（三）当董事、高级管理人员的行为损害公司的利益时，要求董事、高级管理人员予以纠正；

（四）提议召开临时股东会会议，在董事会不履行本法规定的召集和主持股东会会议职责时召集和主持股东会会议；

（五）向股东会会议提出提案；

（六）依照本法第一百八十九条的规定，对董事、高级管理人员提起诉讼；

（七）公司章程规定的其他职权。

第七十九条 监事可以列席董事会会议，并对董事会决议事项提出质询或者建议。

监事会发现公司经营情况异常，可以进行调查；必要时，可以聘请会计师事务所等协助其工作，费用由公司承担。

第八十三条 规模较小或者股东人数较少的有限责任公司，可以不设监事会，设一名监事，行使本法规定的监事会的职权；经全体股东一致同意，也可以不设监事。

《公司法》（2018年修正，已被修订）

第五十一条 有限责任公司设监事会，其成员不得少于三人。股东人数较少或者规模较小的有限责任公司，可以设一至二名监事，不设监事会。

监事会应当包括股东代表和适当比例的公司职工代表，其中职工代表的比例不得低于三分之一，具体比例由公司章程规定。监事会中的职工代表由公司职工通过职工代表大会、职工大会或者其他形式民主选举产生。

监事会设主席一人，由全体监事过半数选举产生。监事会主席召集和主持监事会会议；监事会主席不能履行职务或者不履行职务的，由半数以上监事共同推举一名监事召集和主持监事会会议。

董事、高级管理人员不得兼任监事。

第五十三条 监事会、不设监事会的公司的监事行使下列职权：

（一）检查公司财务；

（二）对董事、高级管理人员执行公司职务的行为进行监督，对违反法律、行政法规、公司章程或者股东会决议的董事、高级管理人员提出罢免的建议；

（三）当董事、高级管理人员的行为损害公司的利益时，要求董事、高级管理人员予以纠正；

（四）提议召开临时股东会会议，在董事会不履行本法规定的召集和主持股东会会议职责时召集和主持股东会会议；

（五）向股东会会议提出提案；

（六）依照本法第一百五十一条的规定，对董事、高级管理人员提起诉讼；

（七）公司章程规定的其他职权。

第五十四条 监事可以列席董事会会议，并对董事会决议事项提出质询或者建议。

监事会、不设监事会的公司的监事发现公司经营情况异常，可以进行调查；必要时，可以聘请会计师事务所等协助其工作，费用由公司承担。

第五十六条 监事会、不设监事会的公司的监事行使职权所必需的费用，由公司承担。

专家分析

由于监事会或监事并不参与公司的决策与管理，因此监事与其所监督的对象之间存在信息不对称的情形。为保证监事实施有效的监督，《公司法》第七十八条赋予监事会财务检查权，以期监事能够通过财务检查打破信息壁垒，以充分行使监督权。实践中，对于监事会或者监事在财务检查权受阻的情况下，是否可以自己的名义提起诉讼的问题，存在两种观点：

第一种观点认为：有限责任公司的监事，依法享有检查公司财务的权利，以监事的身份要求检查公司财务，在法律和公司章程对监事检查公司财务没有规定公司可以拒绝的情况下，公司无正当理由拒绝，当该权利的行使存在阻碍时，监事应当享有以自己的名义提起诉讼的权利。

第二种观点认为：尽管公司监事可以行使《公司法》规定的财务检查权，但该法仅在第七十八条第六项规定了诉权，即针对公司董事、高级管理人员执行公司职务时违反法律、行政法规或者公司章程的规定，给公司造成损失的情况，法律并未赋予监事以诉讼方式检查公司财务的权利。此外，作为公司监督机关的监事（会）与作为公司权力机关的股东（大）会、作为公司执行机关和代表机关的董事会（执行董事）共同构成公司治理的基本机构。监事（会）行使监督职权实际是维护公司利益的公司行为，即使赋予监事（会）相关诉权，也应由监事（会）以公司名义行使，而不应以监事（会）个体名义行使。

笔者赞同第一种观点：因为既然《公司法》第七十八条已经规定了监事会的财务检查权，那么该权利就属于监事会的一项法定权利。然而权利总是由"特定利益"和"法律上之力"两个要素构成，特定利益是指权利实现能够达到的某种目标或状态，而法律上之力则是指当特定利益不能实现时可以依据法律要求公权力机关强力实现。如果法律载明了监事会的财务检查权而不赋予其基于此的诉权的话，该权利将是镜中花、水中月，监事的职位将真的成为一个摆设，《公司法》中所有权、经营权、监督权分立的立法设计也将名存实亡。

章程条款设计建议

第一，公司章程中必须对监事的财务检查权作出细化规定。例如，规定监事应当检查的文件资料的具体范围，将该类文件资料的名称在章程中进行明确列举；明确监事检查过程中是否可以聘请财务、审计、法律等外部的第三方机构进行协查，是否有权将财务资料进行调取，是否可以委托第三方机构出具审计报告等专业意见；明确监事会或监事是否有权对公司阻碍行使财务检查权的行为提起诉讼。

第二，对于小股东来讲，在股权份额和董事会席位均不占优势的情况下，争取拿到监事会的多数席位或在不设监事会的情况下获得监事职位，对于其间接行使股东知情权有很大的帮助，因为股东知情权的行使需要满足通知程序、正当目的等各种要件，而且行使的机会和频率有限，而如果取得监事职位便可直接对公司的财务状况进行监督检查，对于公司的财务状况可以做到事中检查，过程监督，避免问题出现，难以补救的风险。基于此，小股东务必在公司成立之初，获得监事职位或席位，保障自己的监督权。

延伸阅读

关于监事是否可以通过诉讼的方式行使财务检查权，审判实践中存在两种截然相反的裁判观点。

裁判观点一：监事有权以自己的名义以诉讼的方式行使财务检查权

案例一：成都市中级人民法院审理的成都市半某餐饮有限公司与黄某某其他股东权纠纷二审民事判决书［（2013）成民终字第3001号］认为：根据《中华人民共和国公司法》第五十三条第（一）项"监事会、不设监事会的公司的监事行使下列职权：（一）检查公司财务"之规定，以及第五十四条第二款"监事会、不设监事会的公司的监事发现公司经营情况异常，可以进行调查；必要时，可以聘请会计师事务所等协助其工作，费用由公司承担"之规定，[1] 行使检查公司财务权和聘请会计师事务所等协助调查权的法定主体为监事会或不设监事会的公司的监事，而根据半某公司章程的规定，半某公司不设监事会，由监事行使检查公司财务权，故黄某有权以监事的身份要求行使上述权利，关于其以监事身份主张检查公司财务权

---

[1] 《公司法》已修改，现相关规定见《公司法》（2023年修订）第七十八条第一项、第七十九条第二款。

的诉讼请求成立，本院予以支持。"

裁判观点二：监事无权以自己的名义以诉讼的方式行使财务检查权

案例二：湖北省高级人民法院审理的章某、宜昌全某福餐饮有限公司股东知情权纠纷再审审查与审判监督民事裁定书［（2017）鄂民申 1489 号］认为：关于章某能否以监事身份起诉要求检查公司财务的问题。章某以监事身份提起诉讼的法律依据为《公司法》第五十三条和第五十四条有关监事职权的规定。该法第五十三条规定："监事会、不设监事会的公司的监事行使下列职权：（一）检查公司财务；（二）对董事、高级管理人员执行公司职务的行为进行监督，对违反法律、行政法规、公司章程或者股东会决议的董事、高级管理人员提出罢免的建议；（三）当董事、高级管理人员的行为损害公司的利益时，要求董事、高级管理人员予以纠正；（四）提议召开临时股东会会议，在董事会不履行本法规定的召集和主持股东会会议职责时召集和主持股东会会议；（五）向股东会会议提出提案；（六）依照本法第一百五十一条的规定，对董事、高级管理人员提起诉讼；（七）公司章程规定的其他职权。"① 第五十四条规定："监事可以列席董事会会议，并对董事会决议事项提出质询或者建议。监事会、不设监事会的公司的监事发现公司经营情况异常，可以进行调查；必要时，可以聘请会计师事务所等协助其工作，费用由公司承担。"② 尽管公司监事可以行使《公司法》规定的上述职权，但该法仅在第五十三条第六项规定了诉权，即针对公司董事、高级管理人员执行公司职务时违反法律、行政法规或者公司章程的规定，给公司造成损失的情况，法律并未赋予监事以诉讼方式检查公司财务的权利。此外，作为公司监督机关的监事（会）与作为公司权力机关的股东（大）会，作为公司执行机关和代表机关的董事会（执行董事）共同构成公司治理的基本机构，监事（会）行使监督职权实际是维护公司利益的公司行为，即使赋予监事（会）相关诉权，也应由监事（会）以公司名义行使，而不应以监事（会）个体名义行使。因此，章某在本案中以个人名义起诉全某福公司没有法律依据，其相关再审事由不成立。

案例三：盐城市中级人民法院审理的唐某民与盐城市中某机动车检测有限公司二审民事裁定书［（2017）苏 09 民终 3041 号］认为，上诉人唐某民虽为中某公司的股东、监事，但其在一审中明确要求以监事身份检查公司财务。《中华人民共和国公司法》第五十三条③虽规定监事有检查公司财务的权利，但未赋予在公司拒绝

---

① 《公司法》已修改，现相关规定见《公司法》（2023 年修订）第七十八条。
② 《公司法》已修改，现相关规定见《公司法》（2023 年修订）第七十九条。
③ 《公司法》已修改，现相关规定见《公司法》（2023 年修订）第七十八条。

监事检查公司财务时其可通过诉讼的方式获得检查的权利,监事对公司财务进行检查应属于公司内部管理范畴,不具有可诉性,一审裁定驳回其起诉并无不当。事实上,在一审法院驳回上诉人唐某民的起诉后,唐某民已经以公司股东身份向一审法院提起股东知情权诉讼。

裁判观点三:监事有权对公司的财务凭证委托第三方审计

案例四:舟山市中级人民法院审理的舟山凯某酒店投资有限公司、张某声损害公司利益责任纠纷二审民事判决书〔(2017)浙09民终299号〕认为:对于被上诉人是否应当返还上诉人公司2016年财务凭证一节。上诉人提供的收据能够证明张某声拿走了上诉人公司2016年1月至9月的费用凭证及2016年10月至12月的流水账及费用账单。根据《公司法》第五十三条规定,公司监事有权检查公司财务。① 被上诉人作为公司监事,因对公司财务情况产生怀疑,经与公司实际负责经营事项的法定代表人交涉未果后,以检查公司财务为由拿走上述公司上述财务凭证,并向公司财务出具借条,委托相关部门进行审计,属于正常行使其监事权利,并不违反法律、法规规定的情形,也不存在违反《会计档案管理办法》的情况。故上诉人要求被上诉人返还上述财务凭证并无法律依据,本院不予支持。

---

① 《公司法》已修改,现相关规定见《公司法》(2023年修订)第七十八条。

第五章　股东会与董事会的职权

037 公司章程可将经营管理的权限分级授予股东会、董事会及总经理

设计要点

公司章程可将经营管理的权限分级授予股东会、董事会及总经理。

阅读提示

《公司法》并未将诸如公司收购、出售资产、对外投资、对外担保、关联交易、抵押借款、捐赠等经营管理事项的决定权专门划归给股东会或董事会，为保证该类事项决策的科学性及效率，清晰划分各组织机构的权力界限，公司章程有必要将上述经营管理事项的决策权按照重要程度、金额大小、所占比重等因素合理分配给股东会及董事会。

章程研究文本

《徐工集团工程机械股份有限公司章程》（2023年4月版）

第一百一十条　董事会应当确定对外投资、购买或出售资产、资产抵（质）押、对外担保、委托理财、关联交易等事项的权限，建立严格的审查和决策程序；重大投资项目应当组织有关专家、专业人员进行评审，并报股东大会批准。

（一）股权投资、股权出售、资产置换、债权或债务重组

交易达到下列标准之一的，应提交股东大会审议批准：

1. 交易涉及的资产总额（同时存在账面值和评估值的，以较高者为准）占公司最近一期经审计的总资产30%以上；

2. 交易成交金额（含承担债务和费用）占公司最近一期经审计的净资产30%以上；

3. 交易产生的利润占公司最近一个会计年度经审计的净利润30%以上；

4. 交易标的在最近一个会计年度相关的营业收入占公司最近一个会计年度经审计的营业收入30%以上；

5. 交易标的在最近一个会计年度相关的净利润占公司最近一个会计年度经审计的净利润30%以上。

交易未达到上述标准的，由董事会审议批准。

（二）证券期货投资、私募股权投资、委托理财、委托贷款、信托产品投资额度占公司最近一期经审计的净资产20%以上的，由股东大会审议批准。交易未达到上述标准的，由董事会审议批准。

（三）固定资产、无形资产投资

交易成交金额占公司最近一期经审计的净资产30%以上的，由股东大会审议批准。

交易成交金额占公司最近一期经审计的净资产5%—30%的，由董事会审议批准。

交易未达到上述标准的，由公司《总裁工作细则》具体规定审批权限。

（四）出售固定资产、无形资产

交易达到下列标准之一的，应提交股东大会审议批准：

1. 交易涉及的资产总额（同时存在账面值和评估值的，以较高者为准）占公司最近一期经审计的总资产30%以上；

2. 交易成交金额（含承担债务和费用）占公司最近一期经审计的净资产30%以上；

3. 交易产生的利润占公司最近一个会计年度经审计的净利润30%以上。

交易未达到上述标准，但达到下列标准之一的，应提交董事会审议批准：

1. 交易涉及的资产总额（同时存在账面值和评估值的，以较高者为准）占公司最近一期经审计的总资产5%—30%；

2. 交易成交金额（含承担债务和费用）占公司最近一期经审计的净资产5%—30%；

3. 交易产生的利润占公司最近一个会计年度经审计的净利润5%—30%。

交易未达到上述标准的，由公司《总裁工作细则》具体规定审批权限。

（五）研究与开发项目的转移、签订许可协议

交易达到下列标准之一的，应提交股东大会审议批准：

1. 交易涉及的资产总额（同时存在账面值和评估值的，以较高者为准）占公

司最近一期经审计的总资产30%以上；

2. 交易成交金额（含承担债务和费用）占公司最近一期经审计的净资产30%以上；

3. 交易产生的利润占公司最近一个会计年度经审计的净利润30%以上。

交易未达到上述标准的，由董事会审议批准。

（六）租入（出）资产

交易达到下列标准之一的，应提交股东大会审议批准：

1. 交易涉及的资产总额（同时存在账面值和评估值的，以较高者为准）占公司最近一期经审计的总资产30%以上；

2. 交易成交金额（含承担债务和费用）占公司最近一期经审计的净资产30%以上。

交易未达到上述标准，但达到下列标准之一的，应提交董事会审议批准：

1. 交易涉及的资产总额（同时存在账面值和评估值的，以较高者为准）占公司最近一期经审计的总资产5%—30%；

2. 交易成交金额（含承担债务和费用）占公司最近一期经审计的净资产5%—30%；

交易未达到上述标准的，由公司《总裁工作细则》具体规定审批权限。

（七）受（委）托经营

交易达到下列标准之一的，应提交股东大会审议批准：

1. 交易涉及的资产总额（同时存在账面值和评估值的，以较高者为准）占公司最近一期经审计的总资产30%以上；

2. 交易成交金额（含承担债务和费用）占公司最近一期经审计的净资产30%以上；

3. 交易产生的利润占公司最近一个会计年度经审计的净利润30%以上。

交易未达到上述标准的，由董事会审议批准。

（八）资产抵（质）押

资产抵（质）押金额占公司最近一期经审计净资产30%以上的，由股东大会审议批准。

交易未达到上述标准的，由董事会审议批准。

（九）资产损失核销

资产损失核销占公司最近一个会计年度经审计的利润10%以上的，由董事会审议批准。

（十）对外担保

对外担保由董事会或股东大会审议批准。公司董事会审议对外担保由出席董事会会议的三分之二以上董事审议通过。

对外担保达到下列标准之一的，应提交股东大会审议批准：

1. 为同一对象担保总额占最近一期经审计净资产的 10% 以上；
2. 对外担保总额占最近一期经审计净资产的 50% 以上；
3. 对外担保总额占最近一期经审计总资产的 30% 以上。

交易未达到上述标准的，由董事会审议批准。

公司对外担保还应遵守本章程第四十一条的有关规定。

（十一）对外捐赠、赞助

对外捐赠、赞助金额在 500 万元以上的，由股东大会审议批准。

对外捐赠、赞助金额在 100 万元—500 万元的，由董事会审议批准。

交易未达到上述标准的，由公司《总裁工作细则》具体规定审批权限。

（十二）申请银行授信

申请银行授信额度占公司最近一期经审计净资产 30% 以上的，由股东大会批准。

交易未达到上述标准的，由董事会审议批准。

（十三）关联交易

公司与关联人交易成交金额占公司最近一期经审计净资产 5% 以上的，由股东大会审议批准。

公司与关联自然人发生交易金额在 30 万元以上，或公司与关联法人发生交易金额占公司最近一期经审计净资产 0.5%—5% 的，由董事会审议批准。

交易未达到上述标准的，由公司《总裁工作细则》具体规定审批权限。

上述交易审批权限既可单次使用，也可在连续 12 个月内累计使用。累计计算的标准按照《深圳证券交易所股票上市规则》的有关规定执行。涉及的数据如为负值，取其绝对值计算。

（十四）公司发生的交易仅达到本条第（一）款第 3 项、第 5 项，第（四）款第 3 项，第（五）款第 3 项，第（七）款第 3 项标准，且公司最近一个会计年度每股收益的绝对值低于 0.05 元的，经深圳证券交易所同意后，公司豁免适用相关条款提交股东大会审议。

（十五）公司与合并报表范围内的控股子公司发生的或者上述控股子公司之间发生的交易，除中国证监会或深圳证券交易所另有规定外，免于按照本条提交股东大会审议。

同类章程条款

笔者查阅了近百家上市公司的公司章程，其中存在少部分公司对股东会、董事会对其公司经营管理权的决策标准作了更加细致的规定，列举如下：

《荣安地产股份有限公司章程》(2023年6月版)

第一百一十条 董事会决定公司收购、出售资产、对外投资、购买经营性土地、对外担保、关联交易、捐赠的权限设定如下：

（一）关于收购、出售资产的权限设定，在满足以下1—5条的情况下，董事会有权决定：

1. 收购、出售涉及的资产总额（或成交金额）占公司最近一期经审计总资产的30%以下，并以资产总额和成交金额中的较高者作为计算标准；

2. 收购、出售标的（如股权）在最近一个会计年度相关的营业收入占公司最近一个会计年度经审计营业收入的50%以下，或绝对金额在5000万元以下；

3. 收购、出售标的（如股权）在最近一个会计年度相关的净利润占公司最近一个会计年度经审计净利润的50%以下，或绝对金额在500万元以下；

4. 收购、出售的成交金额（含承担债务和费用）占公司最近一期经审计净资产的50%以下，或绝对金额在5000万元以下；

5. 收购、出售产生的利润占公司最近一个会计年度经审计净利润的50%以下，或绝对金额在500万元以下。

上述购买、出售的资产不含购买原材料、燃料和动力以及出售产品、商品等与日常经营相关的资产，但资产置换中涉及购买、出售此类资产的，仍包含在内。交易金额按交易事项的类型在连续十二个月内累计计算。

（二）对外投资（含委托理财、委托贷款、对子公司投资等）

对外投资金额占公司最近一期经审计净资产30%以上、50%以下，或绝对金额在5000万元以下的事项由董事会审议决定。

其中，交易标的相关的同类交易、委托理财产易事项按连续十二个月累计计算。

（三）购买经营性土地

公司及公司控股子公司通过公开竞拍方式购买经营性土地（不含通过合作方式实质上取得土地经营权）视同购买原材料，涉及交易金额占公司最近一期经审计总资产的50%以上，且绝对金额超5亿元人民币，由董事会审议决定。董事会授权经营层先行参加土地投标或竞买活动，待竞拍成功后报董事会审议批准。

（四）对外担保

公司所有对外担保须经董事会全体成员三分之二签署同意；对外担保行为符合本章程第四十一条规定的，还应当在董事会审议通过后提交公司股东大会审议通过。

公司全体董事应当审慎对待和严格控制对外担保产生的债务风险，并对违规或失当的对外担保产生的损失依法承担连带责任。

（五）关联交易

1. 公司与关联法人达成的关联交易总额或就同一标的在 12 个月内达成的关联交易累计金额在 300 万元至 3000 万元之间且占公司最近一期经审计净资产值的 0.5% 至 5% 之间的，应由公司独立董事认可后，提交董事会审议批准。

2. 公司与关联自然人发生的交易金额在 30 万元以上的关联交易，应由公司独立董事认可之后，提交董事会批准后实施。

（六）捐赠

因公益事业需要，对外捐赠的资产数额（包括现金和实物）一年内累计不大于公司最近一期经审计的净资产的 5%。

上述事项，若法律法规或中国证监会以及深圳证券交易所制定的相关规定另有规定的，从其规定。

公司法和相关规定

《公司法》（2023 年修订）

第十五条 公司向其他企业投资或者为他人提供担保，按照公司章程的规定，由董事会或者股东会决议；公司章程对投资或者担保的总额及单项投资或者担保的数额有限额规定的，不得超过规定的限额。

公司为公司股东或者实际控制人提供担保的，应当经股东会决议。

前款规定的股东或者受前款规定的实际控制人支配的股东，不得参加前款规定事项的表决。该项表决由出席会议的其他股东所持表决权的过半数通过。

第五十九条 股东会行使下列职权：

（一）选举和更换董事、监事，决定有关董事、监事的报酬事项；

（二）审议批准董事会的报告；

（三）审议批准监事会的报告；

（四）审议批准公司的利润分配方案和弥补亏损方案；

（五）对公司增加或者减少注册资本作出决议；

（六）对发行公司债券作出决议；

（七）对公司合并、分立、解散、清算或者变更公司形式作出决议；

（八）修改公司章程；

（九）公司章程规定的其他职权。

股东会可以授权董事会对发行公司债券作出决议。

对本条第一款所列事项股东以书面形式一致表示同意的，可以不召开股东会会议，直接作出决定，并由全体股东在决定文件上签名或者盖章。

第六十六条 股东会的议事方式和表决程序，除本法有规定的外，由公司章程规定。

股东会作出决议，应当经代表过半数表决权的股东通过。

股东会作出修改公司章程、增加或者减少注册资本的决议，以及公司合并、分立、解散或者变更公司形式的决议，应当经代表三分之二以上表决权的股东通过。

第六十七条 有限责任公司设董事会，本法第七十五条另有规定的除外。

董事会行使下列职权：

（一）召集股东会会议，并向股东会报告工作；

（二）执行股东会的决议；

（三）决定公司的经营计划和投资方案；

（四）制订公司的利润分配方案和弥补亏损方案；

（五）制订公司增加或者减少注册资本以及发行公司债券的方案；

（六）制订公司合并、分立、解散或者变更公司形式的方案；

（七）决定公司内部管理机构的设置；

（八）决定聘任或者解聘公司经理及其报酬事项，并根据经理的提名决定聘任或者解聘公司副经理、财务负责人及其报酬事项；

（九）制定公司的基本管理制度；

（十）公司章程规定或者股东会授予的其他职权。

公司章程对董事会职权的限制不得对抗善意相对人。

第一百八十一条 董事、监事、高级管理人员不得有下列行为：

（一）侵占公司财产、挪用公司资金；

（二）将公司资金以其个人名义或者以其他个人名义开立账户存储；

（三）利用职权贿赂或者收受其他非法收入；

（四）接受他人与公司交易的佣金归为己有；

（五）擅自披露公司秘密；

（六）违反对公司忠实义务的其他行为。

第一百八十六条 董事、监事、高级管理人员违反本法第一百八十一条至第一百八十四条规定所得的收入应当归公司所有。

《公司法》（2018年修正，已被修订）

第十六条第一款 公司向其他企业投资或者为他人提供担保，依照公司章程的规定，由董事会或者股东会、股东大会决议；公司章程对投资或者担保的总额及单项投资或者担保的数额有限额规定的，不得超过规定的限额。

第三十七条 股东会行使下列职权：

（一）决定公司的经营方针和投资计划；

（二）选举和更换非由职工代表担任的董事、监事，决定有关董事、监事的报酬事项；

（三）审议批准董事会的报告；

（四）审议批准监事会或者监事的报告；

（五）审议批准公司的年度财务预算方案、决算方案；

（六）审议批准公司的利润分配方案和弥补亏损方案；

（七）对公司增加或者减少注册资本作出决议；

（八）对发行公司债券作出决议；

（九）对公司合并、分立、解散、清算或者变更公司形式作出决议；

（十）修改公司章程；

（十一）公司章程规定的其他职权。

对前款所列事项股东以书面形式一致表示同意的，可以不召开股东会会议，直接作出决定，并由全体股东在决定文件上签名、盖章。

第四十三条第二款 股东会会议作出修改公司章程、增加或者减少注册资本的决议，以及公司合并、分立、解散或者变更公司形式的决议，必须经代表三分之二以上表决权的股东通过。

第四十六条 董事会对股东会负责，行使下列职权：

（一）召集股东会会议，并向股东会报告工作；

（二）执行股东会的决议；

（三）决定公司的经营计划和投资方案；

（四）制订公司的年度财务预算方案、决算方案；

（五）制订公司的利润分配方案和弥补亏损方案；

（六）制订公司增加或者减少注册资本以及发行公司债券的方案；

（七）制订公司合并、分立、解散或者变更公司形式的方案；

（八）决定公司内部管理机构的设置；

（九）决定聘任或者解聘公司经理及其报酬事项，并根据经理的提名决定聘任或者解聘公司副经理、财务负责人及其报酬事项；

（十）制定公司的基本管理制度；

（十一）公司章程规定的其他职权。

第一百零四条 本法和公司章程规定公司转让、受让重大资产或者对外提供担保等事项必须经股东大会作出决议的，董事会应当及时召集股东大会会议，由股东大会就上述事项进行表决。

第一百四十八条 董事、高级管理人员不得有下列行为：

（一）挪用公司资金；

（二）将公司资金以其个人名义或者以其他个人名义开立账户存储；

（三）违反公司章程的规定，未经股东会、股东大会或者董事会同意，将公司资金借贷给他人或者以公司财产为他人提供担保；

（四）违反公司章程的规定或者未经股东会、股东大会同意，与本公司订立合同或者进行交易；

（五）未经股东会或者股东大会同意，利用职务便利为自己或者他人谋取属于公司的商业机会，自营或者为他人经营与所任职公司同类的业务；

（六）接受他人与公司交易的佣金归为己有；

（七）擅自披露公司秘密；

（八）违反对公司忠实义务的其他行为。

董事、高级管理人员违反前款规定所得的收入应当归公司所有。

专家分析

《公司法》以列举的形式规定了股东会和董事会的法定职权，并以兜底条款的形式规定了股东会和董事会可以通过公司章程规定其他职权。具体如表1所示：

表 1　股东会与董事会职权

序号	股东会职权	董事会职权
1	决定公司的经营方针和投资计划（《公司法》2023年修订已删除）	决定公司的经营计划和投资方案（第六十七条）
2	审议批准公司的年度财务预算方案、决算方案（《公司法》2023年修订已删除）	制订公司的年度财务预算方案、决算方案（《公司法》2023年修订已删除）（第六十七条）
3	审议批准公司的利润分配方案和弥补亏损方案（第五十九条）	制订公司的利润分配方案和弥补亏损方案（第六十七条）
4	对公司增加或者减少注册资本作出决议（第五十九条）	制订公司增加或者减少注册资本以及发行公司债券的方案（第六十七条）
5	对发行公司债券作出决议（第五十九条）	决定公司内部管理机构的设置（第六十七条）
6	对公司合并、分立、解散、清算或者变更公司形式作出决议（第五十九条）	制订公司合并、分立、解散或者变更公司形式的方案（第六十七条）
7	修改公司章程（第五十九条）	制订公司的基本管理制度（第六十七条）
8	选举和更换董事、监事，决定有关董事、监事的报酬事项（第五十九条）	决定聘任或者解聘公司经理及其报酬事项，并根据经理的提名决定聘任或者解聘公司副经理、财务负责人及其报酬事项（第六十七条）
9	审议批准董事会的报告（第五十九条）	召集股东会会议，并向股东会报告工作（第六十七条）
10	审议批准监事会的报告（第五十九条）	执行股东会的决议（第六十七条）
11	公司章程规定的其他职权（第五十九条）	公司章程规定或股东会授予的其他职权
12	对外投资或对非实际控制人提供担保（第十五条第一款）、聘用或解聘会计师事务所（第二百一十五条）、董事高管实行关联交易的批准权（第一百八十二条）	对外投资或对非实际控制人提供担保（第十五条第一款）、聘用或解聘会计师事务所、董事高管实行关联交易的批准权（第一百八十二条）
13	为公司股东或实际控制人提供担保（第十五条第二款），董事高管实行竞业禁止义务的批准权（第一百八十三条）	

通过上表可知，《公司法》并没有将部分经营管理的决策权明确授予股东会或董事会，而是将该类事项的决策权的划归交由公司章程来自由约定，在该种情形下，为保证决策的科学性及效率，公司章程依据该类事项的重要程度、金额大小、所占比重等因素，将上述经营管理权合理地分配给股东会和董事会，以保证上述两机构职权范围的无缝对接。

章程条款设计建议

第一，公司章程对经营管理的决策事项进行细分，可以根据本案所研究章程的内容细分为：公司收购、出售资产、对外投资、购买资产、对外担保、关联交易、抵押借款、捐赠等事项。

第二，公司章程依据各决策事项的重要程度、金额大小、所占比重等因素，将各类事项分出轻重缓急，然后将各类事项进行量化区分，然后依次分配给股东会、董事会行使。

第三，将上述各类事项进行分权后，在股东会或董事会的内部，也根据决策事项重要性的不同，细分为一般决策事项及绝对多数决策事项。

公司章程条款实例

……董事会决定公司收购、出售资产、对外投资、购买经营性土地、对外担保、关联交易、抵押借款、捐赠的权限设定如下：

（一）关于收购、出售资产的权限设定，在满足以下1—5条的情况下，董事会有权决定：

1. 收购、出售涉及的资产总额（或成交金额）占公司最近一期经审计总资产的30%以下，并以资产总额和成交金额中的较高者作为计算标准；

2. 收购、出售标的（如股权）在最近一个会计年度相关的营业收入占公司最近一个会计年度经审计营业收入的50%以下，或绝对金额在5000万元以下。

3. 收购、出售标的（如股权）在最近一个会计年度相关的净利润占公司最近一个会计年度经审计净利润的50%以下，或绝对金额在500万元以下；

4. 收购、出售的成交金额（含承担债务和费用）占公司最近一期经审计净资产的50%以下，或绝对金额在5000万元以下；

5. 收购、出售产生的利润占公司最近一个会计年度经审计净利润的50%以下，或绝对金额在500万元以下。

上述购买、出售的资产不含购买原材料、燃料和动力以及出售产品、商品等与日常经营相关的资产，但资产置换中涉及购买、出售此类资产的，仍包含在内。交易金额按交易事项的类型在连续12个月内累计计算。

（二）对外投资（含委托理财、委托贷款、对子公司投资等）

对外投资金额占公司最近一期经审计净资产的50%以下，或5000万元以下。上述交易金额按交易事项的类型在连续12个月内累计计算。

（三）购买经营性土地公司及公司控股子公司通过公开竞拍方式购买经营性土地（不含通过合作方式实质上取得土地经营权），涉及交易金额在公司最近一期经审计总资产的30%以下，由董事会审议决定。董事会授权经营层先行参加土地投标或竞买活动，待竞拍成功后报董事会审议批准。通过合作方式实质取得土地经营权的审批权限参照公司对外投资权限执行。上述交易金额按交易事项的类型在连续12个月内累计计算。

（四）对外担保公司所有对外担保须经董事会全体成员三分之二签署同意；对外担保行为符合本章程第××条规定的，还应当在董事会审议通过后提交公司股东大会审议通过。公司全体董事应当审慎对待和严格控制对外担保产生的债务风险，并对违规或失当的对外担保产生的损失依法承担连带责任。

（五）关联交易

1. 公司与关联法人达成的关联交易总额或就同一标的在12个月内达成的关联交易累计金额在300万元至3000万元之间且占公司最近一期经审计净资产值的0.5%至5%之间的，应由公司独立董事认可后，提交董事会审议批准。

2. 公司与关联自然人发生的交易金额在30万元以上的关联交易，应由公司独立董事认可之后，提交董事会批准后实施。

（六）抵押借款审批公司（包括所属全资子公司）因经营需要进行融资而发生的占公司最近一期经审计总资产的10%以上的资产抵押借款事项。抵押金额以连续12个月内累计抵押金额计算。

（七）捐赠

因公益事业需要，对外捐赠的资产数额（包括现金和实物）一年内累计不大于公司最近一期经审计的净资产的1%。

注：该条款中的决策事项、决策事项的比重以及决策事项所要求的表决权要求，可以根据公司的实际情况进行调整。

延伸阅读

将经营管理决策权进行细分的章程内容参考
《南华生物医药股份有限公司章程》（2022年10月版）

第一百一十条 董事会应当确定对外投资、收购和出售资产、资产抵押、对外担保、委托理财、关联交易、对外捐赠的权限，建立严格的审查和决策程序。重大投资项目应当组织有关专家、专业人员进行评审，并报股东大会批准。

股东大会根据有关法律、行政法规及规范性文件的规定，按照谨慎授权原则，授予董事会的审批权限为：

（一）审议批准公司章程规定的应由股东大会审议批准以外的对外担保、向其他企业投资、证券投资、委托理财和衍生产品投资等事项。

（二）审议批准达到下列标准之一的交易（不包括公司购买原材料、燃料和动力，以及出售产品、商品等与日常经营相关的资产，但资产置换中涉及购买、出售此类资产的，仍包含在内）事项：

1. 交易涉及的资产总额占公司最近一期经审计总资产的10%以上但不超过50%，该交易涉及的资产总额同时存在账面值和评估值的，以较高者作为计算数据；

2. 交易标的（如股权）涉及的资产净额占公司最近一期经审计净资产的10%以上但不超过50%，且绝对金额在1,000万元人民币以上，该交易涉及的资产净额同时存在账面值和评估值的，以较高者作为计算数据；

3. 交易标的（如股权）在最近一个会计年度相关的营业收入占公司最近一个会计年度经审计营业收入的10%以上但不超过50%，且绝对金额在1,000万元人民币以上；

4. 交易标的（如股权）在最近一个会计年度相关的净利润占公司最近一个会计年度经审计净利润的10%以上但不超过50%，且绝对金额在100万元人民币以上；

5. 交易的成交金额（含承担债务和费用）占公司最近一期经审计净资产的10%以上但不超过50%，且绝对金额在1,000万元人民币以上；

6. 交易产生的利润占公司最近一个会计年度经审计净利润的10%以上但不超过50%，且绝对金额在100万元人民币以上。

公司发生的交易涉及"提供财务资助""提供担保"和"委托理财"等事项时，应当以发生额作为计算标准。

本条所称"交易"包括（但不限于）：购买或出售资产（不含购买原材料、燃料和动力，以及出售产品、商品等与日常经营相关的资产，但资产置换中涉及购买、出售此类资产的，仍包含在内），对外投资（含委托理财、委托贷款等），提供财务资助，提供担保（反担保除外），租入或租出资产，签订管理方面的合同（含委托经营、受托经营等），赠与或受赠资产，债权或债务重组，研究与开发项目的转移，签订许可协议，以及证券监管部门或董事会认定的其他交易。

（三）审议决定以下关联交易事项：

1. 公司与关联自然人发生的交易金额在 30 万元以上的关联交易；

2. 公司与关联法人发生的交易金额在 300 万元以上，且占公司最近一期经审计净资产绝对值 0.5% 以上的关联交易；

本条所称"关联交易"除了本条第（一）项所指的交易事项之外，还包括：购买原材料、燃料、动力，销售产品、商品，提供或接受劳务，委托或受托销售，与关联人共同投资，其他通过约定可能造成资源或义务转移的事项。

本项所称关联人按《上市规则》的规定执行。

（四）审议决定信贷额度、投资额度占公司最近一期经审计净资产 10% 以上但不超过 50% 之间的事项，且绝对金额在 1,000 万人民币以上。

（五）审议决定公司在一年内购买、出售重大资产占公司最近一期经审计总资产 10% 以上但低于 30% 之间的交易事项。

（六）审议批准单项金额或在一个会计年度内累计金额 500 万元以上且不超过 1,000 万元的对外捐赠事项。

（七）审议法律、行政法规、部门规章、《上市规则》或《公司章程》规定应当由董事会决定的其他事项。有关法律、行政法规、部门规章、其他规范性文件、公司章程对相关事项有特别规定的，按特别规定执行。

《珠海港股份有限公司章程》（2023 年 12 月版）

第一百一十七条 董事局行使下列职权：

（一）召集股东大会，并向股东大会报告工作；

（二）执行股东大会的决议；

（三）决定公司的经营计划和投资方案；

（四）制订公司的年度财务预算方案、决算方案；

（五）制订公司的利润分配方案和弥补亏损方案；

（六）制订公司增加或者减少注册资本、发行债券或者其他证券及上市方案；

（七）拟订公司重大收购、收购本公司股票或者合并、分立、解散及变更公司形式的方案；

（八）审议批准未达到股东大会审议标准的交易、关联交易、对外担保、对外提供财务资助、证券投资、期货和衍生品交易、对外捐赠等事项；

（九）决定公司内部管理机构的设置；

（十）决定聘任或者解聘公司总裁、董事局秘书，并决定其报酬事项和奖惩事项；根据总裁的提名，决定聘任或者解聘公司副总裁、财务总监等高级管理人员，并决定其报酬事项和奖惩事项；

（十一）制订公司的基本管理制度；

（十二）制订本章程的修改方案；

（十三）管理公司信息披露事项；

（十四）向股东大会提请聘请或更换为公司审计的会计师事务所；

（十五）听取公司总裁的工作汇报并检查总裁的工作；

（十六）法律、行政法规、部门规章或本章程授予的其他职权。

第一百二十一条　董事局应当确定对外投资、收购出售资产、资产抵押、对外担保事项、委托理财、关联交易、对外捐赠等权限，建立严格的审查和决策程序；重大投资项目应当组织有关专家、专业人员进行评审，并报股东大会批准。

第一百二十二条　除本章程第一百一十七条规定的职权外，董事局有权审议以下事项：

（一）报废、毁损、盘亏、坏账的核销处理：单笔金额不超过公司最近一期经审计净资产的5%，或一个会计年度同类事项累计发生金额不超过公司最近一期经审计净资产的10%；

（二）融资：对外债务总额不超过公司最近一期经审计总资产的70%；

（三）赠与或受赠资产：单一事项涉及金额不超过最近一期经审计净资产的千分之二。

（四）中介咨询服务类合同的订立、变更、解除和终止，单笔合同金额不超过公司最近一期经审计净资产的1%；或一个会计年度内累计发生金额不超过公司最近一期经审计净资产的5%。

038 股东会可否授权董事会修改公司章程？

设计要点

公司章程不可将修改章程的权力全部交由董事会，但股东会可授权董事会就特定事项修改章程。

阅读提示

根据《公司法》的明文规定，修订公司章程应属股东会职权，且必须经代表 2/3 以上表决权的股东通过。但是实践中，竟然有上市公司的董事会直接作出修改公司章程的决定，所修改的决定直接涉及变更公司注册资本，并且宣布"本事项无须提交股东大会审议"，这是怎么回事呢？

以下为《烽火通信科技股份有限公司关于修改〈公司章程〉的公告》（公司董事会，2017 年 8 月 17 日）的主要内容：

2014 年 10 月 31 日，公司召开 2014 年第二次临时股东大会审议通过了《烽火通信科技股份有限公司限制性股票激励计划（草案修订稿）及摘要》等相关事项及《关于提请股东大会授权董事会办理公司限制性股票激励计划相关事宜的议案》。股东大会同意授权董事会"修改《公司章程》、办理公司注册资本的变更登记；以及作出其他认为与限制性股票激励计划有关的必须、恰当或合适的所有行为、事情及事宜"等内容。

根据股东大会授权，公司于 2017 年 8 月 15 日召开第六届董事会第十次临时会议，审议通过了《关于修改〈公司章程〉有关条款的议案》。具体修改情况如下：

一、《公司章程》第六条，原为："公司注册资本为人民币 1046272966 元。"现修改为："公司注册资本为人民币 1045964625 元。"

二、《公司章程》第二十条，原为："公司股份总数为 1046272966 股，公司的股本结构为：普通股 1046272966 股。"现修改为："公司股份总数为 1045964625 股，公司的股本结构为：普通股 1045964625 股。"

根据公司 2014 年第二次临时股东大会对董事会的授权，本事项无须提交股东大会审议。

根据公司董事会于同日发布的《烽火通信科技股份有限公司关于回购注销部分

限制性股票的公告》，本次公司减少注册资本的背景是：

烽火通信科技股份有限公司 2014 年实施的限制性股票激励计划中的激励对象中的 9 人因个人原因已辞职，根据公司《限制性股票激励计划（草案修订稿）》的相关规定，上述 9 人已获授予但尚未解锁的 186667 股限制性股票将由公司回购并注销；激励对象中的 36 人因 2016 年度个人绩效考核不符合全部解锁要求，其获受限制性股票中已确认第二期不可解锁部分合计 121674 股，由公司回购并注销；上述合计回购并注销股份数 308341 股，回购价格为 7.15 元/股。

笔者另行查询了该公司 2014 年第二次临时股东大会相关文件，该次股东大会通过的《关于提请股东大会授权董事会办理公司限制性股票激励计划相关事宜的议案》明确：提请股东大会授权董事会，就限制性股票激励计划向有关政府、机构办理审批、登记、备案、核准、同意等手续；签署、执行、修改、完成向有关政府、机构、组织、个人提交的文件；修改《公司章程》、办理公司注册资本的变更登记；以及作出其他认为与限制性股票激励计划有关的必须、恰当或合适的所有行为、事情及事宜。

公司法和相关规定

《公司法》（2023 年修订）

第五十九条第一款　股东会行使下列职权：

……

（八）修改公司章程；

……

第六十六条　股东会的议事方式和表决程序，除本法有规定的外，由公司章程规定。

股东会作出决议，应当经代表过半数表决权的股东通过。

股东会作出修改公司章程、增加或者减少注册资本的决议，以及公司合并、分立、解散或者变更公司形式的决议，应当经代表三分之二以上表决权的股东通过。

《公司法》（2018 年修正，已被修订）

第三十七条第一款　股东会行使下列职权：

……

（十）修改公司章程；

……

第四十三条　股东会的议事方式和表决程序，除本法有规定的外，由公司章程规定。

股东会会议作出修改公司章程、增加或者减少注册资本的决议，以及公司合并、分立、解散或者变更公司形式的决议，必须经代表三分之二以上表决权的股东通过。

专家分析

对于股东会可否将修改章程的权力全部或部分授予董事会行使，实践中存在一定的争议。笔者查询到 3 个与之有关的案例。

案例一的背景与上文中烽火通信修改公司章程的背景相同，均是股东会授权董事会办理限制性股票激励计划具体事宜，后原告认为董事会据此修改公司章程违反了公司章程，应予撤销，法院驳回了其诉讼请求，认为董事会根据股东会的授权修改公司章程、决定注册资本减少未超过董事会的授权范围，故不违反公司章程的规定。

案例二中，公司章程直接将股东会的多项法定职权交由董事会行使，法院认为涉及修改公司章程、增加或者减少注册资本的决议，以及公司合并、分立、解散的决议有且只有公司股东会才有决定权，故公司章程将上述职权交由董事会行使的规定应属无效。

案例三中，公司章程规定"股东会决定对外投资计划"，后股东会以过半数（未过三分之二）作出"股东会授权董事会对 150 万元以下的投资计划有决定权"的决议，法院认为该决议构成对公司章程的实质修改，因未过 2/3 而决议无效。

……

章程条款设计建议

笔者结合上述三个案例建议：

第一，公司章程不要将涉及"修改公司章程、增加或者减少注册资本的决议，以及公司合并、分立、解散的决议"直接概括性地交由董事会行使，否则可能被认定为无效。

第二，对于具体事项，公司股东会可授权董事会在涉及该事项时修改公司章程，但原则上股东会决议仍需三分之二以上表决权的股东同意。

延伸阅读

与股东会授权董事会修改公司章程相关的案例

案例一：北京市第一中级人民法院审理的吴某与北京荣某联科技股份有限公司

决议撤销纠纷二审民事判决书［（2016）京01民终4160号］认为：吴某上诉表示荣某联公司于2015年5月26日的董事会决议中关于回购注销议案涉及公司注册资本减少，董事会超越职权，违反公司章程，应予撤销。本院认为，吴某诉请的是董事会决议撤销，故本案的审理范围为董事会决议中载明的决议内容即部分限制性股票回购注销是否违反公司章程，董事会作出该决议是否超越职权。本案中荣某联公司股东大会审议通过了公司限制性股票激励计划，并授权董事会办理限制性股票激励计划具体事宜，董事会作为执行机关对于不符合激励条件的离职人员的已获授权但尚未解锁的限制性股票进行回购注销作出决议，该决议内容不违反公司限制性股票激励计划，亦未超过董事会的授权范围，故不违反公司章程的规定。

案例二：贵州省高级人民法院审理的徐某霞与安顺绿某报某宾馆有限公司、第三人贵州黔某报业发展有限公司决议效力确认纠纷上诉案二审民事判决书［（2015）黔高民商终字第61号］认为：《中华人民共和国公司法》第四十四条第二款规定："股东会会议作出修改公司章程、增加或者减少注册资本的决议，以及公司合并、分立、解散或者变更公司形式的决议，必须经代表三分之二以上表决权的股东通过。"① 从此条规定中的法律表述用语"必须"可以看出，修改公司章程、增加或者减少注册资本的决议，以及公司合并、分立、解散的决议有且只有公司股东会才有决定权，这是股东会的法定权力。报某宾馆章程第七条第（八）、（十）、（十一）项，第三十二条第（二）项将股东会的法定权利规定由董事会行使，违反了上述强制性法律规定，应属无效。

案例三：北京市第一中级人民法院审理的北京恒某冠辉投资有限公司上诉杜某春等公司决议效力确认纠纷二审民事判决书［（2016）京01民终6676号］认为：恒某公司上诉称，股东会决议第二项内容仅是股东会授权董事会对150万元以下的投资计划有决定权，不构成对公司章程的修改，即便该决议内容与《公司章程》相冲突，亦不是决议无效的法定事由，而是决议被撤销的事由。对此本院认为，恒某公司《公司章程》第八条规定：股东会决定对外投资计划。涉案股东会决议将该职权部分授予董事会，其实质是修改了《公司章程》第八条关于"股东会决定对外投资计划"的内容，在未取得恒某公司三分之二以上表决权的股东同意的情况下，该决议内容违反了《公司法》第四十三条关于"股东会会议作出修改公司章程的决议，必须经代表三分之二以上表决权的股东通过"的规定，一审法院认定该决议内容无效，具有事实及法律依据，本院对恒某公司的该项上诉意见，不予支持。

---

① 《公司法》已修改，现相关规定见《公司法》（2023年修订）第六十六条第三款。

039 公司章程能否将分红方案的审议批准权赋予董事会？

设计要点

《公司法》规定董事会有权制定、股东会有权审设批准利润分配方案，公司章程中可以规定董事会享有审议批准公司利润分配方案的权力。

阅读提示

根据《公司法》的规定，公司股东依法享有资产收益、参与重大决策和选择管理者等权利。股东的股利分红请求权得以实现的前提包括公司有可供分配的利润，以及合法有效的利润分配方案。一个合法有效的利润分配不仅指内容合法，更重要的是程序合法。《公司法》规定由董事会制定利润分配方案，由股东会审议通过。那么，股东会能否自行制定、审议通过利润分配方案？股东会能否通过公司章程将审议通过利润分配方案的决定权授予董事会？股东的临时提案权能否修改董事会制定的利润分配方案？笔者将通过介绍方大集团股份有限公司章程的有关条款及三个相关案例对上述问题进行分析。

章程研究文本

《方大集团股份有限公司章程》（2023年12月版）

第四十一条　股东大会是公司的权力机构，依法行使下列职权：

......

（六）审议批准公司的利润分配方案和弥补亏损方案；

......

第一百零九条　董事会行使下列职权：

......

（五）制定公司的利润分配方案和弥补亏损方案；

......

同类章程条款

笔者查阅了多家上市公司的章程中关于制定及审议通过公司利润分配方案的条

款，其中大多数公司与上述方大集团的公司章程条款相同。

《中兴通讯股份有限公司》（2023 年 4 月版）

第六十七条第（七）项、第一百五十八条第（五）项的规定与上述《方大集团股份有限公司章程》规定相同。

《美的集团股份有限公司章程》（2023 年 4 月版）

第四十一条第（六）项、第一百零九条第（五）项的规定与上述《方大集团股份有限公司章程》规定相同。

《民生控股股份有限公司章程》（2020 年 3 月版）

第四十条第（六）项、第一百零八条第（五）项的规定与上述《方大集团股份有限公司章程》规定相同。

公司法和相关规定

《公司法》（2023 年修订）

第四条 有限责任公司的股东以其认缴的出资额为限对公司承担责任；股份有限公司的股东以其认购的股份为限对公司承担责任。

公司股东对公司依法享有资产收益、参与重大决策和选择管理者等权利。

第五十八条 有限责任公司股东会由全体股东组成。股东会是公司的权力机构，依照本法行使职权。

第五十九条 股东会行使下列职权：

（一）选举和更换董事、监事，决定有关董事、监事的报酬事项；

（二）审议批准董事会的报告；

（三）审议批准监事会的报告；

（四）审议批准公司的利润分配方案和弥补亏损方案；

（五）对公司增加或者减少注册资本作出决议；

（六）对发行公司债券作出决议；

（七）对公司合并、分立、解散、清算或者变更公司形式作出决议；

（八）修改公司章程；

（九）公司章程规定的其他职权。

股东会可以授权董事会对发行公司债券作出决议。

对本条第一款所列事项股东以书面形式一致表示同意的，可以不召开股东会会议，直接作出决定，并由全体股东在决定文件上签名或者盖章。

第六十七条 有限责任公司设董事会，本法第七十五条另有规定的除外。

董事会行使下列职权：

（一）召集股东会会议，并向股东会报告工作；

（二）执行股东会的决议；

（三）决定公司的经营计划和投资方案；

（四）制订公司的利润分配方案和弥补亏损方案；

（五）制订公司增加或者减少注册资本以及发行公司债券的方案；

（六）制订公司合并、分立、解散或者变更公司形式的方案；

（七）决定公司内部管理机构的设置；

（八）决定聘任或者解聘公司经理及其报酬事项，并根据经理的提名决定聘任或者解聘公司副经理、财务负责人及其报酬事项；

（九）制定公司的基本管理制度；

（十）公司章程规定或者股东会授予的其他职权。

公司章程对董事会职权的限制不得对抗善意相对人。

《公司法》（2018年修正，已被修订）

第四条 公司股东依法享有资产收益、参与重大决策和选择管理者等权利。

第三十六条 有限责任公司股东会由全体股东组成。股东会是公司的权力机构，依照本法行使职权。

第三十七条 股东会行使下列职权：

（一）决定公司的经营方针和投资计划；

（二）选举和更换非由职工代表担任的董事、监事，决定有关董事、监事的报酬事项；

（三）审议批准董事会的报告；

（四）审议批准监事会或者监事的报告；

（五）审议批准公司的年度财务预算方案、决算方案；

（六）审议批准公司的利润分配方案和弥补亏损方案；

（七）对公司增加或者减少注册资本作出决议；

（八）对发行公司债券作出决议；

（九）对公司合并、分立、解散、清算或者变更公司形式作出决议；

（十）修改公司章程；

（十一）公司章程规定的其他职权。

对前款所列事项股东以书面形式一致表示同意的，可以不召开股东会会议，直接作出决定，并由全体股东在决定文件上签名、盖章。

第四十六条　董事会对股东会负责，行使下列职权：

（一）召集股东会会议，并向股东会报告工作；

（二）执行股东会的决议；

（三）决定公司的经营计划和投资方案；

（四）制订公司的年度财务预算方案、决算方案；

（五）制订公司的利润分配方案和弥补亏损方案；

（六）制订公司增加或者减少注册资本以及发行公司债券的方案；

（七）制订公司合并、分立、解散或者变更公司形式的方案；

（八）决定公司内部管理机构的设置；

（九）决定聘任或者解聘公司经理及其报酬事项，并根据经理的提名决定聘任或者解聘公司副经理、财务负责人及其报酬事项；

（十）制定公司的基本管理制度；

（十一）公司章程规定的其他职权。

专家分析

公司章程对制定、审议批准公司利润分配方案的事项进行规定的意义在于：根据《公司法》的规定，公司的利润分配方案由董事会制定、由股东会/股东大会审议批准。但是对于股东人数较少、股东自行担任董事、内部机制不健全的有限责任公司，从决策效率的角度出发，可能会在公司章程中规定由董事会决定公司的利润分配或者直接由股东会制定并决定利润分配方案。这样的章程条款是否违反《公司法》对股东会、董事会职权的规定，是否会影响相关决议的效力？因此，对于股东最关心的利润分配这件大事，有必要结合本公司的情况以及《公司法》的规定，考虑能否在公司章程中作出自由规定。

章程条款设计建议

第一，根据《公司法》的规定，公司的利润分配方案由董事会制定，由股东会审议批准。因此，对于公司利润分配方案，董事会享有的制定权以及股东会享有的审议批准权都属于法律赋予的权力。但是，董事会同时享有公司章程规定的其他权力，因此，股东会可以在公司章程中规定董事会享有利润分配的决定权。

第二，董事会享有利润分配的决定权，必须以公司章程的明确授权为限。若公司章程中对此未做规定，董事会未经授权而审议批准的利润分配方案存在效力瑕疵。

第三，董事会享有利润分配权并非适用于所有公司，对于存在控股股东的公司，由于控股股东往往掌握着董事会，若将利润分配的决定权授予董事会将使其成为控股股东追求个人利益的工具，极有可能损害中小股东的利润分配权。对于股东人数较少，由股东组成董事会的有限责任公司，若在公司章程中规定上述条款应认定为有效。

第四，董事会享有利润分配方案的制定权是法律赋予的权力，若公司的利润分配方案未经董事会制定，而是直接由股东会制定并审议批准的，应当认为该程序存在瑕疵。

第五，公司的股东享有临时提案权，其提案的内容应当以股东会职权为限。因此，股东临时提案中涉及利润分配方案的，不能对利润分配方案的内容进行实质性变更。

公司章程条款实例

例1：公司董事会行使制定公司的利润分配方案和弥补亏损方案的职权；股东大会行使审议批准公司的利润分配方案和弥补亏损方案的职权。

例2：公司的利润分配方案由董事会制定，全体董事一致审议通过。

延伸阅读

与公司利润分配方案纠纷有关的案例

案例一：广东省高级人民法院审理的百某有限公司、肇庆广肇马某北江公路大桥有限公司盈余分配纠纷二审民事判决书［（2015）粤高法民四终字第177号］认为，"《中外合作肇庆马某北江公路大桥合同》及《中外合作肇庆马某北江公路大桥章程》规定：公司利润分配方案须经全体董事一致通过。经查，马某大桥公司2001年度、2002年度利润分配方案并未获得公司全体董事一致通过。百某公司在此情形下主张分配利润，并不符合马某大桥公司合同及章程的相关约定"。

案例二：成都市中级人民法院审理的成都聚某网络股份有限公司与某有线电视网络发展有限责任公司盈余分配纠纷二审民事判决书［（2012）成民终字第649号］认为，"我国《公司法》将制定公司的利润分配方案作为董事会的职权之一，将审议批准公司的利润分配方案作为股东会的职权之一，因此，决定公司是否实施利润分配的权力在于股东会。只有经公司董事会制定并经股东会审议批准之后，股东的抽象层面的利润分配请求权才转化为具体层面的利润分配请求权。而《某有线电视网络发展有限责任公司章程》第十六条和第二十四条对公司股东会、董事会的职权也进行了规定,明确董事会可以制定利润分配方案,但分配方案是否实施须经公司股东会批准。本案中,聚某股份公司上诉认为某有线公司董事会已于2006年2月22日形成决议通过了2004年度、2005年度股利分配方案,该方案也提请董事长批准同意执行,分批兑现,2004年度的红利已按该方案实际派现,2005年度的股利的具体金额已在某有线公司2006年度会计报告中列明,聚某股份公司有权对该部分已经确定的股利行使分配请求权。但从现有证据反映,2006年2月22日,某有线公司作出的《第十七次董事会会议决议》通过对2004年度、2005年度利润进行分配,但并未明确分红的具体金额,而是明确具体派现由公司经营班子提出报董事会和股东会批准。在这里,董事会作出的决议仅是作出对利润进行分配,最终的实施须经公司股东会批准,而同年6月26日,某有线公司《关于公司2004年度利润分红派现的报告》也明确2004年度分红是根据公司第十七次董事会会议的决议执行的。从聚某股份公司提供的2004年5月形成的某有线公司2001年度至2003年度分红决议和2009年11月2日形成的某有线公司2005年度至2007年度分红决议,均是以股东会决议形式作出的,能够说明某有线公司利润分配方案的审批系按照《公司法》和公司章程的规定程序进行,即董事会提出分配方案,股东会审议批准"。

案例三:北京市第一中级人民法院审理的王某阳与中某不动产评估有限公司决议效力确认纠纷一案一审民事判决书[(2016)京01民初149号]认为,"《中华人民共和国公司法》第二十二条第一款规定:公司股东会或者股东大会、董事会的决议内容违反法律、行政法规的无效。① 第三十七条规定,股东会行使下列职权:(六)审议批准公司的利润分配方案和弥补亏损方案。② 第四十六条规定,董事会对股东会负责,行使下列职权:(五)制定公司的利润分配方案和弥补亏损方案。③ 由以上规定可知,公司股东会有权审议批准公司的利润分配方案,董事会仅有权制定公司利润分配方案,但无权决定公司利润分配事宜。现中某公司章程中关于公司利润分配之规定与《公司法》规定一致,公司股东会未另行授权公司董事会决定公司利润分配,亦未在事后对诉争董事会决议予以追认,故中某公司董事会无权决定中某公司分红事宜,2005年4月28日董事会关于分红的决议应属无效"。

---

① 《公司法》已修改,现相关规定见《公司法》(2023年修订)第二十五条。
② 《公司法》已修改,现相关规定见《公司法》(2023年修订)第五十九条第一款第四项。
③ 《公司法》已修改,现相关规定见《公司法》(2023年修订)第六十七条第二款第四项。

040 公司章程应详细规定董事会的审批权限

设计要点

董事会应当确定对外投资、收购出售资产、资产抵押、对外担保事项、委托理财、关联交易的权限，建立严格的审查和决策程序。

阅读提示

我国《公司法》规定，股东大会同时拥有修改公司章程和按照公司章程行使职权的权力，董事会依照公司章程规定确定其职权。股东大会可以在章程中对董事会进行授权和限制，细化董事会的职权。目前，我国上市公司章程普遍赋予董事会一定的批准对外投资、收购出售资产、资产抵押、对外担保、委托理财、关联交易事项的权限，这有助于明确董事会职能，避免股东大会与董事会的职能混淆甚至冲突。但是，这种授权是否符合法律的规定，是否有利于公司经营？本文将以《深圳市奥拓电子股份有限公司章程》为例进行分析。

章程研究文本

《深圳市奥拓电子股份有限公司章程》（2023年12月版）

第一百零七条 董事会行使下列职权：

……

（九）在股东大会授权范围内，决定公司对外投资、收购出售资产、资产抵押、对外担保事项、委托理财、关联交易、对外捐赠等事项；

……

第一百一十条 董事会应当确定对外投资、收购出售资产、资产抵押、对外担保事项、委托理财、关联交易、对外捐赠的权限，建立严格的审查和决策程序；重大投资项目应当组织有关专家、专业人员进行评审，并报股东大会批准。

（一）公司对外投资、收购出售资产、资产抵押、委托理财等交易事项达到下列标准之一时，由董事会进行审议：

1. 交易涉及的资产总额占上市公司最近一期经审计总资产的30%以上，该交易涉及的资产总额同时存在账面值和评估值的，以较高者为准；

2. 交易标的（如股权）涉及的资产净额占上市公司最近一期经审计净资产的30%以上，且绝对金额超过3,000万元，该交易涉及的资产净额同时存在账面值和评估值的，以较高者为准；

3. 交易标的（如股权）在最近一个会计年度相关的营业收入占上市公司最近一个会计年度经审计营业收入的30%以上，且绝对金额超过3,000万元；

4. 交易标的（如股权）在最近一个会计年度相关的净利润占上市公司最近一个会计年度经审计净利润的30%以上，且绝对金额超过300万元；

5. 交易的成交金额（含承担债务和费用）占上市公司最近一期经审计净资产的30%以上，且绝对金额超过3,000万元；

6. 交易产生的利润占上市公司最近一个会计年度经审计净利润的30%以上，且绝对金额超过300万元。

上述指标计算中涉及的数据如为负值，取其绝对值计算。

（二）公司对外投资、收购出售资产、资产抵押、委托理财等交易事项达到以下标准之一时，除董事会审议外，还应当提交股东大会审议：

1. 交易涉及的资产总额占公司最近一期经审计总资产的50%以上，该交易涉及的资产总额同时存在账面值和评估值的，以较高者作为计算依据；

2. 交易标的（如股权）涉及的资产净额占上市公司最近一期经审计净资产的50%以上，且绝对金额超过5,000万元，该交易涉及的资产净额同时存在账面值和评估值的，以较高者为准；

3. 交易标的（如股权）在最近一个会计年度相关的营业收入占上市公司最近一个会计年度经审计营业收入的50%以上，且绝对金额超过5,000万元；

4. 交易标的（如股权）在最近一个会计年度相关的净利润占上市公司最近一个会计年度经审计净利润的50%以上，且绝对金额超过500万元；

5. 交易的成交金额（含承担债务和费用）占上市公司最近一期经审计净资产的50%以上，且绝对金额超过5,000万元；

6. 交易产生的利润占上市公司最近一个会计年度经审计净利润的50%以上，且绝对金额超过500万元上述指标计算中涉及的数据如为负值，取其绝对值计算。

……

同类章程条款

我国上市公司章程通常规定董事会在股东大会授权范围内，决定公司对外投资、收购出售资产、资产抵押、对外担保、委托理财、关联交易等事项，各公司章程在此基础上对于授权范围进行了定义，一般而言，股东大会会授权董事会对于不超过一定数额的收购或交易事项进行审批，《深圳市奥拓电子股份有限公司章程》和《山西美锦能源股份有限公司章程》均在此列。

《山西美锦能源股份有限公司章程》(2023年11月版)

第一百零七条 董事会行使下列职权：

……

（八）在股东大会授权范围内，决定公司对外投资、收购出售资产、资产抵押、对外担保事项、委托理财、关联交易等事项；

……

第一百一十条 董事会应当确定对外投资、收购出售资产、资产抵押、对外担保事项、委托理财、关联交易的权限，建立严格的审查和决策程序；重大投资项目应当组织有关专家、专业人员进行评审，并报股东大会批准。

董事会具有审批下列重大事项的权限：

（1）与关联自然人发生的交易金额超过30万元，但未达到"交易金额超过3000万元，且占公司最近经审计净资产5%以上"的；与关联法人发生的交易金额超过300万元，且占公司最近经审计净资产0.5%以上，但未达到"交易金额超过3000万元，且占公司最近经审计净资产5%以上"的。

（2）公司资产抵押等单项合同数额达到最近经审计的净资产的10%由董事会决定。

（3）交易涉及的资产总额占上市公司最近一期经审计总资产的10%以上；该交易涉及的资产总额同时存在账面值和评估值的，以较高者作为计算数据。

（4）交易标的（如股权）在最近一个会计年度相关的营业收入占上市公司最近一个会计年度经审计营业收入的10%以上；且绝对金额超过一千万元。

（5）交易标的（如股权）在最近一个会计年度相关的净利润占上市公司最近一个会计年度经审计净利润的10%以上；且绝对金额超过一百万元。

（6）交易的成交金额（含承担债务和费用）占上市公司最近一期经审计净资产的10%以上；且绝对金额超过一千万元。

（7）交易产生的利润占上市公司最近一个会计年度经审计净利润的10%以上；且绝对金额超过一百万元。

超过上述审批限额的重大项目由董事会研究后股东大会批准。

上述指标计算中涉及的数据如为负值，取其绝对值计算。

公司法和相关规定

《公司法》(2023年修订)

第六十七条第二款

董事会行使下列职权：

……

（五）制订公司增加或者减少注册资本以及发行公司债券的方案；

……

（六）制订公司合并、分立、解散或者变更公司形式的方案；

……

（十）公司章程规定或者股东会授予的其他职权。

《公司法》(2018年修正，已被修订)

第四十六条第一款　董事会对股东会负责，行使下列职权：

……

（六）制定公司增加或者减少注册资本以及发行公司债券的方案；

……

（七）制定公司合并、分立、解散或者变更公司形式的方案；

……

（十一）公司章程规定的其他职权。

《上市公司治理准则》(2018年修订)

第十四条　上市公司应当在公司章程中规定股东大会对董事会的授权原则，授权内容应当明确具体。股东大会不得将法定由股东大会行使的职权授予董事会行使。

第二十六条　董事会对股东大会负责，执行股东大会的决议。

董事会应当依法履行职责，确保上市公司遵守法律法规和公司章程的规定，公平对待所有股东，并关注其他利益相关者的合法权益。

第六十五条　上市公司的重大决策应当由股东大会和董事会依法作出。控股股东、实际控制人及其关联方不得违反法律法规和公司章程干预上市公司的正常决策程序，损害上市公司及其他股东的合法权益。

专家分析

第一，合法性分析。上述上市公司章程细化了董事会在对外投资、收购出售资产、资产抵押、对外担保事项、委托理财、关联交易方面的决定权，这种规定并不违反现行《公司法》对于股东大会和董事会职权的规定，实际上，《公司法》第六十七条本就规定董事会应当执行章程规定的职权，允许股东大会通过公司章程实现对董事会的授权。不过，上述授权不应当违反《公司法》的强行性规范，如《公司法》第十五条第二款规定"公司为公司股东或者实际控制人提供担保的，必须经股东会或者股东大会决议"，因此，若公司章程欲规定董事会可对一定金额以下的担保事项进行审批，则必须明确排除为公司股东或者实际控制人提供担保的情况。

第二，合理性分析。若公司章程业已规定，董事会在股东大会授权范围内，决定公司对外投资、收购出售资产、资产抵押、对外担保事项、委托理财、关联交易等事项，则细化何为"授权范围"不仅值得提倡，更不可或缺；否则，股东大会对于董事会的开放式授权往往会导致二者职权的模糊、重叠甚至冲突。另外，股东大会究竟应当在何种程度上授权董事会决定公司的收购、交易事项，这取决于公司经营的实际需要，并无所谓的最优解，股东大会对于董事会的授权应该非常具体且明确，对后者行使决定权的交易类型和交易规模都应当进行相当确定的规定。

章程条款设计建议

公司章程可规定董事会在股东大会授权范围内，决定公司对外投资、收购出售资产、资产抵押、对外担保事项、委托理财、关联交易等事项。这一款将赋予董事会在上述交易事项中的决定权，成为董事会依照章程行使职权的依据。

在此基础上，上市公司应当进一步详细规定董事会可以在何种"授权范围"内决定上述交易事项。这两个条文具有相互依存的关系，无上述授权，则无须明确授权范围；未明确授权范围，则授权可能带来股东大会和董事会职权的混乱。

公司章程条款实例

第一条 董事会行使下列职权：
（一）召集股东大会，并向股东大会报告工作；
（二）执行股东大会的决议；
（三）决定公司的经营计划和投资方案；
（四）制订公司的年度财务预算方案、决算方案；
（五）制订公司的利润分配方案和弥补亏损方案；
（六）制订公司增加或者减少注册资本、发行债券或其他证券及上市方案；

（七）拟订公司重大收购、收购本公司股票或者合并、分立、解散及变更公司形式的方案；

（八）在股东大会授权范围内，决定公司对外投资、收购出售资产、资产抵押、对外担保事项、委托理财、关联交易等事项；

（九）决定公司内部管理机构的设置；

（十）聘任或者解聘公司经理、董事会秘书；根据经理的提名，聘任或者解聘公司副经理、财务负责人等高级管理人员，并决定其报酬事项和奖惩事项；

（十一）制订公司的基本管理制度；

（十二）制订本章程的修改方案；

（十三）管理公司信息披露事项；

（十四）向股东大会提请聘请或更换为公司审计的会计师事务所；

（十五）听取公司经理的工作汇报并检查经理的工作；

（十六）法律、行政法规、部门规章或本章程授予的其他职权。

第二条 董事会应当确定对外投资、收购出售资产、资产抵押、对外担保事项、委托理财、关联交易的权限，建立严格的审查和决策程序；重大投资项目应当组织有关专家、专业人员进行评审，并报股东大会批准。

董事会具有审批下列重大事项的权限（公司可根据具体情况变更下列数额）：

（1）投资在2000万元以上，且年度内累计投资不超过最近一期经审计的净资产总额的20%的投资项目由董事会决定。

（2）收购或者出售资产在2000万元以上，且年度内累计不超过最近一期经审计的净资产总额的20%的项目由董事会决定。

（3）关联交易总额在300万元至3000万元之间且占公司最近一期经审计净资产值的0.5%至5%之间的由董事会决定。

（4）公司资产抵押等单项合同数额不超过最近一期经审计的净资产总额的30%由董事会决定。

（5）交易涉及的资产总额占上市公司最近一期经审计总资产的10%以上，低于50%；该交易涉及的资产总额同时存在账面值和评估值的，以较高者作为计算数据。

（6）交易标的（如股权）在最近一个会计年度相关的营业收入占上市公司最近一个会计年度经审计营业收入的10%以上，低于50%；且绝对金额超过1000万元在5000万元以内。

（7）交易标的（如股权）在最近一个会计年度相关的净利润占上市公司最近

一个会计年度经审计净利润的10%以上，低于50%；且绝对金额超过100万元，在500万元以内。

（8）交易的成交金额（含承担债务和费用）占上市公司最近一期经审计净资产的10%以上，低于50%；且绝对金额超过1000万元，在5000万元以内。

（9）交易产生的利润占上市公司最近一个会计年度审计净利润的10%以上，低于50%；且绝对金额超过100万元，在500万元以内。

超过上述审批限额的重大项目由董事会研究后股东大会批准。

上述指标计算中涉及的数据如为负值，取其绝对值计算。

> 延伸阅读

裁判规则：若董事会违反公司章程关于董事会职能规定，其作出的董事会决议应依法撤销

案例：在王某民与轩某恩、王某武、许某敏、张某军、李某艳、陈某、某航空有限公司决议撤销纠纷二审判决书［(2015)昆民五终字第80号］中，云南省昆明市中级人民法院认为：《中华人民共和国公司法》第二十二条第二款规定："股东会或者股东大会、董事会的会议召集程序、表决方式违反法律、行政法规或者公司章程，或者决议内容违反公司章程的，股东可以自决议作出之日起六十日内，请求人民法院撤销。若董事会决议明显超越了章程规定的董事会职责范围，则应当予以撤销。"① 但是，诉争董事会作出的三项决议并未违反公司章程的规定，也是本着维持公司经营运作的基本前提而作出，故本院认为，某航2014年第二次临时董事会决议不具有应当予以撤销的情形，一审对此认定正确，本院依法予以维持。

041 股东会对股东进行罚款的决议是否有效？

> 设计要点

公司章程可规定股东会有权对股东罚款，但应明确罚款的标准、幅度。

> 阅读提示

根据《行政处罚法》的规定，对违法行为给予行政处罚的规定必须公布；未经

---

① 《公司法》已修改，现相关规定见《公司法》（2023年修订）第二十六条第一款。

公布的，不得作为行政处罚的依据，否则该行政处罚无效。同理，公司章程若规定"罚款"，虽与行政法等公法意义上的罚款不能完全等同，但在罚款的预见性及防止权力滥用上仍具有可比性，因此，公司章程赋予股东会有权对股东进行罚款时，应将罚款的范围、标准、幅度均予以明确，否则，股东会所作出罚款决定应认定为无效。

章程研究文本

股东会是公司的权力机构，依法行使下列职权：

……股东存在侵占公司财产、挪用公司资金、收受贿赂、侵占公司商业机会、泄露公司商业秘密、通过关联交易牟取私利情形的，股东会有权对违规股东进行罚款；罚款的标准为违规股东给公司造成经济损失的二倍，最低标准不低于20000元人民币；罚款直接归入公司财产，违规股东每迟延一天需缴纳所处罚款金额万分之一的违约金，拒不缴纳的，公司有权在股东应得利润分配中直接划扣。

公司法和相关规定

《公司法》（2023年修订）

第五条 设立公司应当依法制定公司章程。公司章程对公司、股东、董事、监事、高级管理人员具有约束力。

第二十一条 公司股东应当遵守法律、行政法规和公司章程，依法行使股东权利，不得滥用股东权利损害公司或者其他股东的利益。

公司股东滥用股东权利给公司或者其他股东造成损失的，应当承担赔偿责任。

第五十九条 股东会行使下列职权：

（一）选举和更换董事、监事，决定有关董事、监事的报酬事项；

（二）审议批准董事会的报告；

（三）审议批准监事会的报告；

（四）审议批准公司的利润分配方案和弥补亏损方案；

（五）对公司增加或者减少注册资本作出决议；

（六）对发行公司债券作出决议；

（七）对公司合并、分立、解散、清算或者变更公司形式作出决议；

（八）修改公司章程；

（九）公司章程规定的其他职权。

股东会可以授权董事会对发行公司债券作出决议。

对本条第一款所列事项股东以书面形式一致表示同意的，可以不召开股东会会议，直接作出决定，并由全体股东在决定文件上签名或者盖章。

《公司法》（2018年修正，已被修订）

第十一条 设立公司必须依法制定公司章程。公司章程对公司、股东、董事、监事、高级管理人员具有约束力。

第二十条第一款 公司股东应当遵守法律、行政法规和公司章程，依法行使股东权利，不得滥用股东权利损害公司或者其他股东的利益；不得滥用公司法人独立地位和股东有限责任损害公司债权人的利益。

第三十七条 股东会行使下列职权：

（一）决定公司的经营方针和投资计划；

（二）选举和更换非由职工代表担任的董事、监事，决定有关董事、监事的报酬事项；

（三）审议批准董事会的报告；

（四）审议批准监事会或者监事的报告；

（五）审议批准公司的年度财务预算方案、决算方案；

（六）审议批准公司的利润分配方案和弥补亏损方案；

（七）对公司增加或者减少注册资本作出决议；

（八）对发行公司债券作出决议；

（九）对公司合并、分立、解散、清算或者变更公司形式作出决议；

（十）修改公司章程；

（十一）公司章程规定的其他职权。

对前款所列事项股东以书面形式一致表示同意的，可以不召开股东会会议，直接作出决定，并由全体股东在决定文件上签名、盖章。

专家分析

股东会作为权力机构，其依法对公司事项所作出的决议或决定是代表公司的行为，对公司具有法律约束力。股东履行出资义务后，其与公司之间是平等的民事主体，相互之间具有独立的人格，不存在管理与被管理的关系，公司的股东会原则上无权对股东施以任何处罚。但是，公司章程是公司的发起人或全体股东根据我国《公司法》的相关规定约定公司的名称、宗旨、资本、组织机构及组织活动基本规则的法律文件。公司章程关于股东会对股东处以罚款的规定，系公司全体股东所预设的对违反公司章程的股东的一种制裁措施，符合公司的整体利益，不违反《公司法》的禁止性规定，应合法有效。公司章程虽可约定对股东进行罚款，但罚款带有惩罚性，对股东的财产权益有重要的影响，在公司章程中应当明确约定实施的条件和标准，以防止股东会随意滥用权力对股东进行处罚，侵害股东合法权益。根据《行政处罚法》的规定，对违法行为给予行政处罚的规定必须公布；未经公布的，不得作为行政处罚的依据，否则该行政处罚无效。公司章程所规定"罚款"，虽与行政法等公法意义上的罚款不能完全等同，但在罚款的预见性及防止权力滥用上仍具有可比性，因此，公司章程赋予股东会对股东进行罚款的权力时，应将罚款的范围、标准、幅度均予以明确，否则，股东会所作出的罚款决定应认定为无效。

章程条款设计建议

第一，公司章程可以约定股东会有权决议对违反公司章程约定的股东进行罚款。公司章程不但是股东之间的一种协议，也是公司治理的一种规则，其中预设的罚款措施，应视为对违反公司章程股东的一种制裁措施，符合公司的整体利益，体现了有限公司的人合性特征，不违反《公司法》的禁止性规定，合法有效。

第二，公司章程规定对股东进行罚款应遵循比例原则。在公司章程中明确规定罚款的标准和幅度，不仅需要对应予罚款的各种情形进行明确列举，而且需要根据股东的违约情形的轻重程度，对应不同类型的处罚标准，不可杀鸡用牛刀，明显地过重处罚；另外，罚款的标准和幅度需要明确透明，并且要告知股东，使罚款相关事项具有可预测性。（示范条款见章程文本研究部分）

延伸阅读

裁判观点一：公司章程关于股东会对股东处以罚款的规定，系公司全体股东所预设的对违反公司章程股东的一种制裁措施，符合公司的整体利益，不违反《公司法》的禁止性规定，应合法有效。但公司章程在赋予股东会对股东处以罚款的职权时，应明确规定罚款的标准、幅度，股东会在没有明确标准、幅度的情况下处罚股东，属法定依据不足，相应决议无效

案例一：南京市鼓楼区人民法院审理南京安某财务顾问有限公司诉祝某股东会决议罚款纠纷一审案（《最高人民法院公报》2012年第10期）认为："一、有限公司的股东会无权对股东处以罚款，除非公司章程另有约定。《中华人民共和国公司法》（以下简称《公司法》）第三十七条规定，有限责任公司股东会由全体股东组

成,股东会是公司的权力机构,依照本法行使职权。① 第三十八条规定,股东会行使下列职权:(一)决定公司的经营方针和投资计划;(二)选举和更换非由职工代表担任的董事、监事,决定有关董事、监事的报酬事项;……(十)修改公司章程;(十一)公司章程规定的其他职权。② 由上可见,有限公司的股东会作为权力机构,其依法对公司事项所作出决议或决定是代表公司的行为,对公司具有法律约束力。股东履行出资义务后,其与公司之间是平等的民事主体,相互之间具有独立的人格,不存在管理与被管理的关系,公司的股东会原则上无权对股东施以任何处罚。这从《公司法》第三十八条第(一)项至第(十)项所规定的股东会职权中并不包含对股东处以罚款的内容中亦能得到体现。因此,在公司章程未作另行约定的情况下,有限公司的股东会并无对股东处以罚款的法定职权,如股东会据此对股东作出处以罚款的决议,则属超越法定职权,决议无效。

"《公司法》第十一条规定,设立公司必须依法制定公司章程。公司章程对公司、股东、董事、监事、高级管理人员具有约束力。③ 第二十条规定,公司股东应当遵守法律、行政法规和公司章程,依法行使股东权利。④ 由此可见,公司章程是公司自治的载体,既赋予股东权利,亦使股东承担义务,是股东在公司的行为准则,股东必须遵守公司章程的规定。本案中,原告安某公司章程第三十六条虽主要是关于取消股东身份的规定,但该条第二款明确记载有'股东会决议罚款',根据章程本身所使用的文义进行解释,能够得出在出现该条第一款所列八种情形下,安某公司的股东会可以对当事股东进行罚款。鉴于上述约定是安某公司的全体股东所预设的对违反公司章程股东的一种制裁措施,符合公司的整体利益,体现了有限公司的人合性特征,不违反《公司法》的禁止性规定,被告祝某亦在章程上签字予以认可,故包括祝某在内的所有股东都应当遵守。据此,安某公司的股东会依照《公司法》第三十八条第(十一)项⑤之规定,享有对违反公司章程的股东处以罚款的职权。"

裁判观点二:有限公司的公司章程在赋予股东会对股东处以罚款职权的同时,应明确规定罚款的标准和幅度,股东会在没有明确标准和幅度的情况下处罚股东,属法定依据不足,相应决议无效

案例二:被告祝某在原告安某公司和瑞某尔公司委托记账合同关系停止后,仍

---

① 《公司法》已修改,现相关规定见《公司法》(2023年修订)第五十八条。
② 《公司法》已修改,现相关规定见《公司法》(2023年修订)第五十九条。
③ 《公司法》已修改,现相关规定见《公司法》(2023年修订)第五条。
④ 《公司法》已修改,现相关规定见《公司法》(2023年修订)第二十一条。
⑤ 《公司法》已修改,现相关规定见《公司法》(2023年修订)第五十九条第一款第九项。

作为瑞某尔公司的经办人向税务部门申请取消一般纳税人资格业务,该行为属于《安某同业禁止规定》第一条及公司章程第三十六条第一款第(六)项的约定范畴,应认定祝某违反了公司章程,安某公司股东会可以对祝某处以罚款。安某公司章程第三十六条第二款所规定"罚款"是一种纯惩罚性的制裁措施,虽与行政法等公法意义上的罚款不能完全等同,但在罚款的预见性及防止权力滥用上具有可比性。而根据我国《行政处罚法》的规定,对违法行为给予行政处罚的规定必须公布;未经公布的,不得作为行政处罚的依据,否则该行政处罚无效。本案中,安某公司在修订公司章程时,虽规定了股东在出现第三十六条第一款的八种情形时,股东会有权对股东处以罚款,却未在公司章程中明确记载罚款的标准及幅度,使得祝某对违反公司章程行为的后果无法作出事先预料,况且,安某公司实行"股东身份必须首先是员工身份"的原则,而《安某员工手册》的《奖惩条例》第七条所规定的五种处罚种类中,最高的罚款数额仅为2000元,而安某公司股东会对祝某处以5万元的罚款已明显超出了祝某的可预见范围。故安某公司临时股东会所作出对祝某罚款的决议明显属法定依据不足,应认定为无效。

042 如何防止董事会无理由任意撤换总经理?

设计要点

公司章程可设置总经理的实体性解聘条款,以防董事会无理由任意撤换总经理。

阅读提示

《公司法》并没有规定只有在总经理"犯错误"时董事会才能解聘(如违反了忠实义务、勤勉义务或者是经营不善)。相反,《公司法》规定聘任或者解聘经理是董事会理所应当的职权,纵使经理之前的表现足够好,董事会也有权予以撤换,此时无论董事会是否给出了充分的理由,或者这个理由是不是能够站得住脚,都不影响董事会决议的效力。在公司控制权的争夺战中,为防止公司董事会以一个"莫须有"的借口解聘总经理,公司章程可设置解聘总经理的实体性条件。

章程研究文本

经理任期五年,任期届满前董事会不能随意更换,除非公司连续三年亏损或者总经理不满足或违反《公司法》第一百七十八条至第一百八十一条规定的情形。

公司法规定

《公司法》（2023年修订）

第六十七条第二款 董事会行使下列职权：

……

（八）决定聘任或者解聘公司经理及其报酬事项，并根据经理的提名决定聘任或者解聘公司副经理、财务负责人及其报酬事项；

……

第一百七十八条 有下列情形之一的，不得担任公司的董事、监事、高级管理人员：

（一）无民事行为能力或者限制民事行为能力；

（二）因贪污、贿赂、侵占财产、挪用财产或者破坏社会主义市场经济秩序，被判处刑罚，或者因犯罪被剥夺政治权利，执行期满未逾五年，被宣告缓刑的，自缓刑考验期满之日起未逾二年；

（三）担任破产清算的公司、企业的董事或者厂长、经理，对该公司、企业的破产负有个人责任的，自该公司、企业破产清算完结之日起未逾三年；

（四）担任因违法被吊销营业执照、责令关闭的公司、企业的法定代表人，并负有个人责任的，自该公司、企业被吊销营业执照、责令关闭之日起未逾三年；

（五）个人因所负数额较大债务到期未清偿被人民法院列为失信被执行人。

违反前款规定选举、委派董事、监事或者聘任高级管理人员的，该选举、委派或者聘任无效。

董事、监事、高级管理人员在任职期间出现本条第一款所列情形的，公司应当解除其职务。

第一百七十九条 董事、监事、高级管理人员应当遵守法律、行政法规和公司章程。

第一百八十条 董事、监事、高级管理人员对公司负有忠实义务，应当采取措施避免自身利益与公司利益冲突，不得利用职权牟取不正当利益。

董事、监事、高级管理人员对公司负有勤勉义务，执行职务应当为公司的最大利益尽到管理者通常应有的合理注意。

公司的控股股东、实际控制人不担任公司董事但实际执行公司事务的，适用前两款规定。

第一百八十一条 董事、监事、高级管理人员不得有下列行为:

(一) 侵占公司财产、挪用公司资金;

(二) 将公司资金以其个人名义或者以其他个人名义开立账户存储;

(三) 利用职权贿赂或者收受其他非法收入;

(四) 接受他人与公司交易的佣金归为己有;

(五) 擅自披露公司秘密;

(六) 违反对公司忠实义务的其他行为。

《公司法》(2018年修正,已被修订)

第四十六条第一款 董事会对股东会负责,行使下列职权:

……

(九) 决定聘任或者解聘公司经理及其报酬事项,并根据经理的提名决定聘任或者解聘公司副经理、财务负责人及其报酬事项;

……

第一百四十六条 有下列情形之一的,不得担任公司的董事、监事、高级管理人员:

(一) 无民事行为能力或者限制民事行为能力;

(二) 因贪污、贿赂、侵占财产、挪用财产或者破坏社会主义市场经济秩序,被判处刑罚,执行期满未逾五年,或者因犯罪被剥夺政治权利,执行期满未逾五年;

(三) 担任破产清算的公司、企业的董事或者厂长、经理,对该公司、企业的破产负有个人责任的,自该公司、企业破产清算完结之日起未逾三年;

(四) 担任因违法被吊销营业执照、责令关闭的公司、企业的法定代表人,并负有个人责任的,自该公司、企业被吊销营业执照之日起未逾三年;

(五) 个人所负数额较大的债务到期未清偿。

公司违反前款规定选举、委派董事、监事或者聘任高级管理人员的,该选举、委派或者聘任无效。

董事、监事、高级管理人员在任职期间出现本条第一款所列情形的,公司应当解除其职务。

第一百四十七条 董事、监事、高级管理人员应当遵守法律、行政法规和公司章程,对公司负有忠实义务和勤勉义务。

董事、监事、高级管理人员不得利用职权收受贿赂或者其他非法收入,不得侵占公司的财产。

第一百四十八条 董事、高级管理人员不得有下列行为：

（一）挪用公司资金；

（二）将公司资金以其个人名义或者以其他个人名义开立账户存储；

（三）违反公司章程的规定，未经股东会、股东大会或者董事会同意，将公司资金借贷给他人或者以公司财产为他人提供担保；

（四）违反公司章程的规定或者未经股东会、股东大会同意，与本公司订立合同或者进行交易；

（五）未经股东会或者股东大会同意，利用职务便利为自己或者他人谋取属于公司的商业机会，自营或者为他人经营与所任职公司同类的业务；

（六）接受他人与公司交易的佣金归为己有；

（七）擅自披露公司秘密；

（八）违反对公司忠实义务的其他行为。

董事、高级管理人员违反前款规定所得的收入应当归公司所有。

专家分析

人民法院在审理公司决议撤销纠纷案件中应当审查：会议召集程序、表决方式是否违反法律、行政法规或者公司章程，以及决议内容是否违反公司章程。只要董事会没有违反上述规定，解聘总经理职务的决议所依据的事实是否属实，理由是否成立，不属于司法审查范围。在公司章程未对总经理的解聘规定实质性的解除条件时，董事会决议解聘总经理职务的原因如果不存在，并不导致董事会决议撤销。因为，《公司法》尊重公司自治，公司内部法律关系原则上由公司自治机制调整，司法机关原则上不介入公司内部事务。但是，如果公司章程对董事会解聘公司总经理的职权作出了限制，规定董事会解聘公司总经理必须满足公司章程的规定，那么董事会在行使《公司法》赋予的职权作出解聘公司总经理的决议时，需要依据公司章程作出规定，否则该决议则会因为违反公司章程而被撤销。

章程条款设计建议

第一，公司董事会有权"无理由"解聘总经理。《公司法》第六十七条明确列举的有限公司董事会职权的第八项为：决定聘任或者解聘公司经理及其报酬事项，并根据经理的提名决定聘任或者解聘公司副经理、财务负责人及其报酬事项（一般情况下公司章程亦会对该问题作出与公司法完全相同的规定）。公司董事会解聘经理并不是法定的造成公司决议无效或可撤销的情形（公司章程另有规定的除外），而是属于公司决议的合理性和公平性的范畴。

第二，"无理由"解聘总经理的前提是公司章程没有另行规定。如果公司章程中规定"经理任期五年，任期届满前董事会不能随意更换，除非公司连续三年亏损或者总经理不满足或违反《公司法》第一百七十八条至第一百八十一条规定的"，此时公司章程就给予了经理很大的保护，董事会就难以"无理由"解聘总经理，强行解聘的董事会决议将因为违反公司章程而可撤销。如果公司的经理由实际控制人亲自担任或委派极其信任的人担任，公司章程中有类似条款，可以避免日后因公司股权被稀释或丧失董事会的多数席位时轻易丧失对公司的实际管理权。

第三，"无理由"解聘总经理，只是解除了总经理职务，但是总经理并不丧失公司员工身份，如公司欲与其解除劳动关系，还必须按照《劳动法》的有关规定办理。若总经理主动辞职或双方协商一致，公司可不支付经济补偿金；若公司主动提出解除劳动关系且总经理同意的话，公司需要支付经济补偿金；若公司主动提出解除劳动关系但总经理不同意，公司在员工手册民主告知程序完备、总经理严重违纪的情形下，可单方解除劳动合同，否则公司可能需要支付更高额的赔偿金以解除与总经理的劳动合同。

第四，为了在公司控制权争夺战中避免突袭进来的新大股东迅速更换总经理，可在章程中作出防御性规定："经理任期五年，任期届满前董事会不能随意更换，除非公司连续三年亏损或者总经理不满足或违反《公司法》第一百七十八条至第一百八十一条规定。"

延伸阅读

裁判观点：人民法院在审理公司决议撤销纠纷案件中应当审查：会议召集程序、表决方式是否违反法律、行政法规或者公司章程，以及决议内容是否违反公司章程。只要董事会没有违反上述规定，解聘总经理职务的决议所依据的事实是否属实，理由是否成立，不属于司法审查范围

案例：上海市第二中级人民法院审理李某军诉上海佳某力环保科技有限公司决议撤销纠纷案二审民事判决书［（2010）沪二中民四（商）终字第436号］认为："根据《中华人民共和国公司法》第二十二条第二款的规定，董事会决议可撤销的事由包括：一、召集程序违反法律、行政法规或公司章程；二、表决方式违反法

律、行政法规或公司章程；三、决议内容违反公司章程。① 从召集程序看，佳某力公司于2009年7月18日召开的董事会由董事长葛某乐召集，三位董事均出席董事会，该次董事会的召集程序未违反法律、行政法规或公司章程的规定。从表决方式看，根据佳某力公司章程规定，对所议事项作出的决定应由占全体股东三分之二以上的董事表决通过方才有效，上述董事会决议由三位股东（兼董事）中的两名表决通过，故在表决方式上未违反法律、行政法规或公司章程的规定。从决议内容看，佳某力公司章程规定董事会有权解聘公司经理，董事会决议内容中'总经理李某军不经董事会同意私自动用公司资金在二级市场炒股，造成巨大损失'的陈述，仅是董事会解聘李某军总经理职务的原因，而解聘李某军总经理职务的决议内容本身并不违反公司章程。"

"董事会决议解聘李某军总经理职务的原因如果不存在，并不导致董事会决议撤销。首先，《公司法》尊重公司自治，公司内部法律关系原则上由公司自治机制调整，司法机关原则上不介入公司内部事务；其次，佳某力公司的章程中未对董事会解聘公司经理的职权作出限制，并未规定董事会解聘公司经理必须有一定原因，该章程内容未违反《公司法》的强制性规定，应认定有效，因此，佳某力公司董事会可以行使公司章程赋予的权力作出解聘公司经理的决定。故法院应当尊重公司自治，无须审查佳某力公司董事会解聘公司经理的原因是否存在，即无须审查决议所依据的事实是否属实，理由是否成立。综上，原告李某军请求撤销董事会决议的诉讼请求不成立，依法予以驳回。"

---

① 《公司法》已修改，现相关规定见《公司法》（2023年修订）第二十六条第一款。

第六章 股东会与董事会的运行

043 临时股东会的召集事由与召集权人

设计要点

临时股东会的召集属于章程自由规范的内容。

阅读提示

股东会是公司的最高权力机关,是由全体股东组成的会议,股东会决议是各个股东作出意思表示而形成的公司决议。股东会的运行有赖于股东会的顺利召开,而股东会顺利召开的前提是股东会的召集程序合法、有效,未违背《公司法》以及公司章程中的有关规定。因此,股东会召集程序的合法、有效性直接关系到股东会决议的有效性。

股东会的召集程序涉及多个方面的内容,包括召集事由、召集权人、召集时间以及召集通知等。本文主要针对召集事由以及召集权人的相关规定,以及司法实践中有关召集权人引进的股东会召集程序瑕疵纠纷等进行分析,对公司章程中有关股东会召集程序的规定提出建议。

章程研究文本

《青岛啤酒股份有限公司章程》(2024年1月版)
股东大会的召集事由、召集权人:
第五十六条 股东大会分为年度股东大会和临时股东大会。年度股东大会由董事会召集。年度股东大会每年召开一次,并应于上一会计年度完结之后的六个月之内举行。

有下列情形之一的,董事会应当在两个月内召开临时股东大会:
(一)董事人数不足《公司法》规定的人数或者少于公司章程要求的数额的三

分之二时；

（二）公司未弥补亏损达股本总额的三分之一时；

（三）单独或者合计持有公司百分之十以上（含百分之十）股份的股东以书面形式要求召开临时股东大会时；

（四）董事会认为必要或者监事会提出召开时；

（五）法律、行政法规、部门规章、公司股票上市地证券监管规则或本章程规定的其他情形。

第五十七条 公司召开股东大会的地点为：公司住所地或股东大会会议通知中的其它具体地点。

股东大会将设置会场，以现场会议形式召开。公司在保证股东大会合法、有效的前提下，优先提供网络形式的投票平台等现代信息技术手段，为股东参加股东大会提供便利，扩大社会公众股股东参与股东大会的比例。股东通过上述方式参加股东大会的，视为出席。

第七十四条 监事会有权向董事会提议召开临时股东大会，并应当以书面形式向董事会提出。董事会应当根据法律、法规和本章程的规定，在收到提案后十日内提出同意或不同意召开临时股东大会的书面反馈意见。

董事会同意召开临时股东大会的，将在作出董事会决议后的五日内发出召开股东大会的通知，通知中对原提案的变更，应征得监事会的同意。

董事会不同意召开临时股东大会，或者在收到提案后十日内未作出反馈的，视为董事会不能履行或者不履行召集股东大会会议职责，监事会可以自行召集和主持。

第七十五条 单独或者合计持有公司百分之十以上股份的股东有权向董事会请求召开临时股东大会，并应当以书面形式向董事会提出。董事会应当根据法律、行政法规和本章程的规定，在收到请求后十日内提出同意或不同意召开临时股东大会的书面反馈意见。

董事会同意召开临时股东大会的，应当在作出董事会决议后的五日内发出召开股东大会的通知，通知中对原请求的变更，应当征得相关股东的同意。

董事会不同意召开临时股东大会，或者在收到请求后十日内未作出反馈的，单独或者合计持有公司百分之十以上股份的股东有权向监事会提议召开临时股东大会，并应当以书面形式向监事会提出请求。

监事会同意召开临时股东大会的，应在收到请求五日内发出召开股东大会的通知，通知中对原请求的变更，应当征得相关股东的同意。

监事会未在规定期限内发出股东大会通知的，视为监事会不召集和主持股东大会，连续九十日以上单独或者合计持有公司百分之十以上股份的股东可以自行召集和主持。

第七十六条　监事会或股东决定自行召集股东大会的，须书面通知董事会，同时向公司境内上市地证券交易所备案。

在股东大会决议公告前，召集股东持股比例不得低于百分之十。

监事会或召集股东应在发出股东大会通知及股东大会决议公告时，向公司境内上市地证券交易所提交有关证明材料。

第七十七条　对于监事会或股东自行召集的股东大会，董事会和董事会秘书将予配合。董事会应当提供股权登记日的股东名册。董事会未提供股东名册的，召集人可以持召集股东大会通知的相关公告，向证券登记结算机构申请获取。召集人所获取的股东名册不得用于除召开股东大会以外的其他用途。

同类章程条款

笔者查阅了多家上市公司的章程中对股东大会召集程序的规定。其中大部分的上市公司章程中涉及股东大会召集事由、召集权人的规定都与上述青岛啤酒股份有限公司的章程条款相同，但是也有一些公司针对独立董事、监事、股东召集临时股东大会的程序作出了更加细致的规定，具体如下：

《保利发展控投集团股份有限公司章程》（2022年8月版）

第四十七条　独立董事有权向董事会提议召开临时股东大会。对独立董事要求召开临时股东大会的提议，董事会应当根据法律、行政法规和本章程的规定，在收到提议后10日内提出同意或不同意召开临时股东大会的书面反馈意见。

董事会同意召开临时股东大会的，将在作出董事会决议后的5日内发出召开股东大会的通知；董事会不同意召开临时股东大会的，将说明理由并公告。

《万科企业股份有限公司章程》（2023年3月版）

第六十七条　单独或者合计持有公司百分之十以上股份的股东有权向董事会请求召开临时股东大会，并应当以书面形式向董事会提出。董事会应当根据法律、行政法规和本章程的规定，在收到请求后十日内提出同意或不同意召开临时股东大会的书面反馈意见。

董事会同意召开临时股东大会的，应当在作出董事会决议后的五日内发出召开股东大会的通知，通知中对原请求的变更，应当征得相关股东的同意。

董事会不同意召开临时股东大会，或者在收到请求后十日内未作出反馈的，单独或者合计持有公司百分之十以上股份的股东有权向监事会提议召开临时股东大会；并应当以书面形式向监事会提出请求。

监事会同意召开临时股东大会的，应在收到请求五日内发出召开股东大会的通知，通知中对原提案的变更，应当征得相关股东的同意。

监事会未在规定期限内发出股东大会通知的，视为监事会不召集和主持股东大会，连续九十日以上单独或者合计持有公司百分之十以上股份的股东可以自行召集和主持。

公司法和相关规定

一、关于有限责任公司股东会召集事由、召集权人的规定

《公司法》（2023年修订）

第六十一条　首次股东会会议由出资最多的股东召集和主持，依照本法规定行使职权。

第六十二条　股东会会议分为定期会议和临时会议。

定期会议应当按照公司章程的规定按时召开。代表十分之一以上表决权的股东、三分之一以上的董事或者监事会提议召开临时会议的，应当召开临时会议。

第六十三条　股东会会议由董事会召集，董事长主持；董事长不能履行职务或者不履行职务的，由副董事长主持；副董事长不能履行职务或者不履行职务的，由过半数的董事共同推举一名董事主持。

董事会不能履行或者不履行召集股东会会议职责的，由监事会召集和主持；监事会不召集和主持的，代表十分之一以上表决权的股东可以自行召集和主持。

《公司法》（2018年修正，已被修订）

第三十八条　首次股东会会议由出资最多的股东召集和主持，依照本法规定行使职权。

第三十九条　股东会会议分为定期会议和临时会议。

定期会议应当依照公司章程的规定按时召开。代表十分之一以上表决权的股东、三分之一以上的董事，监事会或者不设监事会的公司的监事提议召开临时会议的，应当召开临时会议。

第四十条　有限责任公司设立董事会的，股东会会议由董事会召集，董事长主持；董事长不能履行职务或者不履行职务的，由副董事长主持；副董事长不能履行职务或者不履行职务的，由半数以上董事共同推举一名董事主持。

有限责任公司不设董事会的，股东会会议由执行董事召集和主持。

董事会或者执行董事不能履行或者不履行召集股东会会议职责的，由监事会或者不设监事会的公司的监事召集和主持；监事会或者监事不召集和主持的，代表十分之一以上表决权的股东可以自行召集和主持。

二、关于股份有限公司股东大会召集事由、召集权人的规定

《公司法》（2023年修订）

第六十二条 股东会会议分为定期会议和临时会议。

定期会议应当按照公司章程的规定按时召开。代表十分之一以上表决权的股东、三分之一以上的董事或者监事会提议召开临时会议的，应当召开临时会议。

第一百一十三条 股东会应当每年召开一次年会。有下列情形之一的，应当在两个月内召开临时股东会会议：

（一）董事人数不足本法规定人数或者公司章程所定人数的三分之二时；

（二）公司未弥补的亏损达股本总额三分之一时；

（三）单独或者合计持有公司百分之十以上股份的股东请求时；

（四）董事会认为必要时；

（五）监事会提议召开时；

（六）公司章程规定的其他情形。

第一百一十四条 股东会会议由董事会召集，董事长主持；董事长不能履行职务或者不履行职务的，由副董事长主持；副董事长不能履行职务或者不履行职务的，由过半数的董事共同推举一名董事主持。

董事会不能履行或者不履行召集股东会会议职责的，监事会应当及时召集和主持；监事会不召集和主持的，连续九十日以上单独或者合计持有公司百分之十以上股份的股东可以自行召集和主持。

单独或者合计持有公司百分之十以上股份的股东请求召开临时股东会会议的，董事会、监事会应当在收到请求之日起十日内作出是否召开临时股东会会议的决定，并书面答复股东。

《公司法》（2018年修正，已被修订）

第一百条 股东大会应当每年召开一次年会。有下列情形之一的，应当在两个月内召开临时股东大会：

（一）董事人数不足本法规定人数或者公司章程所定人数的三分之二时；

（二）公司未弥补的亏损达实收股本总额三分之一时；

（三）单独或者合计持有公司百分之十以上股份的股东请求时；

（四）董事会认为必要时；

（五）监事会提议召开时；

（六）公司章程规定的其他情形。

第一百零一条 股东大会会议由董事会召集，董事长主持；董事长不能履行职务或者不履行职务的，由副董事长主持；副董事长不能履行职务或者不履行职务的，由半数以上董事共同推举一名董事主持。

董事会不能履行或者不履行召集股东大会会议职责的，监事会应当及时召集和主持；监事会不召集和主持的，连续九十日以上单独或者合计持有公司百分之十以上股份的股东可以自行召集和主持。

专家分析

公司章程对股东会（股东大会）召集事由、召集权人作出规定的意义在于：股东会的召集程序符合法律规定，是股东会决议有效的前提。其中，股东会的召集权人是否符合法律、公司章程的规定是判别股东会召集程序是否合法的一项重要内容。如果股东会是由无召集权人召集的，那么股东会所作出的决议属于可撤销的决议。实践中因股东会的召集程序不合法引起的有关股东会决议的纠纷也不在少数，因此，公司章程中有必要对这一问题进行详细规定，规范股东会会议的召集程序，维护股东的合法权益。

章程条款设计建议

第一，股东会的召集事由包括定期股东会与临时股东会。根据《公司法》的规定，股份有限公司应当每年召开一次定期股东会，而有限责任公司则可以根据本公司的实际情况作出规定。为保证公司正常的经营管理，建议有限责任公司在公司章程中规定每年召开一次定期股东会。

第二，《公司法》规定了6项股份有限公司临时股东会的召集事由，包括董事会人数不足、公司亏损、董事会提议、监事会提议、股东提议以及公司章程规定的其他情况。因此，股份有限公司可以对临时股东会的召集事由作出特殊规定，如规定独立董事提议召集、公司的创始人提议召集、公司面临恶意收购、重大经营风险等。

第三，有限责任公司临时股东会的召集事由包括三分之一以上董事、监事会和代表十分之一以上股东提议召集临时股东会。法律赋予了股份有限公司在章程中对召集临时股东会的事项作出自由规定的权利，而更具有人合性的有限责任公司也应当在章程中规定临时股东会的召集。

第四，《公司法》规定，股东会的召集权人为董事会，当董事会履行召集股东会的职权时，监事会、股东有权召集股东会。监事会、股东行使召集权的前提条件是董事会不履行职责，因此，公司可在章程中规定监事、股东应当行使必要的催告程序，书面请求董事会，当董事会拒绝召集或在规定的时间内未予回复时得以自行召集从而避免因是否属于董事会不履行职责而引发纠纷。

第五，公司章程中应当注意股东会召集程序中的股东持股比例问题。临时股东会的召集事由中规定的有权提议召集股东会股东的持股比例属于公司章程可以自由规范的内容。但是当董事会不履行召集程序时，享有召集权的股东的持股比例则属于法律的强制性规定。未达到法定的持股比例而召集股东会，可能导致股东会程序瑕疵。

公司章程条款实例

针对有限责任公司

1. 股东会会议分为定期会议和临时会议。

2. 定期会议应每年召开一次。代表十分之一以上表决权的股东（可结合公司情况，调整比例），三分之一以上的董事，监事会或者不设监事会的公司的监事提议召开临时会议的，应当召开临时会议。

3. 有限责任公司设立董事会的，股东会会议由董事会召集，董事长主持；董事长不能履行职务或者不履行职务的，由副董事长主持；副董事长不能履行职务或者不履行职务的，由半数以上董事共同推举一名董事主持。

有限责任公司不设董事会的，股东会会议由执行董事召集和主持。

董事会或者执行董事不能履行或者不履行召集股东会会议职责的，由监事会或者不设监事会的公司的监事召集和主持；监事会或者监事不召集和主持的，代表十分之一以上表决权的股东可以自行召集和主持。

4. 三分之一以上的董事有权向董事会提议召开临时股东会。对董事要求召开临时股东大会的提议，董事会应当在收到提议后十日内提出同意或不同意召开临时股东会的书面反馈意见。

董事会同意召开临时股东大会的，应在作出董事会决议后的五日内发出召开股东会的通知；董事会不同意召开临时股东会的，应说明理由并公告。

5. 监事会有权向董事会提议召开临时股东会，并应当以书面形式向董事会提出。董事会应当在收到提案后十日内提出同意或不同意召开临时股东会的书面反馈意见。

董事会同意召开临时股东会的，应在作出董事会决议后的五日内发出召开股东大会的通知，通知中对原提议的变更，应征得监事会的同意。

董事会不同意召开临时股东大会，或者在收到提案后十日内未作出反馈的，视为董事会不能履行或者不履行召集股东大会会议职责，监事会可以自行召集和主持。

6. 代表十分之一以上表决权的股东有权向董事会请求召开临时股东会，并应当以书面形式向董事会提出。董事会应当在收到请求后十日内提出同意或不同意召开临时股东会的书面反馈意见。

董事会同意召开临时股东会的，应在作出董事会决议后的五日内发出召开临时股东会的通知，通知中对原请求的变更，应当征得相关股东的同意。

董事会不同意召开临时股东会，或者在收到请求后五日内未作出反馈的，代表十分之一以上表决权的股东有权向监事会提议召开临时股东会，并应当以书面形式向监事会提出请求。

监事会同意召开临时股东会的，应在收到请求五日内发出召开股东会的通知，通知中对原提案的变更，应当征得相关股东的同意。

监事会未在规定期限内发出股东大会通知的，视为监事会不召集和主持股东会，代表十分之一以上表决权的股东可以自行召集和主持。

延伸阅读

裁判观点一：董事会已不具备召集股东会的条件，代表十分之一以上表决权股东召集的临时股东会有效

案例一：北京市第一中级人民法院审理的魏某萍与北京京某伟业科技发展有限公司等公司决议撤销纠纷二审民事判决书［（2014）一中民（商）终字第9092号］认为："关于召集程序问题，虽然京某公司章程第十六条规定，股东会会议由董事会召集，董事长主持。但京某公司董事会、董事任期于2007年届满后未重新选举董事会；京某公司董事长张某锐已经去世，亦无法履行职务；而魏某萍与李某升、贾某艺、刘某生、付某华同为原董事会成员却已经产生分歧并发生诉讼，以董事会名义召集股东会已不具备可行性。在京某公司章程本身未对董事会无法召集股东会的上述情况作出规定时，李某升、贾某艺、刘某生、付某华作为合计持有京某公司49%股权的股东提议并召集股东会解决公司经营状况及未来发展规划问题，是股东行使其经营决策和管理职权以维护公司正常经营的客观需要,亦符合《公司法》第三十九条关于'代表十分之一以上表决权的股东提议召开临时会议的,应当召开临时会议'①、第四十条关于'董事会或者执行董事不能履行或者不履行召集股东会会议职责的,由监事会或者不设监事会的公司的监事召集和主持;监事会或者监事不召集和主持的,代表十分之一以上表决权的股东可以自行召集和主持'② 的规定。故本院对魏某萍关于临时股东会召集主体不合法,京某公司没有合法的召集主体的上诉意见,不予支持。"

裁判观点二:董事长不能召集董事会时由副董事召集,符合法律及章程规定

案例二:宝鸡市中级人民法院审理的宝鸡市渭滨区明某建筑工程公司与宝鸡惠某建筑有限公司、宝鸡市陈仓区贾某建筑公司、宝鸡市陈仓区文某建筑工程公司、宝鸡县中某建筑有限责任公司公司决议撤销纠纷二审民事判决书〔(2016)陕03民终347号〕认为,"被上诉人宝鸡惠某建筑有限公司章程规定'代表四分之一以上表决权的股东,三分之一以上董事或者监事,可以提议召开临时股东会会议'。第二十三条第一款规定'董事会至少每季度召开一次,董事长提议或有三分之一以上董事提议时,可以召开临时董事会'。第二十条规定,董事长每届任期三年。《中华人民共和国公司法》第四十条'股东会会议由董事会召集,董事长主持、董事长不能履行职务或者不履行职务的,由副董事长主持'③ 及第四十七条'董事会由董事长召集和主持;董事长不能履行职务或者不履行职务的,由副董事长召集和主持'④。依照宝鸡惠某建筑有限公司2011年7月23日的章程,董事长每届任期三年。三年期届满后,原董事长即上诉人宝鸡市渭滨区明某建筑工程公司的法定代表人所提交的证据不足以证实召开董事会和股东大会。其副董事长召集和主持会议,符合上述法律规定。会议在召集程序、表决方式以及决议内容上均没有违反法律规定和公司章程"。

裁判观点三:执行董事、监事不履行召集股东会职责,代表十分之一以上表决权股东有权召集临时股东会

案例三:临沂市中级人民法院审理的陈某权、李某与临沭澳某置业有限公司公司决议撤销纠纷二审民事判决书〔(2016)鲁13民终4196号〕认为:"在召集程序上,《公司法》第四十条第三款、第四十一条规定,董事会或者执行董事不能履行或者不履行召集股东会会议职责的,由监事会或者不设监事会的公司的监事召集和

---

① 《公司法》已修改,现相关规定见《公司法》(2023年修订)第六十二条第二款。
② 《公司法》已修改,现相关规定见《公司法》(2023年修订)第六十三条第二款。
③ 《公司法》已修改,现相关规定见《公司法》(2023年修订)第六十三条第一款。
④ 《公司法》已修改,现相关规定见《公司法》(2023年修订)第七十二条。

主持；监事会或者监事不召集和主持的，代表十分之一以上表决权的股东可以自行召集和主持。召开股东会会议，应当于会议召开十五日前通知全体股东；但是，公司章程另有规定或者全体股东另有约定的除外。① 澳某公司章程第十九条、第二十条规定：'召开股东会会议，应当于会议召开十五日前通知全体股东。''股东会会议由执行董事召集和主持。执行董事不能履行或者不履行召集股东会会议职责的，由监事召集和主持；监事不召集和主持的，代表十分之一以上表决权的股东可以自行召集和主持。'被上诉人于某华在公司执行董事陈某权、公司监事李某不召集股东会的情况下，自行召集临时股东会并提前十五天进行了通知，符合上述《公司法》及公司章程规定。"

裁判观点四：执行董事不能履行召集临时股东会职责，由监事召集

案例四：商丘市中级人民法院审理的李某政与商丘福某置业有限公司公司决议撤销纠纷二审民事判决书［(2016) 豫 14 民终 1484 号］认为，"《公司法》第四十一条第三款规定，董事会或者执行董事不能履行或者不履行召集股东会会议职责的，由监事会或者不设监事会的公司监事召集和主持。② 福某置业公司《公司章程》第十六条规定，股东会会议由执行董事召集并主持。执行董事不能履行职务或者不履行召开股东会议职责的，由公司监事召集和主持。福某置业公司监事徐某 2015 年 12 月 14 日通过邮政快递，通知李某政参加股东会，李某政接收了该邮单，应当知道召开股东会情况。李某政因被立案侦查，且被公安机关上网追逃，无法出席组织股东会，履行法人职责，为保持公司正常运转，公司监事徐某组织召开股东会，免去李某政的执行董事职务，解聘其公司经理职务，符合公司章程及法律规定。"

044 公司章程中能否自由规定股东会通知的时间和方式？

设计要点

公司章程中可适当延长股东会通知的时间，但不得随意缩短；公司章程可结合本公司股东特征，灵活规定股东会的通知方式。

---

① 《公司法》已修改，现相关规定见《公司法》（2023 年修订）第六十三条第二款、第六十四条。
② 《公司法》已修改，现相关规定见《公司法》（2023 年修订）第六十三条第二款。

阅读提示

笔者在之前的文章中针对公司章程应当如何规范临时股东会的召集事由，以及股东会的召集权人进行了详细的分析。但是，股东会的召集程序不仅包括召集事由、召集权人，还包括更为重要，也是在实践中更容易引起纠纷的召集通知、召集时间的规定。本文将针对股东会召集程序中的召集通知、召集时间的章程设计提出建议，同时也针对有关股东会召集程序诉讼中常见的问题进行分析。

章程研究文本

《万科企业股份有限公司章程》（2023 年 3 月版）

第七十三条　公司召开股东大会，召集人应当于年度股东大会召开前至少二十日发出书面通知，临时股东大会应当于会议召开前至少十五日发出书面通知，将会议拟审议的事项以及开会的日期和地点告知所有在册股东。法律法规、证券交易所规则及其他规范性文件另有规定的，从其规定。

股东大会通知应当向股东（不论在股东大会上是否有表决权）以专人送出或者以邮资已付的邮件送出，收件人地址以股东名册登记的地址为准。对内资股股东，股东大会通知也可以用公告方式进行。公告应当在国务院证券主管机构指定的一家或者多家报刊或网站上刊登，一经公告，视为所有内资股股东已收到有关股东会议的通知。对于 H 股股东，股东大会通知及有关文件也可以在按照《香港联合交易所有限公司证券上市规则》（以下简称"《香港上市规则》"），在遵循有关程序的情况下，通过香港联交所网站发布的方式进行。

同类章程条款

笔者查阅了多家上市公司的章程中关于股东大会通知的规定，其中大多数公司与上述万科企业股份有限公司章程条款相同。也有部分上市公司章程对通知时间及通知方式的规定较为简单。具体情况如下：

《中国人寿保险股份有限公司章程》（2021 年 12 月版）

第七十一条　公司召开股东周年大会，应当于会议召开二十个工作日前发出书面通知，将会议拟审议的事项以及开会的日期和地点告知所有在册股东。公司召开临时股东大会，应当于会议召开十五日或十个工作日（以较长者为准）前发出通知。公司股票上市地监管规范及上市规则等规定的股东大会通知期限超过第一款所述期限的，从其规定。

《南方黑芝麻集团股份有限公司章程》（2024年2月版）

第五十七条 召集人将在年度股东大会召开20日前以公告方式通知各股东，临时股东大会将于会议召开15日前以公告方式通知各股东。

公司法和相关规定

《公司法》（2023年修订）

第六十四条 召开股东会会议，应当于会议召开十五日前通知全体股东；但是，公司章程另有规定或者全体股东另有约定的除外。

股东会应当对所议事项的决定作成会议记录，出席会议的股东应当在会议记录上签名或者盖章。

第一百一十五条 召开股东会会议，应当将会议召开的时间、地点和审议的事项于会议召开二十日前通知各股东；临时股东会会议应当于会议召开十五日前通知各股东。

单独或者合计持有公司百分之一以上股份的股东，可以在股东会会议召开十日前提出临时提案并书面提交董事会。临时提案应当有明确议题和具体决议事项。董事会应当在收到提案后二日内通知其他股东，并将该临时提案提交股东会审议；但临时提案违反法律、行政法规或者公司章程的规定，或者不属于股东会职权范围的除外。公司不得提高提出临时提案股东的持股比例。

公开发行股份的公司，应当以公告方式作出前两款规定的通知。

股东会不得对通知中未列明的事项作出决议。

《公司法》（2018年修正，已被修订）

第四十一条 召开股东会会议，应当于会议召开十五日前通知全体股东；但是，公司章程另有规定或者全体股东另有约定的除外。

股东会应当对所议事项的决定作成会议记录，出席会议的股东应当在会议记录上签名。

第一百零二条 召开股东大会会议，应当将会议召开的时间、地点和审议的事项于会议召开二十日前通知各股东；临时股东大会应当于会议召开十五日前通知各股东；发行无记名股票的，应当于会议召开三十日前公告会议召开的时间、地点和审议事项。

单独或者合计持有公司百分之三以上股份的股东，可以在股东大会召开十日前提出临时提案并书面提交董事会；董事会应当在收到提案后二日内通知其他股东，并将该临时提案提交股东大会审议。临时提案的内容应当属于股东大会职权范围，并有明确议题和具体决议事项。

股东大会不得对前两款通知中未列明的事项作出决议。

无记名股票持有人出席股东大会会议的，应当于会议召开五日前至股东大会闭会时将股票交存于公司。

专家分析

公司章程中对股东会的通知时间以及通知方式进行规定的意义在于：参加股东会是股东参与公司经营决策的最基本也是最重要的一项权利。《公司法》以及公司章程中规范股东会召集程序的意义就在于确保股东能够提前得知何时何地召开股东会、股东会的议事事项，从而能够及时决定是否参加股东会，以及提前对股东会的议事事项做准备。实践中因未及时通知股东参加股东会、通知方式不符合法律、章程规定而引发的股东会决议效力瑕疵不在少数。因此，在公司章程中有必要对股东会通知的时间、方式进行详细规定，规范股东会的召集程序。避免因股东会程序不符合法律、章程规定而引发纠纷。

章程条款设计建议

第一，根据《公司法》的规定，股份有限公司召开股东会会议应当提前20日、召开临时股东大会的应当提前15日通知。这一规定是法律对于召集股东大会通知时间的最低要求。股份有限公司的股东可以在公司章程中将通知时间适当延长。但是不得缩短通知时间，低于法律规定通知时间将导致股东会程序瑕疵。

第二，有限责任公司可在章程中自由规定股东会的召集时间，若章程中有特殊规定，应当遵守《公司法》规定的最短通知时间。因此，股东如有特殊要求，可在《公司法》规定的15日基础上适当延长，或者针对定期股东会、临时股东会作出不同的规定。但是不建议将通知时间规定得过短，不利于股东对其他股东的提案作出必要的准备。

第三，公司可根据股东的人数、构成等选择通知方式。对于中小股东较多的公司，可选择公告的方式进行通知，如在公司网站、当地具有影响力的报刊、媒体等进行公告。对于股东人数较少、非自然人股东为主的公司，可以选择邮寄、电子邮件方式进行公告，并对通知生效时间作出相关规定。虽然电子通信已经越来越普及，但是不建议公司采用电话、短信、微信等方式通知，因为此类通知方式的证据采信度较低、不易保存。

公司章程条款实例

公司召开股东会，召集人应当于会议召开 10 日前发出书面通知，将会议拟审议的事项以及开会的日期和地点告知所有在册股东。

股东会通知可以向股东以快递形式送出，收件人地址以股东名册登记的地址为准。如股东方未签收或不予签收，可以以电子邮件形式发送至本公司章程所载明的各方股东的电子邮箱，电子邮件发送后即视为送达。

若任何一方股东所提供的通信地址、电话号码以及邮箱地址发生变化（以下简称变动方），变动方应当在该变更发生后的 7 日内在公司备案。变动方未按约定及时备案的，变动方应承担由此造成的后果及损失。

延伸阅读

有关股东会召集程序的案例

前四个案例涉及股东会通知时间。

案例一：青岛市中级人民法院审理的杨某与青岛厚某房地产开发有限公司二审民事判决书［(2013) 青民二商终字第 957 号］认为："厚某公司章程对于召开临时股东会议的通知方式没有作出约定，因此对于通知的方式应当理解为'以送达到为目的，且送达方式不违反法律'即可。本案中，被上诉人及第三人以书面通知、短信息、报纸公告方式就召开临时股东会一事告知上诉人，从其行为可以看出被上诉人及第三人并没有隐瞒召开会议及会议议事主题的意思表示，而是希望上诉人召集、参加股东会并积极采用多种方式履行通知义务。上诉人作为公司董事长未履行召集临时股东会职责的事实清楚，同时监事徐某也没有履行监事召集临时股东会的职责。在董事长及监事均不履行职责的情况下，陈某光及泰某公司自行召集主持临时股东会的行为符合《公司法》规定，其召集程序符合法律规定。"

案例二：南通市中级人民法院审理的章某与海安县新某中实业有限公司公司决议撤销纠纷二审民事判决书［(2014) 通中商终字第 0462 号］认为，"根据《公司法》第四十二条的规定，召开股东会会议，应当于会议召开十五日前通知全体股东，但是公司章程另有规定或者全体股东另有约定的除外。① 本案中被告公司章程

---

① 《公司法》已修改，现相关规定见《公司法》（2023 年修订）第六十四条。

第二十六条规定,公司召开股东会决议,应于会议召开十五日前通知全体股东,通知以书面形式发送,并载明会议的时间、地点、内容及其他有关事项。本院认为,股东会会议通知是股东得以参加股东会并行使其干预权的前提,尤其是在经营者和控股股东合二为一的情况下,股东会已成为少数股东要求大股东解决其政策并提出反对意见的唯一场所。股东会会议通知制度的立法目的在于成功地向股东通知开会事宜,保障公司股东为开会事宜做好充分准备并按时参加股东会正常行使股东权利,防止控股股东利用突袭手段控制股东会。案涉股东会开会之前,召集会议的公司执行董事傅某德仅提前一两天通知其他股东,且没有明确告知开会的主要事宜,显然违反了《公司法》及公司章程的规定。因此,本案股东会会议的召集程序显然违反了法律及公司章程的规定,而新某中公司违反程序召集股东会的行为影响了股东正常行使其股东权利,不符合法律规定股东会会议通知制度的立法目的。综上,根据《公司法》第二十二条规定,股东会或者股东大会、董事会的会议召集程序、表决方式违反法律、行政法规或者公司章程,或者决议内容违反公司章程的,股东可以自决议作出之日起六十日内,请求人民法院撤销,[①] 本案股东会召集程序违反了公司章程的规定,应予撤销"。

案例三:南京市中级人民法院审理的段某德与南京成某电机有限公司公司决议撤销纠纷二审民事判决书〔(2017)苏01民终888号〕认为,"成某公司2016年8月15日召开股东会,应根据《中华人民共和国公司法》及公司章程规定,提前十五日通知全体股东。虽然2016年7月7日股东会明确了'2016年8月10日开始进行转让工作,如到8月15日发生流标无人购买,由原成某公司法定代表人段某德购买',但并未明确8月10日至15日期间有关召开股东会事宜,成某公司或三上诉人未于8月15日股东会召开前十五日通知股东段某德,违反了《中华人民共和国公司法》及成某公司章程的规定,故段某德请求撤销2016年8月15日成某公司股东会会议纪要,有事实和法律依据,本院予以支持"。

案例四:南通市中级人民法院审理的郁某才与某市医药药材有限公司公司决议纠纷二审民事判决书〔(2016)苏06民终549号〕认为,"某医药公司于2015年9月6日召开临时股东会,根据其章程规定,其应于召开15日前通知全体股东参会。某医药公司确认未通知郁某才参会,也未能提供证据证明其向七位未能通知到的股东尽到通知义务。根据《中华人民共和国公司法》第二十二条第二款规定,股东会召集程序、表决方式违反法律、行政法规或者公司章程,股东可以自决议作出之日

---

① 《公司法》已修改,现相关规定见《公司法》(2023年修订)第二十六条第一款。

起六十日内，请求人民法院撤销，故郁某才请求撤销案涉瑕疵决议，依法有据"。

有关股东会召集程序纠纷中，原告在行使诉权的过程中应当注意诉讼期限，《公司法》明确规定，原告提起撤销公司决议之诉，应当在决议形成之日起60日内提起诉讼，超过法定期限后再提起诉讼，法院将不予受理。相关案例为案例五至案例七。

案例五：保定市中级人民法院审理的周某、保定市某病研究所等与河北安某药业集团有限公司、江西青某康源集团有限公司公司决议撤销纠纷二审民事裁定书[（2016）冀06民终249号]认为："安某药业集团股东会会议于2015年1月8日9时在河北省保定市安某药业集团办公室召开，上诉人周某、某病研究所作为安某药业集团的股东，于2015年5月12一审法院开庭当日对安某药业集团股东会的会议召集程序提出异议，认为刘某生作为股东会会议召集人，其召集程序违反了《中华人民共和国公司法》第四十一条的股东会召集程序，请求受诉人民法院依法撤销安某药业集团股东会会议决议，判令安某药业集团向公司登记机关申请撤销依据上述股东会决议作出的变更登记。但上诉人周某、某病研究所请求撤销股东会决议的时间已经超过了法定期限。"

案例六：天水市中级人民法院审理的姬某信与秦安县康某粮油有限责任公司、郝某平、郝某、成某公司决议效力确认纠纷二审民事判决书[（2016）甘05民终594号]认为："关于股东会议召集程序违法，公司未进行清算问题，对于召集程序问题，《公司法》规定应在60日内提起撤销之诉，但上诉人在60日内没有行使撤销权，故上诉人的撤销权已丧失"。

案例七：漳州市中级人民法院周某源与漳州悦某浦头房地产开发有限公司、林某军、厦门[（2016）闽06民终2370号]认为，"2015年2月16日悦某公司股东会的召开未经公司的执行董事、监事召集，该股东会召集程序违反法律规定，根据《中华人民共和国公司法》第二十二条①规定属于可撤销的情形。但原审第三人万某公司作为被上诉人悦某公司的另一股东在2016年4月12日知晓被上诉人悦某公司已由上诉人周某源召开股东会，并作出股东会会议记录、决议、任免文件、章程修正案等后，未在六十日内，请求人民法院撤销，视为原审第三人万某公司怠于行使撤销权，属于对自己民事权利的处分。根据《最高人民法院关于适用〈中华人民共和国公司法〉若干问题的规定（一）》第三条的规定，万某公司对决议撤销权之诉权利的行使已超过了《公司法》规定的期限，人民法院将不会予以受理"。

---

① 《公司法》已修改，现相关规定见《公司法》（2023年修订）第二十六条第一款。

除了上述提起诉讼的期限问题外，在股东会召集程序纠纷中，原告另一个常见的败诉原因为诉讼请求不当。因股东会召集程序存在瑕疵，当事人有权请求法院撤销股东会决议，而非确认股东会决议无效，相关案例为案例八、案例九。

案例八：海西蒙古族藏族自治州中级人民法院审理的孙某鹏、习某亚、杨某国等公司决议纠纷二审裁定书［（2014）西民二终字第9号］认为："本案中，即使如上诉人所说董事会召开及形成决议是存在的，但上诉人提起请求确认董事会决议无效之诉的理由是董事会召集程序违法，《中华人民共和国公司法》第二十二条第二款规定'股东会或者股东大会、董事会的会议召集程序、表决方式违反法律、行政法规或者公司章程，或者决议内容违反公司章程的，股东可以自决议作出之日起六十日内，请求人民法院撤销'，① 故会议召集程序违法行使的应是撤销之诉，上诉人应在法定期限之内行使相应权利，但上诉人并未在法定期限之内提起撤销之诉；关于上诉人要求确认无效的两份董事会决议，经查该决议的内容并未违反法律、法规的强制性规定，故上诉人所述董事会决议无效的理由不能成立，本院不予采信。"

案例九：新疆高级法院伊犁哈萨克自治州分院审理的成都欣某欣化工材料有限公司与新疆中某金谷国际物流有限责任公司、李某确认合同无效纠纷二审民事裁定书［（2016）新40民终1286号］认为，"凡是内容违反法律、行政法规的公司股东会或董事会决议均属无效；凡是程序上违反法律、行政法规和公司章程或内容上违反公司章程的股东会和董事决议，只能请求撤销决议。本案中，欣某欣公司主张确认2015年6月30日的股东会决议无效，其认为股东会没有提前召集通知、表决人员和公司印章与实际不相符、董事会对所议事项决定也没有会议记录，即认为股东会存在程序性瑕疵。根据上述规定，当事人应当请求决议撤销纠纷，经本院依法释明后欣某欣公司仍坚持其诉讼请求，故欣某欣公司主张2015年6月30日的股东会决议无效，与法相悖，本院不予支持"。

---

① 《公司法》已修改，现相关规定见《公司法》（2023年修订）第二十六条第一款。

045 公司章程可以对股东会召集通知的具体内容作出详细规定

设计要点

公司章程可以对股东会召集通知的具体内容作出详细规定。

阅读提示

根据《公司法》的规定，无论是有限责任公司还是股份有限公司，股东会的召开都必须履行通知程序。例如，公司需至少提前 15 日通知股东召开股东会，并对股东会会议通知的送达承担证明责任；对于股东会会议通知的内容，《公司法》也作出了原则性的规定，即要求有明确的议题和决议事项，以保证股东能够在会前做充分的准备。但是，股东会会议通知所要包含内容《公司法》未作明确规定，部分公司通知内容过于简单、模糊，致使股东在会上难以准确表达意愿。本文通过学习优秀公司章程的通知条款来准确把握会议通知的具体内容。

章程研究文本

《比亚迪股份有限公司章程》（2021 年 11 月版）

第六十八条第一款 股东大会的会议的通知应当符合下列要求：

（一）以书面形式作出；

（二）指定会议的地点、日期和时间；

（三）说明会议将讨论的事项和提案；

（四）向股东提供根据公司股票上市的证券交易所的有关规定所要求的及为使股东对将讨论的事项作出明智决定所需要的资料及解释；此原则包括（但不限于）在公司提出合并、购回股份、股本重组或者其他改组时，应当提供拟议中的交易的具体条件和合同（如果有的话），并对其起因和后果作出认真的解释；

（五）如果任何董事、监事、总裁和其他高级管理人员与将讨论的事项有重要利害关系，应当披露其利害关系的性质和程度；如果将讨论的事项对该董事、监事、总裁和其他高级管理人员作为股东的影响有别于对其他同类别股东的影响，则应当说明其区别；

（六）载有任何拟在会议上提议通过的特别决议的全文；

（七）以明显的文字说明，全体股东均有权出席股东大会，有权出席和表决的股东有权委任一位或者一位以上的股东代理人代为出席和表决，而该股东代理人不必为股东；

（八）载明会议投票代理委托书的送达时间和地点；

（九）有权出席股东大会股东的股权登记日；

（十）会务常设联系人姓名，电话号码。

同类章程条款

笔者查阅了近百家上市公司的公司章程，其中存在少部分公司对股东会召集通知的内容作出了更加细致的规定，列举如下：

《仁和药业股份有限公司章程》（2023年5月版）

第五十五条 股东大会的通知包括以下内容：

（一）会议的时间、地点和会议期限；

（二）提交会议审议的事项和提案；

（三）以明显的文字说明：全体股东均有权出席股东大会，并可以书面委托代理人出席会议和参加表决，该股东代理人不必是公司的股东；

（四）有权出席股东大会股东的股权登记日；

（五）会务常设联系人姓名，电话号码；

（六）网络或其他方式的表决时间及表决程序。

大会通知和补充通知中应当充分、完整披露所有提案的全部具体内容。拟讨论的事项需要独立董事发表意见的，发布股东大会通知或补充通知时将同时披露独立董事的意见及理由。

……

股东大会网络或其他方式投票的开始时间，不得早于现场股东大会召开前一日下午3:00，并不得迟于现场股东大会召开当日上午9:30，其结束时间不得早于现场股东大会结束当日下午3:00。

股权登记日与会议日期之间的间隔应当不多于七个工作日。股权登记日一旦确认，不得变更。

《东北证券股份有限公司章程》（2021年版）

第七十条 股东大会的通知包括以下内容：

（一）会议的时间、地点和会议期限；

（二）提交会议审议的事项和提案；

（三）以明显的文字说明：全体股东均有权出席股东大会，并可以书面委托代理人出席会议和参加表决，该股东代理人不必是公司的股东；

（四）有权出席股东大会股东的股权登记日；

（五）会务常设联系人姓名，电话号码。

股东大会通知和补充通知中应当充分、完整披露所有提案的全部具体内容。拟讨论的事项需要独立董事发表意见的，发布股东大会通知或补充通知时将同时披露独立董事的意见及理由。

公司法和相关规定

《公司法》（2023年修订）

第六十四条 召开股东会会议，应当于会议召开十五日前通知全体股东；但是，公司章程另有规定或者全体股东另有约定的除外。

股东会应当对所议事项的决定作成会议记录，出席会议的股东应当在会议记录上签名或者盖章。

第一百一十五条 召开股东会会议，应当将会议召开的时间、地点和审议的事项于会议召开二十日前通知各股东；临时股东会会议应当于会议召开十五日前通知各股东。

单独或者合计持有公司百分之一以上股份的股东，可以在股东会会议召开十日前提出临时提案并书面提交董事会。临时提案应当有明确议题和具体决议事项。董事会应当在收到提案后二日内通知其他股东，并将该临时提案提交股东会审议；但临时提案违反法律、行政法规或者公司章程的规定，或者不属于股东会职权范围的除外。公司不得提高提出临时提案股东的持股比例。

公开发行股份的公司，应当以公告方式作出前两款规定的通知。

股东会不得对通知中未列明的事项作出决议。

《公司法》（2018年修正，已被修订）

第四十一条 召开股东会会议，应当于会议召开十五日前通知全体股东；但是，公司章程另有规定或者全体股东另有约定的除外。

股东会应当对所议事项的决定作成会议记录，出席会议的股东应当在会议记录上签名。

第一百零二条 召开股东大会会议，应当将会议召开的时间、地点和审议的事项于会议召开二十日前通知各股东；临时股东大会应当于会议召开十五日前通知各股东；发行无记名股票的，应当于会议召开三十日前公告会议召开的时间、地点和审议事项。

单独或者合计持有公司百分之三以上股份的股东，可以在股东大会召开十日前提出临时提案并书面提交董事会；董事会应当在收到提案后二日内通知其他股东，并将该临时提案提交股东大会审议。临时提案的内容应当属于股东大会职权范围，并有明确议题和具体决议事项。

股东大会不得对前两款通知中未列明的事项作出决议。

无记名股票持有人出席股东大会会议的，应当于会议召开五日前至股东大会闭会时将股票交存于公司。

专家分析

《公司法》第六十四条规定："召开股东会会议，应当于会议召开十五日前通知全体股东"。第一百一十五条第一款规定："召开股东会会议，应当将会议召开的时间、地点和审议的事项于会议召开二十日前通知各股东"。对比上述两个条文可知，有限责任公司与股份有限公司对于股东会会议通知的具体要求稍有差异；《公司法》对股份有限公司股东会会议通知的形式和记载的内容作出了强制性规定，而对有限责任公司仅规定提前通知，未对通知的内容作出强制性的规定。

由于股份有限公司的组织形式较为松散和开放，股东之间并无紧密联系，大部分股东并不实际参与公司经营，若不在会议通知中记载会议议题，难以确保全体股东平等地获取相关信息。而有限责任公司更注重内部的人合性，在公司治理和日常管理方面更为灵活，强调公司的意思和自治，并且股东之间、股东与公司高级管理人员之间的联系也更为紧密，对于会议讨论事项也更容易掌握，故《公司法》对于有限责任公司股东会会议通知的形式和记载内容并未作出明确规定。由于《公司法》对有限责任公司股东会会议通知的形式和记载内容并未作出强制性规定，故股东会会议通知未记载股东会决议事项内容，或股东会决议内容超出股东会会议通知内容的，股东会所作出的决议不必然无效或可撤销；而股份公司股东会会议通知的记载内容若不能满足《公司法》及公司章程的要求，则股东会决议有可能被撤销。另外需要注意的是，会议通知中的会议拟表决议案内容应尽可能描述得明确、具体，最大限度尊重股东的表决权；表述过于简略，内容模糊，不利于各股东充分行使表决权的股东会会议通知，极易造成股东会决议被撤销。

章程条款设计建议

第一，就股东会会议通知一般性内容来讲，股东会会议通知需指定会议的具体地点、日期、时间，会务联系人及联系方式，会议将要讨论的议题和议案，股东委托代理人投票的注意事项，若采用网络投票的，载明网络投票的表决内容和表决方式。

第二，就股东会会议通知的深度内容来讲，股东会会议通知应当将影响股东作出决策的资料和背景材料一并提供，涉及重大交易的，有必要将交易的必要条件和合同一同提供；涉及关联交易或与公司的董监高等内部人有利害关系的，通知内容需要披露利害关系的性质和程度；进一步讲，为使股东更加清晰地了解本次股东会的真实内容，有必要将本次股东会拟通过的决议内容直接写在会议通知中，保证股东准确了解本次决议的真实内容。

公司章程条款实例

股东大会的会议的通知应当符合下列要求：

（一）以书面形式作出；

（二）指定会议的地点、日期和时间；

（三）说明会议将讨论的事项和提案；

（四）向股东提供根据公司股票上市的证券交易所的有关规定所要求的及为使股东对将讨论的事项作出明智决定所需要的资料及解释；此原则包括（但不限于）在公司提出合并、购回股份、股本重组或者其他改组时，应当提供拟议中的交易的具体条件和合同（如果有的话），并对其起因和后果作出认真的解释；

（五）如果任何董事、监事、总裁和其他高级管理人员与将讨论的事项有重要利害关系，则应当披露其利害关系的性质和程度；如果将讨论的事项对该董事、监事、总裁和其他高级管理人员作为股东的影响有别于对其他同类别股东的影响，则应当说明其区别；

（六）载有任何拟在会议上提议通过的特别决议的全文；

（七）大会通知和补充通知中应当充分、完整披露所有提案的全部具体内容。拟讨论的事项需要独立董事发表意见的，发布股东大会通知或补充通知时将同时披露独立董事的意见及理由；

（八）股东大会采用网络或其他方式的，应当在股东大会通知中明确载明网络方式的表决时间及表决程序；

（九）以明显的文字说明，全体股东均有权出席股东大会，有权出席和表决的股东有权委任一位或者一位以上的股东代理人代为出席和表决，而该股东代理人不必为股东；

（十）载明会议投票代理委托书的送达时间和地点；

（十一）有权出席股东大会股东的股权登记日；

（十二）会务常设联系人姓名、电话号码。

> **延伸阅读**

裁判观点一：股份有限公司股东会决议内容超过会议通知议题范围所形成的决议可撤销；有限责任公司股东会决议内容超过会议通知议题范围所形成的决议有效

案例一：宁波市海曙区人民法院审理的宁波联某建设开发有限公司与宁波联某物业管理有限公司公司决议撤销纠纷一审民事判决书［（2014）甬海商初字第879号］认为：关于临时股东会决议内容超出会议通知议题范围是否有效的问题。原告主张根据《公司法》第一百零二条规定，股东会会议无权对会议通知中未列明的事项作出决议，而涉案临时股东会形成的七项决议，其中的六项未在《关于召开2014临时股东会会议的通知》中列明，表决内容存在明显瑕疵。本院认为，《公司法》第一百零二条[1]是对股份有限公司股东会议通知的形式和记载的内容作出的强制规定，该规定是基于股份有限公司的组织形式较为松散和开放，股东之间并无紧密联系，大部分股东并不实际参与公司经营，若不在会议通知中记载会议议题，难以确保全体股东平等地获取相关信息。而本案被告系有限责任公司，有限责任公司更注重内部的人合性，在公司治理和日常管理方面更为灵活，强调公司的意思和自治，并且股东之间、股东与公司高级管理人员之间的联系也更为紧密，对于会议讨论事项也更容易掌握，故《公司法》对于有限责任公司股东会会议通知的形式和记载内容并未作出明确规定。由于《公司法》对有限责任公司股东会会议通知的形式和记载内容并未作出强制性规定，所以涉案临时股东会决议内容虽超出会议通知议题范围但并不构成违法，故本院对于原告的主张不予支持。

裁判观点二：若股东会会议通知过于简单、内容模糊，股东会决议可被撤销

案例二：武汉市中级人民法院审理的武汉恒某达鑫国际化工仓储有限公司、黄某公司决议撤销纠纷二审民事判决书［（2016）鄂01民终8335号］认为：关于是否应撤销免去黄某副董事长、董事的决议的问题。《中华人民共和国公司法》第四十一条第一款规定，召开股东会会议，应当于会议召开十五日前通知全体股东，但公司章程另有规定或者全体股东另有约定的除外。[2]《武汉恒某达鑫公司章程》第

---

[1]《公司法》已修改，现相关规定见《公司法》（2023年修订）第一百一十五条。

[2]《公司法》已修改，现相关规定见《公司法》（2023年修订）第四十一条第一款。

十八条则明确约定，股东会会议通知应将会议时间、地点、内容通知全体股东。因此，会议通知中的会议拟表决议案内容应尽可能描述得明确、具体，最大限度尊重股东的表决权。因该项决议事关黄某的个人直接利益，且牵涉公司章程第十九条关于小股东对副董事长的提名权问题，但此次股东会会议通知中"公司董事人事任免"的表述过于简略，内容模糊，不利于各股东充分行使表决权，从表决结果上看，此项决议全体股东也仅是占有70%公司股权的股东珠海恒某达鑫公司明确投票赞同该项决议，而占6%公司股权的股东闫某、占8%公司股权的股东汤某国、占4%公司股权的股东许某兵均投弃权票，故原审认定该项决议内容违反公司章程规定的召集程序，应予撤销，并无不当，本院依法予以维持。

裁判观点三：公司未提前15日通知股东召开股东会所形成的股东会决议可撤销

案例三：淮南市中级人民法院审理的安徽淮某集团有限公司与淮南市软某投资管理有限公司公司决议撤销纠纷二审民事判决书［(2015) 淮民二终字第00011号］认为：股东会或者股东大会、董事会的会议召集程序、表决方式违反法律、行政法规或者公司章程，或者决议内容违反公司章程的，股东可以自决议作出之日起六十日内，请求人民法院撤销。本案淮某集团将软某投资公司于2012年10月16日召开的"2012年第一次临时股东会"改期至同年10月22日，虽对原定会议召开时间、地点、议题等已于2012年9月10日由其工作人员通过电子邮件向全体股东发出议案，并于2012年9月28日通知全体股东，软某投资公司知道该次股东会议议案，但因其对改期会议未在会议召开前十五日通知股东软某投资公司，违反了《中华人民共和国公司法》第四十一条第一款的规定"股东召开股东会会议，应当于会议召开十五日前通知全体股东；但是，公司章程另有规定或者全体股东另有约定的除外"①，同时亦违反了《安徽淮某集团有限公司章程》第二十五条的规定"召开股东会会议，应当于会议召开15日以前通知全体股东"，故该股东会会议在召集程序上违反法律规定和公司章程，软某投资公司自该决议作出之日起六十日内，请求法院撤销该公司决议，有事实和法律依据，予以支持。

案例四：海南省高级人民法院审理的宝某投资有限公司与三亚保某房地产投资开发有限公司公司决议撤销纠纷二审民事判决书［(2015) 琼民二终字第18号］认为：关于2014年1月17日股东会决议应否撤销的问题。保某公司于2014年1月4日向宝某公司公告送达2014年1月17日股东会议的召开通知，会议通知未提前十五天，故违反了保某公司《有限公司章程》第八条关于召开股东会会议应于会议

---

① 《公司法》已修改，现相关规定见《公司法》（2023年修订）第四十一条第一款。

召开十五日前通知全体股东的规定。同时，保某公司亦未实际召开该次股东会，故宝某公司有权依法请求撤销该份股东会决议。保某公司上诉主张宝某公司起诉撤销该次决议已超过《中华人民共和国公司法》第二十二条①规定的六十日期限。如前部分所述，保某公司未通知宝某公司参加该次会议，该次会议也未实际召开，且保某公司也从未将决议内容通知宝某公司，故宝某公司起诉请求撤销该次会议决议，应不受该条规定的六十日的限制，故宝某公司请求撤销2014年1月17日股东会决议的诉讼请求，有事实和法律依据，应予支持。

裁判观点四：公司对其依据《公司法》和公司章程的规定向股东按时送达了股东会会议通知承担证明责任

案例五：新疆克拉玛依市中级人民法院审理的克拉玛依盛某电力安装有限责任公司与李某英公司决议撤销纠纷二审民事判决书［（2017）新02民终245号］认为：根据《公司章程》第二十五条第一款规定"股东会会议应于召开前十五日通知全体股东"，盛某电力公司应对全体股东及出资人履行会议通知义务，故对是否已在会议召开前15日即2016年8月16日向全体股东及出资人送达会议通知，其应负举证证明责任，举证不能的，应当承担不利的法律后果。根据证人金某的证言及出示的彩信发送通知的手机表明，其负责向股东吴某某、出资人宋某某通知会议召开的时间及内容，但其并未证明已向该二人合法、有效地送达了会议通知，且结合股东会决议签署内容情况，股东吴某某明确注明"不同意此方案，程序违法"、宋某某缺席了股东会会议，故仅凭证人金某某证言及其发送的彩信，并不足以证实被送达人均已于2016年8月16日收到会议通知，其陈述对所有通知对象均系先打电话后发彩信，但并无相关证据予以佐证，故依法不予采信。且盛某电力公司提交的各部门负责人通知传达反馈书中没有安全生产办生产经营主任王某某的反馈结果，其亦未提供其他可以证实有效送达的证据，不足以证实盛某电力公司已于2016年8月16日及时、有效地向公司全体股东及出资人送达了会议通知内容。综上，盛某电力公司未能提供有效证据证明其已于股东会召开前十五日即2016年8月16日前向全体股东及出资人送达会议通知，根据《公司法》第二十二条第二款之规定，"股东会或者股东大会、董事会的召集程序、表决方式违反法律、行政法规或者公司章程，或者决议内容违反公司章程的，股东可以自决议作出之日起六十日内，请求人民法院撤销"，② 盛某电力公司召开股东会程序违反《公司法》第四十一条第

---

① 《公司法》已修改，现相关规定见《公司法》（2023年修订）第二十二条第二款。
② 《公司法》已修改，现相关规定见《公司法》（2023年修订）第二十二条第二款。

一款前段及《公司章程》第二十五条第一款之规定,故应当依法予以撤销。

案例六:河南省南阳市人民法院审理的某高速公路有限公司与南阳市通某实业有限公司公司决议纠纷一案二审民事判决书[(2015)南民三终字第00996号]认为:《中华人民共和国公司法》第二十二条第二款规定:"股东会或者股东大会、董事会的会议召集程序、表决方式违反法律、行政法规或者公司章程,或者决议内容违反公司章程的,股东可以自决议作出之日起六十日内,请求人民法院撤销。"股东(大)会决议和董事会决议,是公司的意思决定,但当公司决议存在瑕疵时,根据《公司法》第二十二条的规定,股东可以提起公司决议无效或撤销之诉。对撤销之诉,应审查股东会会议在会议召集程序和表决方式方面是否违反《公司法》及其他法律、行政法规,或者决议在内容或者程序上是否有违反公司章程的瑕疵。① 《公司法》第四十一条规定:"召开股东会会议,应当于会议召开十五日前通知全体股东;但是,公司章程另有规定或者全体股东另有约定的除外。"② 《某高速公路公司章程》也规定公司召开股东会议,应当于会议召开十五日以前书面通知全体股东。而在本案中,某高速公路公司以特快专递的形式向南阳通某公司的法定代表人王某教邮寄送达召开临时会议的书面通知,但邮寄地址却为南阳市政府办公院内金融办,且该邮件并非王某教本人所签收。某高速公路公司称已将书面通知送达股东南阳通某公司缺乏扎实有效的证据支持,故原审判决无法认定某高速公路公司已经依法向南阳通某公司送达了召开股东会议的书面通知并无不当;原审判决撤销某高速公路有限公司于2014年5月22日召开股东会形成的2014年第一次(临时)股东会决议亦并无不当。

046 股东委托他人出席股东会应提交哪些手续?

> 设计要点

公司章程可规定股东委托他人出席股东会的,授权委托书必须经过公证。

> 阅读提示

《公司法》未对有限责任公司的股东委托代理人出席股东会会议作出规定,仅

---

① 《公司法》已修改,现相关规定见《公司法》(2023年修订)第二十二条第二款。
② 《公司法》已修改,现相关规定见《公司法》(2023年修订)第四十一条第一款。

对股份有限公司的股东委托代理人出席股东大会会议作出简要规定。实践中，经常出现因为授权手续是否合法导致各股东对于公司决议的效力产生争议，那么公司章程中应如何规定股东委托他人出席股东会会议时应提交的手续？本文将通过介绍民生控股股份有限公司章程的有关条款及三个司法案例，对这一问题进行分析。

章程研究文本

《民生控股股份有限公司章程》（2019年4月版）

第六十三条　代理投票授权委托书由委托人授权他人签署的，授权签署的授权书或者其他授权文件应当经过公证。经公证的授权书或者其他授权文件，和投票代理委托书均需置备于公司住所或者召集会议的通知中指定的其他地方。

委托人为法人的，由其法定代表人或者董事会、其他决策机构决议授权的人作为代表出席公司的股东大会。

同类章程条款

笔者查阅了多家上市公司章程中的同类条款，其中对于股东委托他人参加股东大会应提交的授权文件作了不同规定：除上述《民生控股股份有限公司章程》外，大部分公司章程未规定授权委托书需经公证；《方大集团股份有限公司章程》还规定，个人股东委托他人出席股东大会的，还应当出示股东的有效身份证件；法人股东委托代理人出席股东大会的，《民生控股股份有限公司章程》规定"由其法定代表人或者董事会、其他决策机构决议授权"，其他多数公司章程仅规定由其法定代表人授权。具体如下：

《珠海港股份有限公司章程》（2023年12月版）

第六十九条　个人股东亲自出席会议的，应出示本人身份证或其他能够表明其身份的有效证件或证明、股票帐户卡；委托代理他人出席会议的，应出示本人有效身份证件、股东授权委托书。

法人股东应由法定代表人或者法定代表人委托的代理人出席会议。法定代表人出席会议的，应出示本人身份证、能证明其具有法定代表人资格的有效证明；委托代理人出席会议的，代理人应出示本人身份证、法人股东单位的法定代表人依法出具的书面授权委托书。

《安徽古井贡酒股份有限公司章程》（2023年12月版）

该公司章程第六十一条与上述《珠海港股份有限公司章程》第六十九条的规

定相同。

《方大集团股份有限公司章程》（2023年12月版）

第六十三条　个人股东亲自出席会议的，应出示本人身份证或其他能够表明其身份的有效证件或证明、股票账户卡；委托代理他人出席会议的，应出示本人有效身份证件、股东授权委托书、股东有效身份证件、股东股票账户卡。

法人股东应由法定代表人或者法定代表人委托的代理人出席会议。法定代表人出席会议的，应出示股东有效身份证明文件、本人身份证、能证明其具有法定代表人资格的有效证明；委托代理人出席会议的，代理人应出示法人股东有效身份证明文件、法定代表人资格的有效证明文件、本人身份证、法人股东单位的法定代表人依法出具的书面授权委托书。

公司法和相关规定

《公司法》（2023年修订）

第一百一十八条　股东委托代理人出席股东会会议的，应当明确代理人代理的事项、权限和期限；代理人应当向公司提交股东授权委托书，并在授权范围内行使表决权。

《公司法》（2018年修正，已被修订）

第一百零六条　股东可以委托代理人出席股东大会会议，代理人应当向公司提交股东授权委托书，并在授权范围内行使表决权。

专家分析

公司章程规定此类条款的意义在于：在《公司法》未对有限责任公司的股东委托代理人出席股东会会议作出规定，仅对股份有限公司的股东委托代理人出席股东大会会议作出简要规定的情况下，有关事项的规范将完全取决于公司章程是否作出规定，以及所作出的规定是否完善、具有可操作性。一方面，完善的委托制度可督促股东按照公司章程的规定履行委托程序，避免因委托瑕疵而导致最终的公司决议受到影响，股东间发生争议；另一方面，委托制度的设计也应当兼具可操作性，便于股东通过委托代理人的方式行使其参与股东会和公司决策的股东权利，不过分增加委托股东的成本，以保障公司股东会的正常、灵活运转。

章程条款设计建议

笔者认为，有限责任公司和股份有限公司可以对于该公司章程条款进行不同的设计。

首先，对于有限责任公司，笔者建议：

第一，考虑到有限公司的人合性、封闭性，对于股东人数较少的有限责任公司，可在公司章程中规定股东仅能委托其他股东参与股东会会议，不能委托非股东人员出席股东会会议。

第二，为便于有限公司股东会高效决策，不建议有限公司的章程要求股东委托他人出席股东会会议的，应当对授权委托书进行公证。但是在实际操作中，公司仍有必要留存好授权委托书、代理人身份证明等文件，并可考虑要求被代理股东以向公司发送邮件、短信等形式，对由他人出席股东会予以确认，以降低股东间最终因此发生争议、股东会决议被确认为无效或被撤销的风险。

其次，对于股份有限公司，笔者建议：

第一，公司章程中可要求股东委托他人出席股东大会会议的，应当对授权委托书进行公证。

第二，股东是法人的，公司章程可考虑授权委托书不必一定要求该法人的法定代表人出具；如该法人的董事会、其他决策机构决议授权的人作为代表出席公司的股东大会，公司章程亦可允许。

公司章程条款实例

一、有限责任公司章程条款实例

股东可亲自出席股东会会议，也可委托其他个人股东或其他法人股东的法定代表人出席股东会会议，但不得委托其他人员出席股东会。

个人股东亲自出席股东会会议的，应出示本人身份证或其他能够表明其身份的有效证件或证明；委托代理人出席股东会会议的，应出示本人有效身份证件、股东授权委托书。

法人股东应由法定代表人或者法定代表人委托的代理人出席股东会会议。法定代表人出席股东会会议的，应出示本人身份证、能证明其具有法定代表人资格的有效证明；委托代理人出席股东会会议的，代理人应出示本人身份证、法人股东单位的法定代表人出具的书面授权委托书。

二、股份有限责任公司章程条款实例

股东可亲自出席股东大会，也可委托其他人出席股东大会。股东委托他人出席的，授权书或者其他授权文件应当经过公证。

个人股东亲自出席股东会会议的，应出示本人身份证或其他能够表明其身份的

有效证件或证明；委托代理他人出席股东会会议的，应出示本人有效身份证件、股东授权委托书。

法人股东应由法定代表人或者法定代表人委托的代理人出席股东会会议。法定代表人出席会议的，应出示本人身份证、能证明其具有法定代表人资格的有效证明；委托代理人出席会议的，代理人应出示本人身份证、法人股东单位的法定代表人依法出具的书面授权委托书。

延伸阅读

因授权行为有瑕疵影响公司决议效力的案件

案例一：最高人民法院审理的夏某中与贵州省某交通运输联合有限公司、何某阳等公司决议效力确认纠纷再审民事裁定书［（2016）最高法民申334号］认为，"夏某中向代明贵出具的授权委托书并不包括代其参加股东会并对决议内容发表意见的内容，故2010年3月30日、6月20日、6月24日、6月29日某交通公司召开的股东会所作出的关于增加注册资本以及修改公司章程的股东会决议内容，没有经过当时仍持有公司93.33%股权的夏某中的同意，也没有证据证明夏某中就公司的该次增资已知悉并明确放弃了优先认缴权，故上述决议内容违反了《中华人民共和国公司法》（2005年修订版）第三十五条关于'股东有权优先按照实缴的出资比例认缴出资'的规定①，侵犯了夏某中认缴增资的合法权益，依据《中华人民共和国公司法》（2005年修订版）第二十二条第一款②规定，应认定无效"。

案例二：上海市第二中级人民法院审理的上海力某劳务有限公司、喻某等与北京东某冶金新技术开发公司、苍山县富某劳务合作有限公司等公司决议撤销纠纷二审民事判决书［（2014）沪二中民四（商）终字第465号］认为，"本院审查后认为，上述三方股东在委托代理人出席会议和表决程序上确实存在不同情形的瑕疵。股东姜某良虽在临时股东会会议召开后补签了委托书，但其中既未载明喻某是否具有代表姜某良表决的权利，并且在姜某良否认的情况下，也没有证据证明姜某良在补签委托书时明知临时股东会会议作出的决议内容。股东苍某公司虽在会议前出具了委托书，但同样未载明代为出席的孟某水是否具有表决权，且苍某公司事后对决议内容持否定态度。股东涟某公司虽在决议上加盖了公章，但孟某水持有涟某公司公章的事实并不必然表明其具有代为涟某公司进行表决的权利。以上分析表明，三

---

① 《公司法》已修改，现相关规定见《公司法》（2023年修订）第三十四条。
② 《公司法》已修改，现相关规定见《公司法》（2023年修订）第二十二条第一款。

方未出席临时股东会会议的股东行使表决权均缺乏程序的正当性,且三方股东均在诉讼中明确表示对系争决议二的内容持否定态度。因此,本院认为,该三方股东委托行为和表决程序不符合公司章程和议事规则,构成系争决议二可撤销的理由"。

案例三:四平市中级人民法院审理的梨树县春某市场管理有限公司与白某新公司决议纠纷案二审民事判决书〔(2014)四民三终字第20号〕认为,"春某公司临时董事会未出席董事依《公司法》规定可以委托其他董事出席,但事实上却委托的是常某杰、李某琴、赵某勇,三人均不是公司董事。春某公司认为,任何具有民事行为能力及权利能力的都有委托他人或者接受他人委托从事民事行为的权利,一人是可以受多人的委托而行使代理权的。本案是公司决议纠纷,应适用《公司法》的相关规定,而非适用《民法通则》① 中关于委托代理制度的相关规定,其上诉理由对法律理解有误"。

047 公司章程有必要对股东会召开的最低出席人数作出规定

设计要点

公司章程有必要对股东会召开的最低出席人数作出规定。

阅读提示

我国《公司法》第六十六条和第一百一十六条分别规定了有限责任公司及股份有限公司股东会的出席和表决程序,均没有对股东会最低的出席人数作出规定。对于有限公司责任公司而言,第六十六条第二款规定股东会作出决议,应当经代表过半数表决权的股东通过,间接地规定了最低出席人数;而对于股份有限公司而言,第一百一十六条第二款仅规定了应当经出席会议的股东所持表决权过半数通过。为保证股东会决议代表多数股东的利益,公司章程非常有必要对股东会最低的出席人数作出规定,以防止在极少数甚至一名股东出席的情况下,所作出的股东会决议会对所有的股东都有约束力,避免大股东侵害小股东利益的现象发生。

---

① 《民法通则》已废止,现相关规定见《民法典》。

章程研究文本

《上市公司章程指引》（2023年修正）

第七十六条 股东大会决议分为普通决议和特别决议。

股东大会作出普通决议，应当由出席股东大会的股东（包括股东代理人）所持表决权的过半数通过。

股东大会作出特别决议，应当由出席股东大会的股东（包括股东代理人）所持表决权的三分之二以上通过。

同类章程条款

笔者查阅了近百家上市公司的公司章程，其中存在少部分公司对股东会召集通知的内容作出了更加细致的规定，列举如下：

《平安银行股份有限公司章程》（2020年6月版）

第八十一条 股东大会决议分为普通决议和特别决议。

股东大会作出普通决议，应当由出席股东大会的股东（包括股东代理人）所持表决权的二分之一以上通过。

股东大会作出特别决议，应当由出席股东大会的股东（包括股东代理人）所持表决权的三分之二以上通过。

《方大集团股份有限公司章程》（2023年12月版）

第七十八条 股东大会决议分为普通决议和特别决议。

股东大会作出普通决议，应当由出席股东大会的股东（包括股东代理人）所持表决权的1/2以上通过。

股东大会作出特别决议，应当由出席股东大会的股东（包括股东代理人）所持表决权的2/3以上通过。

《中兴通讯股份有限公司章程》（2023年4月版）

第一百零五条 股东大会决议分为普通决议和特别决议。

不违反本节有关规定的前提下：

（一）股东大会作出普通决议，应当由出席股东大会的股东（包括股东代理人）所持表决权的二分之一以上通过。

（二）股东大会作出特别决议，应当由出席股东大会的股东（包括股东代理人）所持表决权的三分之二以上通过。

公司法和相关规定

《公司法》（2023年修订）

第六十四条　召开股东会会议，应当于会议召开十五日前通知全体股东；但是，公司章程另有规定或者全体股东另有约定的除外。

股东会应当对所议事项的决定作成会议记录，出席会议的股东应当在会议记录上签名或者盖章。

第六十五条　股东会会议由股东按照出资比例行使表决权；但是，公司章程另有规定的除外。

第六十六条　股东会的议事方式和表决程序，除本法有规定的外，由公司章程规定。

股东会作出决议，应当经代表过半数表决权的股东通过。

股东会作出修改公司章程、增加或者减少注册资本的决议，以及公司合并、分立、解散或者变更公司形式的决议，应当经代表三分之二以上表决权的股东通过。

第一百一十六条　股东出席股东会会议，所持每一股份有一表决权，类别股股东除外。公司持有的本公司股份没有表决权。

股东会作出决议，应当经出席会议的股东所持表决权过半数通过。

股东会作出修改公司章程、增加或者减少注册资本的决议，以及公司合并、分立、解散或者变更公司形式的决议，应当经出席会议的股东所持表决权的三分之二以上通过。

《公司法》（2018年修正，已被修订）

第四十一条　召开股东会会议，应当于会议召开十五日前通知全体股东；但是，公司章程另有规定或者全体股东另有约定的除外。

股东会应当对所议事项的决定作成会议记录，出席会议的股东应当在会议记录上签名。

第四十三条　股东会的议事方式和表决程序，除本法有规定的外，由公司章程规定。

股东会会议作出修改公司章程、增加或者减少注册资本的决议，以及公司合并、分立、解散或者变更公司形式的决议，必须经代表三分之二以上表决权的股东通过。

第一百零三条　股东出席股东大会会议，所持每一股份有一表决权。但是，公司持有的本公司股份没有表决权。

股东大会作出决议，必须经出席会议的股东所持表决权过半数通过。但是，股东大会作出修改公司章程、增加或者减少注册资本的决议，以及公司合并、分立、解散或者变更公司形式的决议，必须经出席会议的股东所持表决权的三分之二以上通过。

《最高人民法院关于适用〈中华人民共和国公司法〉若干问题的规定（四）》

第五条　股东会或者股东大会、董事会决议存在下列情形之一，当事人主张决议不成立的，人民法院应当予以支持：

（一）公司未召开会议的，但依据公司法第三十七条第二款或者公司章程规定可以不召开股东会或者股东大会而直接作出决定，并由全体股东在决定文件上签名、盖章的除外；

（二）会议未对决议事项进行表决的；

（三）出席会议的人数或者股东所持表决权不符合公司法或者公司章程规定的；

（四）会议的表决结果未达到公司法或者公司章程规定的通过比例的；

（五）导致决议不成立的其他情形。

专家分析

股东会决议的生效需要满足两个人数的要求：一是合法的"出席数"；二是合法的"表决数"。股东会"出席数"决定股东会会议能否成立，满足了相应的出席数就意味着该会议具有了公司意思决定的资格或能力，相当于满足了法律行为的主体要件；股东会"表决数"决定股东会决议是否有效，满足了相应的表决数就意味着该会议满足了法律行为的意思表示要素。只要满足了"出席数"和"表决书"的要求，一经表决作出即可生效；而且股东会决议作为一种集体决议行为，其法律效力溯及所有股东，无论此决议是否经过其同意或者向其送达。就"表决数"来讲，依据《公司法》的规定，有限责任公司特别决议须经代表三分之二以上表决权的股东通过，一般决议的表决权通过比例则由公司章程自由约定；股份有限公司特别决议须经出席股东所持表决权的三分之二以上通过，一般决议则需出席股东所持表决权的二分之一以上通过。而对于"出席数"，无论是有限责任公司还是股份有限公司，《公司法》均没有作出特别约定。根据《最高人民法院关于适用〈中华人民共和国公司法〉若干问题的规定（四）》第五条第三项的规定，出席会议的人数或者股东所持表决权不符合《公司法》或者公司章程规定的，股东会决议不成立。所以，公司章程有必要对股东会决议的最低出席人数作出规定，以便能够准确清晰地判断股东会决议成立与否。

章程条款设计建议

第一，对于有限责任公司，公司章程有必要规定，股东会必须有代表二分之一以上表决权的股东出席才能举行。因为根据《公司法》第六十六条的规定，特别决议需要代表三分之二以上表决权的股东同意才能通过，同时一般决议也需要代表二分之一以上表决权的股东同意才能通过，若出席股东的表决权达不到二分之一就不能形成任何决议。另外，为防止大股东一股独大，侵害小股东的利益，还可以规定股东会需要半数以上的股东出席方可举行，以充分保护小股东的利益。

第二，未能达到最低出席人数的股东会，应当延期举行，延期的时间不宜过长，以不超过一个月为宜。

公司章程条款实例

股东会需有代表二分之一表决权且不低于一半以上的股东出席，方能举行。如果未达到最低出席人数，会议应当延期，延期的股东会应在一个月内召开。

延伸阅读

因在《公司法》（2023年修订）以及《最高人民法院关于适用〈中华人民共和国公司法〉若干问题的规定（四）》颁布实施之前，《公司法》及相关司法解释未明确规定可以请求确认公司决议不成立，故司法实践中鲜有以"确认公司决议不成立"为诉讼请求的案例，但针对《最高人民法院关于适用〈中华人民共和国公司法〉若干问题的规定（四）》规定的五类确认公司决议不成立的事由，当事人有的提起公司决议无效之诉，有的提起公司决议撤销之诉，各地法院的裁判观点也不尽相同。

第一类：公司未召开会议

笔者通过检索司法案例，有五个案例按公司决议无效处理（其中一个案例一审认定决议不成立，可惜被二审法院改判无效），这一观点是《最高人民法院关于适用〈中华人民共和国公司法〉若干问题的规定（四）》颁布实施之前占多数的裁判观点。

案例一：西安市中级人民法院审理的彭某与王某君、陕西银某工程监理有限责任公司决议效力确认纠纷二审民事判决书［（2016）陕01民终868号］认为，"股东会作为公司的权力机构，通过股东行使表决权作出股东会决议体现股东会的意思表示。股东会决议是公司股东对公司治理的合意，依法应有股东的签名、盖章。银某公司于2015年2月26日在未依法召集，且未依法进行表决的情况下，以股东会会议名义作出了《2015年临时股东会会议纪要》，该会议纪要应当认定为无效"。

案例二：杭州市中级人民法院审理的临安兴某保健食品有限公司与徐某钱公司

决议纠纷二审民事判决书［（2015）浙杭商终字第1338号］认为，"本案中，兴某公司、孟某明主张已于2013年2月22日、24日，通过特快专递向徐某钱、崔某寄送了股东会会议通知和股权转让通知，但股东会会议通知上载明的会议时间为2013年3月31日，与案涉三份股东会决议中载明的会议时间均不一致，兴某公司与孟某明亦未提供相关股东会会议记录等证据材料，以证明当日确实召开过股东会并形成股东会决议；同时，兴某公司与孟某明确认，三份股东会决议中载明的召开公司股东会的时间，均未实际召开过公司股东会。由此，兴某公司未召集股东会即形成股东会决议，该股东会决议在形式上不具有合法性，徐某钱作为兴某公司股东，起诉请求确认相关股东会决议无效，于法有据，本院予以支持"。

案例三：贵州省高级人民法院审理的余某鸿诉贵州庆某达房地产开发有限公司、许某、林某、陈某兵、郭某、刘某强公司决议纠纷二审民事判决书［（2016）黔民终10号］认为，"本案作为公司决议纠纷，当事人双方争议的焦点即是要判断股东会决议的效力。本院认为，股东会决议是否有效，必须以存在真实的股东会决议为前提。本案中，一审法院责令庆某达公司提交2014年6月10日股东会会议记录及按照《庆某达公司章程》约定通知股东召开股东会的证据时，庆某达公司表示没有证据提交。一审法院据此认定2014年6月10日庆某达公司并未实际召开股东会，更未通知余某鸿参加股东会。因庆某达公司没有证据支持其主张，故本院对一审认定的2014年6月10日庆某达公司并未实际召开股东会的事实予以确认，在股东会并未实际召开的情况下，所形成的股东会决议属于虚假决议，虚假决议当然不能产生法律效力"。

案例四：大连市中级人民法院审理的李某、大连东某韵温泉度假酒店有限公司与岳某公司决议效力确认纠纷二审民事判决书［（2016）辽02民终6687号］认为，"本案中，2015年3月23日东某韵公司并未实际召开股东会，岳某、李某均未出席的股东会自然也不能形成真实有效的股东会决议，一审法院认定争议的股东会决议无效并支持了岳某的诉请并无不妥，本院予以支持"。

案例五：海南省高级人民法院审理的宝某投资有限公司与三亚保某房地产投资开发有限公司公司决议撤销纠纷二审民事判决书［（2015）琼民二终字第19号］认为，"原审法院认定的基本事实清楚，但判决确认2014年5月20日股东会临时会议决议不成立，判非所诉。而且，法律只赋予了股东请求确认股东会或董事会决议无效或请求撤销股东会或董事会决议的权利，原审法院判决2014年5月20日股东会临时会议决议不成立，缺乏法律依据，本院予以纠正"。

第二类：会议未对决议事项进行表决

《最高人民法院关于适用〈中华人民共和国公司法〉若干问题的规定（四）》

颁布实施之前这类案件相对较少，仅检索到 1 个案例，该判例认为此时"公司决议不存在"，其观点与《最高人民法院关于适用〈中华人民共和国公司法〉若干问题的规定（四）》的新规定高度吻合。

案例六：天津市第二中级人民法院审理的三某物产（天津）国际贸易发展有限公司与三某兴业科技（天津）有限公司、李某奎公司决议效力确认纠纷二审民事判决书［(2016) 津 02 民终 3229 号］认为，"有限责任公司召开股东会议并作出决议，应当依照法律及公司章程的相关规定进行。公司决议是一种法律行为，其成立需要具备一些形式要件，如有股东会会议召开的事实要件、提交表决及表决符合《公司法》或公司章程要件等。当公司决议不具备形式要件时，则决议不成立或未形成有效决议。本案中，2015 年 6 月 26 日，由贺某召集召开了会议，股东李某奎和李某雄到会，非股东人员也与会，谈话中涉及更换公司法定代表人等内容。但上诉人三某物产公司没有证据证明，此次会议对决议事项进行了表决，继而根据表决结果作出股东会决议。因此，2015 年 6 月 26 日股东会未形成决议"。

第三类：出席会议的人数或者股东所持表决权不符合《公司法》或者公司章程规定

在《最高人民法院关于适用〈中华人民共和国公司法〉若干问题的规定（四）》颁布实施前，此种情形所作决议为可撤销的决议。

案例七：北京市高级人民法院审理的北京金某汽车服务有限公司与东某科技有限公司董事会决议撤销纠纷二审民事判决书［(2009) 高民终字第 1147 号］认为，"根据金某公司章程规定，董事会决议的表决通过方式采用的并非通常意义上的资本多数决方式，而是董事人数的三分之二多数且应包含各方至少 1 名董事。由于本案争议的董事会决议缺乏股东一方东某公司董事的参与及事后同意，根据《公司章程》第二十五条的规定，该董事会决议在法律上属于可撤销的范畴。毋庸置疑，金某公司章程的此种规定，导致只要有一方股东不同意公司的经营决策时，公司的决议决策机制易陷入僵局，但是此为金某公司各方股东的自愿约定，本院无权干预"。据此，北京市高级人民法院判令撤销了案涉董事会决议。

案例八：石家庄市中级人民法院审理的于某港与河北航空集团天某国际旅行社有限公司公司决议撤销纠纷［(2016) 冀 01 民终 3776 号］认为，"根据《中华人民共和国公司登记管理条例》① 第三十七条规定：公司董事、监事、经理发生变动的应当向原公司登记机关备案。河北航空集团天某国际旅行社有限公司的工商登记

---

① 《公司登记管理条例》已失效。

董事备案信息中并未显示有田某华董事。因此，田某华董事的身份不确定，本次董事会决议的通过人数未过半数"。据此，法院撤销了案涉董事会决议。

第四类：会议的表决结果未达到《公司法》或者公司章程规定的通过比例

根据笔者检索到的四个案例的裁判观点显示，不同法院的裁判观点并不统一。其中两个案例按照决议无效处理，另外两个案例按照决议可撤销处理。

案例九：海南省高级人民法院审理的张某玉与海南某泰科技有限公司公司决议效力纠纷二审民事判决书［（2014）琼民终三字第 1 号］认为，"某泰公司在变更注册资本及股东出资比例的过程中，张某玉和张某恒并不知晓公司注册资本减少和持股比例变更，事后也不同意变更持股比例，张某主张张某玉和张某恒知晓并同意减资和变更股东出资比例证据不足。根据公司初始章程第十八条规定的'其他事项（包括减资）由出席董事会会议三分之二以上的董事通过'，仅张某一人同意减少注册资本及变更股东出资比例，不符合公司章程的规定，且张某持股比例及表决权亦不符合《公司法（2005 年修订）》第四十四条'股东会会议作出修改公司章程、增加或者减少注册资本的决议，以及公司合并、分立、解散或者变更公司形式的决议，必须经代表三分之二以上表决权的股东通过'①的规定，张某无权擅自变更公司注册资本及持股比例，某泰公司于 2010 年 8 月 25 日作出的《股东会决议》因未经合法的表决程序而不符合法律和公司章程之规定，关于公司减少注册资本和变更股东出资比例的决议无效，2009 年公司章程亦无效。"

案例十：北京市第一中级人民法院审理的北京恒某冠辉投资有限公司上诉杜某春等公司决议效力确认纠纷二审民事判决书［（2016）京 01 民终 6676 号］认为：恒某公司上诉称，股东会决议第二项内容仅是股东会授权董事会对 150 万元以下的投资计划有决定权，不构成对公司章程的修改，即便该决议内容与《公司章程》相冲突，亦不是决议无效的法定事由，而是决议被撤销的事由。对此本院认为，恒某公司《公司章程》第八条规定，股东会决定对外投资计划。涉案股东会决议将该职权部分授予董事会，其实质是修改了《公司章程》第八条关于"股东会决定对外投资计划"的内容，在未取得恒某公司三分之二以上表决权的股东同意的情况下，该决议内容违反了《公司法》第四十三条关于股东会会议作出修改公司章程的决议，必须经代表三分之二以上表决权的股东通过的规定②，一审法院认定该决议内容无效，具有事实及法律依据，本院对恒某公司的该项上诉意见，不予支持。

---

① 《公司法》已修改，现相关规定见《公司法》（2023 年修订）第六十六条第三款。
② 《公司法》已修改，现相关规定见《公司法》（2023 年修订）第六十六条第三款。

案例十一：徐州市中级人民法院审理的周某根、姜某军与徐州市长某建筑工程有限公司公司决议纠纷二审民事判决书［（2016）苏03民终5290号］认为，"本案中，周某根、姜某军主张无效的股东会决议内容系增加注册资本和变更公司经营范围，上述决议内容并不违反法律、行政法规的规定，且周某根、姜某军要求确认上述股东会决议无效的理由系'未经有2/3表决权的股东同意'，其实质系认为股东会召集程序、表决方式违反了法律、法规或公司章程的规定，依法应通过撤销程序解决。因此，对周某根、姜某军要求确认涉案股东会决议无效的诉讼请求，本院依法不予支持"。

案例十二：长沙市中级人民法院审理的彭某勇与某电机厂有限责任公司公司决议撤销纠纷二审民事判决书［（2016）湘01民终1518号］认为，"涉案《临时股东会决议》涉及修改章程的重大决议事项，未经代表三分之二以上表决权的股东通过，该决议的表决程序不符合法律规定。某电机厂2015年5月19日《临时股东会决议》的召集和表决程序均不符合法律的强制性规定，故上诉人彭某勇提出的该《临时股东会决议》应予撤销的上诉意见于法有据，本院予以支持"。

048 公司章程可制定累积投票制的实施细则

设计要点

股东大会选举二名以上的董事或者监事时采取累积投票制度，并可制作实施细则。

阅读提示

累积投票制，是指公司股东大会在涉及重大人事任命时，根据应选董事或监事的人数，赋予每一股份与该人数相同的投票权，亦即一股多投票权的表决制度。与直接投票制每一股份仅享有一个投票权不同，在累积投票制中，股东既可以将所有投票权集中投给一人，也可以选择分散投给数人，最后应当根据得票总数的高低决定获选人选。我国《公司法》第一百一十七条规定股东大会选举董事、监事，可以依照公司章程的规定或者股东大会的决议，实行累积投票制。那么，什么样的公司适合采用累积投票制呢？公司在采用累积投票制时应该注意什么问题呢？本文结合《凯莱英医药集团（天津）股份有限公司章程修正案》对此问题进行剖析。

章程研究文本

《凯莱英医药集团（天津）股份有限公司章程》（2024 年 1 月版）

第一百一十条 董事、监事候选人名单以提案的方式提请股东大会表决。

股东大会审议选举董事、监事的提案，应当对每一个董事、监事候选人逐个进行表决。董事会应当向股东公告候选董事、监事的简历和基本情况。

股东大会就选举 2 名及以上的董事或由股东代表出任的监事进行表决时，根据本章程的规定或者股东大会的决议，可以实行累积投票制。公司股东大会选举两名以上独立非执行董事的，应当实行累积投票制。

前款所称累积投票制是指股东大会选举董事或者监事时，每一股份拥有与应选董事或者监事人数相同的表决权，股东拥有的表决权可以集中使用。

选举董事并实行累积投票制时，独立非执行董事和其他董事应分别进行选举，以保证公司董事会中独立非执行董事的比例。

同类章程条款

实践中，大部分上市公司都已经引入了累积投票制度，如《凯莱英医药集团（天津）股份有限公司章程修正案》和《科林环保装备股份有限公司章程》都规定了应该采用累积投票制的情形。

《科林环保装备股份有限公司章程》（2021 年 9 月版）

第八十二条 董事、监事候选人名单以提案的方式提请股东大会表决。

股东大会就选举董事、监事进行表决时，根据本章程的规定或者股东大会的决议，可以实行累积投票制。

前款所称累积投票制是指股东大会选举董事或者监事时，每一股份拥有与应选董事或者监事人数相同的表决权，股东拥有的表决权可以集中使用。董事会应当向股东公告候选人董事、监事的简历和基本情况。

股东大会选举二名以上的董事或者监事时，采取累积投票制度。

……

部分上市公司在此基础上还对累积投票制的表决方式进行了规定，如：

《新开普电子股份有限公司章程》（2023 年 12 月）

第八十二条第四款至第六款 股东大会在选举或者更换二名以上董事或监事时，应当实行累积投票制。前述累积投票制是指股东大会选举董事或者监事时，每一股份拥有与应选董事或者监事人数相同的表决权，股东拥有的表决权可以集中使用。

获选董事、监事分别按应选董事、监事人数依次以得票较高者确定，但当选的董事、监事所得票数均不得低于出席股东大会的股东（包括股东代理人）所持表决权的 1/2。

股东大会以累积投票方式选举董事的，独立董事和非独立董事的表决应当分别进行。

公司法和相关规定

《公司法》(2023 年修订)

第一百一十七条　股东会选举董事、监事，可以按照公司章程的规定或者股东会的决议，实行累积投票制。

本法所称累积投票制，是指股东会选举董事或者监事时，每一股份拥有与应选董事或者监事人数相同的表决权，股东拥有的表决权可以集中使用。

《公司法》(2018 年修正，已被修订)

第一百零五条　股东大会选举董事、监事，可以依照公司章程的规定或者股东大会的决议，实行累积投票制。

本法所称累积投票制，是指股东大会选举董事或者监事时，每一股份拥有与应选董事或者监事人数相同的表决权，股东拥有的表决权可以集中使用。

《上市公司治理准则》(2018 年修订)

第十七条　董事、监事的选举，应当充分反映中小股东意见。股东大会在董事、监事选举中应当积极推行累积投票制。单一股东及其一致行动人拥有权益的股份比例在 30% 及以上的上市公司，应当采用累积投票制。采用累积投票制的上市公司应当在公司章程中规定实施细则。

专家分析

第一，累积投票制的理论价值和实践困难。

从公司治理的角度出发，累积投票制最突出的作用是赋予中小股东间接参与公司重大决策的能力，作为资本民主或者股份平等原则的补偿，该制度保障了中小股东投票表决权的实际价值，后者可以通过选举董事继而实现更广泛的知情权、决策权和监督权。但是，在我国当前的立法背景下，累积投票制的适用效果会受到一定的减损。我国《公司法》第一百零六条第二款规定，"股东会作出决议，应当经出席会议的股东所持表决权过半数通过"。因此，少数股东若想成功推选董事，既需要满足累积投票制规则，得票较多；也需要满足直线投票制下代表的表决权过半数。学术界普遍认为，该规则实际上对于少数股东的表决权数提出了更高的要求，会大大减损累积投票制的有效性。

第二，公司章程在累积投票制问题中的自治空间。

《公司法》赋予我国公司在累积投票问题上极大的自治空间，除控股股东控股比例在30%以上的上市公司应当采用累积投票制外，其他公司的累积投票制完全遵循"选入式"，股东大会拥有决定是否使用累积投票制，何时采用累积投票制的决定权；对于控股股东比例在30%以上的上市公司，股东大会仍然可以决定何时采用累积投票制。

理论界认为，当控股股东持股比例达75%以上时，实施累积投票制将失去意义，因此，此类公司没有必要在公司章程中引入累积投票制。对于其他公司而言，累积投票制理论上都可以起到作用，但选举方式仍然可以极大地影响累积投票制的有效性。首先，累积投票制只对于差额选举有效，等额选举下的累积投票制将流于形式。其次，股东大会选举二名以上的董事或者监事时，采用累积投票制都将有效，但是在股东大会选举董事人数为两名时，若将独立董事和非独立董事分开选举，则会严重降低累积投票制的时效或使其流于形式。

章程条款设计建议

第一，规定应当采用累积投票制的情形。

为了更好地保证中小股东的利益，完善公司的治理结构，笔者建议公司在章程中规定"股东大会在选举或者更换二名以上董事或监事时，应当实行累积投票制"。上述新开普电子股份有限公司的原章程规定，股东大会在选举或更换三名以上董事或监事时，采用累积投票制。与旧章程相比，新章程放宽了累积投票制的适用条件，虽然累积投票制在选举董事或监事人数较少时效用较低，但是公司不必将选举两位董事或者监事的情况排除在累积投票制适用范围之外。

第二，制定累积投票制配套实施细则。

公司可以制定累积投票制的实施细则，保证制度的有效执行。首先，独立董事、非独立董事及监事的选举实行分开投票方式，并同时规定公司股东大会仅选举或更换一名独立董事、非独立董事或监事时，以及同时选举或更换一名非独立董事和一名独立董事时，不适用累积投票制。其次，细则中可以对累积投票的操作程序进行规定。（读者可参考延伸阅读中的《天地源股份有限公司累积投票制实施细则》）

公司章程条款实例

董事、监事候选人名单以提案的方式提请股东大会表决。

股东大会就选举董事、监事进行表决时,根据本章程的规定或者股东大会的决议,可以实行累积投票制。

前款所称累积投票制是指股东大会选举董事或者监事时,每一股份拥有与应选董事或者监事人数相同的表决权,股东拥有的表决权可以集中使用。董事会应当向股东公告候选董事、监事的简历和基本情况。

公司应在选举独立董事、两名及以上董事或监事时实行累积投票制度。

选举董事并实行累积投票制时,独立董事和其他董事应分别进行选举,以保证公司董事会中独立董事的比例。

延伸阅读

《天地源股份有限公司累积投票制实施细则》(节录)

第一章 总则

第三条 本细则适用于选举或更换公司董事或监事的议案,其中董事包括独立董事和非独立董事,监事特指由股东大会选举产生的监事。职工民主选举的监事不适用于本细则的相关规定。

第四条 公司股东大会仅选举或更换一名独立董事、非独立董事或监事时,以及同时选举或更换一名非独立董事和一名独立董事时,不适用累积投票制。

第三章 累积投票制的投票原则

第十条 采用累积投票制时,股东大会对董事或监事候选人进行表决前,股东大会主持人应明确告知与会股东对候选董事或监事实行累积投票方式,股东大会召集人、监事会必须置备适合实行累积投票方式的选票。董事会秘书应对累积投票方式、选票填写方法作出说明和解释。

第十一条 公司股东大会对董事、监事候选人进行表决时,每位股东拥有的表决权等于其持有的公司股份数乘以应选举董事、监事名额的乘积。

第十二条 独立董事、非独立董事及监事的选举实行分开投票方式:

(一)选举独立董事时,出席会议股东所拥有的投票权数等于其所持有的股份总数乘以该次股东大会应选独立董事人数之积,该部分投票权只能投向该次股东大会的独立董事候选人。

（二）选举非独立董事时，出席会议股东所拥有的投票权数等于其所持有的股份总数乘以该次股东大会应选非独立董事人数之积，该部分投票权只能投向该次股东大会的非独立董事候选人。

（三）选举监事时，出席会议股东所拥有的投票权数等于其所持有的股份总数乘以该次股东大会应选监事人数之积，该部分投票权只能投向该次股东大会的监事候选人。

第十三条 股东大会对董事、监事候选人进行表决时，股东可以集中行使其表决权，将其拥有的全部表决权集中投向某一位或数位董事、监事候选人，也可将拥有的表决权分别投向全部董事、监事候选人。

第十四条 每位股东所投选的候选人数量不应超过本次应选董事、监事的名额，应当等于或少于应选名额。投选的候选人数量超过应选名额的，该股东选举董事或监事的投票视为全部无效。

第十五条 股东投给投选候选人的表决权总数多于其拥有的全部表决权时，该股东选举董事或监事的投票视为全部无效；股东投给投选候选人的表决权总数少于其拥有的全部表决权时，该股东投票有效，差额部分视为放弃表决权。

第十六条 表决完毕后，由股东大会监票人清点票数，并由董事会秘书公布每个董事或监事候选人的得票情况。

第四章 董事或监事的当选原则

第十七条 股东大会选举产生的董事或监事人数及结构应符合《公司章程》的规定。董事或监事候选人以其得票总数由高往低排列，位次在本次应选董事、监事人数之前（含本数）的董事、监事候选人当选，每位当选董事或监事的得票数必须超过出席股东大会股东所持有效表决权股份（以未累积的股份数为准）的二分之一。

049 股东会网络投票公司章程应如何规定？

> 设计要点

上市公司应优先提供网络形式的投票平台等现代信息技术手段，为股东参加股东大会提供便利。

> 阅读提示

2004年11月29日，中国证券监督管理委员会发布了《上市公司股东大会网络投票工作指引（试行）》，鼓励上市公司在召开股东大会时，在现场投票外通过网络服务向股东提供投票渠道。虽然该文件现已失效，但是我国上市公司已经在其指引下建立起了股东大会网络投票制度。并且，深圳证券交易所和上海证券交易所也已经建立了股东大会网络投票平台，便利上市公司开展股东大会网络投票。同时，2023年修订的《公司法》中亦在第二十四条明确公司股东会、董事会、监事会召开会议和表决可以采用电子通信方式，认可电子通信方式作出决议的效力。但对于通过电子通信方式进行决议的程序、规则未能进一步地明确。

实践中，通过网络平台参与上市公司股东大会已司空见惯，但作为公司最高自治规则的公司章程是否与时俱进，规定了完善的股东大会网络投票规则呢？根据上市公司章程，哪些事项必须采用股东大会网络投票方式表决？本文以《保龄宝生物股份有限公司章程》为例，分析上市公司章程是否有效保证了股东通过网络平台参与股东大会的权利。

章程研究文本

《保龄宝生物股份有限公司章程》（2024年1月版）

第四十五条第二款 股东大会将设置会场，以现场会议形式召开。公司还将提供网络方式为股东参加股东大会提供便利。股东通过上述方式参加股东大会的，视为出席。

第五十六条第一款 股东大会的通知包括以下内容：

……

（六）网络或其他方式的表决时间及表决程序。

第八十五条 同一表决权只能选择现场、网络或其它表决方式中的一种。同一表决权出现重复表决的以第一次投票结果为准。

第八十七条第三款 通过网络或其他方式投票的上市公司股东或其代理人，有权通过相应的投票系统查验自己的投票结果。

第八十八条 股东大会现场结束时间不得早于网络或其他方式，会议主持人应当宣布每一提案的表决情况和结果，并根据表决结果宣布提案是否通过。

在正式公布表决结果前，股东大会现场、网络及其他表决方式中所涉及的公司、计票人、监票人、主要股东、网络服务方等相关各方对表决情况均负有保密义务。

第一百五十八条 公司利润分配政策

……

（二）现金分红政策的调整条件及审议程序

1. 现金分红政策的调整条件。

......

（2）调整后的利润分配政策不得违反届时有效的中国证监会和证券交易所的有关规定，且审议该等事项的股东大会应当同时采用网络投票方式表决。

......

同类章程条款

我国上市公司已经基本建立了股东大会网络投票制度，各公司章程在操作程序上的规定较为一致。但是，各公司章程在必须采用网络投票表决方式的事项上规定并不相同。

部分上市公司与上文《保龄宝生物股份有限公司章程》相同，仅在公司利润分配条款中说明调整利润分配政策应当同时采用股东大会网络投票方式表决，例如：

《上海华铭智能终端设备股份有限公司章程》（2023年10月版）

第一百五十五条第八款 股东大会审议调整利润分配政策议案时，应充分听取社会公众股东意见，除设置现场会议投票外，还应当向股东提供网络投票系统予以支持。

部分公司则对应该采用网络投票表决方式的事项进行列举，其范围不限于利润分配政策的调整，例如：

《山西东杰智能物流装备股份有限公司章程》（2023年4月版）

第八十四条 公司应在保证股东大会合法、有效的前提下，通过各种方式和途径，优先提供网络形式的投票平台等现代信息技术手段，为股东参加股东大会提供便利。

股东大会审议下列事项之一的，公司应当安排通过网络投票系统等方式为中小投资者参加股东大会提供便利：

（一）公司向社会公众增发新股（含发行境外上市外资股或其他股份性质的权证）、发行可转换公司债券、向原有股东配售股份（但具有实际控制权的股东在会议召开前承诺全额现金认购的除外）；

（二）公司重大资产重组，购买的资产总价较所购买资产经审计的账面净值溢价达到或超过20%的；

（三）公司在一年内购买、出售重大资产或担保金额超过公司最近一期经审计的资产总额的30%的；

（四）股东以其持有的公司股权或实物资产偿还其所欠公司的债权；

（五）对公司有重大影响的附属企业到境外上市；

（六）依照法律、行政法规、中国证监会、证券交易所的有关规定或要求应采取网络投票方式的其他事项。

公司法和相关规定

《公司法》（2023年修订）

第二十四条 公司股东会、董事会、监事会召开会议和表决可以采用电子通信方式，公司章程另有规定的除外。

第六十六条 股东会的议事方式和表决程序，除本法有规定的外，由公司章程规定。

《公司法》（2018年修正，已被修订）

第四十三条第一款 股东会的议事方式和表决程序，除本法有规定的外，由公司章程规定。

《关于加强社会公众股股东权益保护的若干规定》（节选，已失效）

一、试行公司重大事项社会公众股股东表决制度

（一）在股权分置情形下，作为一项过渡性措施，上市公司应建立和完善社会公众股股东对重大事项的表决制度。下列事项按照法律、行政法规和公司章程规定，经全体股东大会表决通过，并经参加表决的社会公众股股东所持表决权的半数以上通过，方可实施或提出申请：

1. 上市公司向社会公众增发新股（含发行境外上市外资股或其他股份性质的权证）、发行可转换公司债券、向原有股东配售股份（但具有实际控制权的股东在会议召开前承诺全额现金认购的除外）；

2. 上市公司重大资产重组，购买的资产总价较所购买资产经审计的账面净值溢价达到或超过20%的；

3. 股东以其持有的上市公司股权偿还其所欠该公司的债务；

4. 对上市公司有重大影响的附属企业到境外上市；

5. 在上市公司发展中对社会公众股股东利益有重大影响的相关事项。

上市公司发布股东大会通知后，应当在股权登记日后三日内再次公告股东大会通知。

上市公司公告股东大会决议时，应当说明参加表决的社会公众股股东人数、所持股份总数、占公司社会公众股股份的比例和表决结果，并披露参加表决的前十大社会公众股股东的持股和表决情况。

（二）上市公司应积极采取措施，提高社会公众股股东参加股东大会的比例。鼓励

上市公司在召开股东大会时，除现场会议外，向股东提供网络形式的投票平台。上市公司召开股东大会审议上述第（一）项所列事项的，应当向股东提供网络形式的投票平台。上市公司股东大会实施网络投票，应按有关实施办法办理。

专家分析

从公司经营的角度来说，上市公司股东大会网络投票制度是股东大会有效运作的前提。公司章程应该对该制度进行规定，从而保证其规范性和有效性，达到平衡股东之间、股东与上市公司管理者之间利益诉求的效果。《上市公司股东大会网络投票工作指引（试行）》虽已失效，但是其对于公司章程在此问题上的设计仍有借鉴作用。参考上述工作指引及目前上市公司实践，公司章程应该规定股东大会网络投票制度的适用事项，并在股东大会通知、召集、表决、计票程序中增加网络投票的相关规定。若公司股东大会的召集程序和表决方式违反上述公司章程的规定，股东则可以根据《公司法》第二十五条及第二十六条的规定，向人民法院请求确认决议无效或撤销决议。

章程条款设计建议

第一，明确规定股东大会网络投票事项。

我国上市公司应在社会公众股股东单独表决的股东大会表决事项中向股东提供网络表决渠道。笔者建议公司章程明确规定，在上述事项的股东大会表决中，应该为股东提供网络表决渠道；对于其他事项，则不必强调必须为股东提供网络表决平台，但是应该规定在保证股东大会合法、有效的前提下，优先提供网络形式的投票平台等现代信息技术手段。

第二，细化股东大会网络投票程序事项。

为了保证股东大会网络投票的有效性，上市公司可以参考《上市公司股东大会网络投票工作指引》（已失效）、《上海证券交易所上市公司股东大会网络投票实施细则》及《深圳证券交易所上市公司股东大会网络投票实施细则》，在公司股东大会的召集程序和表决程序中嵌入股东大会网络投票的相关程序。具体而言，股东大会的召集、通知、表决、计票，股东对于表决结果的查验等程序，均应考虑到网络投票的制度需求。

公司章程条款实例

第一条 一般规定

公司应在保证股东大会合法、有效的前提下,通过各种方式和途径,优先提供网络形式的投票平台等现代信息技术手段,为股东参加股东大会提供便利。

股东大会审议需社会公众股股东单独表决的事项时,公司应当安排通过网络投票系统等方式为中小投资者参加股东大会提供便利。

第二条 股东大会地点

股东大会将设置会场,以现场会议形式召开。公司还将提供网络方式为股东参加股东大会提供便利。股东通过上述方式参加股东大会的,视为出席。

第三条 股东大会通知

股东大会采用网络或其他方式的,应当在股东大会通知中明确载明网络或其他方式的表决时间及表决程序。股东大会网络或其他方式投票的开始时间,不得早于现场股东大会召开前一日下午3:00,并不得迟于现场股东大会召开当日上午9:30,其结束时间不得早于现场股东大会结束当日下午3:00。

第四条 股东大会表决

同一表决权只能选择现场、网络或其他表决方式中的一种。同一表决权出现重复表决的以第一次投票结果为准。

股东大会现场结束时间不得早于网络或其他方式,会议主持人应当宣布每一提案的表决情况和结果,并根据表决结果宣布提案是否通过。

在正式公布表决结果前,股东大会现场、网络及其他表决方式中所涉及的上市公司、计票人、监票人、主要股东、网络服务方等相关各方对表决情况均负有保密义务。

通过网络或其他方式投票的上市公司股东或其代理人,有权通过相应的投票系统查验自己的投票结果。

延伸阅读

深圳证券交易所上市公司股东大会网络投票实施细则(2020年修订,节选)

第一章 总则

第一条 为规范上市公司股东大会网络投票业务,保护投资者的合法权益,根据有关法律、行政法规、部门规章、规范性文件和深圳证券交易所(以下简称"本所") 业务规则，制定本细则。

第二条 本细则适用于上市公司利用本所股东大会网络投票系统向其股东提供股东大会网络投票服务。

第三条 本细则所称上市公司股东大会网络投票系统（以下简称"网络投票系统"）是指本所利用网络与通信技术，为上市公司股东行使股东大会表决权提供服务的信息技术系统。

网络投票系统包括本所交易系统、互联网投票系统（网址：http://wltp.cninfo.com.cn）。

上市公司可以选择使用现场投票辅助系统收集汇总现场投票数据，并委托深圳证券信息有限公司（以下简称"信息公司"）合并统计网络投票和现场投票数据。

第四条 上市公司召开股东大会，除现场会议投票外，应当向股东提供股东大会网络投票服务。

上市公司股东大会现场会议应当在本所交易日召开。

第五条 股东大会股权登记日登记在册的所有股东，均有权通过网络投票系统行使表决权。

第六条 本所授权信息公司接受上市公司委托，提供股东大会网络投票服务。上市公司通过本所网络投票系统为股东提供网络投票服务的，应当与信息公司签订服务协议。

第二章 网络投票的准备工作

第七条 上市公司在股东大会通知中，应当对网络投票的投票代码、投票简称、投票时间、投票提案、提案类型等有关事项作出明确说明。

第八条 上市公司应当在股东大会通知发布日次一交易日在本所网络投票系统申请开通网络投票服务，并将股东大会基础资料、投票提案、提案类型等投票信息录入系统。

上市公司应当在股权登记日次一交易日完成对投票信息的复核，确认投票信息的真实、准确和完整，并承担由此带来的一切可能的风险与损失。

第九条 上市公司应当在网络投票开始日的二个交易日前提供股权登记日登记在册的全部股东资料的电子数据，包括股东名称、股东账号、股份数量等内容。

上市公司股东大会股权登记日和网络投票开始日之间应当至少间隔二个交易日。

第三章 通过交易系统投票

第十条 本所交易系统网络投票时间为股东大会召开日的本所交易时间。

第十一条 本所交易系统对股东大会网络投票设置专门的投票代码及投票简称：

（一）主板（中小企业板）的投票代码为"36+证券代码的后四位"；

（二）创业板的投票代码为"35+证券代码的后四位"；

（三）投票简称为"××投票"，投票简称由上市公司根据其证券简称设置；

（四）优先股网络投票代码区间为369601~369899，其中，主板（中小企业板）优先股投票代码区间为369601~369799，创业板优先股投票代码区间为369801~369899，网络投票的简称为"××优投"。

第十二条 上市公司股东通过本所交易系统投票的，可以登录证券公司交易客户端，参加网络投票。

第四章 通过互联网投票系统投票

第十三条 互联网投票系统开始投票的时间为股东大会召开当日上午9：15，结束时间为现场股东大会结束当日下午3：00。

第十四条 股东通过互联网投票系统进行网络投票，应当按照《深圳证券交易所投资者网络服务身份认证业务指引》的规定办理身份认证，取得"深圳证券交易所数字证书"或者"深圳证券交易所投资者服务密码"。

第十五条 股东登录互联网投票系统，经过身份认证后，方可通过互联网投票系统投票。

第十六条 根据相关规则的规定，需要在行使表决权前征求委托人或者实际持有人投票意见的下列集合类账户持有人或者名义持有人，应当在征求意见后通过互联网投票系统投票，不得通过交易系统投票：

（一）持有融资融券客户信用交易担保证券账户的证券公司；

（二）持有约定购回式交易专用证券账户的证券公司；

（三）持有转融通担保证券账户的中国证券金融股份有限公司；

（四）合格境外机构投资者（QFII）；

（五）B股境外代理人；

（六）持有深股通股票的香港中央结算有限公司（以下简称"香港结算公司"）；

（七）中国证券监督管理委员会或者本所认定的其他集合类账户持有人或者名义持有人。

香港结算公司参加深股通上市公司股东大会网络投票的相关事项，由本所另行规定。

第五章 股东大会表决及计票规则

第十七条 股东应当通过其股东账户参加网络投票，A股股东应当通过A股股东账户投票；B股股东应当通过B股股东账户投票；优先股股东应当通过A股股东账户单独投票。

股东行使的表决权数量是其名下股东账户所持相同类别（股份按A股、B股、优先股分类）股份数量总和。

股东通过多个股东账户持有上市公司相同类别股份的，可以使用持有该上市公司相同类别股份的任一股东账户参加网络投票，且投票后视为该股东拥有的所有股东账户下的相同类别股份均已投出与上述投票相同意见的表决票。股东通过多个股东账户分别投票的，以第一次有效投票结果为准。

确认多个股东账户为同一股东持有的原则为，注册资料的"账户持有人名称"、"有效身份证明文件号码"均相同，股东账户注册资料以股权登记日为准。

第十八条 股东通过网络投票系统对股东大会任一提案进行一次以上有效投票的，视为该股东出席股东大会，按该股东所持相同类别股份数量计入出席股东大会股东所持表决权总数。对于该股东未表决或者不符合本细则要求投票的提案，该股东所持表决权数按照弃权计算。

合格境外机构投资者（QFII）、证券公司融资融券客户信用交易担保证券账户、中国证券金融股份有限公司转融通担保证券账户、约定购回式交易专用证券账户、B股境外代理人、香港结算公司等集合类账户持有人或者名义持有人，通过互联网投票系统填报的受托股份数量计入出席股东大会股东所持表决权总数；通过交易系统的投票，不视为有效投票，不计入出席股东大会股东所持表决权总数。

第十九条 对于非累积投票提案，股东应当明确发表同意、反对或者弃权意见。

本细则第十六条第一款规定的集合类账户持有人或者名义持有人，应当根据所征求到的投票意见汇总填报受托股份数量，同时对每一提案汇总填报委托人或者实际持有人对各类表决意见对应的股份数量。

第二十条 对于累积投票提案，股东每持有一股即拥有与每个提案组下应选董事或者监事人数相同的选举票数。股东拥有的选举票数，可以集中投给一名候选人，也可以投给数名候选人。股东应当以每个提案组的选举票数为限进行投票，股东所投选举票数超过其拥有选举票数的，或者在差额选举中投票超过应选人数的，其对该提案组所投的选举票不视为有效投票。

股东通过多个股东账户持有上市公司相同类别股份的，其所拥有的选举票数，按照该股东拥有的所有股东账户下的相同类别股份数量合并计算。股东使用持有该上市公司相同类别股份的任一股东账户投票时，应当以其拥有的所有股东账户下全部相同类别股份对应的选举票数为限进行投票。股东通过多个股东账户分别投票的，以第一次有效投票结果记录的选举票数为准。

第二十一条 对于上市公司为方便股东投票设置总提案的，股东对总提案进行投票，视为对除累积投票提案外的其他所有提案表达相同意见。

在股东对同一提案出现总提案与分提案重复投票时，以第一次有效投票为准。如股东先对分提案投票表决，再对总提案投票表决，则以已投票表决的分提案的表决意见为准，其他未表决的提案以总提案的表决意见为准；如先对总提案投票表决，再对分提案投票表决，则以总提案的表决意见为准。

第二十二条 上市公司通过本所交易系统和互联网投票系统为股东提供网络投票服务的，网络投票系统对本所交易系统和互联网投票系统的网络投票数据予以合并计算；上市公司选择采用现场投票辅助系统的，信息公司对现场投票和网络投票数据予以合并计算。

同一股东通过本所交易系统、互联网投票系统和现场投票辅助系统中任意两种以上方式重复投票的，以第一次有效投票结果为准。

第二十三条 需回避表决或者承诺放弃表决权的股东通过网络投票系统参加投票的，网络投票系统向上市公司提供全部投票记录，由上市公司在计算表决结果时剔除上述股东的投票。

上市公司选择使用现场投票辅助系统的，应当在现场投票辅助系统中针对提案进行回避设置，真实、准确、完整地录入回避股东信息。信息公司在合并计算现场投票数据与网络投票数据时，依据上市公司提供的回避股东信息剔除相应股东的投票。

第二十四条 对同一事项有不同提案的，网络投票系统向上市公司提供全部投票记录，由上市公司根据有关规定及公司章程统计股东大会表决结果。

第二十五条 对于持有特别表决权股份的股东、优先股股东的投票情况，网络投票系统仅对原始投票数据进行计票，其表决结果由上市公司在原始计票数据的基础上进行比例折算。

第二十六条 上市公司股东大会审议影响中小投资者利益的重大事项时，对中小投资者的投票结果应当单独统计并披露。

前款所称中小投资者，是指除公司董事、监事、高级管理人员以及单独或者合计持有公司 5% 以上股份的股东以外的其他股东。

第二十七条 上市公司在现场股东大会投票结束后，通过互联网系统取得网络投票数据。

上市公司选择使用现场投票辅助系统并委托信息公司进行现场投票与网络投票合并计算的，信息公司在现场股东大会投票结束后向上市公司发送网络投票数据、现场投票数据、合并计票数据及其明细。

第二十八条 上市公司及其律师应当对投票数据进行合规性确认，并最终形成股东大会表决结果，对投票数据有异议的，应当及时向本所及信息公司提出。上市公司应当按照有关规定披露律师出具的法律意见书以及股东大会表决结果。

第二十九条 股东大会结束后次一交易日，通过交易系统投票的股东可以通过证券公司交易客户端查询其投票结果。

股东可以通过互联网投票系统网站查询最近一年内的网络投票结果。

对总提案的表决意见，网络投票查询结果回报显示为对各项提案的表决结果。

050 公司章程可规定有权征集代理投票权的主体

设计要点

董事会、独立董事和符合相关规定条件的股东可以征集股东投票权。

阅读提示

所谓征集代理投票权，也称投票代理权的征集、委托书劝诱，是征集者为取得股份公司股东大会决议事项的表决优势，但自身所控制的投票权不足以形成期待的优势时，而公开请求其他股东将投票权委托给征集者或其指定的第三人，让征集者或其指定的第三人出席股东大会并代为投票的行为。目前，我国上市公司章程中基本都对征集代理投票权进行了规定，那么，上市公司章程中的征集代理权条款是否存在问题，该制度在实践中还有哪些疑问和争议呢？

章程研究文本

《酒鬼酒股份有限公司章程》（2022年4月版）

第七十八条 股东（包括股东代理人）以其所代表的有表决权的股份数额行使表决权，每一股份享有一票表决权。

股东大会审议影响中小投资者利益的重大事项时，对中小投资者表决应当单独计票。单独计票结果应当及时公开披露。

公司持有的本公司股份没有表决权，且该部分股份不计入出席股东大会有表决权的股份总数。

董事会、独立董事和符合相关规定条件的股东可以征集股东投票权。征集股东投票权应当向被征集人充分披露具体投票意向等信息，禁止以有偿或者变相有偿的方式征集股东投票权。公司不得对征集投票权提出最低持股比例限制。

同类章程条款

目前，大部分上市公司都已经在章程中规定了征集股东投票权条款，其内容与上述《酒鬼酒股份有限公司章程》基本一致，如：

《上海良信电器股份有限公司章程》（2022年8月版）

第七十九条第五款、第六款　公司董事会、独立董事、持有1%以上有表决权股份的股东或者依照法律、行政法规或者中国证券会的规定设立的投资者保护机构可以征集股东投票权。

征集股东投票权应当向被征集人充分披露具体投票意向等信息。禁止以有偿或者变相有偿的方式征集股东投票权。除法定条件外，公司不得对征集投票权提出最低持股比例限制。

少数上市公司章程仅规定董事会、独立董事和符合相关规定条件的股东可以征集股东投票权，未对信息披露、禁止有偿征集等相关事项进行规定，例如：

《第一创业证券股份有限公司章程》（2023年9月版）

第一百一十一条第五款　公司董事会、独立董事、持有百分之一以上有表决权股份的股东或者依照法律、行政法规或者中国证监会的规定设立的投资者保护机构，可以作为征集人，自行或者委托证券公司、证券服务机构，公开请求公司股东委托其代为出席股东大会，并代为行使提案权、表决权等股东权利。除法定条件外，公司不得对征集投票权提出最低持股比例限制。

公司法和相关规定

《股票发行与交易管理暂行条例》

第六十五条　股票持有人可以授权他人代理行使其同意权或者投票权。但是，任何人在征集二十五人以上的同意权或者投票权时，应当遵守证监会有关信息披露和作出报告的规定。

《上市公司独立董事管理办法》

第十八条第一款　独立董事行使下列特别职权：

……

（四）依法公开向股东征集股东权利；

……

《上市公司治理准则》（2018 年修订）

第十六条　上市公司董事会、独立董事和符合有关条件的股东可以向公司股东征集其在股东大会上的投票权。上市公司及股东大会召集人不得对股东征集投票权设定最低持股比例限制。

投票权征集应当采取无偿的方式进行，并向被征集人充分披露具体投票意向等信息。不得以有偿或者变相有偿的方式征集股东投票权。

《上市公司章程指引》（2023 年修正）

第七十九条第五款　公司董事会、独立董事、持有百分之一以上有表决权股份的股东或者依照法律、行政法规或者中国证监会的规定设立的投资者保护机构可以公开征集股东投票权。征集股东投票权应当向被征集人充分披露具体投票意向等信息。禁止以有偿或者变相有偿的方式征集股东投票权。除法定条件外，公司不得对征集投票权提出最低持股比例限制。

专家分析

第一，制度价值分析。

征集代理投票权制度，作为一种股东权利行使方式，具有利弊共存的特点。一方面，在现代公司治理实务中，征集代理投票权的主要益处在于优化公司表决机制，防止投票权浪费和埋没；通过该制度，大部分股东尤其是中小股东可以行使投票权以表达意见，中小股东可以实现对于管理层的监督。另一方面，征集代理投票权可能会成为管理层把持控制权的工具，代理权征集过程中，征集者可能会利用与被征集者之间的信息不对称，促使其作出不利己的决定；在公司并购中，恶意收购者可以通过征集代理权的方法实现对公司的控制。

因此，在公司章程中规定征集投票权制度，需要趋利避害，通过该制度完善公司治理机制，避免该制度沦为控制权把控或争夺的工具。公司章程需要规定征集投票权的无偿性，并细化信息披露的内容和程序。

第二，征集主体的不确定性。

根据我国现行立法，征集主体是公司董事会、独立董事、持有百分之一以上有表决权股份的股东或者依照法律、行政法规或者中国证监会的规定设立的投资者保护机构，同时明确除法定条件外，公司不得对征集投票权提出最低持股比例限制。但是对于持股时间等其他方面的要求，则未明确限定。在此基础上，上市公司如果希望通过规制股东征集投票权防范恶意收购，设置最低持股时间要求是较为可行的办法。

章程条款设计建议

如上文所述，公司在章程中设置征集代理投票权条款，需要趋利避害，避免征集代理权条款沦为征集者控制公司的工具。

第一，公司章程应当明确规定禁止有偿或者变相有偿的方式征集股东投票权，必要的情况下可以根据公司的实际情况列举变相征集股东投票权的行为。

第二，公司章程应当规定征集人充分披露具体投票意向等信息，避免征集人和被征集人之间的信息不对称。上市公司可以在公司章程中充分发挥自主性，列举必须披露的信息和必须提供的资料，如公司章程可以规定征集人必须进行详细的投票意向说明，并提供辅助说明资料。

第三，公司章程还可以对信息披露的程序进行详细规定，包括信息披露的方式、时间等。

不过，考虑到上述具体程序事项比较琐碎，公司可以考虑制定征集代理投票权实施细则，在公司章程中仅规定征集投票权的主体、禁止有偿原则和信息披露原则即可，这样既可以细化征集投票权的程序，又可以避免公司章程的冗杂。

公司章程条款实例

股东（包括股东代理人）以其所代表的有表决权的股份数额行使表决权，每一股份享有一票表决权。

股东大会审议影响中小投资者利益的重大事项时，对中小投资者表决应当单独计票。单独计票的结果应当及时公开披露。

公司持有的本公司股份没有表决权，且该部分股份不计入出席股东大会有表决权的股份总数。

董事会、独立董事和符合相关规定条件的股东可以征集股东投票权。

征集股东投票权应当向被征集人充分披露具体投票意向等信息，禁止以有偿或者变相有偿的方式征集股东投票权。公司不得对征集投票权提出最低持股比例限制。

延伸阅读

《广东光华科技股份有限公司征集投票权实施细则》
第三章　征集投票权的方式及基本内容

第八条　征集人在征集投票权时,应当以公开的方式进行。

第九条　征集人应当按照有关法律、法规、《公司章程》及本细则的要求,制作征集投票权报告书。

第十条　征集人应当按照有关法律、法规、《公司章程》和本细则的要求,制作征集投票授权委托书,并在规定的期间内刊登于公司指定的信息披露媒体上。接受征集投票的股东,可以从媒体上复制或直接向征集人、公司索取征集投票权委托书,进行填写和签署。

第十一条　征集人征集投票权报告书应当详细说明征集投票的方案,该方案中应当含有股东在委托征集人进行投票时的具体操作程序和操作步骤。

第十二条　征集人应当聘请律师事务所或国家公证机关,对征集人资格、征集方案、征集投票权委托书、征集投票权行使的真实性、有效性等事项进行审核,并发表明确的法律意见。

第四章　征集投票权报告书的内容与格式

第十三条　征集人应当至少于股东大会召开15日前,在公司指定的信息披露媒体上发布征集投票权报告书。征集投票权报告书应当包括如下内容:

(一)征集人的声明与承诺;

(二)征集人的基本情况。征集人为法人的,应当披露其名称、住所、联系方法、指定信息披露媒体(如有)、前十名股东及其股权结构、主营业务、基本财务状况、是否与公司存在关联关系等;征集人为自然人的,应当披露其姓名、住址、联系方法、任职情况、是否与公司存在关联关系等;

(三)公司基本情况(含名称、住所、联系方法、指定信息披露媒体、前十名股东及股本结构、主营业务、基本财务状况等);

(四)该次股东大会的基本情况(含召开时间、地点、会议议题及提案、出席会议对象、会议登记办法、登记时间等);

(五)征集投票权的目的及意义;

(六)本次征集投票权具体方案(含征集对象、征集时间、征集详细程序、被征集人需要承担的后果等）；

（七）每一表决事项的提案人；

（八）表决事项之间是否存在相互关系或互为条件；

（九）征集人、公司董事、经理、主要股东等相互之间以及与表决事项之间是否存在利害关系；

（十）征集人明确表明对每一表决事项的表决意见（同意、反对或弃权）及其理由；

（十一）征集人在征集投票权报告书中应明确表明自己对某一表决事项的表决意见，并且明示被征集人应当与自己的表决意见一致的，被征集人应当按照征集人指示表明表决意见；征集人在征集投票权报告书中明确表明自己对某一表决事项的表决意见的，但不要求被征集人应当与自己的表决意见一致的，被征集人可以按照自己的意思表明表决意见；

（十二）征集人聘请委托的律师事务所或国家公证机关的名称、住所；经办律师或公证员的姓名、具体的通信方式；

第十四条 征集投票权报告书内容应当客观、真实，不得有虚假记载、误导性陈述和重大遗漏。

第五章 征集投票授权委托书的格式与内容

第十五条 征集投票授权委托书至少包含以下内容：

（一）填写须知；

（二）征集人的姓名或名称；

（三）征集人的身份及持股情况；

（四）该次股东大会召开的时间；

（五）征集人应当在征集投票授权委托书中按自己选择的实际情况作好明确指明被征集人应如何投票方为有效的格式设计：当征集人明确表明自己对某一表决事项的投票态度的，并且明示被征集人应当与自己的投票态度一致的，被征集人应当按照征集人指示表明投票态度方为有效；当征集人在征集投票权报告书中明确表明自己对某一表决事项的投票态度的，但不要求被征集人应当与自己的投票态度一致的，被征集人可以按照自己的意思表明投票态度；

（六）列示每一表决事项内容及同意、反对或弃权等投票表格，供股东选择；

（七）对股东大会可能产生的临时提案，被征集人应向征集人作出如何行使表决权的具体指示；

（八）对于未作具体指示的表决事项，被征集人应明示征集人是否可以按照自己的意志表决；

（九）对选举董事、监事的委托书必须列出所有董事候选人和监事候选人的姓名，并按照累积投票制规定的投票方法进行投票；

（十）征集投票授权委托书的送达地址以及送达地的邮政编码和联系电话；

（十一）征集人应当亲自行使征集投票权，不得转委托；

（十二）委托行为的法律后果；

（十三）委托书签发的日期和有效期；

（十四）被征集人签章。

第十六条 被征集人出具的委托书与下列附件同时使用，且经公司股东大会签到经办人员与公司股东名册核实无误后方为有效：

（一）被征集人为自然人的，需提交被征集人身份证和股东证券账户卡的复印件、持股凭证；

（二）被征集人为法人的，需提供被征集人的《企业法人营业执照》复印件、法定代表人资格证明（或代理人的身份证复印件、法定代表人的书面委托书）、身份证复印件、股东证券账户卡复印件、持股凭证。

第十七条 被征集人的委托书及其附件，需不迟于股东大会召开前二十四小时送达（可以挂号信函或特快专递或委托专人或以其他可以签收确认的方式）至征集人聘请委托的律师事务所或公证机关，由其签收后进行统计、见证，就被征集人人数、所持有效表决权股份数及明细资料等事项出具律师见证意见书或公证书；征集人应当亲自携带征集到的授权委托书和见证意见书或公证书参加股东大会。

第十八条 征集人聘请的律师事务所与公司聘请见证股东大会的律师事务所，应为不同律师事务所。

第十九条 征集人出席股东大会时，应持下述相关文件按照规定办理签到登记。

征集人为自然人股东的，需出示和提供身份证、股东证券账户卡；征集人为法人股东的，需出示和提供《企业法人营业执照》复印件、法定代表人身份证明、法定代表人依法出具的书面委托书、股东证券账户卡、代理人身份证明等必备资料；征集人为公司董事会的，需出示和提供董事会授权委托书；征集人为独立董事的，需出示和提供身份证。

第二十条 征集人出席股东大会并行使征集投票权时，应同时提供被征集人的委托书附件、其聘请委托律师事务所或公证机关出具的见证意见书或公证书，并按照规定办理签到登记后，方能行使征集投票权。

第二十一条 股东大会结束时，征集人所持有的投票授权委托书原件及附件等参会依据性资料,由公司连同股东大会会议记录、出席会议股东的签名册等会议文件一并保存。

051 公司章程可规定中小投资者进行单独计票的具体情形

> 设计要点

公司章程可规定中小投资者进行单独计票的具体情形,进一步保护中小投资者的合法权益。

> 阅读提示

为尊重中小投资者利益,提高中小投资者对公司股东大会决议的重大事项的参与度,《国务院关于进一步促进资本市场健康发展的若干意见》《国务院办公厅关于进一步加强资本市场中小投资者合法权益保护工作的意见》等文件,建议健全中小投资者投票机制,尤其是建立中小投资者单独计票机制。

《公司法》虽未对中小投资者单独计票机制进行规定,但2016年修订的《上市公司章程指引》已明确规定:股东大会审议影响中小投资者利益的重大事项时,对中小投资者表决应当单独计票并及时公开披露。同时《非上市公众公司监督管理办法》也明确要求:公众公司的治理结构应当确保所有股东,特别是中小股东充分行使法律、行政法规和公司章程规定的合法权利。

随着"提高中小投资者对公司股东大会决议的重大事项的参与度"的呼声日益高涨,许多公司在公司章程中增加了中小投资者单独计票的内容,同时也有不少公司特地发布《中小投资者单独计票管理办法》,针对中小投资者单独计票的具体情形专门进行了规制。

本文通过《无锡新宏泰电器科技股份有限公司章程》2017年新添的有关条款以及《福建天马科技集团股份有限公司中小投资者单独计票管理办法》《上海全筑建筑装饰集团股份有限公司中小投资者单独计票管理办法》中的具体内容,对此问题进行分析。

章程研究文本

《无锡新宏泰电器科技股份有限公司章程》（2023年12月版）
第四章　股东和股东大会

4.49　……股东大会审议影响中小投资者利益的重大事项时，对中小投资者表决应当单独计票。单独计票结果应当及时公开披露。

……

《福建天马科技集团股份有限公司中小投资者单独计票管理办法》（第二届董事会第十三次会议审议通过）

第三条　股东大会拟审议的事项涉及全体股东利益和公司发展，尤其是中小投资者利益时，应当对中小投资者的投票情况进行单独计票并披露，包括但不限于以下事项：

（一）选举非职工代表董事、监事，决定董事、监事的报酬；

（二）公司利润分配方案和弥补亏损方案；

（三）公司增加或者减少注册资本；

（四）公司的分立、合并、解散和清算；

（五）修改公司章程；

（六）股权激励计划；

（七）发行证券；

（八）重大资产重组；

（九）重大关联交易、对外担保（不含对合并报表范围内子公司提供担保）、委托理财、对外提供财务资助、变更募集资金用途、变更会计政策、股票及衍生品种投资等重大事项；

（十）法律、行政法规、部门规章、规范性文件、上海证券交易所业务规则及公司章程规定的其他事项。

《上海全筑建筑装饰集团股份有限公司中小投资者单独计票管理办法》

第三条　股东大会审议影响中小投资者利益的重大事项时，对中小投资者表决应当单独计票。本办法所称影响中小投资者利益的重大事项包括下列事项（以下简称"单独计票事项"）：

（一）公司利润分配方案和弥补亏损方案；

（二）公司公积金转增股本方案；

（三）选举公司非职工代表董事、监事；

（四）关联交易事项；

（五）重大资产重组；

（六）公司章程规定的应当由股东大会以特别决议通过的事项；

（七）中国证监会和上海证券交易所要求的其他需要股东大会审议的中小投资者单独计票的事项。

公司董事会审议应当提交股东大会审议的其他事项时，认为需要对中小投资者的投票情况进行单独计票并披露的，应当在董事会决议中予以特别说明。

同类章程和管理办法条款

《浙江荣晟环保纸业股份有限公司中小投资者单独计票管理办法》（第五届董事会第十五次会议审议通过）第三条、《兰州兰石重型装备股份有限公司中小投资者单独计票管理办法》（2015年5月版）第三条、《展鹏科技股份有限公司中小投资者单独计票管理办法》第三条

上述规定均与《福建天马科技集团股份有限公司中小投资者单独计票管理办法》（第二届董事会第十三次会议审议通过）第三条的规定相同。

《上海宝钢包装股份有限公司中小投资者单独计票管理办法》第三条、《中国建材检验认证集团股份有限公司中小投资者单独计票管理办法》第三条

上述规定均与《上海全筑建筑装饰集团股份有限公司中小投资者单独计票管》第三条的规定相同。

公司法和相关规定

《上市公司章程指引》（2023年修正）

第七十九条第二款 股东大会审议影响中小投资者利益的重大事项时，对中小投资者表决应当单独计票。单独计票结果应当及时公开披露。

《非上市公众公司监督管理办法》（2023年修正）

第九条 公众公司的治理结构应当确保所有股东，特别是中小股东充分行使法律、行政法规和公司章程规定的合法权利。

《国务院办公厅关于进一步加强资本市场中小投资者合法权益保护工作的意见》

四、健全中小投资者投票机制

……

建立中小投资者单独计票机制。上市公司股东大会审议影响中小投资者利益的重大事项时，对中小投资者表决应当单独计票。单独计票结果应当及时公开披露，

并报送证券监管部门。

保障中小投资者依法行使权利。健全利益冲突回避、杜绝同业竞争和关联交易公平处理制度。上市公司控股股东、实际控制人不得限制或者阻挠中小投资者行使合法权利，不得损害公司和中小投资者的权益。健全公开发行公司债券持有人会议制度和受托管理制度。基金管理人须为基金份额持有人行使投票权提供便利，鼓励中小投资者参加持有人大会。

专家分析

笔者在查阅近百篇公司章程和《中小投资者单独计票管理办法》后发现，绝大多数的公司对中小投资者的定义趋于统一：单独或者合计持有公司5%以下股份，而非公司董事、监事、高级管理人员的股东。

在公司章程中规定适用中小投资者单独计票机制，不仅有利于提高中小投资者对公司股东大会决议的重大事项的参与度，还有利于监督公司大股东审慎决策，兼顾公平，从而有益于公司整体利益的实现。

同时，公司也可选择通过发布《中小投资者单独计票管理办法》，规定适用中小投资者单独计票的具体情形，即对"影响中小投资者利益"的重大事项进行列举性具体说明。这不仅可促使"中小投资者单独计票机制"得到准确利用，还可为实现真正意义上的"尊重中小投资者利益"保驾护航。

章程条款设计建议

通过查阅数百篇公司章程以及各公司关于实行中小投资者单独计票机制的管理办法，针对"中小投资者单独计票机制"适用的绝大多数情形，笔者总结如下：选举非职工代表董事、监事；公司利润分配方案和弥补亏损方案；公司的分立、合并、解散和清算；修改公司章程；股权激励计划；重大资产重组；重大关联交易；法律、行政法规、部门规章、规范性文件、中国证监会、证券交易所业务规则及公司章程规定的其他事项。

除最后的兜底条款，笔者发现，属于"影响中小投资者利益"的重大事项几乎均为公司章程规定的应当由股东大会以特别决议通过的事项。其中，"公司利润分配方案和弥补亏损方案"属于董事会决议中最直接影响中小股东利益的事项。因此，笔者建议，公司可在这些基本情形的基础上，选择所需的具体事项进行补充，比如，涉及"公司公积金转增股本方案""发行证券""公司董事、高级管理人员的薪酬"事项等。

> 章程或中小投资者单独计票管理办法条款实例

股东大会拟审议的事项涉及全体股东利益和公司发展，尤其是中小投资者利益时，应当对中小投资者的投票情况进行单独计票并披露，包括但不限于以下事项。

一、基础情形

（一）选举非职工代表董事、监事；

（二）公司利润分配方案和弥补亏损方案；

（三）公司的分立、合并、解散和清算；

（四）修改公司章程；

（五）股权激励计划；

（六）重大资产重组；

（七）重大关联交易；

（八）法律、行政法规、部门规章、规范性文件、中国证监会、证券交易所业务规则及公司章程规定的其他事项。

二、可选择情形

（一）决定有关董事、监事及高级管理人员的报酬事项；

（二）聘任或解聘高级管理人员；

（三）公司增加或者减少注册资本；

（四）发行证券；

（五）公司公积金转增股本方案；

（六）对外担保（不含对合并报表范围内子公司提供担保）、委托理财、对外提供财务资助、变更募集资金用途、变更会计政策、股票及衍生品种投资等重大事项。

052 股东会决议过半数通过，过半数是否包括本数？

> 设计要点

有限责任公司章程应对股东会的表决作出详细规定，明确"过半数"是否包括本数。

> **阅读提示**

《公司法》规定,"股东会会议由股东按照出资比例行使表决权;但是,公司章程另有规定的除外"。实践中经常发生的争议包括:(1)公司章程可否规定股东按"人头数"行使表决权,即规定每一股东享有一票表决权?(2)对于普通决议而言,在仅有50%的表决权作出某项决议时,该项决议是否合法有效?(3)决议经过半数表决权同意通过中的"过半数",指的是超过全部表决权的过半数,还是参加股东会投票的表决权的过半数?本文将通过介绍部分上市公司的章程条款及相关司法案例,对上述问题予以回答。

> **章程研究文本**

《中国长城科技集团股份有限公司章程》(2023年4月版)

第七十六条 股东大会决议分为普通决议和特别决议。

股东大会作出普通决议,应当由出席股东大会的股东(包括股东代理人)所持表决权的1/2以上通过。

股东大会作出特别决议,应当由出席股东大会的股东(包括股东代理人)所持表决权的2/3以上通过。

第一百九十六条 本章程所称"以上"、"以内"、"以下",都含本数;"不满"、"以外"、"低于"、"多于"不含本数。

> **同类章程条款**

笔者查阅了多家上市公司章程中的同类条款,其中对于股东会表决的条款规定基本相同,仅是表述上略有差异。如部分章程使用"过半数"的表述,部分章程使用"所持表决权的1/2以上通过"的表述。值得注意的是,《深圳市机场股份有限公司章程》规定"过半数"不含本数。具体如下:

《深圳市机场股份有限公司章程》(2020年10月版)

第七十七条 股东大会决议分为普通决议和特别决议。

股东大会作出普通决议,应当由出席股东大会的股东(包括股东代理人)所持表决权的1/2以上通过。

股东大会作出特别决议,应当由出席股东大会的股东(包括股东代理人)所持表决权的2/3以上通过。

第二百三十三条 本章程所称"以上""以内""以下",除另有规定外都含本数;"不满""以外""低于""多于""过半数"不含本数。

《民生控股股份有限公司章程》(2020年3月版)

该公司章程第七十五条与上述《深圳市机场股份有限公司章程》第七十七条的规定相同。

第一百九十六条 本章程所称"以上"、"以内"、"以下"都含本数;"不满"、"以外"、"低于"、"多于"不含本数。

《南华生物医药股份有限公司章程》(2022年10月版)

该公司章程第七十七条与上述《深圳市机场股份有限公司章程》第七十七条的规定相同。

第一百九十七条 本章程所称"以上"、"以下"、"以内"都含本数;"以外"、"低于"、"多于"、"超过"不含本数。

公司法和相关规定

一、关于有限责任公司的规定

《公司法》(2023年修订)

第六十五条 股东会会议由股东按照出资比例行使表决权;但是,公司章程另有规定的除外。

第六十六条 股东会的议事方式和表决程序,除本法有规定的外,由公司章程规定。

股东会作出决议,应当经代表过半数表决权的股东通过。

股东会作出修改公司章程、增加或者减少注册资本的决议,以及公司合并、分立、解散或者变更公司形式的决议,应当经代表三分之二以上表决权的股东通过。

《公司法》(2018年修正,已被修订)

第四十二条 股东会会议由股东按照出资比例行使表决权;但是,公司章程另有规定的除外。

第四十三条 股东会的议事方式和表决程序,除本法有规定的外,由公司章程规定。

股东会会议作出修改公司章程、增加或者减少注册资本的决议,以及公司合并、分立、解散或者变更公司形式的决议,必须经代表三分之二以上表决权的股东通过。

二、关于股份有限公司的规定

《公司法》（2023 年修订）

第一百一十六条 股东出席股东会会议，所持每一股份有一表决权，类别股股东除外。公司持有的本公司股份没有表决权。

股东会作出决议，应当经出席会议的股东所持表决权过半数通过。

股东会作出修改公司章程、增加或者减少注册资本的决议，以及公司合并、分立、解散或者变更公司形式的决议，应当经出席会议的股东所持表决权的三分之二以上通过。

《公司法》（2018 年修正，已被修订）

第一百零三条 股东出席股东大会会议，所持每一股份有一表决权。但是，公司持有的本公司股份没有表决权。

股东大会作出决议，必须经出席会议的股东所持表决权过半数通过。但是，股东大会作出修改公司章程、增加或者减少注册资本的决议，以及公司合并、分立、解散或者变更公司形式的决议，必须经出席会议的股东所持表决权的三分之二以上通过。

专家分析

公司章程规定此类条款的意义在于：对于股份有限公司而言，由于《公司法》对其表决方式及股东会决议的通过比例作了明确规定，且不允许公司章程作出个性化设计，因此股份有限公司的该类条款往往是格式条款。但是，对于有限责任公司而言，《公司法》赋予了公司章程很大的自由空间，有限公司完全可以并且应当有所设计，明确：(1) 股东会作出决议时，使用"资本多数决"，还是"股东人数多数决"；(2) 在仅有 50% 的表决权作出某项决议时，该项决议是否合法有效；(3) 决议经过半数表决权同意通过中的"过半数"，指的是超过全部表决权的半数，还是参加股东会投票的表决权的过半数等问题，避免股东间因该等问题互相扯皮，造成公司僵局的不利局面。

章程条款设计建议

笔者认为，有限责任公司和股份有限公司可以对该公司章程条款进行不同的设计。

第一，对于有限责任公司，笔者建议：

1. 在股东会表决时，既可以采用"资本多数决"，也完全可采用"股东人数多数决"等其他表决方式，如规定"每一股东有一投票权"。

2. 公司章程应规定，在仅有50%的表决权作出某项决议时，该项决议是否合法有效。笔者认为，如果公司章程规定50%的表决权所作出的股东会决议有效，则可能因此导致另一方持股50%的股东亦可以自行作出与之前决议相反的公司决议，这样就会导致新决议不断推翻旧决议，因此笔者建议公司章程规定此种情况下无法通过股东会决议。

3. 公司章程还可规定，决议经过半数表决权同意通过中的"过半数"，指的是超过全部表决权的过半数，还是参加股东会投票的表决权的过半数。为避免小股东"偷袭"成功，笔者建议公司章程中规定，应为全部表决权的过半数。

第二，对于股份有限公司，笔者建议，鉴于《公司法》对股份有限公司的上述问题作了明确规定，且不允许公司章程作出个性化设计，因此股份有限公司的章程直接"照搬"《公司法》的有关规定即可，但也建议公司章程中明确"过半数""三分之二以上"均不包括本数。

公司章程条款实例

一、有限责任公司章程条款实例

股东会会议由股东按照出资比例行使表决权，股东会作出普通决议，应当由全体股东所持表决权的过半数（不含本数）通过；股东会作出特别决议，应当由全体股东所持表决权的2/3以上（不含本数）通过。

二、股份有限责任公司章程条款实例

股东大会决议分为普通决议和特别决议。

股东大会作出普通决议，应当由出席股东大会的股东（包括股东代理人）所持表决权的过半数（不含本数）通过。

股东大会作出特别决议，应当由出席股东大会的股东（包括股东代理人）所持表决权的2/3以上（不含本数）通过。

延伸阅读

对于在有限责任公司章程未作明确约定的情况下，仅有50%表决权能否作出决议有效的问题，司法实践中存在不同观点。笔者检索到四个案例，其中两个案例认为50%表决权所作决议有效，另外两个案例则认为50%表决权所作决议无效。其中案例四明确认为：关于一般事项的股东会决议必须经代表超过半数以上表决权的股东通过，该超过半数是指同意决议的表决权超过公司全体表决权的半数，而不是超过出席会议的表决权的半数。

一、认为50%表决权所作决议有效的案例

案例一：上海市第一中级人民法院审理的上海凯某建设工程有限公司诉赵某伟公司决议效力确认纠纷二审民事判决书［（2016）沪01民终10409号］认为，"根据凯某公司章程规定，凯某公司所作出免去赵某伟监事职务内容并非属于须经三分之二以上股东表决通过的内容，属于仅须经全体股东二分之一以上表决权通过的事项。根据《民法通则》相关规定，民法所称的'以上''以下''以内'均包括本数。① 王某持有凯某公司50%股权，其表决通过的股东会决议符合章程约定的表决通过比例，因此该决议内容应属有效"。

案例二：上海市闵行区人民法院审理的蒋某坤与上海港某投资管理有限公司公司决议纠纷简易程序民事判决书［（2014）闵民二（商）初字第189号］认为，"邵某占公司50%的股份，根据被告公司章程的约定，股东会会议由股东按照出资比例行使表决权，一般事项须经代表全体股东二分之一以上表决权的股东通过。根据《民法通则》规定，民法所称的'以上'包括本数，② 而现在并无证据表明双方对被告公司章程所指'二分之一以上'是否包含本数存在分歧、误解和争议，并且原告在庭审中将2014年1月27日由原告蒋某坤一人签名的股东会决议作为原告的证据，用以确认蒋某坤依旧是被告公司的法定代表人，表明了原告也认可经持有公司50%股份的股东表决即可通过公司一般事项的决议"。

二、认为50%表决权所作决议无效的案例

案例三：北京市朝阳区人民法院审理的北京鑫某运通信息技术有限公司与中某全国产品与服务统一代码管理中心有限公司其他股东权纠纷一审民事判决书［（2007）朝民初字第28543号］认为：《公司法》规定的股东会决议采取的是"资本多数决"原则，则必然要体现出多数的效果。就一个整体而言，二分之一不是多数。股东会议的表决环节中，极容易出现二分之一对二分之一的僵局。因此，既然公司章程规定简单多数是代表二分之一的表决权的股东表决通过，则应当理解为超过二分之一以上的表决权的股东表决通过，这样才是"资本多数决"原则的体现。虽然《民法通则》第一百五十五条规定：民法所称的"以上"、"以下"、"以内"、

---

① 《民法通则》已废止，现相关规定见《民法典》第一千二百五十九条。
② 《民法通则》已废止，现相关规定见《民法典》第一千二百五十九条。

"届满"，包括本数；所称的"不满"、"以外"，不包括本数。① 但是，民法是普通法，公司法相对民法而言是特别法。根据"特别法优于普通法"的精神，在公司法已有相关规定的情况下，应当适用公司法的规定。因此，仅由代表中某公司二分之一表决权的鑫某运通公司通过的股东会议决议，不满足章程所规定的"代表二分之一以上的表决权的股东表决通过"的条件，不是符合《公司法》及中某公司章程规定的股东会议决议。

案例四：北京市西城区人民法院审理的王某琳等与北京盛某夏房地产开发有限公司公司决议效力确认纠纷一审民事判决书［(2013) 西民初字第16217号］认为：盛某夏公司是有限责任公司，对盛某夏公司股东会决议表决权规则进行解释应基于其有限责任公司的性质。有限责任公司兼具人合性和资合性的特征，不同于完全资合性的股份有限公司。《公司法》对于有限责任公司和股份有限公司在股东（大）会决议的表决权上亦作了不同的规定。本院注意到，《公司法》第四十四条第二款②和盛某夏公司章程第十三条中的用词均为"经代表三分之二以上表决权的股东通过"，该处规定的三分之二以上的表决权均需要达到全体表决权的三分之二以上，而非出席会议的表决权的三分之二以上。基于有限责任公司的性质和法律规定及公司章程内在逻辑的一致性，在公司章程没有约定的情况下，盛某夏公司关于一般事项的股东会决议必须经代表超过半数以上表决权的股东通过，该超过半数是指同意决议的表决权超过公司全体表决权的半数，而不是超过出席会议的表决权的半数。根据原被告提交的盛某夏公司2012年12月6日股东会决议记载，该股东会决议只有代表50%表决权的俊某公司的盖章，而没有经过其他股东的同意。因此，该股东会决议没有经过超过半数的表决权同意，未被有效通过，该股东会决议应属无效决议。

053 "过半数"与"二分之一以上"的含义一样吗？

设计要点

公司章程需要明确"二分之一以上"包含本数，"过半数"不包含本数。

---

① 《民法通则》已废止，现相关规定见《民法典》第一千二百五十九条。
② 《公司法》已修改，现相关规定见《公司法》（2023年修订）第六十六条第三款。

阅读提示

公司章程通常会规定：对于一般的股东会决议事项，须经全体股东二分之一以上表决权通过，特别决议事项须经全体股东三分之二以上表决权通过。此处的"以上"是否包含本数呢？恰好只有50%的表决权同意的情况下，该股东会决议是否有效呢？特别是在50∶50的股权结构下，如一方股东试图在另一方股东反对的情况下强行通过某个股东会决议，肯定会引发该股东会决议是否有效的争论。对此问题，为定分止争，我们有必要在公司章程中提前约定。

章程研究文本

本章程所称"以上""以内""以下"都包含本数；"以外""低于""多余""超过"不含本数。

公司法和相关规定

《民法典》

第一千二百五十九条 民法所称的"以上"、"以下"、"以内"、"届满"，包括本数；所称的"不满"、"超过"、"以外"，不包括本数。

《公司法》（2023年修订）

第十五条 公司向其他企业投资或者为他人提供担保，按照公司章程的规定，由董事会或者股东会决议；公司章程对投资或者担保的总额及单项投资或者担保的数额有限额规定的，不得超过规定的限额。

公司为公司股东或者实际控制人提供担保的，应当经股东会决议。

前款规定的股东或者受前款规定的实际控制人支配的股东，不得参加前款规定事项的表决。该项表决由出席会议的其他股东所持表决权的过半数通过。

第六十六条 股东会的议事方式和表决程序，除本法有规定的外，由公司章程规定。

股东会作出决议，应当经代表过半数表决权的股东通过。

股东会作出修改公司章程、增加或者减少注册资本的决议，以及公司合并、分立、解散或者变更公司形式的决议，应当经代表三分之二以上表决权的股东通过。

第八十四条 有限责任公司的股东之间可以相互转让其全部或者部分股权。

股东向股东以外的人转让股权的，应当将股权转让的数量、价格、支付方式和期限等事项书面通知其他股东，其他股东在同等条件下有优先购买权。股东自接到书面通知之日起三十日内未答复的，视为放弃优先购买权。两个以上股东行使优先购买权的，协商确定各自的购买比例；协商不成的，按照转让时各自的出资比例行使优先购买权。

公司章程对股权转让另有规定的，从其规定。

第一百一十六条 股东出席股东会会议，所持每一股份有一表决权，类别股股东除外。公司持有的本公司股份没有表决权。

股东会作出决议，应当经出席会议的股东所持表决权过半数通过。

股东会作出修改公司章程、增加或者减少注册资本的决议，以及公司合并、分立、解散或者变更公司形式的决议，应当经出席会议的股东所持表决权的三分之二以上通过。

《公司法》(2018年修正，已被修订)

第十六条第二款、第三款 公司为公司股东或者实际控制人提供担保的，必须经股东会或者股东大会决议。

前款规定的股东或者受前款规定的实际控制人支配的股东，不得参加前款规定事项的表决。该项表决由出席会议的其他股东所持表决权的过半数通过。

第四十三条 股东会的议事方式和表决程序，除本法有规定的外，由公司章程规定。

股东会会议作出修改公司章程、增加或者减少注册资本的决议，以及公司合并、分立、解散或者变更公司形式的决议，必须经代表三分之二以上表决权的股东通过。

第一百零三条第二款 股东大会作出决议，必须经出席会议的股东所持表决权过半数通过。但是，股东大会作出修改公司章程、增加或者减少注册资本的决议，以及公司合并、分立、解散或者变更公司形式的决议，必须经出席会议的股东所持表决权的三分之二以上通过。

第七十一条第一款、第二款 有限责任公司的股东之间可以相互转让其全部或者部分股权。

股东向股东以外的人转让股权，应当经其他股东过半数同意。股东应就其股权转让事项书面通知其他股东征求同意，其他股东自接到书面通知之日起满三十日未答复的，视为同意转让。其他股东半数以上不同意转让的，不同意的股东应当购买该转让的股权；不购买的，视为同意转让。

> **专家分析**

《公司法》中有大量的条文规定了"过半数"或"三分之二以上"之类短语的条文，笔者将其中主要的内容总结如下。

首先，过半数的情况。

第一，公司为公司股东或者实际控制人提供担保的，必须经股东会或者股东大会决议。前款规定的股东或者受前款规定的实际控制人支配的股东，不得参加前款规定事项的表决。该项表决由出席会议的其他股东所持表决权过半数通过。

第二，发起人应当在成立大会召开十五日前将会议日期通知各认股人或者予以公告。成立大会应当有持表决权过半数的认股人出席，方可举行。成立大会行使下列职权：审议发起人关于公司筹办情况的报告；通过公司章程；选举董事、监事；对公司的设立费用进行审核；对发起人非货币财产出资的作价进行审核；发生不可抗力或者经营条件发生重大变化直接影响公司设立的，可以作出不设立公司的决议。成立大会对前款所列事项作出决议，应当经出席会议的认股人所持表决权过半数通过。

第三，股东大会作出决议，必须经出席会议的股东所持表决权过半数通过。

第四，董事会会议应有过半数的董事出席方可举行。董事会作出决议，必须经全体董事的过半数通过。

第五，上市公司董事与董事会会议决议事项所涉及的企业有关联关系的，不得对该项决议行使表决权，也不得代理其他董事行使表决权。该董事会会议由过半数的无关联关系董事出席即可举行，董事会会议所作决议须经无关联关系董事过半数通过。出席董事会会议的无关联关系董事人数不足三人的，应将该事项提交上市公司股东大会审议。

其次，三分之二以上的情况。

第一，股东会作出修改公司章程、增加或者减少注册资本的决议，以及公司合并、分立、解散或者变更公司形式的决议，必须经出席会议的股东所持表决权的三分之二以上通过。

第二，股东会会议作出修改公司章程、增加或者减少注册资本的决议，以及公司合并、分立、解散或者变更公司形式的决议，必须经代表三分之二以上表决权的股东通过。

第三，公司章程或者股东会授权董事会决定发行新股的，董事会决议应当经全体董事三分之二以上通过。

第四，公司有《公司法》第二百二十九条第一款第一项、第二项情形，且尚未向股东分配财产的，可以通过修改公司章程或者经股东会决议而存续。依照前款规定修改公司章程或者经股东会决议，有限责任公司须经持有三分之二以上表决权的股东通过，股份有限公司须经出席股东会会议的股东所持表决权的三分之二以上通过。

此外，《民法典》第一千二百五十九条规定，民法所称的"以上"、"以下"、"以内"、"届满"，包括本数；所称的"不满"、"超过"、"以外"，不包括本数。

章程条款设计建议

第一，有限责任公司股东会一般决议的通过比例务必约定为全部表决权的"过半数"通过，而不是"二分之一以上"通过。因为如果规定二分之一以上的表决权通过即可，必然会导致另一方持股50%的股东亦可以自行作出与之前决议相反的公司决议，这样就会陷入新决议不断推翻旧决议的恶性循环，最终造成公司股东会机制失灵、公司经营管理发生严重困难。但是，如果规定为"过半数"通过，则表示必须超过半数股权的股东同意，股东会决议才生效，这样就可以保证决议效力的唯一性。

第二，公司创立之初，不要设计50∶50的股权结构。双方各占50%是世界上最差的股权结构，不仅将出现如本案双方在执行董事、法定代表人等关键职位人选上的扯皮，还将导致任何一方都无法单独作出有效的股东会决议，如果股东会机制长期失灵，最终的结果只能是司法解散。

延伸阅读

认定"半数以上"包含本数的判例

案例一： 李某京与刘某龙及东港鸿某房地产综合开发有限公司等股东资格确认纠纷再审民事裁定书［（2015）辽审一民申字第983号］认为："李某京主张刘某龙变更工商登记成为股东，须经其他股东过半数同意。但依据上述法律规定，实际出资人变更工商登记成为股东，需要经公司其他股东半数以上同意。而'半数以上'是否包括本数，《中华人民共和国公司法》无明文规定。依照《中华人民共和国民法通则》第一百五十五条的规定：民法所称的'以上'、'以下'、'以内'、

'届满',包括本数;所称的'不满'、'以外',不包括本数。① 因此,该'半数以上'的法律规定,应包括本数。"

案例二:丁某杰与德清县海某疏浚有限公司股东资格确认纠纷二审民事判决书湖州市中级人民法院[(2016)浙05民终468号]认为:"关于'半数以上'是否包含本数的问题,因实际出资人要求显名确认股东资格时,实际出资人将从公司的外部进入公司内部成为公司一员,类似于股东向公司股东以外的人转让股权,依据有限责任公司'人合性'的特征,应当准用《公司法》第七十一条关于股份对外转让时的限制条件,即应当经过其他股东过半数同意。"

案例三:湘西土家族苗族自治州中级人民法院,郑某旺与吉首市恒某房地产开发有限公司、刘某平股东资格确认纠纷二审民事判决书[(2014)州民三终字第53号]认为:……最后,上诉人郑某旺是否应该变更为公司显名股东,并享受相应股东权利的问题。依据《最高人民法院关于适用〈中华人民共和国公司法〉若干问题的规定(三)》第二十四条第三款的规定,上诉人郑某旺要变更为公司的显名股东并享受相应股东权利,须经"公司其他股东半数以上同意"。本案与上诉人郑某旺产生股权归属争议的为刘某平,"公司其他股东"为龚某林与郑某飞。现郑某飞已明确表示同意上诉人郑某旺变更为公司显名股东,并享受相应的股东权利。根据《中华人民共和国民法通则》第一百五十五条②的规定,该条款所规定的"半数以上"包括本数,因此,应确认上诉人郑某旺变更为公司显名股东。

054 董事会会议通知时限可否通过公司章程豁免?

设计要点

公司章程可规定会议通知时限经全体董事一致同意豁免,以便于公司灵活决策。

阅读提示

公司法、公司章程对公司会议(包括股东会或股东大会、董事会、监事会)的通知时限加以规定,以保证有关人员可以合理安排时间参加公司会议,避免大股东

---

① 《民法通则》已废止,现相关规定见《民法典》第一千二百五十九条。
② 《民法通则》已废止,现相关规定见《民法典》第一千二百五十九条。

临时开会、小股东措手不及的情况发生。但是，公司法、公司章程规定的通知时限往往较长，难免贻误商机、影响公司决策效率。为解决这一问题，可否在公司章程中加入但书条款，即特定情况下可以不受该等通知时限的规定？本文引用《招商局能源运输股份有限公司章程》中的有关条款，对这一问题进行分析。

章程研究文本

《招商局能源运输股份有限公司章程》（2020 年 4 月版）

第一百三十八条　董事会召开临时董事会会议的通知方式为书面通知，应当在会议召开 3 日以前通知全体董事和监事。经全体董事一致同意，可以豁免前述提前书面通知的要求。

第一百七十三条第一款、第二款　监事会每 6 个月至少召开 1 次会议，监事可以提议召开临时监事会会议。

会议通知应当在会议召开 3 日以前书面送达全体监事。经全体监事一致同意，可以豁免前述提前通知的要求。

同类章程条款

除将上述条款直接写入公司章程外，部分上市公司并未在公司章程中规定该等条款，但直接在会议公告中载明"本次会议通知时限经全体董事一致同意豁免"。例如：

《佳通轮胎股份有限公司章程》（2018 年版）

第一百二十二条　董事会每年至少召开两次会议，由董事长召集，于会议召开 10 日以前书面通知全体董事和监事。

佳通轮胎股份有限公司于 2017 年 9 月 9 日发布的《第八届董事会第十八次会议决议公告》载明，"佳通轮胎股份有限公司（以下简称'公司'）于 2017 年 9 月 6 日以电话、邮件方式，向公司各位董事发出关于召开第八届董事会第十八次会议的通知，并于 2017 年 9 月 7 日以通讯方式召开会议，本次会议通知时限经全体董事一致同意豁免"。

公司法和相关规定

《公司法》（2023 年修订）

第一百二十三条　董事会每年度至少召开两次会议，每次会议应当于会议召开十日前通知全体董事和监事。

代表十分之一以上表决权的股东、三分之一以上董事或者监事会，可以提议召开临时董事会会议。董事长应当自接到提议后十日内，召集和主持董事会会议。

董事会召开临时会议，可以另定召集董事会的通知方式和通知时限。

第一百三十二条 监事会每六个月至少召开一次会议。监事可以提议召开临时监事会会议。

监事会的议事方式和表决程序，除本法有规定的外，由公司章程规定。

监事会决议应当经全体监事的过半数通过。

监事会决议的表决，应当一人一票。

监事会应当对所议事项的决定作成会议记录，出席会议的监事应当在会议记录上签名。

《公司法》(2018年修正，已被修订)

第一百一十条 董事会每年度至少召开两次会议，每次会议应当于会议召开十日前通知全体董事和监事。

代表十分之一以上表决权的股东、三分之一以上董事或者监事会，可以提议召开董事会临时会议。董事长应当自接到提议后十日内，召集和主持董事会会议。

董事会召开临时会议，可以另定召集董事会的通知方式和通知时限。

第一百一十九条 监事会每六个月至少召开一次会议。监事可以提议召开临时监事会会议。

监事会的议事方式和表决程序，除本法有规定的外，由公司章程规定。

监事会决议应当经半数以上监事通过。

监事会应当对所议事项的决定作成会议记录，出席会议的监事应当在会议记录上签名。

专家分析

公司章程规定此类条款的意义在于：公司法、公司章程对公司会议（包括股东会或股东大会、董事会、监事会）的通知时限加以规定，以保证有关人员可以合理安排时间参加公司会议，避免大股东临时开会、小股东措手不及的情况发生。因此，公司应当严格按照公司法、公司章程规定的通知时限召开会议，避免公司决议被撤销。

但是，公司法、公司章程规定的通知时限往往较长，难免贻误商机、影响公司决策效率。为解决这一问题，可以在公司章程中加入但书条款，即如果全体有权与会人员同意不按公司法、公司章程规定的通知时限召开公司会议的，哪怕是上午通知下午召开，这也应当是可以的。

章程条款设计建议

第一，鉴于有限责任公司的股东人数较少，有限责任公司及一些封闭型的股份有限公司（例如股东人数不超过10人）可以在公司章程中约定"经全体股东一致同意，可以豁免提前书面通知召开董事会的要求"。对于董事会会议、监事会会议，公司章程中均可约定全体董事或全体监事可豁免关于提前通知期限的要求。

第二，公司应当要求相应股东（董事、监事）在同意豁免关于提前通知期限的文件上签字。

第三，全体董事同意豁免关于提前通知的期限，不代表每位董事都必须亲自出席董事会，在该等情况下董事也可委托其他董事出席。

公司章程条款实例

董事会每年度至少召开两次会议，每次会议应当于会议召开十日前通知全体董事和监事。经全体董事一致同意，可以豁免前述提前书面通知的要求。

延伸阅读

裁判观点：公司虽未提前发送会议通知，但股东（董事）参会且未提异议，则不得再请求撤销公司决议

案例一：深圳市中级人民法院审理的李某秀与深圳市康某博科技发展有限公司、蔡某公司决议纠纷二审民事判决书［（2016）粤03民终15045号］认为，"康某博公司的股东田某于2015年11月18日通知李某秀于同年11月22日召开股东会，虽然其未按《公司法》第四十一条的规定于会议召开十五日前通知李某秀，但李某秀的代理人敖某辉已按时参加了会议，且在参加会议期间并未对此提出异议，应视为李某秀已确认了该股东会的召集方式，故本院认定康某博公司于2015年11月22日召开的股东会召集程序并不违反法律规定"。

案例二：上海市第一中级人民法院审理的王某仓诉上海英某吉东影图像设备有限公司公司决议撤销纠纷二审民事判决书［（2015）沪一中民四（商）终字第1160号］认为，"东影公司认为公司董事会于2014年11月15日向王某仓的两处地址均寄送会议通知，但王某仓仅确认于2014年11月17日收到一份会议通知，此时距离2014年12月1日股东会召开确实不足15天时间，但王某仓仍尚有14天时间着手准备股东会。况且,王某仓收到会议通知后准时参加了股东会,并就相关议题行使股东表决权,已充分行使其股东权利,若以此为由撤销本案系争股东会决议,则有悖公司治理的经济、效率原则,故本院对王某仓的该项上诉理由不予采信"。

案例三:西宁市中级人民法院审理的刘某红与西宁某建设集团有限公司公司决议撤销纠纷二审民事判决书[(2016)青01民终650号]认为,"刘某红提交的股东会会议通知的落款时间虽为2015年12月17日,但2015年12月18日的股东会刘某红按时参加,且在召开股东会时未对通知期限提出异议,也未对股东会决议内容提出异议,而后在股东会决议上签字并前往工商局办理了变更手续。根据《中华人民共和国公司法》第四十一条'召开股东会会议,应当于会议召开十五日前通知全体股东;但是,公司章程另有规定或者全体股东另有约定的除外'①的规定,应视为全体股东对股东会的召集程序达成合意,排除了十五天前通知期限的限制,且股东会决议的内容并未违反法律规定。故上诉人刘某红的上诉理由无事实与法律依据,不能成立,不予支持"。

案例四:盐城市中级人民法院审理的陈某海与盐城市大丰区中某贸易有限公司公司决议撤销纠纷二审民事判决书[(2016)苏09民终3665号]认为,"上诉人的该上诉理由不能成立,理由:公司法设立通知时限制度的目的在于保障股东有足够的时间对股东会需审议事项进行相应准备。被上诉人已于2015年11月13日向上诉人邮寄了召开股东大会的通知,告知了上诉人召开股东大会的时间为2015年12月6日,并同时告知了会议议题,上诉人于2015年11月14日签收了通知。上诉人2015年11月26日收到的是股东大会召开时间延期至2015年12月10日召开的通知,股东大会延期并未影响到上诉人对审议事项的准备。上诉人如果认为股东大会延期通知的时限过短,影响其对审议事项的准备,应当及时向被上诉人明示异议,并提出合理理由。且股东会决议中所涉的股权转让,上诉人之后亦表示同意。故系争股东会的召集程序并未违反公司章程及公司法的实质规定,上诉人认为股东会决议内容违法,亦未能提供充分证据证实。因此,上诉人以其收到股东会延期召开的通知距会议召开时间不足十五天为由,要求撤销股东会决议,不符合诚信原则,一审判决驳回其诉讼请求并无不当"。

案例五:新疆乌鲁木齐市中级人民法院审理的王某某与新疆新某联投资(集团)有限公司公司决议撤销纠纷二审民事判决书[(2016)新01民终3015号]认为,"新某联公司于2015年8月5日向股东王某某通知将于2015年8月8日召开临

---

① 《公司法》已修改,现相关规定见《公司法》(2023年修订)第六十四条。

时股东大会。新某联公司却没有按照公司章程规定的期限向股东王某某发出开会通知，但王某某收到新某联公司的开会通知后，对此并没有提出异议，并参加了股东大会，发表了会议相关议题的意见。新某联公司在通知程序上确存在一定的瑕疵，但王某某没有提出任何异议并参加会议，并对会议内容发表意见，应视为其对该通知瑕疵的认可和接收，王某某以此主张撤销股东会决议，事实及法律依据不充分"。

案例六：武汉市中级人民法院审理的张某斌、江某林等与武汉市红某化工涂料有限责任公司公司决议纠纷二审民事判决书[（2016）鄂01民终3118号]认为，"张某斌、江某林已于2015年11月16日、17日参加了股东代表会，对股东大会审议内容知晓，并有充足的时间就会议审议内容进行准备。2015年11月21日，全体股东参加了股东大会并进行了表决。张某斌、江某林投的是不同意票，已充分行使了股东权利。因此，本次股东会会议通知时限上的程序瑕疵对公司实体决议没有产生实质性影响。一审法院从公司治理的经济、效率原则出发不撤销本次股东会决议正确"。

案例七：衡阳市中级人民法院审理的谭某月与衡阳市金某利特种合金股份有限公司公司决议撤销纠纷二审民事判决书[（2016）湘04民终字第595号]认为："本案临时董事会会议通知通过电子邮件方式发送后，虽未通过电话与谭某月进行确认并作相应记录，但并不表明会议通知方式违反了《董事会议事规则》，且应予以撤销。因为《董事会议事规则》设立第八条第一款的目的是保障每个参会人员的参会权利，而根据本案事实，黄某阳在发出会议通知的第二天即在QQ上向谭某月进行了核实，虽与《董事会议事规则》规定的方式有出入，但效果是一致的，谭某月最终委托黄某阳参与了投票并由黄某阳及蒋某明转述了自己的意见，其参会权利并未受到侵害。退一步讲，即使认定以QQ方式核实不符合《董事会议事规则》，但该瑕疵显著轻微，并未影响决议内容及谭某月的主要权利，不足以因此而撤销该次临时董事会决议。"

055 董事辞职导致董事会成员低于法定人数时的运作机制

设计要点

余任董事会应当尽快召集临时股东大会，选举董事填补因董事辞职产生的空缺。

阅读提示

董事作为公司的管理机关和业务执行机关，在公司的管理运营中发挥着至关重要的作用。根据我国《公司法》第七十条第二款的规定，董事在任期内辞职导致董事会成员低于法定人数的，在改选出的董事就任前，原董事仍应当依照法律、行政法规和公司章程的规定，履行董事职务。董事会应当在两个月内召集临时股东大会选举新董事。那么，董事辞职在此期间是否已经生效？另外，已经提出辞职的董事虽仍负有忠实义务，但是对公司治理和管理的积极性必然随着辞职有所降低，在这种情况下，《公司章程》如何保证临时股东大会及时召开并选举新董事？本文将结合《北京京西文化旅游股份有限公司章程》进行分析。

章程研究文本

《北京京西文化旅游股份有限公司章程》（2021年10月版）

　　第一百二十条　董事任期届满未及时改选，或者董事在任期内辞职导致董事会成员低于法定人数的，在改选出的董事就任前，原董事仍应当依照法律、行政法规和公司章程的规定，履行董事职务。

　　余任董事会应当尽快召集临时股东大会，选举董事填补因董事辞职产生的空缺。在股东大会未就董事选举作出决议以前，该提出辞职的董事以及余任董事的职权应当受到合理的限制。

同类章程条款

　　上市公司章程均明确规定，董事在任期内辞职导致董事会成员低于法定人数的，在改选的董事就任前，原董事仍应当履行董事职务，上述《北京京西文化旅游股份有限公司章程》也不例外。另外，大部分上市公司都明确规定了董事辞职的生效时间，并规定董事会低于法定人数时，董事辞职并不能自到达董事会时生效。

《浙江东南网架股份有限公司章程》（2023年12月版）

　　第一百零二条　董事可以在任期届满以前提出辞职。董事辞职应向董事会提交书面辞职报告。董事会将在2日内披露有关情况。

　　如因董事的辞职导致公司董事会低于法定最低人数时，在改选出的董事就任前，原董事仍应当依照法律、行政法规、部门规章和本章程规定，履行董事职务。

　　除前款所列情形外，董事辞职自辞职报告送达董事会时生效。

公司法和相关规定

《公司法》（2023 年修订）

第五十九条第一款　股东会行使下列职权：

（一）选举和更换董事、监事，决定有关董事、监事的报酬事项；

……

第七十条　董事任期由公司章程规定，但每届任期不得超过三年。董事任期届满，连选可以连任。

董事任期届满未及时改选，或者董事在任期内辞任导致董事会成员低于法定人数的，在改选出的董事就任前，原董事仍应当依照法律、行政法规和公司章程的规定，履行董事职务。

董事辞任的，应当以书面形式通知公司，公司收到通知之日辞任生效，但存在前款规定情形的，董事应当继续履行职务。

第一百一十二条　本法第五十九条第一款、第二款关于有限责任公司股东会职权的规定，适用于股份有限公司股东会。

本法第六十条关于只有一个股东的有限责任公司不设股东会的规定，适用于只有一个股东的股份有限公司。

第一百一十三条第一款　股东会应当每年召开一次年会。有下列情形之一的，应当在两个月内召开临时股东会会议：

（一）董事人数不足本法规定人数或者公司章程所定人数的三分之二时；

……

《公司法》（2018 年修正，已被修订）

第三十七条第一款　股东会行使下列职权：

……

（二）选举和更换非由职工代表担任的董事、监事，决定有关董事、监事的报酬事项；

……

第四十五条　董事任期由公司章程规定，但每届任期不得超过三年。董事任期届满，连选可以连任。

董事任期届满未及时改选，或者董事在任期内辞职导致董事会成员低于法定人数的，在改选出的董事就任前，原董事仍应当依照法律、行政法规和公司章程的规定，履行董事职务。

第九十九条 本法第三十七条第一款关于有限责任公司股东会职权的规定，适用于股份有限公司股东大会。

第一百条第一款 股东大会应当每年召开一次年会。有下列情形之一的，应当在两个月内召开临时股东大会：

（一）董事人数不足本法规定人数或者公司章程所定人数的三分之二时；

……

《上市公司章程指引》（2023年修正）

第一百条 董事可以在任期届满以前提出辞职。董事辞职应向董事会提交书面辞职报告。董事会将在两日内披露有关情况。

如因董事的辞职导致公司董事会低于法定最低人数时，在改选出的董事就任前，原董事仍应当依照法律、行政法规、部门规章和本章程规定，履行董事职务。

除前款所列情形外，董事辞职自辞职报告送达董事会时生效。

专家分析

对于董事和公司之间的法律关系，学界存在"代理关系说""信托关系说"和"委托关系说"。无论采何种学说，董事的特殊地位及其负有的忠实义务都是毋庸置疑的，董事虽然有权利在任期届满前辞职，但是该行为不可能完全遵循意思自治的原则，必然要受到来自法律和公司章程的限制。根据我国《公司法》第七十条第二款的规定，董事在任期内辞职导致董事会成员低于法定人数的，在改选出的董事就任前，原董事仍应当依照法律、行政法规和公司章程的规定，履行董事职务。在此期间，董事的辞职行为实质上并未发生法律效力，董事应负有的忠实义务并未受到减损。

但是，对于一个已经递交辞职报告的董事来说，即便其可以履行基本的忠实义务，公司也很难期待其积极地为公司治理做出贡献。实际上，上述《公司法》的规定仅能保证董事会的正常功能，是法律为保证公司治理有效作出的最低要求。换言之，公司不应该长期依靠辞职董事的履职，而应该充分发挥自主权，在公司章程中细化填补董事会空缺的规则，保证余任董事及时召开临时股东大会补选董事，结束公司董事低于法定人数的局面。

章程条款设计建议

第一，公司章程仍应该规定董事在任期内辞职导致董事会成员低于法定人数的,在改选出的董事就任前,原董事应当依照法律、行政法规和公司章程的规定,履行董事职务。并且,公司章程应该规定,在此期间,董事的辞职并未发生法律效力。换言之,虽然董事已经向董事会提交了书面辞职报告,但是其仍为公司董事,仍负有完整的忠实义务。

第二,公司章程可明确规定余任董事会应当尽快召集临时股东大会,选举董事填补因董事辞职产生的空缺。首先,这种章程设计符合《公司法》第一百一十三条规定,董事人数不足本法规定人数或者公司章程所定人数的三分之二时,应该在两个月内召开临时股东大会。其次,该章程设计进一步明确了余任董事在此时尽快召集股东大会的义务,有利于敦促后者及时召集股东大会,选举新任董事。

公司章程条款实例

董事可以在任期届满以前提出辞职。董事辞职应向董事会提交书面辞职报告。董事会将在两日内披露有关情况。

董事任期届满未及时改选,或者董事在任期内辞职导致董事会成员低于法定人数的,在改选出的董事就任前,原董事仍应当依照法律、行政法规和公司章程的规定,履行董事职务。

除前款所列情形外,董事辞职自辞职报告送达董事会时生效。

余任董事会应当尽快召集临时股东大会,选举董事填补因董事辞职产生的空缺。

延伸阅读

董事辞职生效之后,其不再具有董事身份,其按照法律及《公司章程》规定具有的职能也应当终止。因此,董事辞职生效的时间是判断是否存在无权代理、无权处分等行为的关键时间点,《公司章程》理应明确规定董事辞职的生效时间,并且应该规定,在董事辞职导致董事会低于法定人数的情况下,原董事仍应当依照法律、行政法规和公司章程的规定,履行董事职务,在此期间辞职尚未生效。

案例:在泛某纺织(天津)有限公司、中某(香港)有限公司与泛某有限公司其他合同纠纷二审民事判决书〔(2014)民四终字第3号〕中,泛某有限公司诉至天津市高级人民法院,请求确认泛某纺织有限公司向天津市某县商务委员会报送的《股权转让协议》无效。一审法院查明,2009年7月9日,泛某有限公司董事会主席郑某江以出具《授权委托书》委托泛某有限公司董事郑某来按照泛某有限公司 2009 年 7 月 9 日董事会决议，代表泛某有限公司在天津签署泛某机械公司、泛某纺织有限公司有关公司股权转让及法定代表人变更等事项所需的所有文件。2009 年 7 月 29 日，郑某江向泛某有限公司董事会递交辞呈，辞去董事职务。同日，泛某有限公司形成董事会决议，批准郑某江、陆某歌及于某英辞职。2009 年 7 月 30 日，泛某有限公司与中某公司签订《股权转让协议》，签约人为于某英和郑某来。

天津市高级人民法院一审认为：（一）根据泛某有限公司《公司章程》第 104（2）、104（3）的规定，董事一旦终止其董事职务，其相应的任免权自动终止。因此，在涉案《股权转让协议》签订之日即 2009 年 7 月 30 日，郑某江对郑某来的授权随着郑某江董事职务的终止而终止。（二）该《股权转让协议》上虽有于某英的签名，但于某英辞去董事职务的申请已于 2009 年 7 月 29 日被批准，其在签约当时已经不具有泛某有限公司董事之身份，故其无权签署《股权转让协议》。（三）该《股权转让协议》上虽盖有泛某有限公司印章，但泛某有限公司《公司章程》第 132（1）条规定，董事须安全保管印章，若无董事授权，不可使用印章。每份加盖公章的文件须有一名董事与秘书或另一名董事或由董事委托的其他人员的亲笔签署或其复写签名。但郑某来、于某英在《股权转让协议》上加盖印章的行为未经授权，且仅有一名董事即郑某来的签名，显然违反了《公司章程》中关于印章使用的规定。根据上述分析，郑某来、于某英以泛某有限公司名义与中某公司签署《股权转让协议》的行为属于无权处分行为。

最高人民法院二审认为，一审判决认定事实清楚，适用法律正确，驳回上诉，维持原判。

056 公司章程可以特别规定需要全体董事三分之二以上的董事会决议的事项

设计要点

公司章程可以特别规定需要全体董事三分之二以上董事会决议的事项。

阅读提示

通过对比董事会与股东会的职权可以发现：董事会拥有"制定公司增加或者减

少注册资本以及发行公司债券的方案及制定公司合并、分立、解散或者变更公司形式的方案"的职权，而股东会拥有"对发行公司债券作出决议及对公司合并、分立、解散、清算或者变更公司形式作出决议"的职权，即由董事会制定上述事项的相关方案，然后再由股东会对该类方案作出决议。而根据《公司法》的规定，股东会对上述事项作出决议需要三分之二以上表决权的股东通过，而《公司法》却未明确规定董事会的特别决议事项，那么该类事项的方案是否也需要三分之二以上的董事同意通过呢？

章程研究文本

《申万宏源集团股份有限公司章程》（2021年版）

第一百五十七条　董事会行使下列职权：

……

（六）制订公司的利润分配政策的调整方案；

……

（十三）制订本章程的修改方案；

（十四）制订股权激励计划；

……

董事会做出决议，除本章程另有规定外，必须经全体董事的过半数通过，但董事会审议前款第（七）、（八）、（十三）项以及重要事项（包括：公司增加或者减少注册资本；公司的分立、合并、解散、清算或变更公司形式；公司在一年内购买、出售重大资产或者担保金额超过公司最近一期经审计总资产的30%；回购公司股份；对外担保；法律、行政法规或者本章程规定以及董事会以普通决议认定会对公司产生重大影响的，需要以特别决议通过的其他事项)，还须经全体董事的2/3以上同意。

同类章程条款

笔者查阅了近百家上市公司的公司章程，其中存在少部分公司对董监高转让其所持有的本公司的股份作出了比《公司法》更加细致严苛的规定，列举如下：

《万科企业股份有限公司章程》（2023年3月版）

第一百三十四条　董事会行使下列职权：

……

（六）制定公司增加或者减少注册资本、发行债券或其他证券及上市方案；

（七）拟订公司重大收购、收购本公司股票或者合并、分立、解散和变更公司形式方案；

……

（九）在本章程规定、股东大会授权的范围内，决定公司对外担保事项；

（十）决定公司内部管理机构的设置；

……

（十三）制定公司章程的修改方案；

（十四）管理公司信息披露事项；

……

下述事项必须由董事会三分之二以上的董事表决同意：

（一）制定公司增加或者减少注册资本的方案以及发行公司债券的方案；

（二）拟定公司合并、分立、解散的方案；

（三）在本章程规定、股东大会授权的范围内，决定公司对外担保事项；

（四）制订公司章程修改方案。

《中国国际海运集装箱（集团）股份有限公司章程》（2023年9月版）

第一百五十九条　董事会行使下列职权：

……

（六）制订公司增加或者减少注册资本、发行债券或其他证券及上市方案；

（七）拟订公司重大收购、收购公司股票或者合并、分立、解散及变更公司形式的方案；

……

（十二）制订本章程的修改方案；

……

除本章程另有规定外，董事会作出前款决议事项，除第（六）、（七）、（十二）项必须由三分之二以上的董事表决同意外，其余由全体董事的过半数表决同意。

超过股东大会授权范围的事项，应当提交股东大会审议。

公司法和相关规定

《公司法》（2023年修订）

第五十八条　有限责任公司股东会由全体股东组成。股东会是公司的权力机构，依照本法行使职权。

第五十九条 股东会行使下列职权：

（一）选举和更换董事、监事，决定有关董事、监事的报酬事项；

（二）审议批准董事会的报告；

（三）审议批准监事会的报告；

（四）审议批准公司的利润分配方案和弥补亏损方案；

（五）对公司增加或者减少注册资本作出决议；

（六）对发行公司债券作出决议；

（七）对公司合并、分立、解散、清算或者变更公司形式作出决议；

（八）修改公司章程；

（九）公司章程规定的其他职权。

股东会可以授权董事会对发行公司债券作出决议。

对本条第一款所列事项股东以书面形式一致表示同意的，可以不召开股东会会议，直接作出决定，并由全体股东在决定文件上签名或者盖章。

第六十六条 股东会的议事方式和表决程序，除本法有规定的外，由公司章程规定。

股东会作出决议，应当经代表过半数表决权的股东通过。

股东会作出修改公司章程、增加或者减少注册资本的决议，以及公司合并、分立、解散或者变更公司形式的决议，应当经代表三分之二以上表决权的股东通过。

第六十七条 有限责任公司设董事会，本法第七十五条另有规定的除外。

董事会行使下列职权：

（一）召集股东会会议，并向股东会报告工作；

（二）执行股东会的决议；

（三）决定公司的经营计划和投资方案；

（四）制订公司的利润分配方案和弥补亏损方案；

（五）制订公司增加或者减少注册资本以及发行公司债券的方案；

（六）制订公司合并、分立、解散或者变更公司形式的方案；

（七）决定公司内部管理机构的设置；

（八）决定聘任或者解聘公司经理及其报酬事项，并根据经理的提名决定聘任或者解聘公司副经理、财务负责人及其报酬事项；

（九）制定公司的基本管理制度；

（十）公司章程规定或者股东会授予的其他职权。

公司章程对董事会职权的限制不得对抗善意相对人。

第七十三条　董事会的议事方式和表决程序，除本法有规定的外，由公司章程规定。

董事会会议应当有过半数的董事出席方可举行。董事会作出决议，应当经全体董事的过半数通过。

董事会决议的表决，应当一人一票。

董事会应当对所议事项的决定作成会议记录，出席会议的董事应当在会议记录上签名。

第一百二十三条　董事会每年度至少召开两次会议，每次会议应当于会议召开十日前通知全体董事和监事。

代表十分之一以上表决权的股东、三分之一以上董事或者监事会，可以提议召开临时董事会会议。董事长应当自接到提议后十日内，召集和主持董事会会议。

董事会召开临时会议，可以另定召集董事会的通知方式和通知时限。

《公司法》（2018年修正，已被修订）

第三十六条　有限责任公司股东会由全体股东组成。股东会是公司的权力机构，依照本法行使职权。

第三十七条　股东会行使下列职权：

（一）决定公司的经营方针和投资计划；

（二）选举和更换非由职工代表担任的董事、监事，决定有关董事、监事的报酬事项；

（三）审议批准董事会的报告；

（四）审议批准监事会或者监事的报告；

（五）审议批准公司的年度财务预算方案、决算方案；

（六）审议批准公司的利润分配方案和弥补亏损方案；

（七）对公司增加或者减少注册资本作出决议；

（八）对发行公司债券作出决议；

（九）对公司合并、分立、解散、清算或者变更公司形式作出决议；

（十）修改公司章程；

（十一）公司章程规定的其他职权。

对前款所列事项股东以书面形式一致表示同意的，可以不召开股东会会议，直接作出决定，并由全体股东在决定文件上签名、盖章。

第四十三条　股东会的议事方式和表决程序，除本法有规定的外，由公司章程规定。

股东会会议作出修改公司章程、增加或者减少注册资本的决议，以及公司合并、分立、解散或者变更公司形式的决议，必须经代表三分之二以上表决权的股东通过。

第四十六条 董事会对股东会负责，行使下列职权：

（一）召集股东会会议，并向股东会报告工作；

（二）执行股东会的决议；

（三）决定公司的经营计划和投资方案；

（四）制订公司的年度财务预算方案、决算方案；

（五）制订公司的利润分配方案和弥补亏损方案；

（六）制订公司增加或者减少注册资本以及发行公司债券的方案；

（七）制订公司合并、分立、解散或者变更公司形式的方案；

（八）决定公司内部管理机构的设置；

（九）决定聘任或者解聘公司经理及其报酬事项，并根据经理的提名决定聘任或者解聘公司副经理、财务负责人及其报酬事项；

（十）制定公司的基本管理制度；

（十一）公司章程规定的其他职权。

第四十八条 董事会的议事方式和表决程序，除本法有规定的外，由公司章程规定。

董事会应当对所议事项的决定作成会议记录，出席会议的董事应当在会议记录上签名。

董事会决议的表决，实行一人一票。

第一百一十一条 董事会会议应有过半数的董事出席方可举行。董事会作出决议，必须经全体董事的过半数通过。

董事会决议的表决，实行一人一票。

专家分析

《公司法》以列举的形式规定了股东会和董事会的法定职权，并以兜底条款的形式规定了股东会和董事会可以通过公司章程规定其他职权。具体如表2所示：

表2 股东会与董事会职权

序号	股东会职权	董事会职权
1	决定公司的经营方针和投资计划（《公司法》2023年修订已删除）	决定公司的经营计划和投资方案（第六十七条）

续表

序号	股东会职权	董事会职权
2	审议批准公司的年度财务预算方案、决算方案（《公司法》2023年修订已删除）	制定公司的年度财务预算方案、决算方案（《公司法》2023年修订已删除）
3	审议批准公司的利润分配方案和弥补亏损方案（第五十九条）	制订公司的利润分配方案和弥补亏损方案（第六十七条）
4	对公司增加或者减少注册资本作出决议（第五十九条）	制订公司增加或者减少注册资本以及发行公司债券的方案（第六十七条）
5	对发行公司债券作出决议（第五十九条）	决定公司内部管理机构的设置（第六十七条）
6	对公司合并、分立、解散、清算或者变更公司形式作出决议（第五十九条）	制订公司合并、分立、解散或者变更公司形式的方案（第六十七条）
7	修改公司章程（第五十九条）	制订公司的基本管理制度（第六十七条）
8	选举和更换董事、监事，决定有关董事、监事的报酬事项（第五十九条）	决定聘任或者解聘公司经理及其报酬事项，并根据经理的提名决定聘任或者解聘公司副经理、财务负责人及其报酬事项（第六十七条）
9	审议批准董事会的报告（第五十九条）	召集股东会会议，并向股东会报告工作（第六十七条）
10	审议批准监事会的报告（第五十九条）	执行股东会的决议（第六十七条）
11	公司章程规定的其他职权（第五十九条）	公司章程规定或者股东授予的其他职权（第六十七条）
12	对外投资或对非实际控制人外担保（第十五条第一款）、转聘任会计师（第二百一十五条）、董事高管实行关联交易的批准权（第一百八十二条）	董事高管实行关联交易的批准权（第一百八十二条）
13	对实际控制人提供担保（第十五条第二款）、董事高管实行竞业禁止义务的批准权（第一百八十三条）	

通过对比董事会与股东会的职权可以发现：董事会拥有"制订公司增加或者减少注册资本以及发行公司债券的方案及制订公司合并、分立、解散或者变更公司形式的方案"的职权，而股东会拥有"对发行公司债券作出决议及对公司合并、分立、解散、清算或者变更公司形式作出决议"的职权，即由董事会制定上

述事项的相关方案，然后再由股东会对该类方案作出决议。根据《公司法》的规定，股东会对上述事项作出决议需要三分之二以上表决权的股东通过，但未明确规定董事会的特别决议事项，公司章程完全可以将制定股东会特别决议事项方案的职权及其他的重大事项规定为特别决议事项，也即需要三分之二以上董事的通过。

章程条款设计建议

首先，站在直接经营公司的"企业家"的角度，笔者建议：

对于有限公司，董事会作为股东会的执行机构，掌握着公司经营管理的广泛权力。依据《公司法》的规定，董事会中每个董事一人一票，董事会决议需要过半数的董事同意通过。由于董事会并没有对董事会的决议事项进行分级，造成所有的决议事项需要进行分级，容易造成占有多数席位的大股东控制的董事会，专制独裁，不仅可能有损小股东的权益，还有可能造成决策失误，损害公司利益。所以，我们需要对决议事项进行分类，依据公司的实际情况，将公司的重大事项列为董事会绝对多数决议事项，以保证决策的民主性和科学性。

其次，站在不直接经营公司的"资本家"的角度，笔者建议：

由于"资本家"一般并不能取得半数以上的董事席位，因而取得不了董事会的控制权，但是其可以通过设计董事会绝对多数董事的决议事项，通过投反对票的方式，阻止一些决议的通过，进而保证投资的安全性。

公司章程条款实例

董事会行使下列职权：

……

（六）制定公司增加或者减少注册资本、发行债券或其他证券及上市方案；

（七）拟订公司重大收购、收购本公司股票或者合并、分立、解散和变更公司形式方案；

……

（九）在本章程规定的范围内，决定公司对外担保事项；

……

（十三）制定公司章程的修改方案；

……

上述第（六）、（七）、（九）、（十三）项必须由董事会三分之二以上的董事表决同意。

除上述列举的几项内容外，公司可以另行规定重要事项包括但不限于"公司增加或者减少注册资本；公司的分立、合并、解散、清算或变更公司形式；公司在一年内购买、出售重大资产或者担保金额超过公司最近一期经审计总资产的30%；回购公司股份；对外担保；法律、行政法规或者本章程规定以及董事会以普通决议认定会对公司产生重大影响的，需要以特别决议（全体董事三分之二以上）通过的其他事项"。

延伸阅读

裁判观点：除《公司法》特别规定属于股东会的职权外，股东会可以将其他职权授予董事会行使

案例：贵州省高级人民法院审理的徐某霞诉安顺绿某报某宾馆有限公司公司决议效力确认纠纷二审民事判决书[（2015）黔高民商终字第61号]认为：公司章程是由公司发起人或全体股东共同制定的公司基本文件，也是公司成立的必备性法律文件，主要体现股东意志。《公司法》第十一条[1]规定设立公司必须依法制定公司章程，表明公司章程具有法定性，即它不仅体现股东的自由意志，也必须遵守国家的法律规定。只要公司章程不违反国家强制性、禁止性的法律规定，司法一般不应介入公司章程这种公司内部事务，即使司法要介入，也应保持适当的限度，即适度干预。本案所涉公司章程规定了包括股东在内相应人员的权利和义务，对相应人员具有约束力，从有权利即有救济的角度看，如果股东认为公司章程的内容有违法或侵犯股东权利的情形，股东应有权通过诉讼维护自己的合法权利。因此，徐某霞请求确认公司章程部分内容无效的权利是存在的，报某宾馆认为"上诉人诉请确认公司章程部分无效没有法律依据"的理由不成立。在确认徐某霞享有相关的诉权后，本案的争议焦点在于报某宾馆章程内容是否部分无效。《公司法》第三十七条、第四十六条[2]，分别以列举的形式规定了股东会和董事会的职权，从两条法律规定来看，董事会、股东会均有法定职权和章程规定职权两类。无论是法定职权还是章程规定职权，强调的都是权利，在没有法律明确禁止的情况下，权利可以行使、可以放弃，也可以委托他人行使。

---

[1] 《公司法》已修改，现相关规定见《公司法》（2023年修订）第五条。
[2] 《公司法》已修改，现相关规定见《公司法》（2023年修订）第五十九条、第六十七条。

但《公司法》第四十三条第二款规定:"股东会会议作出修改公司章程、增加或者减少注册资本的决议,以及公司合并、分立、解散或者变更公司形式的决议,必须经代表三分之二以上表决权的股东通过。"① 从此条规定中的法律表述用语"必须"可以看出,修改公司章程、增加或者减少注册资本的决议,以及公司合并、分立、解散的决议有且只有公司股东会才有决定权,这是股东会的法定权利。报某宾馆章程第七条第（八）、（十）、（十一）项,第三十二条第（二）项将股东会的法定权利规定由董事会行使,违反了上述强制性法律规定,应属无效。因此,报某宾馆关于"该授权不违反《公司法》的强制性规范"的辩解理由不成立,徐某霞的上诉请求部分应予支持。故判决确认安顺绿某报某宾馆有限公司章程第七条第（八）、（十）、（十一）项,第三十二条第（二）项无效。

---

① 《公司法》已修改,现相关规定见《公司法》（2023 年修订）第六十六条第三款。

第七章 公司反收购条款

057 "宝万之争"后的修改公司章程浪潮

自 2015 年 7 月开始,宝能数度举牌万科,万科股权和控制权之争甚嚣尘上。"宝万之争"引起了上市公司对于反并购机制的重视。万科的股权高度分散,自由流通程度较高,并且公司章程中并没有充分的反并购机制。因此,在后"宝万之争"时代,如何在公司章程中设计反并购机制成为学术和实践的热议话题。据统计,宝万之争后 14 个月内,有 694 家上市公司修改了公司章程,71 家直接修改了反并购条款。世联行、雅化集团、伊利股份等上市公司纷纷在公司章程中引入了"驱鲨剂"和"金色降落伞"条款,那么,这些条款的引入应该考虑哪些问题呢?

一、"驱鲨剂"条款

(一)章程实例

《内蒙古伊利实业集团股份有限公司关于修改〈公司章程〉的议案》(2016 年 8 月 9 日第八届董事会临时会议审议通过,现已修改)第五十三条第一款规定:"关于更换及提名董事会、监事会成员以及修改公司章程的提案,须连续两年以上单独或合计持有公司 15% 以上股份的股东才有权提出提案。"

《四川雅化实业股份有限公司章程》(经 2016 年 7 月 22 日第三届董事会第十六次会议审议通过,现已修改)第九十五条第(二)项"股东大会审议收购方为实施恶意收购而提交的关于购买或出售资产、租入或租出资产、赠与资产、关联交易、对外投资(含委托理财等)、对外担保或抵押、提供财务资助、债券或债务重组、签订管理方面的合同(含委托经营、受托经营等)、研究与开发项目的转移、签订许可等协议时,应由股东大会以出席会议的股东所持表决权的四分之三以上决议通过。"第四十五条:"投资者通过证券交易所的证券交易,持有或者通过协议、其他安排与他人共同持有公司已发行的股份达到 3% 时,应当在该事实发生之日起 3 日内,向公司董事会作出书面报告。股东持有或者通过协议、其他安排与他人共同持有公司已发行的股份达到 3% 后,其所持公司已发行的股份比例每增加或者减

3%，应当依照前款规定进行报告……投资者违反上述规定，在购买、控制公司股份过程中未依法履行报告义务，或者在信息披露义务过程中存在虚假陈述、重大误导、遗漏的，构成恶意收购，应承担如下法律责任：（1）公司其他股东有权要求其赔偿因其违法收购而造成的所有经济损失（含直接和间接损失）。（2）公司董事会有权依据章程主动采取反收购措施，并公告该等收购行为为恶意收购，该公告的发布与否不影响前述反收购措施的执行。（3）投资者违反上述规定购买、控制公司股份的，在其违规行为改正前，视为放弃其所持或所控制的该等股票的表决权，公司董事会有权拒绝其行使除领取该等股票股利以外的其他股东权利。（4）公司董事会及其他股东有权要求国务院证券监督管理机构、证券交易所追究其法律责任。"

（二）法律分析

1. 提高提案权门槛侵犯股东权利。

上述条款通过提高股东提案的门槛增加了收购方对目标公司的控制难度。但是在2023年修订的《公司法》中，新增了对提高提案权门槛的限制。其中第一百一十五条第二款规定："单独或者合计持有公司百分之一以上股份的股东，可以在股东会会议召开十日前提出临时提案并书面提交董事会。临时提案应当有明确议题和具体决议事项。董事会应当在收到提案后二日内通知其他股东，并将该临时提案提交股东会审议；但临时提案违反法律、行政法规或者公司章程的规定，或者不属于股东会职权范围的除外。公司不得提高提出临时提案股东的持股比例。"相较于此前公司法，将股权比例从3%降至1%，同时明确了不得提高持股比例的要求。

伊利股份的章程提高了股东针对更换及提名董事会、监事会成员及修改公司章程的提案门槛，构成了对股东（尤其是小股东）权利的直接限制。这一问题显然已经引起了监管部门的注意，上交所要求伊利股份说明上述第五十三条"是否符合《公司法》的规定""是否构成对股东提名权的限制"，并结合公司目前的前十大股东持股比例情况，说明上述修改"是否不利于股东督促公司董事、监事勤勉尽职"。最终，伊利股份迫于压力放弃了这一条款，仍然采用了《公司法》中3%的规定。

该条款虽然是行之有效的"驱鲨剂"，但直接限制了股东的决策权和经营参与权，也背离了股东同股同权的这一原则。而在《公司法》修订后，此条款是直接违反《公司法》的，不推荐上市公司采用。

2. 绝对多数可能侵犯小股东权益。

《公司法》第一百一十六条规定，股东大会作出决议，必须经出席会议的股东所持表决权过半数通过。但是，股东大会作出修改公司章程、增加或者减少注册资本的决议，以及公司合并、分立、解散或者变更公司形式的决议，必须经出席会议的股东所持表决权的三分之二以上通过。

相比于《公司法》，五分之四的绝对多数条款具有更强的反并购能力，但与此同时，其有可能侵害小股东的决策权，基于此，深交所要求雅化集团说明其章程条款是否赋予了某些股东一票否决权。不过，与提高提案权门槛不同，绝对多数条款并不直接违反《公司法》的规定，也不是当然赋予大股东一票否决权。因此，股权较为分散的上市公司可以基于自身的股权结构，酌情在公司章程中纳入此条款。

3. 降低书面报告门槛增加收购者不合理负担。

上述条款增加了收购者的介入成本，可以防止"野蛮人"进入；但是其可能构成对于收购者的过分限制，其规定的投资者应承担的法律义务也是可能得不到实现的。《证券法》第六十三条第一款规定："通过证券交易所的证券交易，投资者持有或者通过协议、其他安排与他人共同持有一个上市公司已发行的有表决权股份达到百分之五时，应当在该事实发生之日起三日内，向国务院证券监督管理机构、证券交易所作出书面报告，通知该上市公司，并予公告，在上述期限内不得再行买卖该上市公司的股票，但国务院证券监督管理机构规定的情形除外。"雅化集团将投资者报告义务的门槛降低到3%，这显然已经超越《证券法》的规定。

对于这种规定的合法性，目前存在两种观点。第一种观点认为，雅化集团虽然降低了告知义务的门槛，但是没有违反法律的强行性规定，在不侵权公司利益、不损害小股东利益的情况下，该规则理应有效；第二种观点认为，这种规定增设了投资者的义务，加重投资者负担，其合法性存疑，基于此的法律责任更是缺乏法律依据。深交所对此向雅化公司进行了问询，但是后者坚持将这一条款纳入新的公司章程。从公司控制权和投资者利益的平衡角度出发，该章程条款规定的投资者法律责任恐怕很难得到法院的支持。雅化公司2023年修订公司章程删去了相应条款。

二、"金色降落伞"条款

（一）章程实例

《四川雅化实业股份有限公司章程》（经2016年7月22日第三届董事会第十六次会议审议通过，现已修改）第十三条第二款："在发生公司被恶意收购的情况下，任何董事、监事、总裁或其他高级管理人员在不存在违法犯罪行为、或不存在不具备所任职务的资格及能力、或不存在违反公司章程规定等情形下于任期未届满前被终止或解除职务的，公司应按该名董事、监事、总裁或其他高级管理人员在公司任职年限内税前薪酬总额的十倍给付一次性赔偿金，上述董事、监事、总裁或其他高级管理人员已与公司签订劳动合同的，在被解除劳动合同时，公司还应按照《中华人民共和国劳动合同法》另外支付经济补偿金或赔偿金。"

(二) 法律风险分析

深交所质疑"金色降落伞"也会过度保护公司内部人，加重投资者负担。另外，该措施可能有变相利益输送之嫌。不过，查阅《公司法》《上市公司收购管理办法》及《上市公司股权激励管理办法》可以发现，我国法律并没有对"金色降落伞"作相关的限制规定，目前来看，对该措施的质疑和反对缺乏法律依据。

三、章程条款设计建议

反并购条款内容庞杂，非本文所能穷举，仅就上文条款分析而言，提高股东提案权门槛具有比较高的法律风险，与现行《公司法》相违背；绝对多数条款的使用则需要根据公司的股权结构进行分析，对于股权较为分散的上市公司而言，不失为一条反并购妙计；降低报告义务门槛的合法性还有待相关部门回应，但超越《证券法》规定，追究投资者违反该义务的法律责任恐怕难以得到法律支持。相较之下，"金色降落伞"条款并没有明显的法律风险，但是在使用时也需要评估成本，衡量赔偿力度的适当性。"宝万之争"敲响了企业反并购的警钟，反并购条款也需要更多的讨论和实践。

058 公司章程是否可以限制股东的提名权？

设计要点

董事会、连续 90 天以上单独或者合并持有公司 1% 以上股份的股东有权提名非独立董事候选人。

阅读提示

"宝万之争"掀起了上市公司在公司章程中增加反并购条款的大潮，笔者已经就提高股东大会特别决议事项通过比例和董监高"金色降落伞"条款进行了分析。除此之外，多家上市公司在公司章程中限制了股东的董事、监事提名权，意在防止收购者夺取公司控制权。但是，这种条款是否符合《公司法》的相关规定，其是否构成对股东权利的不当限制呢？本文将以《湖南尔康制药股份有限公司章程》为例，结合相似的公司章程和深交所的问询意见进行分析。

章程研究文本

《湖南尔康制药股份有限公司章程》（2016年10月版）[①]

第八十三条第四款 董事、监事选聘程序如下：

（一）董事会、连续180日以上单独持有或合并持有公司发行在外有表决权股份总数的10%以上的股东有权向公司提名董事候选人。董事会、监事会、连续180日以上持有或合并持有公司发行在外有表决权股份总数的1%以上的股东有权向公司提名独立董事候选人。监事会、连续180日以上单独持有或合并持有公司发行在外有表决权股份总数的10%以上的股东有权向公司提名监事候选人。

（二）提名董事、监事候选人的提案以及简历应当在召开股东大会的会议通知中列明候选人的详细资料，保证股东在投票时对候选人有足够的了解。

……

同类章程条款

笔者查阅了近百家上市公司的章程，大部分公司章程未对股东的董事、监事提名权进行限制，极少数公司章程设置了与《湖南尔康制药股份有限公司章程》类似的限制，如下文的《上海海利生物技术股份有限公司章程》《岳阳兴长石化股份有限公司章程》《方大集团股份有限公司章程》。另外，《中国宝安集团股份有限公司章程》最为特殊，其直接规定董事的提名权归属于上届董事会。

《上海海利生物技术股份有限公司章程》（2017年4月版）

第八十二条 董事、监事候选人名单以提案的方式提请股东大会表决。

除采取累积投票制选举董事、监事外，每位董事、监事候选人应当以单项提案提出。董事会应当向股东公告董事、监事候选人的简历和基本情况。

（一）董事会、连续90天以上单独或者合并持有公司3%以上股份的股东有权向董事会提出非独立董事候选人的提名，董事会经征求被提名人意见并对其任职资格进行审查后，向股东大会提出提案。

（二）监事会、单独或者合并持有公司3%以上股份的股东有权提出股东代表担任的监事候选人的提名，经监事会征求被提名人意见并对其任职资格进行审查后，向股东大会提出提案。

[①] 2017年7月版章程已删去董事、监事提名权股东连续持有公司股票时间限制，并降低提名权股东持股比例到3%。

......

上海海利生物技术股份有限公司2017年7月版章程已删除本条中董事、监事提名权股东连续持有公司股票时间限制，此后各版章程均延续本次修订。

值得一提的是，此次修改公司章程时，海利生物同时发布了《关于修订公司章程的公告》，称"为进一步贯彻落实《国务院办公厅关于进一步加强资本市场中小投资者合法权益保护工作的意见》，广泛采纳中小股东合理建议并最大限度保护中小股东的合法权益，根据中证中小投资者服务中心有限责任公司（以下简称'投服中心'）提出的《股东质询建议函》，公司对章程进行了自查。经自查发现，公司章程第八十二条对单独或者合并持有公司3%以上股份的股东提名董事候选人的权利增加了'连续90天以上'的时间限制，且在程序上增加了董事会、监事会对董事、监事候选人进行任职资格审查的限制，该等条款不合理的限制了《公司法》赋予股东的提名权，与《公司法》第102条中'单独或者合计持有公司3%以上股份的股东，可以在股东大会召开十日前提出临时提案并书面提交董事会；董事会应当在收到提案后二日内通知其他股东，并将该临时提案提交股东大会审议'的规定不符。鉴于此，公司积极采纳和接受投服中心提出的合理建议，并经公司第二届董事会第二十九次会议审议，对公司章程有关条款做出修订，取消上述限制性条款"。

《岳阳兴长石化股份有限公司章程》（2016年4月版）[①]

第五十九条第一款 董事会、监事会、连续90日以上单独或者合计持有公司10%以上股份的股东可以以提案的方式提名董事候选人；董事会、监事会、连续90日以上单独或者合计持有公司3%以上股份的股东可以以提案的方式提名监事候选人；董事会、监事会、连续90日以上单独或者合计持有公司1%以上股份的股东可以以提案的方式提名独立董事候选人。

《方大集团股份有限公司章程》（2023年12月版）

第八十四条 非职工代表董事、非职工代表监事候选人名单以提案的方式提请股东大会表决。董事会应当向股东公告候选董事、监事的简历和基本情况。

除职工代表董事以外的非独立董事候选人由董事会、单独或合并连续365日以上持有公司发行在外有表决权股份总数5%或以上的股东提出，每一提案中候选人数加上职工代表担任的董事人数和独立董事不得超过公司章程规定的董事人数。

职工代表董事由公司职工代表大会、职工大会或者其他形式民主选举产生，直接进入董事会。

[①] 2017年6月版章程已将已删去董事、监事提名权股东连续持有公司股票时间限制，并降低董事提名权股东持股比例到3%。

独立董事候选人由董事会、监事会、单独或者合并连续 180 日以上持有公司发行在外有表决权股份总数 1% 以上的股东提出。

职工代表监事由公司职工代表大会、职工大会或者其他形式民主选举产生，直接进入监事会。除职工代表监事以外的监事候选人，由监事会、单独或合并连续 365 日以上持有公司发行在外有表决权股份总数 5% 或以上的股东提出，每一提案中候选人数加上职工代表担任的监事人数不得超过公司章程规定的监事人数。

……

《中国宝安集团股份有限公司章程》(2016 年 6 月版)[①]

第九十六条第一款 董事由股东大会选举或更换，每届任期三年。董事任期届满，可连选连任。董事在任期届满以前，股东大会不得无故解除其职务。在每届董事局任期内，每年更换的董事不得超过全部董事人数的四分之一，如因董事辞职或因董事违反法律、行政法规及本章程的规定被解除职务的，则不受该四分之一限制。董事局换届时，董事候选人的提名，由上届董事局提出，每届更换董事人数（包括独立董事）不得超过董事局构成总人数的二分之一。董事局成员中必须有至少两名公司职工代表担任董事，董事局中的职工代表须由在本公司连续工作满五年以上的职工通过职工代表大会民主选举产生后，直接进入董事局。

公司法和相关规定

《公司法》(2023 年修订)

第四条第二款 公司股东对公司依法享有资产收益、参与重大决策和选择管理者等权利。

第一百一十五条第二款 单独或者合计持有公司百分之一以上股份的股东，可以在股东会会议召开十日前提出临时提案并书面提交董事会。临时提案应当有明确议题和具体决议事项。董事会应当在收到提案后二日内通知其他股东，并将该临时提案提交股东会审议；但临时提案违反法律、行政法规或者公司章程的规定，或者不属于股东会职权范围的除外。公司不得提高提出临时提案股东的持股比例。

《公司法》(2018 年修正，已被修订)

第四条 公司股东依法享有资产收益、参与重大决策和选择管理者等权利。

第一百零二条第二款 单独或者合计持有公司百分之三以上股份的股东，可以在股东大会召开十日前提出临时提案并书面提交董事会；董事会应当在收到提案后

[①] 2021 年 6 月版章程已将本条有关董事局提名董事候选人等内容删除。

二日内通知其他股东，并将该临时提案提交股东大会审议。临时提案的内容应当属于股东大会职权范围，并有明确议题和具体决议事项。

《上市公司章程指引》（2023年修正）

第五十四条 公司召开股东大会，董事会、监事会以及单独或者合并持有公司百分之三以上股份的股东，有权向公司提出提案。

《上市公司独立董事管理办法》

第九条 上市公司董事会、监事会、单独或者合计持有上市公司已发行股份百分之一以上的股东可以提出独立董事候选人，并经股东大会选举决定。

专家分析

第一，可否限制股东的一般性提案权。

公司股东依法享有提案权，剥夺、限制股东提案权的公司章程规定显然不符合《公司法》精神，其也直接违反《公司法》第一百一十五条第二款关于"单独或者合计持有公司百分之一以上股份的股东，可以在股东会会议召开十日前提出临时提案并书面提交董事会"的规定。在公司章程中提高持股比例的要求，会直接违反上述条款中不得提高临时提案股东的持股比例的要求，应认定为无效；即使是增加持股时间要求，也存在被认定为限制股东提案权而被认定为无效的风险。

第二，可否限制股东的董事、监事提名权。

根据《上市公司独立董事管理办法》第九条的规定，单独或者合并持有上市公司已发行股份1%以上的股东可以提出独立董事候选人，但是，对于独立董事以外的董事如何提名，我国法律尚无明确规定。根据《公司法》第五十九条的规定，选举和更换董事、监事属于股东会的职权范围，因此提名董事、监事应该通过向股东会会议提案的方式进行，股东的董事、监事提名权的行使依托于其股东会会议提案权的行使。我国《公司法》第一百一十五条第二款对股东提案权进行了规定，单独或者合计持有公司百分之一以上股份的股东可以提出临时议案。

上述上市公司章程在保证股东一般提案权的前提下，将董事、监事提名作为一种特殊事项进行规定，提高了提名董事的持股时间和持股比例要求。对于这种章程规定的合法性，目前存在两种意见：第一种意见认为，限制股东的董事、监事提名权自然构成对于提案权的限制，违反《公司法》第一百一十五条第二款；第二种意见认为，董事、监事提名权的行使虽然通过股东大会提案的形式进行，但二者不能混为一谈，公司章程在保证股东提案权的前提下，可以自行规定股东行使董事、监事提名权的条件。目前，学界对此尚无统一意见。

笔者认为，限制股东的董事、监事提案权具有一定的法律风险。考虑到上市公司的股权更为分散、流动性更强，该反并购条款显然对于上市公司更有价值。但是，证监会在1998年曾认定上海爱使股份有限公司在章程第六十七条中限制股东的董事提名权之行为不合法，显示了当时监管部门对该条款的监管态度。

不过，监管部门的态度在二十多年间有所转变，最明显的佐证是上述上市公司章程条款的存在。深交所虽然曾对《中国宝安集团股份有限公司章程》进行过问询，要求其说明限制股东的董事提名权是否违反《公司法》，但并没有作出该条款违法的结论。由于目前尚无关于该条款的司法案例出现，该条款的法律效力尚待司法部门认定。笔者认为，综合以上证监会、深交所的回应，在公司章程中限制股东的董事提名权虽然不是一定无效，但至少具有被认定为无效的法律风险。

章程条款设计建议

第一，不对股东提名权进行特别限制。

限制股东的董事、监事提案权虽为有效的反并购条款，但合法性存在较大的争议，因此笔者并不推荐上市公司在公司章程中采纳这一条款。若上市公司一定要在公司章程中引入该条款，笔者建议公司对股东的持股时间进行规定（如90日、180日），而不要突破《公司法》第一百一十五条第二款中对于1%持股比例的要求。一方面，对股东的持股时间进行规定可以防止收购者在收购之后径行更换董事、监事；另一方面，相比于直接突破《公司法》第一百零二条第二款中1%的规定，增加对持股时间的要求可以减轻与《公司法》的冲突，进而降低此条款被判定为无效的法律风险。

第二，通过其他措施限制董事改选。

相比于"死磕"限制股东提名权条款，公司不妨通过其他法律风险更低的条款限制董事改选。首先，公司可以限制股东大会更换董事、监事的比例，并对董事、监事的资格进行更为严格具体的规定；其次，公司可以采纳本书之前分析的"金色降落伞"条款，规定董监高任期未满被无故解除职务，应该得到高额赔偿，通过提高收购者的更换成本让其知难而退。（具体请参见微信公众号"公司法权威解读"于2017年9月30日发布的《章程设计：董监高的"金色降落伞"是否合法》一文）

公司章程条款实例

首先，笔者不建议公司章程对股东的董事、监事提案权进行特别规定，而建议公司仅对其提案权进行一般性规定，具体如下：

单独或者合计持有公司1%以上股份的股东，可以在股东大会召开十日前提出临时提案并书面提交董事会；董事会应当在收到提案后两日内通知其他股东，并将该临时提案提交股东大会审议。临时提案的内容应当属于股东大会职权范围，并有明确议题和具体决议事项。

若公司一定要引入限制股东的董事、监事提案权条款，笔者建议增加如下条款：

董事、监事候选人名单以提案的方式提请股东大会表决。

（一）董事会、连续90日以上单独或者合并持有公司1%以上股份的股东有权向董事会提出非独立董事候选人的提名，董事会经征求被提名人意见并对其任职资格进行审查后，向股东大会提出提案。

（二）监事会、单独或者合并持有公司1%以上股份的股东有权提出股东代表担任的监事候选人的提名，经监事会征求被提名人意见并对其任职资格进行审查后，向股东大会提出提案。

延伸阅读

一、《上海爱使股份有限公司章程》第六十七条被证监会认定为无效

1998年，大港油田意图收购上海爱使股份有限公司，在收购过程中，当时的《上海爱使股份有限公司章程》第六十七条成为"拦路虎"。该条规定："董事会在听取股东意见的基础上提出董事、监事候选人名单。董事、监事候选人名单以提案的方式提请股东大会决议。单独或者合并持有公司有表决权股份的总数10%（不含股票代理权）以上，持有时间半年以上的股东，如要推选代表进入董事会、监事会的，应当在股东大会召开前20日，书面向董事会提出，并提供有关资料。"

上述条款对提名董事的股东的资格进行了限制，导致大港油田不能进入公司董事会实现对公司的管理和控制，双方因此相持不下。最后，证监会以"函件"的形式作了"协调处理"，认为这种反收购措施不当。双方最终达成妥协，爱使股份董事会同意修改公司章程中有关阻碍大港油田进入爱使股份董事会的条款，而大港油田同意增补董事而不是重新选举董事会，双方达成一致。

二、深交所对《中国宝安集团股份有限公司章程》中限制股东的董事提案权的条款的关注函及中国宝安的回复

针对上文所引用的《中国宝安集团股份有限公司章程》，深交所要求宝安集团说明限制股东董事提案权条款"是否可能与《公司法》《上市公司治理准则》《关于在上市公司建立独立董事制度的指导意见》《深圳证券交易所股票上市规则》和《深圳证券交易所主板上市公司规范运作指引》等文件中有关董事、监事选举、任职的相关规定存在相互冲突，是否存在限制股东权利、损害股东基本权益的情形"。

《中国宝安集团股份有限公司关于深圳证券交易所问询函回复说明的公告》说明："对于董事局换届选举，董事候选人的提名，《公司章程》第九十六条只是明确'上届董事局提出'这种方式，属董事提名方式之一，不是唯一，并未限制公司股东依据《公司法》第一百零二条规定向董事会以临时提案的方式向股东大会行使选举或更换董事的提名权。事实上，《公司章程》第五十三条就依据《公司法》第一百零二条明确规定股东有提出临时议案的权利，《公司章程》第五十三条规定：'公司召开股东大会，董事局、监事会以及单独或者合并持有公司3%以上股份的股东，有权向公司提出提案。单独或者合计持有公司3%以上股份的股东，可以在股东大会召开10日前提出临时提案并书面提交召集人。召集人应当在收到提案后2日内发出股东大会补充通知，公告临时提案的内容。'"

059 如何通过设计董事提名权来防止公司被恶意收购？

设计要点

中小股东可利用董事提名权提名代表自身利益的董事，大股东可利用董事提名权，增加公司被收购的难度，降低被收购风险。

阅读提示

选举董事不仅是公司股东的一项重要权利，更是公司控制权争夺战中最为激烈、最为关键的一役。万科公司控制权之争使得众多公司纷纷修改公司章程，加入反收购条款，以抵御外来"野蛮人"的入侵。然而选举董事的前提是提名董事，只有成为董事候选人，才有可能进入股东会表决环节。因此，如何设计董事提名权是公司内部各方关注的焦点。广大中小股东如何通过应用董事提名权维护权益？大股东如何利用董事提名权捍卫控制权？本文通过分析万科企业股份有限公司章程，对公司章程如何设计董事提名权提出建议。

章程研究文本

《万科企业股份有限公司章程》（2023年3月版）

第九十六条 非职工代表董事、监事候选人名单以提案的方式提请股东大会决议。

非独立董事候选人（不含职工代表董事）名单由上届董事会或连续一百八十个交易日单独或合计持有公司发行在外有表决权股份总数百分之三以上的股东提出。

同类章程条款

笔者查阅了多家上市公司章程中关于股东提名权的条款，各公司对董事提名权的规定不尽相同，主要包括以下几种类型：

一、仅规定股东提案权，未对股东提名董事作出特殊规定

《深圳机场股份有限公司章程》（2020年10月版）

第八十四条第一款　董事、监事候选人名单以提案的方式提请股东大会表决。

二、《公司法》规定单独或合计持有公司股份3%以上的股东享有提案权，部分公司章程规定享有提名权股东的持股比例高于3%

《东北制药集团股份有限公司章程》（2021年5月版）

第八十三条　董事、监事候选人名单以提案的方式提请股东大会表决。

董事、监事候选人分别由董事会、监事会提出，合并持有公司股份总额10%以上的股东可以书面方式向董事会提名董事、监事候选人，并附所提候选人简历等基本情况。董事会提名委员会在对提名候选人资格进行审查确认后，分别由董事会、监事会列入候选人名单，并以提案方式提请股东大会审议表决。

……

三、规定享有提名权股东必须连续持有公司股份的时间

《方大集团股份有限公司章程》（2023年12月版）

第八十四条第二款　除职工代表董事以外的非独立董事候选人由董事会、单独或合并连续365日以上持有公司发行在外有表决权股份总数5%或以上的股东提出，每一提案中候选人数加上职工代表担任的董事人数和独立董事不得超过公司章程规定的董事人数。

四、不同持股比例享有提名董事的人数不同

《徐工集团工程机械股份有限公司章程》（2023年4月版）

第八十二条第二款　董事、监事提名的方式和程序为：

（一）董事会、监事会或者单独或合并持有公司3%以上股份的股东可以提名董事，提交股东大会选举。

（二）监事会或者单独或合并持有公司3%以上股份的股东可以提名监事，提交股东大会选举。职工代表担任的监事由公司工会在广泛征求职工意见的基础上提名，经公司职工代表大会、职工大会或其他形式民主选举产生。

股东大会选举两名以上（含两名）董事或监事时采用累积投票制。累积投票制是指股东大会选举董事或者监事时，每一股份拥有与应选董事或者监事人数相同的表决权，股东拥有的表决权可以集中使用。

公司法和相关规定

《公司法》（2023 年修订）

第五十九条　股东会行使下列职权：

（一）选举和更换董事、监事，决定有关董事、监事的报酬事项；

（二）审议批准董事会的报告；

（三）审议批准监事会的报告；

（四）审议批准公司的利润分配方案和弥补亏损方案；

（五）对公司增加或者减少注册资本作出决议；

（六）对发行公司债券作出决议；

（七）对公司合并、分立、解散、清算或者变更公司形式作出决议；

（八）修改公司章程；

（九）公司章程规定的其他职权。

股东会可以授权董事会对发行公司债券作出决议。

对本条第一款所列事项股东以书面形式一致表示同意的，可以不召开股东会会议，直接作出决定，并由全体股东在决定文件上签名或者盖章。

第一百一十五条　召开股东会会议，应当将会议召开的时间、地点和审议的事项于会议召开二十日前通知各股东；临时股东会会议应当于会议召开十五日前通知各股东。

单独或者合计持有公司百分之一以上股份的股东，可以在股东会会议召开十日前提出临时提案并书面提交董事会。临时提案应当有明确议题和具体决议事项。董事会应当在收到提案后二日内通知其他股东，并将该临时提案提交股东会审议；但临时提案违反法律、行政法规或者公司章程的规定，或者不属于股东会职权范围的除外。公司不得提高提出临时提案股东的持股比例。

公开发行股份的公司，应当以公告方式作出前两款规定的通知。

股东会不得对通知中未列明的事项作出决议。

《公司法》（2018 年修正，已被修订）

第三十七条　股东会行使下列职权：

（一）决定公司的经营方针和投资计划；

（二）选举和更换非由职工代表担任的董事、监事，决定有关董事、监事的报酬事项；

（三）审议批准董事会的报告；

（四）审议批准监事会或者监事的报告；

（五）审议批准公司的年度财务预算方案、决算方案；

（六）审议批准公司的利润分配方案和弥补亏损方案；

（七）对公司增加或者减少注册资本作出决议；

（八）对发行公司债券作出决议；

（九）对公司合并、分立、解散、清算或者变更公司形式作出决议；

（十）修改公司章程；

（十一）公司章程规定的其他职权。

对前款所列事项股东以书面形式一致表示同意的，可以不召开股东会会议，直接作出决定，并由全体股东在决定文件上签名、盖章。

第一百零二条 召开股东大会会议，应当将会议召开的时间、地点和审议的事项于会议召开二十日前通知各股东；临时股东大会应当于会议召开十五日前通知各股东；发行无记名股票的，应当于会议召开三十日前公告会议召开的时间、地点和审议事项。

单独或者合计持有公司百分之三以上股份的股东，可以在股东大会召开十日前提出临时提案并书面提交董事会；董事会应当在收到提案后二日内通知其他股东，并将该临时提案提交股东大会审议。临时提案的内容应当属于股东大会职权范围，并有明确议题和具体决议事项。

股东大会不得对前两款通知中未列明的事项作出决议。

无记名股票持有人出席股东大会会议的，应当于会议召开五日前至股东大会闭会时将股票交存于公司。

专家分析

公司章程对股东提名权进行规定的意义在于：选举董事是股东的一项重要权利，也是获得公司控制权的关键所在。而选举出代表自己利益的董事的前提是提名董事。选举董事是说"是"或"否"的过程，而提名董事则是说"谁"的过程。对于广大中小股东来说，借助董事提名权能够突破大股东控制的董事会，选举出代表自己利益的董事。对于控股股东来说，利用公司章程中的董事提名条款，能够有效提高收购方进入董事会、取得公司控制权的壁垒，防止公司被恶意收购。

章程条款设计建议

第一，由于中小股东和控股股东对公司经营所持有的目的不同，因而对董事提名权的要求也不尽相同。中小股东的目的是在大股东把持的董事会中突出重围，提名并选举能够代表中小股东利益的董事。对此，应当尽可能地降低中小股东提名董事的难度，包括直接在公司章程中规定中小股东可提名董事人数；限制大股东提名、更换董事人数；将提名董事作为股东提案权的一项内容，而不单独规定有权提名董事的股东的条件。如果必须规定董事提名权，则不应规定过高的持股比例以及持股时间。

第二，对于公司的控股股东而言，董事提名权是其掌握控制公司控制权的法宝，同时也是抵御外来"野蛮人"的利器。因此，可以适当增加股东提名董事难度，使外来收购方即使拥有最多的股份，也难以在董事会获得一席之地。

第三，限制董事提名权的主要方式包括将提名董事作为一项单独的权利，而与一般的股东提案权区别对待。股东的一般提案权是一项法定的权利，《公司法》严格规定了股东提案权的持股比例，如果公司章程对股东提出提案的持股比例、持股时间加以限制，则属于违反《公司法》规定的条款。

第四，延长股东的持股时间。商场如战场，兵贵神速，反收购战亦是如此。收购方往往会在短时间内大量购进目标公司的股份，发起临时股东大会，改选董事会，取得公司的控制权。考虑到资金成本，其持有目标公司股份的时间往往较短。因此在公司章程中规定，仅持股达章程规定时间的股东享有提名董事的权利，能够起到反收购的效果。

第五，提高持股比例的要求。根据《公司法》的规定，提案权股东的持股比例为1%。公司章程可在1%的基础上，适当提高提名权股东的持股比例，增加收购方的收购成本，减少公司被收购的可能。

第六，限制所持股份仅为表决权股份。《公司法》仅规定持有一定比例股份的股东享有提案权，但是对股份的性质并未加以规定。对于一些上市公司，流通在外的既有普通股，也有优先股，将所持股份的性质限定为具有表决权的股份，也是增强公司被收购难度的一种措施。

公司章程条款实例

针对中小股东，首先，可以直接在公司章程中对某一方股东可提名董事的人数作出规定；其次，可以对大股东提名、更换董事的人数作出限制，防止大股东对董事会进行大换血；最后，可将提名董事作为提案权的一项内容，其规则适用公司章程对股东提案权的规定。具体规定如下：

1. 某股东可以提名 N 名董事，提交股东大会选举。

2. 单独或合并持有公司 10% 以上股份的股东提名董事的人数不得超过公司董事会人数的 1/3。

3. 董事、监事候选人名单以提案的方式提请股东大会表决。

针对大股东，可对提名董事事项作出特殊规定，延长持股时间、增加持股比例的要求，对可提名董事人数进行限制。具体可设计如下：

非独立董事候选人名单由上届董事会或连续 180 个交易日单独或合计持有公司发行在外有表决权股份总数 1% 以上的股东提出。单独或合并持有公司 1% 以下股份的股东最多可以提名一名董事，单独或合并持有公司 1% 以上股份的股东提名董事的人数不得超过公司董事会人数的 1/3。

延伸阅读

有关股东提名董事、高级管理人员等的案例

案例一：湘潭市中级人民法院审理的上诉人湖南胜某湘钢钢管有限公司与被上诉人湖南盛某高新材料有限公司公司决议纠纷一案二审民事判决书［(2015) 潭中民三终字第 475 号］认为，"本案中，对于被上诉人而言，其通过安排的副总经理和董事各一人，对公司的经营状况进行了解并参加公司经营管理，行使股东权利。上诉人的两名大股东通过公司决议的方式随意剥夺被上诉人提名副总经理和董事各一人的权利，是一种滥用股东权利损害其他股东利益的行为。涉案公司决议系滥用资本多数决作出，因此，该决议内容因违反法律、行政法规无效。原审法院并没有否认资本多数决原则，原审判决涉案公司决议无效正确"。

案例二：盐城市中级人民法院审理的南通市恒某置业有限公司与友某投资江苏有限公司、响水恒某置业有限公司公司决议撤销纠纷二审民事判决书［(2015) 盐商终字第 00105 号］认为，"根据双方合作协议约定，南通恒某公司享有响水恒某公司总经理人选的提名权。现友某公司在未能提供证据证明南通恒某公司放弃总经理人选的提名权或南通恒某公司存在怠于提名等不利于公司发展的行为的情况下，任命张某华担任响水恒某公司总经理明显违背了双方合作协议的约定，对此亦应予以撤销"。

案例三：上海市静安区人民法院审理的平湖九某海湾度假城休闲服务有限公司与海某创新（上海）股份有限公司公司决议撤销纠纷一审民事判决书［(2016) 沪 0106 民初 831 号］认为："根据《九某股份协议转让的框架协议》的约定，董事会的候选人由受让方推荐四名董事候选人、两名独立董事候选人,其他董事由出让方推荐,一方推荐的董事候选人应事先向对方征求意见。也即原告作为出让方中的成员,可以推荐两名董事候选人、一名独立董事候选人。上海大某华实业有限公司提议免去由股份出让方推荐的董事,且未征求对方的意见,违反了协议约定。"

060 分期分级董事会制度的条款设计

设计要点

董事会换届选举时,更换和改选的董事人数最多为董事会总人数的1/3。

阅读提示

分期分级董事会制度,也称交错选举董事条款,是指将董事会分为若干组,规定每一组有不同的任期,以使每年都有一组董事任期届满,每年也只有任期届满的董事被改选。"宝万之争"后,我国上市公司参考这一制度,在公司章程中规定了每年改选董事会成员的比例上限。这样,即使收购者控制了目标公司的多数股份,也只能逐渐取得董事会控制权。那么,这一制度是否符合《公司法》的要求?其是否能够起到预期的作用?实践中,该制度需要与哪些章程条款相配合呢?

章程研究文本

《四川雅化实业集团股份有限公司章程》(2016年7月版)①

第一百一十三条 董事由股东大会选举或更换,任期3年。董事任期届满,可连选连任。董事在任期届满以前,股东大会不能无故解除其职务。

在每届董事会任期内,每年更换的董事不得超过全部董事人数的四分之一,如因董事辞职、或因董事违反法律、行政法规及本章程的规定被解除职务的,则不受该四分之一限制。董事会换届时,每届更换董事人数(包括独立董事)不得超过董事会构成总人数的二分之一。

董事任期从就任之日起计算,至本届董事会任期届满时为止。董事任期届满未及时改选,在改选出的董事就任前,原董事仍应当依照法律、法规和本章程的规定

---

① 2017年3月版章程已删除本条董事更换比例限制。

履行董事职务。

在发生公司被恶意收购的情况下,如该届董事会任期届满的,继任董事会成员中应至少有三分之二以上的原任董事会成员连任;在继任董事会任期未届满的每一年度内的股东大会上改选董事的总数,不得超过本章程所规定董事会组成人数的四分之一。

为保证公司及股东的整体利益以及公司经营的稳定性,收购方及其一致行动人提名的董事候选人应当具有至少五年以上与公司目前(经营、主营)业务相同的业务管理经验,以及与其履行董事职责相适应的专业能力和知识水平。

董事可以由总裁或者其他高级管理人员兼任,但兼任总裁或者其他高级管理人员职务的董事以及由职工代表担任的董事,原则上总计不得超过公司董事总数的二分之一。

同类章程条款

笔者查阅了数十家上市公司章程条款,仅有少数上市公司规定了董事更换的比例上限,这些章程条款与上述《四川雅化实业集团股份有限公司章程》大同小异,不过,它们并没有对恶意收购情况下的董事更换比例作出特别规定,具体如下:

《商赢环球股份有限公司章程》(2018年3月版)①

第九十八条第一款 董事由股东大会选举或更换,任期三年。董事任期届满,可连选连任。董事在任期届满以前,股东大会不能无故解除其职务。董事任期届满需要换届时,新的董事人数不超过董事会组成人数的1/3,但因增加董事人数产生的新任董事不受前述1/3人数的限制。

《内蒙古伊利实业集团股份有限公司章程》(2017年9月版)②

第九十六条第二款 董事会换届选举时,更换董事不得超过全体董事的三分之一;每一提案所提候选人不得超过全体董事的三分之一。临时股东大会选举或更换(不包括确认董事辞职)董事人数不得超过现任董事的四分之一。

《隆平农业高科技股份有限公司章程》(2016年1月版)③

第九十六条第四款 公司每连续三十六个月内更换的董事不得超过全部董事人数的三分之一;如因董事辞职、或因董事违反法律、行政法规及本章程的规定被解

---

① 2018年5月版章程已将董事更换比例删除。
② 2018年4月版章程已将董事更换比例删除。
③ 2017年7月版章程已将董事更换比例删除。

除职务而导致董事人数不足本章程规定的人数的，公司可以增选董事，不受该三分之一的限制。

《世联行集团股份有限公司章程》（2023年12月版）

第九十六条第三款 在发生公司恶意收购的情况下，如该届董事会任期届满的，继任董事会成员中应至少有三分之二以上的原任董事会成员连任；在继任董事会任期未届满的每一年度内的股东大会上改选董事的总数，不得超过本章程所规定董事会组成人数的四分之一。

公司法和相关规定

《公司法》（2023年修订）

第六十八条 有限责任公司董事会成员为三人以上，其成员中可以有公司职工代表。职工人数三百人以上的有限责任公司，除依法设监事会并有公司职工代表的外，其董事会成员中应当有公司职工代表。董事会中的职工代表由公司职工通过职工代表大会、职工大会或者其他形式民主选举产生。

董事会设董事长一人，可以设副董事长。董事长、副董事长的产生办法由公司章程规定。

第七十条 董事任期由公司章程规定，但每届任期不得超过三年。董事任期届满，连选可以连任。

董事任期届满未及时改选，或者董事在任期内辞任导致董事会成员低于法定人数的，在改选出的董事就任前，原董事仍应当依照法律、行政法规和公司章程的规定，履行董事职务。

董事辞任的，应当以书面形式通知公司，公司收到通知之日辞任生效，但存在前款规定情形的，董事应当继续履行职务。

第一百二十条 股份有限公司设董事会，本法第一百二十八条另有规定的除外。

本法第六十七条、第六十八条第一款、第七十条、第七十一条的规定，适用于股份有限公司。

第一百二十八条 规模较小或者股东人数较少的股份有限公司，可以不设董事会，设一名董事，行使本法规定的董事会的职权。该董事可以兼任公司经理。

《公司法》（2018年修正，已被修订）

第四十五条 董事任期由公司章程规定，但每届任期不得超过三年。董事任期届满，连选可以连任。

董事任期届满未及时改选，或者董事在任期内辞职导致董事会成员低于法定人数的，在改选出的董事就任前，原董事仍应当依照法律、行政法规和公司章程的规定，履行董事职务。

第一百零八条第一款、第二款　　股份有限公司设董事会，其成员为五人至十九人。

董事会成员中可以有公司职工代表。董事会中的职工代表由公司职工通过职工代表大会、职工大会或者其他形式民主选举产生。

专家分析

第一，合法性分析。

我国《公司法》规定董事任期由公司章程规定，但每届任期不可以超过 3 年；董事任期届满，可以连选连任。该规定表明董事任期在 3 年期限以内，具体由公司章程规定，且不要求所有董事的任期相同。因此，分期分级董事会制度在我国并不违法，限制董事改选比例并不违反法律的强制性规定，当属有效。

不过，如果该条款阻止了正常的董事解雇或更换，则有可能不合理地维护现任董事及高管地位，进而损害股东利益。因此，该条款应该同时规定董事违反法律、行政法规及本章程的规定被解除职务的情况不受董事更换比例的限制，从而避免该条款可能伴随的法律风险。

第二，有效性分析。

该条款的主要目的在于限制取得控股权的收购者径行取得董事会的控制权，其虽不能阻止收购者最终控制董事会，但是增加了收购者控制董事会的时间成本，在此期间，董事会可采取各种反并购措施，使收购者的初衷无法实现。但是，该条款仅仅在更换董事的比例和速度上作出限制，其若想真正发挥强有力的反并购作用还需要与以下措施相配合：

一是除了规定更换董事的比例上限，公司还可以适当增加无故更换董事的阻力。因此在采用分期分级董事会条款的同时，公司章程可规定董事在任职期间内不得被无故解除职务，还可引入"金色降落伞"条款，增加收购者更换董事的成本。（具体请参见微信公众号"公司法权威解读"于 2017 年 9 月 30 日发布的《章程设计：董监高的"金色降落伞"是否合法》一文）。

二是公司章程可以就董事解除职务事项设置绝对多数条款，并规定补选董事的任期与被解除职务的董事之剩余任期相同。这种做法增加了解除董事职务的难度，缩短了补选董事的任期，其与分期分级董事会条款配合，可以促使收购者重新考虑控制董事会的成本和难度。

第三，制度缺陷分析。

规定董事更换的比例上限，最大的弊端在于无法满足董事会必要的流动性需求。正常情况下，董事会的流动比例并不能用一个数字进行笼统规定，比例上限的设置实际上只是防范恶意并购的无奈之举。因此，公司章程应该规定，如因董事辞职、违反法律、行政法规及本章程的规定被解除职务而导致董事人数不足本章程规定的人数时，公司增选董事不受该比例的限制。这一例外可以在保持该条款反并购属性的前提下，满足董事会的必要流动性需求。

章程条款设计建议

第一，设置配套措施。

笔者建议，在公司章程中引入分期分级董事会条款的同时，设置配套条款以实现反并购的目的。第一，公司章程在规定更换董事的比例上限的同时，应规定不得无故解除董事的职务，必要时可以为董事配备"金色降落伞"；第二，公司应根据公司的股份结构，考虑将解除董事职务设置为股东大会特别决议事项。

第二，合理规定更换董事的比例上限。

更换董事的比例上限应该是 1/3 还是 1/4？应该规定每年更换董事不得超过一定比例还是规定每次董事换届改选不得超过一定比例？这些设计都没有所谓的"标准答案"，公司应根据自身的情况合理确定。分期分级董事会条款的目的不是阻止董事的更换，而是防止收购者大幅更换董事、快速掌握董事会控制权，因此，该条款应该尊重公司自身更换董事的正常节奏，预防董事会的异常变动。

另外，相较于限定每年的董事更换比例，规定董事任期届满时的更换比例更为恰当。考虑到实践中董事的任期多为 3 年，每年的董事更换比例并不一定持平，其可能表现出明显的周期性。在此情况下，规定每年的董事更换比例过于死板，难以满足上市公司的客观需要。

第三，充分列举例外情况。

因董事辞职或因董事违反法律、行政法规及公司章程的规定被解除职务而导致董事人数不足章程规定的人数时，增加新任董事若受到一定的比例限制，可能会导致公司董事人数长期低于章程规定人数，影响公司的正常运营和发展。因此，在设置分期分级董事会条款的同时，公司章程需要充分考虑并列举其例外情况。

公司章程条款实例

董事由股东大会选举或更换，任期 3 年。董事任期届满，可连选连任。在董事任期届满以前，股东大会不能无故解除其职务。

董事任期届满需要换届时，新的董事人数不超过董事会组成人数的1/3；临时股东大会选举或更换董事人数不得超过现任董事的1/4。因董事辞职，或因董事违反法律、行政法规及本章程的规定被解除职务而导致董事人数不足本章程规定的人数时，增加新任董事不受前述人数的限制。

董事任期从就任之日起计算，至本届董事会任期届满时止。董事任期届满未及时改选，在改选出的董事就任前，原董事仍应当依照法律、行政法规、部门规章和本章程的规定，履行董事职务。

董事可以由总经理或者其他高级管理人员兼任，但兼任总经理或者其他高级管理人员职务的董事，总计不得超过公司董事总数的1/2。

公司可以考虑在引入上述条款的同时，引入下列配套条款：

当公司被并购接管时，任何董事、监事、总裁或其他高级管理人员在不存在违法犯罪行为、不存在不具备所任职务的资格及能力或不存在违反公司章程规定等的情形下于任期届满前被终止或解除职务的，公司应按该名董事、监事、总裁或其他高级管理人员在公司任职年限内税前薪酬总额的十倍（或五倍）给付一次性赔偿金，上述董事、监事、总裁或其他高级管理人员已与公司签订劳动合同的，在被解除劳动合同时，公司还应按照《中华人民共和国劳动合同法》另外支付经济补偿金或赔偿金。

下列事项由股东大会以特别决议通过：

（一）公司增加或者减少注册资本；

（二）公司的分立、合并、解散和清算；

（三）本章程的修改；

（四）公司在一年内购买、出售重大资产或者担保金额超过公司最近一期经审计总资产30%的；

（五）股权激励计划；

（六）解除董事职务；

（七）法律、行政法规或本章程规定的，以及股东大会以普通决议认定会对公司产生重大影响的、需要以特别决议通过的其他事项。

延伸阅读

深圳证券交易所针对分期分级董事会条款的问询及上市公司的回复

深圳证券交易所中小板公司管理部发出的《关于对四川雅化实业集团股份有限

公司的关注函》要求公司对第三届董事会第十五次会议审议通过的拟修订《四川雅化实业集团股份有限公司章程》第一百一十三条作出解释，详细说明上述条款是否符合《公司法》的规定、是否不合理地维护现任董事及高管地位、是否损害股东选举董事的权利，以及是否损害上市公司及中小投资者利益。

雅化集团回复，"该条款没有不合理地维护现任董事或高管地位，而是充分利用公司章程自治来保障公司在面临恶意收购的特殊时期亦能有条不紊地正常经营发展，为公司面临恶意收购，甚至是控制权变更的特殊时期提供了一个良性的过渡机制，公司股东大会有权就此项事宜表决是否通过。公司在面临恶意收购中，如果没有事前设定管理层资历和保障管理层持续、稳定的相关合理条件，公司的发展目标和业绩将很可能被改变或打乱，这对上市公司的正常运营和上市公司股价的维稳，以及对上市公司广大中小股东及公司本身都可能有重大的不利影响。同时，上述条款的修订属于公司章程自治范畴，符合《公司法》《上市公司章程指引》《深圳证券交易所证券投资基金上市规则》《深圳证券交易所中小企业板上市公司规范运作指引》等法律、法规及规范性文件的立法本意，公司股东大会有权就此项事宜表决是否通过，能够更好地保护上市公司和中小投资者利益"。

061 董监高的"金色降落伞"是否合法？

设计要点

董监高于任期未届满前被终止或解除职务的，公司应按其税前薪酬总额的十倍给付一次性赔偿金。

阅读提示

"金色降落伞"是指公司控制权变动时对高层管理人员进行高额补偿的约定，最早产生在美国，在公司并购时，其通过显著增加收购成本起到反收购的作用，成为一种常用的反并购措施。"宝万之争"后，多家上市公司在公司章程中增设了"金色降落伞"条款，意图抵御恶意收购，稳定公司控制权。那么，"金色降落伞"条款是否符合我国《公司法》的规定？"金色降落伞"条款的设计需要注意哪些问题？本文将通过介绍广东海印集团股份有限公司章程及类似章程条款、相关司法案例，对这一问题进行剖析。

章程研究文本

《广东海印集团股份有限公司章程》（2024 年 1 月版）

第十条　本公司章程自生效之日起，即成为规范公司的组织与行为、公司与股东、股东与股东之间权利义务关系的具有法律约束力的文件，对公司、股东、董事、监事、高级管理人员具有法律约束力的文件。依据本章程，股东可以起诉股东，股东可以起诉公司董事、监事、总裁和其他高级管理人员，股东可以起诉公司，公司可以起诉股东、董事、监事、总裁和其他高级管理人员。当发生公司被并购接管的情形时，在公司董事、监事、总裁和其他高级管理人员任期未届满前如确需终止或解除职务，必须得到本人的认可，且公司须一次性支付其相当于前一年年薪及福利待遇总和十倍以上的经济补偿（正常的工作变动或解聘情况除外）。

同类章程条款

除了海印集团，宝安集团、雅化集团、多氟多等多家上市公司在"宝万之争"后也修改了公司章程，嵌入了"金色降落伞"条款。这些条款的基本内容类似，但是在补偿数额和条件的设计上存在差异，具体如下：

《浙江金洲管道科技股份有限公司章程》（2017 年 8 月版）

第十条第二款　当公司被恶意收购后，公司董事、监事、总经理和其他高级管理人员任期未届满前如确需终止或解除职务，且公司须一次性支付其相当于其年薪及福利待遇总和五倍以上的经济补偿，上述董事、监事、总经理和其他高级管理人员已与公司签订劳动合同的，在被解除劳动合同时，公司还应按照《中华人民共和国劳动合同法》规定，另外支付经济补偿金或赔偿金。

《四川雅化实业集团股份有限公司章程》（2016 年 7 月版）①

第十三条第二款　在发生公司被恶意收购的情况下，任何董事、监事、总裁或其他高级管理人员在不存在违法犯罪行为，或不存在不具备所任职务的资格及能力、或不存在违反公司章程规定等情形下于任期未届满前被终止或解除职务的，公司应按该名董事、监事、总裁或其他高级管理人员在公司任职年限内税前薪酬总额的十倍给付一次性赔偿金，上述董事、监事、总裁或其他高级管理人员已与公司签订劳动合同的，在被解除劳动合同时，公司还应按照《中华人民共和国劳动合同

---

① 2017 年 3 月版章程已删去本款内容。

法》另外支付经济补偿金或赔偿金。

《中国宝安集团股份有限公司章程》（2016年6月版）[①]

第十条第二款 当公司被并购接管，在公司董事、监事、总裁和其他高级管理人员任期未届满前如确需终止或解除职务，必须得到本人的认可，且公司须一次性支付其相当于其年薪及福利待遇总和十倍以上的经济补偿，上述董事、监事、总裁和其他高级管理人员已与公司签订劳动合同的，在被解除劳动合同时，公司还应按照《中华人民共和国劳动合同法》另外支付经济补偿金或赔偿金。

《多氟多化工股份有限公司章程》（2023年11月版）

第一百零一条第一款 董事由股东大会选举或更换，任期三年。董事任期届满，可连选连任。董事在任期届满以前，股东大会不能无故解除其职务。在发生公司恶意收购的情况下，非经原提名股东提议，任何董事在不存在违法犯罪行为、或不存在不具备担任公司董事的资格及能力、或不存在违反公司章程规定等情形下于任期内被解除董事职务的，公司应按该名董事在公司任职董事年限内税前薪酬总额的5倍向该名董事支付赔偿金。

公司法和相关规定

《公司法》（2023年修订）

第五十九条第一款 股东会行使下列职权：

（一）选举和更换董事、监事，决定有关董事、监事的报酬事项；

……

第六十七条第二款 董事会行使下列职权：

……

（八）决定聘任或者解聘公司经理及其报酬事项，并根据经理的提名决定聘任或者解聘公司副经理、财务负责人及其报酬事项；

……

第一百一十六条第二款、第三款 股东会作出决议，应当经出席会议的股东所持表决权过半数通过。

股东会作出修改公司章程、增加或者减少注册资本的决议，以及公司合并、分立、解散或者变更公司形式的决议，应当经出席会议的股东所持表决权的三分之二以上通过。

[①] 2021年6月版章程已删去本款内容。

《公司法》（2018 年修正，已被修订）

第三十七条第一款　股东会行使下列职权：

……

（二）选举和更换非由职工代表担任的董事、监事，决定有关董事、监事的报酬事项；

……

第四十六条第一款　董事会对股东会负责，行使下列职权：

……

（九）决定聘任或者解聘公司经理及其报酬事项，并根据经理的提名决定聘任或者解聘公司副经理、财务负责人及其报酬事项；

……

第一百零三条第二款　股东大会作出决议，必须经出席会议的股东所持表决权过半数通过。但是，股东大会作出修改公司章程、增加或者减少注册资本的决议，以及公司合并、分立、解散或者变更公司形式的决议，必须经出席会议的股东所持表决权的三分之二以上通过。

《上市公司治理准则》（2018 年修订）

第二十条　上市公司应当和董事签订合同，明确公司和董事之间的权利义务、董事的任期、董事违反法律法规和公司章程的责任以及公司因故提前解除合同的补偿等内容。

专家分析

第一，"金色降落伞"的合法性。

《公司法》并未对董监高的报酬进行具体的规定或限制，仅规定董事、监事的报酬由股东大会决定，经理的报酬由董事会确定，因此，"金色降落伞"本身并不违反《公司法》。不过，公司在将其引入章程时需要符合《公司法》第五十九条和第六十七条对于董监高报酬决定程序的规定以及《公司法》第一百一十六条第二款对于修改章程之特别决议程序的规定。

但是，"金色降落伞"条款仍伴随着一定的法律风险。参考深交所在《关于对四川雅化实业集团股份有限公司的关注函》中针对这一条款的问询，我们可以将其法律风险总结为以下三个方面：第一，公司在收购后向董监高支付高额补偿金可能涉及利益输送；第二，若董监高本身存在履职过错，公司仍在解除其职务时向其支付高额赔偿金，可能会构成对董监高忠实义务的豁免；第三，公司支付高额赔偿金可能会对其经营业绩造成影响，损害股东利益。

第二，"金色降落伞"的法律风险。

（1）利益输送：实质与形式合法性。

《公司法》第二十二条第一款规定："公司的控股股东、实际控制人、董事、监事、高级管理人员不得利用其关联关系损害公司利益。"公司与作为关联方的董监事及管理层之间的离职补偿事项，有可能构成关联交易，进而涉及非法利益输送，损害中小股东的利益。以上述四个公司章程为例，"金色降落伞"启动条件之一往往是公司被并购接管，这一时期无疑更加敏感，公司章程应该严格限制"金色降落伞"的启动条件，避免公司控股股东或者大股东借"金色降落伞"之名，行利益输送之实，确保该措施的实质合法性。

此外，我国《上市公司收购管理办法》第三十三条规定："收购人作出提示性公告后至要约收购完成前，被收购公司除继续从事正常的经营活动或者执行股东大会已经作出的决议外，未经股东大会批准，被收购公司董事会不得通过处置公司资产、对外投资、调整公司主要业务、担保、贷款等方式，对公司的资产、负债、权益或者经营成果造成重大影响。"在收购过程中，公司按照章程启动"金色降落伞"若对公司资产、负债、权益或者经营成果造成重大影响，其执行还应该经过股东大会的批准，确保该措施的程序合法性。

（2）董事忠实义务的豁免。

对比《中国宝安集团股份有限公司章程》和《四川雅化实业集团股份有限公司章程》，后者强调了"金色降落伞"仅在董监高不存在违法犯罪行为、不存在不具备所任职务的资格及能力和不存在违反公司章程规定等情形下于任期届满前被终止或解除职务时才可以启动。严格"金色降落伞"的启动条件可以避免其构成对董事忠实义务的豁免，若董监高在违法犯罪、丧失资格能力、违反公司章程被解除职务的情况下仍然可以得到高额补偿，这就显然违背了董事忠实义务，也会导致"金色降落伞"条款的合法性受到挑战。

（3）影响公司经济业绩及其他风险。

"金色降落伞"之"金"，在于其补偿之丰厚，根据《四川雅化实业集团股份有限公司关于对深圳交易所关注函回复的公告》，公司章程设计的针对董监高的合计赔偿金额约占公司2015年归母净利润的8.1%，其风险提示中也说明了赔偿金额将会对公司的净利润造成一定的影响。由此可见，上市公司应评估"金色降落伞"的金额，明确其对公司经济业绩造成的影响，在设置该条款时，无疑应该充分进行公告及风险提示，保障股东的合法权利。

章程条款设计建议

第一，严格补偿实施条件。

首先，为了避免"金色降落伞"条款构成对董监高忠实义务的豁免或沦为利益输送的工具，上市公司应该严格限制高额补偿条件，在章程中强调董监高因为违法犯罪、丧失资格能力、违反公司章程及违反忠实义务等情况被解除职务均不可以获得赔偿。其次，为了达到反恶意并购的目的，公司可以将并购或接管设定为"金色降落伞"的启动条件。不过，笔者并不建议公司将"恶意并购"设置为其条件，因为何为"恶意"本就是模糊的，除非公司章程同时定义何为该语境下的"恶意并购"。最后，若是公司仍然希望进一步限制"金色降落伞"的启动，还可以将决定权交给股东大会，要求此高额赔偿的每次实施均需股东大会的决议通过，但是，此设计无疑具有两面性，其在保持补偿审慎性的同时，也会极大地削弱"金色降落伞"的反并购功能，因为在收购者成为控股股东之后，这种增加并购成本的措施显然难以获得股东大会同意，因此笔者并不推荐公司采用这种过于审慎的设置。

第二，设置合理补偿数额。

首先，上述上市公司章程规定公司应按该名董事、监事、总裁或其他高级管理人员在公司任职年限内税前薪酬总额的五倍或十倍给付一次性赔偿金，该数额的合理性显然无法武断评价。但是，公司应该核算所有符合条件人员的总赔偿额占公司上一年度归母净利润的比例，并根据公司的财务状况评估该数额对于公司经济能力的影响。其次，上市公司应将该比例及相关的风险进行公开说明，保证股东及监管部门的知情权。最后，该赔偿不应该影响公司按照《劳动合同法》支付经济补偿金或赔偿金。

公司章程条款实例

当公司被并购接管时，任何董事、监事、总裁或其他高级管理人员在不存在违法犯罪行为、不存在不具备所任职务的资格及能力或不存在违反公司章程规定等的情形下于任期届满前被终止或解除职务的，公司应按该名董事、监事、总裁或其他高级管理人员在公司任职年限内税前薪酬总额的 10 倍（或 5 倍）给付一次性赔偿金，上述董事、监事、总裁或其他高级管理人员已与公司签订劳动合同的，在被解除劳动合同时，公司还应按照《劳动合同法》另外支付经济补偿金或赔偿金。

> **延伸阅读**

深圳证券交易所针对"金色降落伞"条款的问询及上市公司的回复

深圳证券交易所中小板公司管理部发出的《关于对四川雅化实业集团股份有限公司的关注函》要求公司对第三届董事会第十五次会议审议通过的拟修订《四川雅化实业集团股份有限公司章程》第十三条作出解释，详细说明"一次性赔偿金支付标准的合理性、'其他高级管理人员'的具体范围和人数、该条款是否涉嫌利益输送、是否违反董事忠实义务，测算支付赔偿金对公司经营业绩的影响并充分提示相关风险"。

公司回复，"解聘一位董事、监事或高管时如支付任职年限内（3年）年薪总额的10倍赔偿，加上《中华人民共和国劳动合同法》第四十七条和第八十七条规定应支付的解除合同补偿金（按2015年四川省全部城镇单位就业人员平均工资的3倍，以最高补偿年限12年支付12个月工资标准的两倍计算），合计赔偿金额约占2015年公司归母净利润的8.1%。经上述测算，公司认为所增设的经济补偿条款虽然对公司财务有一定的影响，但在发生恶意收购的情形下，公司管理层的稳定对公司正常经营决策和对广大中小股东利益的保护更关键，本条款的修订可以在一定程度上避免收购方成为大股东后滥用控制权，随意罢免公司董事、监事和管理层人员，导致公司经营不稳定，进而损害公司及中小股东的合法权益。设置本条款的目的是防止收购方滥用权利，确保公司平稳过渡，避免经营管理工作出现混乱，从而损害公司和全体股东的利益。条文中规定支付赔偿金附有若干严格的限制，因此对公司影响较小，公司认为并不存在利益输送的情形。而且，此条款并不构成对《公司法》和《公司章程》规定的董事、高级管理人员忠实义务的豁免，仍受制于《公司法》和《公司章程》规定的董事、高级管理人员忠实义务。"

公司针对该条款进行如下风险提示："修订后的《公司章程》第十三条一方面增加了恶意收购者收购公司的成本，对恶意收购者短期内大范围更换公司管理层起到了威慑作用，使得公司在面临恶意收购时有一个缓冲期，有利于保障公司经营决策在控制权变更的过渡期内不至于陷入混乱；另一方面，如恶意收购者短期内大范围更换公司管理层，相关管理层薪酬赔偿机制将被触发，根据公司目前测算，虽然赔偿金额对公司当期净利润有一定程度影响，但并不会影响公司的上市地位。"

062 未履行信息披露义务超比例购买的股权可否限制相应的表决权？

设计要点

投资者违反信息披露规定收购公司股份的，在买入后的36个月内，就超过规定比例部分的股份不得行使表决权。

阅读提示

为了防范上市公司收购过程中的违规行为，证监会的核心监管办法就是信息披露。信息披露不但有利于防范市场的不当行为，而且可以帮助目标公司现任管理层获得更多时间，采取相应的反收购措施。另外，信息披露规则还可提醒其他潜在竞争者，即针对特定目标公司的要约或敌意收购迫在眉睫。实践中，上市公司控制权争夺案频频违反权益披露的义务，敌意收购者往往闷头干大事，偷偷窃取公司控制权。例如，西藏旅游股份有限公司、上海新某置业股份有限公司、上海康达尔（集团）股份有限公司、成都市路桥工程股份有限公司的控制权争夺诉讼均反映了这一问题，也有部分上市公司对这一问题作出了预防性规定。同时，《证券法》2019年修订后，亦在第六十三条第四款明确规定，违反报告、通知、公告义务的情况下买入的股份，在买入后的36个月内，就超过规定比例部分的股份不得行使表决权。

章程研究文本

《世联行集团股份有限公司章程》（2023年12月版）

第三十八条 公司股东承担下列义务：

（五）通过证券交易所的证券交易，投资者持有或者通过协议、其他安排与他人共同持有公司已发行的股份达到3%时，应当在该事实发生之日起3日内，向公司董事会作出书面报告。股东持有或者通过协议、其他安排与他人共同持有公司已发行的股份达到3%后，其所持公司已发行的股份比例每增加或者减少3%，应当依照前款规定进行报告。报告内容应包括但不限于：信息披露义务人介绍、本次权益变动的目的、本次权益变动方式、本次交易的资金来源、后续计划、对上市公司影响的分析、前六个月内买卖上市交易股份的情况、信息披露义务人的财务资料、其他重要事项、备查文件、信息披露义务人及法定代表人声明。

投资者违反上述规定，在购买、控制公司股份过程中未依法履行报告义务，或者在信息披露义务过程中存在虚假陈述、重大误导、遗漏的，构成恶意收购，应承担如下法律责任：

（1）公司其他股东有权要求其赔偿因其违法收购而造成的所有经济损失（含直接和间接损失）；

（2）公司董事会有权依据本章程主动采取反收购措施，并公告该等收购行为为恶意收购，该公告的发布与否不影响前述反收购措施的执行；

（3）公司董事会及其他股东有权要求国务院证券监督管理机构、证券交易所追究其法律责任；

（六）法律、行政法规及本章程规定应当承担的其他义务。

公司股东滥用股东权利给公司或者其他股东造成损失的，应当依法承担赔偿责任。公司股东滥用公司法人独立地位和股东有限责任，逃避债务，严重损害公司债权人利益的，应当对公司债务承担连带责任。

《山东山大华特科技股份有限公司章程》（2015年3月版）①

第二十九条第四款、第五款 通过证券交易所的证券交易，投资者持有或者通过协议、其他安排与他人共同持有公司已发行的股份达到5%时，应当在该事实发生之日起3日内，向国务院证券监督管理机构、证券交易所作出书面报告、书面通知公司并予公告，在上述期限内，不得再行买卖公司的股票。股东持有或者通过协议、其他安排与他人共同持有公司已发行的股份达到5%后，其所持公司已发行的股份比例每增加或者减少5%，应当依照前款规定进行报告和公告。在报告期限内和作出报告、公告后2日内，不得再行买卖公司的股票。

投资者违反上述规定购买、控制公司股份的，构成恶意违法收购，应承担如下法律责任：

（1）公司董事会及其他股东有权要求国务院证券监督管理机构、证券交易所追究其法律责任。公司其他股东有权要求其赔偿因其违法收购而造成的所有经济损失（含直接和间接损失）。

（2）投资者违反上述规定购买、控制公司股份的，不享有公司董事、监事的提名权，公司董事会有权拒绝其行使除领取股利以外的其他股东权利。

（3）投资者违反上述规定购买、控制公司股份而成为公司第一大股东或实际控

---

① 2016年5月版章程删去了第五款内容，2021年11月版章程删去了第四款内容。

制人的，公司其他股东有权要求其按照下述价格的较高者收购其他股东持有的公司股份：

a. 在该事实发生前6个月内，收购人买入公司股票所支付的最高价格；

b. 在该事实发生后30个交易日内，公司股票的每日加权平均价格。

（4）投资者违反上述规定购买、控制公司股份而成为公司第一大股东或实际控制人的，在公司董事、监事、总经理和其他高级管理人员任期未届满前如确需终止或解除职务，必须得到本人的认可，且公司须一次性支付其相当于前一年年薪总和十倍以上的经济补偿。

同类章程条款

上市公司章程中少有公司对违反信息披露义务的敌意收购者作出惩罚的规定，在2015年的"宝万之争"后，伊利股份董事会曾对公司章程进行过修订涉及该条款，但该章程经证监会征询后，不了了之。具体如下：

《内蒙古伊利实业集团股份有限公司章程》（2016年8月董事会提案版，后续章程中并未实际增加该条文）

第三十七条第五项 通过证券交易所的证券交易，投资者持有，或者通过协议、其他安排与他人共同持有公司已发行的股份达3%时，应当在该事实发生之日起三日内，向公司董事会发出书面通报。在通报期限内和发出通报后二个交易日内，不得再行买卖公司的股票。投资者持有或者通过协议、其他安排与他人共同持有公司已发行的股份达到3%后，其所持公司已发行的股份比例每增加或者减少3%，应当依照前款规定进行通报。

通报内容应包括但不限于，信息披露义务人介绍、本次权益变动的目的、本次权益变动方式、本次交易的资金来源、后续计划、对上市公司影响的分析、前六个月内买卖公司股份的情况、信息披露义务人的财务资料、其他重要事项、备查文件、信息披露义务人及其法定代表人声明。违反上述规定，或者在信息披露过程中存在虚假记载、误导性陈述、重大遗漏的应承担如下法律责任：

1. 公司其他股东有权要求其赔偿因其恶意收购而造成的所有经济损失（含直接和间接损失）。

2. 公司董事会有权依据本章程主动采取反收购措施，并公告该等收购行为为恶意收购，该公告的发布与否不影响前述反收购措施的执行。

3. 违反上述规定购买、持有公司股份的，在其违规行为改正前，不得行使其所持或所控制的该等股票的表决权，公司董事会有权拒绝其行使除领取该等股票股利以外的其他权利。

4. 公司董事会及其他股东有权向证券监督管理机构、证券交易所等反映情况并请求追究其法律责任。

公司法和相关规定

《证券法》（2019年修订）

第六十三条 通过证券交易所的证券交易，投资者持有或者通过协议、其他安排与他人共同持有一个上市公司已发行的有表决权股份达到百分之五时，应当在该事实发生之日起三日内，向国务院证券监督管理机构、证券交易所作出书面报告，通知该上市公司，并予公告，在上述期限内不得再行买卖该上市公司的股票，但国务院证券监督管理机构规定的情形除外。

投资者持有或者通过协议、其他安排与他人共同持有一个上市公司已发行的有表决权股份达到百分之五后，其所持该上市公司已发行的有表决权股份比例每增加或者减少百分之五，应当依照前款规定进行报告和公告，在该事实发生之日至公告后三日内，不得再行买卖该上市公司的股票，但国务院证券监督管理机构规定的情形除外。

投资者持有或者通过协议、其他安排与他人共同持有一个上市公司已发行的有表决权股份达到百分之五后，其所持该上市公司已发行的有表决权股份比例每增加或者减少百分之一，应当在该事实发生的次日通知该上市公司，并予公告。

违反第一款、第二款规定买入上市公司有表决权的股份的，在买入后的三十六个月内，对该超过规定比例部分的股份不得行使表决权。

《上市公司收购管理办法》（2020年修正）

第十二条 投资者在一个上市公司中拥有的权益，包括登记在其名下的股份和虽未登记在其名下但该投资者可以实际支配表决权的股份。投资者及其一致行动人在一个上市公司中拥有的权益应当合并计算。

第十三条 通过证券交易所的证券交易，投资者及其一致行动人拥有权益的股份达到一个上市公司已发行股份的5%时，应当在该事实发生之日起3日内编制权益变动报告书，向中国证监会、证券交易所提交书面报告，通知该上市公司，并予公告；在上述期限内，不得再行买卖该上市公司的股票，但中国证监会规定的情形除外。

前述投资者及其一致行动人拥有权益的股份达到一个上市公司已发行股份的5%后，通过证券交易所的证券交易，其拥有权益的股份占该上市公司已发行股份的比例每增加或者减少5%，应当依照前款规定进行报告和公告。在该事实发生之日起至公告后3日内，不得再行买卖该上市公司的股票，但中国证监会规定的情形除外。

前述投资者及其一致行动人拥有权益的股份达到一个上市公司已发行股份的5%后，其拥有权益的股份占该上市公司已发行股份的比例每增加或者减少1%，应当在该事实发生的次日通知该上市公司，并予公告。

违反本条第一款、第二款的规定买入在上市公司中拥有权益的股份的，在买入后的36个月内，对该超过规定比例部分的股份不得行使表决权。

第七十五条 上市公司的收购及相关股份权益变动活动中的信息披露义务人，未按照本办法的规定履行报告、公告以及其他相关义务的，中国证监会责令改正，采取监管谈话、出具警示函、责令暂停或者停止收购等监管措施。在改正前，相关信息披露义务人不得对其持有或者实际支配的股份行使表决权。

第七十六条 上市公司的收购及相关股份权益变动活动中的信息披露义务人在报告、公告等文件中有虚假记载、误导性陈述或者重大遗漏的，中国证监会责令改正，采取监管谈话、出具警示函、责令暂停或者停止收购等监管措施。在改正前，收购人对其持有或者实际支配的股份不得行使表决权。

专家分析

敌意收购一般是指并购方在目标公司管理层对并购意图不明确或对并购行为持反对态度的情况下，对目标公司强行进行的并购。其主要特征在于它的敌意属性，即在敌意收购成功后，敌意收购方股东得以凌驾于管理层之上，从而改变公司治理结构乃至企业发展战略。为了防范敌意收购过程中的违规行为，证监会的核心监管办法就是信息披露。信息披露不但有利于防范市场的不当行为，而且可以帮助目标公司现任管理层获得更多的时间，采取相应的反收购措施。

在《证券法》2019年修订时，新增了第六十三条，明确了违规买入上市公司有表决权的股份的，在买入后的36个月内，对该超过规定比例部分的股份不得行使表决权。同时在2020年修正的《上市公司收购管理办法》中，亦新增了第十三条，对该规则予以重申。至此，法律及相关办法均已明确了超过规定比例部分36个月内不得行使表决权的规则，公司章程进行同样规定不会出现效力问题。

章程条款设计建议

第一，在章程中明确需要进行信息披露的收购情形，包括单独持有、合并持有、协议或其他各种方式取得5%以上股权。例如，规定本章程所述购买、控制公司股份，是指该投资者单独持有、合并持有、通过协议或其他安排与他人共同持有、通过一致行动共同持有、通过其他法人自然人间接持有以及其他实际控制公司股份的情形。

第二，在章程中规定违反信息披露规则收购的不利后果。例如，投资者违反信息披露规定收购公司股份的，在买入后的36个月内，对该超过规定比例部分的股份不得行使表决权。公司其他股东有权要求其赔偿因其违法收购而造成的所有经济损失（含直接和间接损失）。

公司章程条款实例

通过证券交易所的证券交易，投资者持有或者通过协议、其他安排与他人共同持有公司已发行的股份达5%时，应当在该事实发生之日起3日内，向公司董事会发出书面通报。在通报期限内和发出通报后两个交易日内，不得再行买卖公司的股票。投资者持有或者通过协议、其他安排与他人共同持有公司已发行的股份达到5%后，其所持公司已发行的股份比例每增加或者减少5%，应当依照前款规定进行通报。

通报内容应包括但不限于信息披露义务人介绍、本次权益变动的目的、本次权益变动方式、本次交易的资金来源、后续计划、对上市公司影响的分析、前6个月内买卖公司股份的情况、信息披露义务人的财务资料、其他重要事项、备查文件、信息披露义务人及其法定代表人声明。违反上述规定，或者在信息披露过程中存在虚假记载、误导性陈述、重大遗漏的应承担如下法律责任：

（一）公司其他股东有权要求其赔偿因其恶意收购而造成的所有经济损失（含直接和间接损失）。

（二）公司董事会有权依据本章程主动采取反收购措施，并公告该等收购行为为恶意收购，该公告的发布与否不影响前述反收购措施的执行。

（三）投资者违反上述规定购买、控制公司股份的，在买入后的36个月内，对该超过规定比例部分的股份不得行使表决权。

（四）公司董事会及其他股东有权向证券监督管理机构、证券交易所等反映情况并请求追究其法律责任。

延伸阅读

违反信息披露义务的股票交易行为有效，敌意收购者可以取得相应股份；上市公司股东的控制权和反收购权并非法定的股东权利，法院并不对其提供专门的保护；在公司章程未明确规定限制违反信息披露规定超比例收购股权部分限制表决权的，法院无权判决限制其表决权。

案例：上海市第一中级人民法院审理的上海兴某实业发展（集团）有限公司诉王某忠证券欺诈责任纠纷案一审民事判决书［（2015）沪一中民六（商）初字第66号］认为，本案主要争议焦点如下：一、被告违反《证券法》第八十六条的规定，在未履行信息披露义务的情况下超比例购买新某公司股票的交易行为是否有效；二、原告的合法权益是否因被告的违规行为而遭受损失；三、原告要求限制现持股被告行使股东权利或处分相应股份的诉请是否具有法律依据。

关于争议焦点一，本院认为，原告虽在本案诉讼中撤回要求确认被告违规持股超出5%以上的股票交易行为无效的诉讼请求，但因被告明确抗辩其交易行为有效，而诉争股票交易行为的效力亦属于本院依法应予审查的范围，且该问题的认定结论与原告诉讼请求具有法律上的关联性，故对于诉争股票交易行为的法律效力，本院依法予以审查认定。根据中国证券监督管理委员会宁波监管局对被告王某忠的行政处罚决定书中认定的事实，王某忠系通过其实际控制的各被告的证券账户，按照证券交易所的交易规则，通过在交易所集合竞价的方式公开购买了新某公司的股票，其交易方式本身并不违法。根据我国《证券法》第一百二十条第一款的规定，按照依法制定的交易规则进行的交易，不得改变其交易结果。① 该法律规定是由证券交易的特性所决定的。证券交易虽在法律属性上属于买卖行为，但又与一般买卖行为存在显著区别，一般买卖合同发生于特定交易主体之间，而证券交易系在证券交易所以集合竞价、自动撮合方式进行的交易，涉及众多证券投资者，且交易对手间无法一一对应，如交易结果可以随意改变，则不仅会影响到证券交易市场秩序，还会涉及众多投资者的利益。因此，即使证券投资者在交易过程中存在违规行为，只要其系根据依法制定的交易规则进行的交易，交易结果仍不得改变。然而交易结果的确认并不等同于违规交易者对其违法行为可以免责，对此，我国《证券法》第一百二十条进一步明确规定："……对交易中违规交易者应负的民事责任不得免除；在违规交易中所获利益，依照有关规定处理。"② 由此可见，依法确认违规交易行为的交易结果并不必然导致违法者因其违法行为而获取不当利益的法律后果，违规交易者仍应根据其所违反的具体法律规范所造成的后果承担相应的法律责任。结合本

---

① 《证券法》已修改，现相关规定见《证券法》（2019年修订）第一百一十七条。
② 《证券法》已修改，现相关规定见《证券法》（2019年修订）第一百一十七条。

案具体事实，被告的交易行为违反了我国《证券法》第八十六条关于大额持股信息披露制度的相关规定。该条款规定："通过证券交易所的证券交易，投资者持有或者通过协议、其他安排与他人共同持有一个上市公司已发行的股份达到百分之五时，应当在该事实发生之日起三日内，向国务院证券监督管理机构、证券交易所作出书面报告，通知该上市公司，并予以公告；在上述期限内，不得再行买卖该上市公司的股票。投资者持有或者通过协议、其他安排与他人共同持有一个上市公司已发行的股份达到百分之五后，其所持该上市公司已发行的股份比例每增加或者减少百分之五，应当依照前款规定进行报告和公告。在报告期限内和作出报告、公告后二日内，不得再行买卖该上市公司的股票。"[1] 上述条款对上市公司的投资者通过证券交易所的证券交易，控制上市公司5%以上比例的股份及在该比例后每增减5%比例股份的公告义务作出明确规定，并要求上述投资者履行向证券监管部门、交易所及上市公司的报告义务，且在公告及报告期内不得再行买卖该上市公司的股票。该法律规定之所以要求投资者在大额购买上市公司股票时履行信息披露义务，并在一定期限内不得再行买卖该上市公司股票，一方面是为了便于证券监管机构、证券交易所及上市公司及时了解上市公司股权变动情况，另一方面是为了维护证券市场的公开、公平、公正的交易规则，对股票大额交易行为实施有效监督，防止投资者利用信息或资金优势进行内幕交易或操纵证券市场，保护广大中小投资者的知情权，从而进一步保障广大投资者能够在合理期限内充分了解市场信息，并在该前提下实施投资决策权。为此，我国《证券法》对违规进行内幕交易、操纵市场及违反信息披露义务的责任主体分别规定了相应的法律责任，其中包括行政责任、民事赔偿责任甚至刑事责任。《最高人民法院关于审理证券市场因虚假陈述引发的民事赔偿案件的若干规定》则进一步明确，对违反上市公司信息披露义务的责任主体，在符合法定要件的情况下，其应对其他证券市场投资者的损失承担相应的民事赔偿责任。至于本案被告是否应承担相应的民事赔偿责任，因不属于双方当事人争议范围，故本院不予审查认定。综上所述，本院认为，结合我国《证券法》第八十六条及第一百二十条的相关规定，违反大额持股信息披露义务而违规购买上市公司股票的行为并不属于我国证券法应确认交易行为无效的法定情形，故对被告持股的合法性本院予以确认。

关于争议焦点二，本院注意到，原告在诉讼中明确表示，其提起本案诉讼并非基于股东代表诉讼，而系其自身利益受到侵害，即被告的违规交易行为侵害了其股

---

[1] 《证券法》已修改，现相关规定见《证券法》（2019年修订）第六十三条第一款、第二款。

东知情权及对新某公司的控制权和反收购权。对此，本院认为，我国《证券法》第八十六条所规定的相关责任主体的信息披露义务旨在保障证券市场广大投资者的知情权，维护证券市场公开、公平、公正的交易秩序。本案被告违反了《证券法》第八十六条的规定，在未依法及时履行信息披露义务的情况下，在二级市场超比例大量购买新某公司股票的交易行为，的确侵害了包括原告在内的广大投资者的知情权。根据我国现行《证券法》及相关司法解释的规定，对于因违反信息披露义务，侵害了投资者的知情权及交易选择权的责任主体，其应对遭受损失的投资者承担民事侵权损害赔偿责任。换言之，受损害的投资者享有的是要求侵权行为人承担赔偿其自身财产性权益损失的权利。现原告并未主张财产性权益损失，而是以此为由要求限制被告行使股东权利及对股票的处分权利，该主张缺乏相应的法律依据，本院不予采纳。另外，原告主张被告的行为侵害了其对新某公司的控制权及反收购权。原告该诉讼主张是否成立的关键在于确定原告是否系新某公司的控股股东，以及原告所主张的控制权及反收购权是否属于依法应予保护的股东权利。根据我国《公司法》第二百一十六条的规定，上市公司控股股东是指：1. 持有的股份占股份有限公司股本总额百分之五十以上的股东；2. 持有股份的比例虽然不足百分之五十，但依其持有的股份所享有的表决权已足以对股东大会的决议产生重大影响的股东。① 本案中，原告目前虽持有新某公司股份的比例仅为11.19%，但因新某公司客观上股权结构较为分散，且该公司在本案诉讼中对原告系其控股股东的事实予以确认，故本院对原告所主张的其系新某公司控股股东的事实予以确认。对于上市公司控股股东的控制权是否依法应予保护的问题，本院认为，上市公司控股股东的控制权取决于其所持股份的表决权的大小。作为公众公司，为促进市场资源配置最优化，其本质的特征就在于符合条件的投资者均可依法自由买卖该上市公司的股票，因而上市公司控制权也会因投资主体持股数量的变化而随时发生变更。因此，所谓上市公司的控制权仅表现为投资者根据其投资比例依法享有的对公司管理事务表决权的大小，并非控股股东依法所应享有的股东权利。况且，为防止控股股东滥用控制权，我国《证券法》及《公司法》均规定上市公司控股股东应对公司承担相应的忠实、勤勉的信义义务。因此，上市公司股东的控制权并非法定的股东权利。据此，对原告该诉讼主张，本院不予采纳。对于原告主张的被告的违规交易行为侵害了其反收购权的诉讼主张，本院认为，原告的该诉讼主张涉及对被告的交易行为是否构成对新某公司的收购，以及原告是否享有其所主张的"反收购权"的认定。因

---

① 《公司法》已修改，现相关规定见《公司法》（2023年修订）第二百六十五条第二项。

反收购措施权利归属的认定是原告该诉讼主张是否依法成立的首要前提条件，换言之，即使被告的行为构成对新某公司的收购，如原告依法不享有其所主张的所谓反收购权利，则被告的行为亦不构成对原告权利的侵害。对此，本院认为，反收购既非法律概念，亦非上市公司控股股东的一项法定权利。结合国内外证券市场的现状，所谓反收购，是指在目标公司管理层不同意收购的情况下，其为了防止公司控制权转移而采取的旨在预防或挫败收购者收购目标公司的行为。我国《证券法》《公司法》以及中国证监会发布的《上市公司收购管理办法》中均未赋予上市公司的控股股东享有反收购的法定权利。相反，为防止目标公司管理层为一己私利而采取不正当的反收购行为，我国《上市公司收购管理办法》第八条对被收购公司管理层采取反收购措施进行了明确规制。该条规定："被收购公司的董事、监事、高级管理人员对公司负有忠实义务和勤勉义务，应当公平对待收购本公司的所有收购人。被收购公司董事会针对收购所作出的决策及采取的措施，应当有利于维护公司及其股东的利益，不得滥用职权对收购设置不适当的障碍，不得利用公司资源向收购人提供任何形式的财务资助，不得损害公司及其股东的合法权益"。因此，任何证券市场主体均不享有原告所主张的所谓法定的反收购权利，而目标公司管理层也只有在为维护公司及广大股东合法利益的前提下才可以采取合法的反收购措施。现原告以新某公司控股股东的身份提起本案诉讼，主张被告的行为侵犯了其反收购的权利，该主张缺乏法律依据，本院亦不予支持。

关于争议焦点三，原告主张，被告的交易行为应自始无效，且被告尚未完成行政处罚责令其改正的违法行为，故其股东权利及对股票的处置权利应依法受限。被告则共同辩称，其交易结果合法有效，王某忠的违法交易行为已受到证券监管部门的行政处罚，且其依照行政处罚决定完成了被责令改正的全部事项，故所有持股被告均可依法行使股东权利。对此，本院认为，关于被告违规交易行为的效力问题，本院在前述中已作出明确认定，故原告以交易行为自始无效为由要求限制被告行使股东权利的诉讼主张，本院不予采纳。在交易行为有效的前提下，持股被告的股东权利是否应当受限，这关系到被告是否已经完成了被责令改正的违法行为问题的认定。对此，本院注意到，我国《证券法》第二百一十三条规定："收购人未按照本法规定履行上市公司收购的公告、发出收购要约等义务的，责令改正，给予警告，并处以十万元以上三十万元以下的罚款；在改正前，收购人对其收购或者通过协议、其他安排与他人共同收购的股份不得行使表决权。对直接负责的主管人员和其他直接责任人员给予警告,并处以三万元以上三十万元以下的罚款。"① 根据上述条款的规定,责令改正的事项应由证券监督管理机构依其行政职权依法作出行政处罚决定,而是否全面履行改正义务亦应由作出行政处罚决定的证券监督管理机构予以审查认定。本案中,中国证券监督管理委员会宁波监管局对诉争违法交易行为予以审查后,最终认定被告王某忠违反《证券法》第八十六条的规定,构成了《证券法》第一百九十三条②所述之信息披露违法行为,并根据《证券法》第一百九十三条的规定,责令王某忠改正违法行为,给予警告,并处以 50 万元的罚款。后被告王某忠于 2015 年 1 月 22 日通过中国工商银行向中国证券监督管理委员会缴纳罚款 50 万元,并和开某公司作为信息披露义务人,与一致行动人腾某咨询中心、升某设计中心、瑞某公司、鸿某公司、力某公司共同发布《上海新某置业股份有限公司详式权益变动报告书(补充披露)》。迄今为止,相关证券监督管理部门并未进一步责令王某忠或其他被告改正其他违法行为,或要求其进一步补充信息披露,故对原告提出的根据行政处罚决定的结果,各被告的改正行为尚未完成的诉称意见,因缺乏相应的事实及法律依据,本院难以采纳。至于原告在本案诉讼中提出的被行政处罚的责任主体及处罚事项不当的诉讼主张,因不属于民事纠纷审查范围,故本院不予审查认定。因原告以被告违法交易行为自始无效及各被告尚未完成行政处罚责令改正事项为由,要求限制持股被告行使股东权利及处分股票权利的诉讼请求缺乏事实及法律依据,本院不予支持。对于各被告提出的因行政处罚责任主体仅为王某忠一人,故其余被告均主体不适格的抗辩意见,本院认为,本案中受行政处罚的责任主体虽仅为王某忠一人,但行政处罚决定书已明确认定了各被告形成的账户组受王某忠一人控制或存在一致行动关系的事实,故各被告均与本案争议具有一定的关联性。据此,对于各被告的该辩称意见,本院不予采纳。综合上述所有争议问题的分析认定,本院认为,本院已充分注意到,被告违反《证券法》第八十六条的规定,在未依法履行信息披露义务的情况下,违规超比例购买新某公司股票的行为,违背了证券市场公开、公平、公正的交易原则,侵害了广大中小投资者的知情权和投资决策权,一定程度上亦不利于上市公司治理的稳定性,其违法行为也受到了证券监督管理部门的处罚。但本案中,原告作为新某公司的投资股东,在其未能举证证明其自身任何合法权益遭受损失的情况下,要求限制被告行使股东权利并禁止其处分相应股票的诉讼请求,缺乏事实及法律依据,本院均不予支持。

---

① 《证券法》已修改,现相关规定见《证券法》(2019 年修订)第一百九十六条第一款。
② 《证券法》已修改,现相关规定见《证券法》(2019 年修订)第八十五条。

063 股东大会可否拒绝对未充分披露信息的并购提案进行表决？

设计要点

收购方应在提案中对收购资产的基本情况、交易的必要性等事项作出充分的分析及说明。

阅读提示

"宝万之争"后，我国部分上市公司为了抵御恶意并购，在公司章程中特别规定：在发生恶意收购的情况下，收购方向公司股东大会提出关于出售公司资产或收购其他资产等议案时，应在议案中对于出售、收购资产的基本情况、交易发生的必要性、定价方式及其合理性、收购或出售资产的后续安排以及该次交易对公司持续盈利能力的影响等事项作出充分的分析及说明，并提供全部相关资料。那么，该规定是否符合《公司法》的规定？如果并购提案不符合上述规定，公司股东大会是否可以拒绝进行表决？该章程条款的设计是否有不足之处？笔者将进行系统分析。

章程研究文本

《河南佰利联化学股份有限公司章程》（2023年10月版）

第五十三条 《提案》的内容应当属于股东大会职权范围，有明确议题和具体决议事项，并且符合法律、行政法规、部门规章及规范性文件和本《章程》的有关规定和要求。

第五十四条 公司召开股东大会，董事会、监事会以及单独或者合并持有公司3%以上股份的股东（含表决权恢复的优先股股东，如有），有权向公司提出《提案》。

单独或者合并持有公司3%以上股份的股东（含表决权恢复的优先股股东，如有），可以在股东大会召开10日前提出临时《提案》并书面提交召集人。召集人应当在收到《提案》后2日内发出股东大会《补充通知》，公告临时《提案》的内容。

除前款规定的情形外，召集人在发出股东大会通知《公告》后，不得修改股东大会《通知》中已列明的《提案》或增加新的《提案》。

股东大会《通知》中未列明或不符合本《章程》第五十三条规定的《提案》，

股东大会不得进行表决并作出《决议》。

在发生公司恶意收购的情况下，收购方向公司股东大会提出关于出售公司资产或收购其他资产等《提案》时，应在《提案》中对于出售、收购资产的基本情况、交易发生的必要性、定价方式及其合理性、收购或出售资产的后续安排以及该次交易对公司持续盈利能力的影响等事项作出充分的分析及说明，并提供全部相关资料。提案所披露信息不完整或不充分的，或者提案人提供的相关资料不足以支撑提案内所包含相关信息的，应由召集人负责告知提案人并由提案人2日内修改完善后重新提出。构成重大资产重组的，按照《上市公司重大资产重组管理办法》等相关法律法规的规定办理。

同类章程条款

实践中，上市公司较少在章程中明确规定收购方应向股东大会就收购的事项进行详细的说明，在2015年的"宝万之争"后，河南佰利联化学股份有限公司及多氟多化工股份有限公司、兄弟科技股份有限公司对公司章程进行了修订，规定了收购方的此义务，三个公司章程条款基本相同。

《多氟多化工股份有限公司章程》（2023年11月版）

第六十条第四款、第五款 提案的内容应当属于股东大会职权范围，有明确的议题和具体决议事项，并且符合法律、行政法规和本章程的有关规定。股东大会通知中未列明或不符合本章程规定的提案，股东大会不得进行表决并作出决议。

在发生公司恶意收购的情况下，收购方向公司股东大会提出关于出售公司资产或收购其他资产等议案时，应在议案中对于出售、收购资产的基本情况、交易发生的必要性、定价方式及其合理性、收购或出售资产的后续安排以及该次交易对公司持续盈利能力的影响等事项作出充分的分析及说明，并提供全部相关资料。提案所披露信息不完整或不充分的，或者提案人提供的相关资料不足以支撑提案内所包含相关信息的，应由召集人负责告知提案人并由提案人2日内修改完善后重新提出。构成重大资产重组的，还应按照《上市公司重大资产重组管理办法》等相关法律法规的规定，履行相应程序。

《兄弟科技股份有限公司章程》（2023年12月版）

第五十三条 股东大会提案应当符合下列条件：

（一）内容符合法律、行政法规、部门规章和章程的规定；

（二）内容属于股东大会职权范围；

（三）有明确议题和具体决议事项。

第五十四条第四款、第五款 股东大会通知中未列明或不符合本章程前条规定的提案，股东大会不得进行表决并作出决议。

在发生公司恶意收购的情况下，收购方向公司股东大会提出关于出售公司资产或收购其他资产等议案时，应在议案中对于出售、收购资产的基本情况、交易发生的必要性、定价方式及其合理性、收购或出售资产的后续安排以及该次交易对公司持续盈利能力的影响等事项作出充分的分析及说明，并提供全部相关资料。构成重大资产重组的，按照《上市公司重大资产重组管理办法》等相关法律法规的规定办理。

公司法和相关规定

《公司法》（2023年修订）

第一百一十五条 召开股东会会议，应当将会议召开的时间、地点和审议的事项于会议召开二十日前通知各股东；临时股东会会议应当于会议召开十五日前通知各股东。

单独或者合计持有公司百分之一以上股份的股东，可以在股东会会议召开十日前提出临时提案并书面提交董事会。临时提案应当有明确议题和具体决议事项。董事会应当在收到提案后二日内通知其他股东，并将该临时提案提交股东会审议；但临时提案违反法律、行政法规或者公司章程的规定，或者不属于股东会职权范围的除外。公司不得提高提出临时提案股东的持股比例。

公开发行股份的公司，应当以公告方式作出前两款规定的通知。

股东会不得对通知中未列明的事项作出决议。

《公司法》（2018年修正，已被修订）

第一百零二条 召开股东大会会议，应当将会议召开的时间、地点和审议的事项于会议召开二十日前通知各股东；临时股东大会应当于会议召开十五日前通知各股东；发行无记名股票的，应当于会议召开三十日前公告会议召开的时间、地点和审议事项。

单独或者合计持有公司百分之三以上股份的股东，可以在股东大会召开十日前提出临时提案并书面提交董事会；董事会应当在收到提案后二日内通知其他股东，并将该临时提案提交股东大会审议。临时提案的内容应当属于股东大会职权范围，并有明确议题和具体决议事项。

股东大会不得对前两款通知中未列明的事项作出决议。

无记名股票持有人出席股东大会会议的，应当于会议召开五日前至股东大会闭会时将股票交存于公司。

《上市公司章程指引》（2023年修正）

第五十三条 提案的内容应当属于股东大会职权范围，有明确议题和具体决议事项，并且符合法律、行政法规和本章程的有关规定。

第五十四条 公司召开股东大会，董事会、监事会以及单独或者合并持有公司百分之三以上股份的股东，有权向公司提出提案。

单独或者合计持有公司百分之三以上股份的股东，可以在股东大会召开十日前提出临时提案并书面提交召集人。召集人应当在收到提案后两日内发出股东大会补充通知，公告临时提案的内容。

除前款规定的情形外，召集人在发出股东大会通知公告后，不得修改股东大会通知中已列明的提案或增加新的提案。

股东大会通知中未列明或不符合本章程第五十三条规定的提案，股东大会不得进行表决并作出决议。

注释：计算本条所称持股比例时，仅计算普通股和表决权恢复的优先股。

专家分析

首先，根据《公司法》第一百一十五条第二款、《上市公司章程指引》第五十三条的规定，股东大会提案的内容应当属于股东大会职权范围，有明确议题和具体决议事项，并且符合法律、行政法规和公司章程的有关规定。因此，我国法律在一定程度上赋予了公司章程规定提案内容的自主权，公司章程可以要求收购者在股东大会提案中就收购的相关事项进行详细的说明。该规定没有对股东的提案权进行限制，相反，充分的信息披露无疑有利于保障股东的知情权，也有利于股东大会在充分掌握信息的前提下，作出有利于公司发展的股东大会决议。

其次，根据《上市公司章程指引》第五十三与第五十四条规定，公司股东大会不得对不属于股东大会职权范围、没有明确议题和具体决议事项、不符合法律、行政法规和公司章程的提案进行表决。因此，在公司章程对于并购提案披露事项进行了明确要求的前提下，股东大会不得对不符合该要求的提案进行表决。

最后，上述上市公司章程均将恶意收购设定为收购者在股东大会提案中充分披露所列收购事项之义务的前提条件，这无疑会给该义务带来不确定性。恶意并购一般是指并购方在目标公司管理层对并购意图不明或持反对态度的情况下，强行并购目标公司。但是，我国法律对恶意并购并没有进行明确的定义，这会导致该义务的触发条件过于模糊。上述《多氟多化工股份有限公司章程》对恶意收购进行了定义，并将最终的判断权交给了股东大会，出席股东大会有表决权股东的四分之三以上通过审议收购方为恶意收购的决议。这一做法可以明确恶意收购的定义，进而明确收购者在股东大会提案中充分披露所列收购事项之义务的触发条件。

章程条款设计建议

第一，明确并购提案应披露信息及未披露之后果。

公司章程应该规定，收购方向公司股东大会提出关于出售公司资产或收购其他资产等提案时，应在提案中对于该交易的相关信息进行充分的说明，具体而言，应该对于出售和收购资产的基本情况、交易发生的必要性、定价方式及其合理性、收购或出售资产的后续安排以及该次交易对公司持续盈利能力的影响等事项作出充分的分析，并提供全部相关资料。此外，公司章程应该明确规定违反该义务的后果。首先，若提案所披露信息不完整或不充分，或者提案人提供的相关资料不足以支撑提案内所包含相关信息，召集人应负责告知提案人并由提案人在 2 日内修改完善后重新提出；其次，若提案所披露的信息仍不完整或不充分，股东大会应将该提案视为违反公司章程规定的提案，不予表决或作出决议。

第二，明确上述义务的触发条件。

上市公司章程可以规定在何种情况下收购者负有上述义务，为了避免模糊，公司可以将并购的规模作为该义务的门槛，这样的规定避免了主观判断，保证了触发条件的客观性。若公司认为该客观条件过于死板，希望考量收购者的主观善意，则可以效仿上述三篇公司章程，将恶意并购规定为该义务的触发条件。此路径无疑更加灵活，但是也容易造成触发条件的模糊性，因此选择此路径的公司还应该在公司章程中对"恶意并购"加以定义，或将其裁决权交给股东大会。

公司章程条款实例

股东大会提案的内容应当属于股东大会职权范围，有明确议题和具体决议事项，并且符合法律、行政法规、部门规章及规范性文件和本章程的有关规定和要求。

公司召开股东大会，董事会、监事会以及单独或者合并持有公司 3% 以上股份的股东，有权向公司提出提案。

单独或者合计持有公司3%以上股份的股东，可以在股东大会召开10日前提出临时提案并书面提交召集人。召集人应当在收到提案后2日内发出股东大会补充通知，公告临时提案的内容。

除前款规定的情形外，召集人在发出股东大会通知公告后，不得修改股东大会通知中已列明的提案或增加新的提案。

在发生恶意收购的情况下，收购方向公司股东大会提出关于出售公司资产或收购其他资产等提案时，应在提案中对于出售和收购资产的基本情况、交易发生的必要性、定价方式及其合理性、收购或出售资产的后续安排以及该次交易对公司持续盈利能力的影响等事项作出充分的分析及说明，并提供全部相关资料。提案所披露信息不完整或不充分的，或者提案人提供的相关资料不足以支撑提案内所包含相关信息的，应由召集人负责告知提案人并由提案人2日内修改完善后重新提出。构成重大资产重组的，按照《上市公司重大资产重组管理办法》等相关法律法规的规定办理。

股东大会通知中未列明或不符合本章程规定的提案，股东大会不得进行表决并作出决议。

延伸阅读

深圳证券交易所针对收购者在收购提案中向股东大会充分披露信息之义务的问询及上市公司的回复

深圳证券交易所于2016年3月29日的《关于对多氟多化工股份有限公司的问询函》（中小板问询函［2016］第143号，以下简称"问询函"）中，要求多氟多公司说明第四届董事会第三十次会议审议通过的拟修订《公司章程》第六十条是否合法合规，是否损害股东利益。

多氟多公司回复说明，"根据《公司法》《章程指引》《股东大会规则》等的规定，股东大会提案的内容应当属于股东大会职权范围，有明确的议题和具体决议事项。公司本次修订后的章程未限制收购方作为公司股东的提案权，仅对收购方提出须经股东大会审议的出售、收购资产提案时需提供的资料进一步予以明确，未违反《公司法》等法律、法规的要求"。

"本次修订后的章程条款针对'收购方向公司股东大会提出关于出售公司资产或收购其他资产等议案'事项，并要求对出售和收购资产的基本情况、交易发生的必要性、定价方式及其合理性、收购或出售资产的后续安排以及该次交易对公司持续盈利能力的影响等事项作出充分的分析及说明，并提供全部相关资料。以上资料属于公司股东在股东大会审议、批准公司出售、收购资产并作出决议所必需的资料，未超出上市公司信息披露的合理范围。《公司章程》的上述修订有利于保障股东的知情权。"

064 公司章程是否可以将股东大会特别决议事项设置为四分之三通过？

设计要点

增设股东大会特别决议事项，将个别事项规定为四分之三决议通过。

阅读提示

"宝万之争"虽已尘埃落定，但反并购的热度丝毫未减。据统计，"宝万之争"后14个月内，有694家上市公司修改了公司章程，71家直接涉及了反并购条款。其中，设定绝对多数条款被认为是防止恶意收购的有效措施之一，公司章程规定公司进行并购、重大资产转让或者经营管理权变更时，必须经过股东大会所持表决权的四分之三以上同意。我国《公司法》第一百零三条规定了股东大会特别决议，列举了必须经出席会议的股东所持表决权的三分之二以上通过的事项。那么，提高特别决议的通过比例是否违反《公司法》？在公司章程的设计中，应该如何适用绝对多数条款防止恶意并购？本文将通过介绍世联行集团股份有限公司章程及类似章程和相关案例，对这一问题进行分析。

章程研究文本

《世联行集团股份有限公司章程》（2023年12月版）

第七十八条第二款 股东大会审议收购方为实施恶意收购而提交的关于购买或出售资产、租入或租出资产、赠与资产、关联交易、对外投资（含委托理财等）、对外担保或抵押、提供财务资助、债权或债务重组、签订管理方面的合同（含委托经营、受托经营等）、研究与开发项目的转移、签订许可协议等议案时，应由股东大会以出席会议的股东所持表决权的四分之三以上决议通过。

同类章程条款

笔者查阅了多家上市公司章程中的股东大会特别决议条款，其中，大多数公司与《公司法》和《上市公司章程指引》的规定一致。"宝万之争"后，部分上市公司增加了需要股东大会出席股东所持表决权四分之三以上通过的特别决议事项，旨在通过更严格的股东大会决议条件防止恶意收购，其内容与《世联行集团股份有限公司章程》类似，但是不完全相同，具体如下：

《龙佰集团股份有限公司章程》（2023年10月版）

第78条 下列事项由股东大会以特别《决议》通过：

……

（七）股东大会审议收购方为实施恶意收购而提交的关于本《章程》的修改、董事会成员的改选及购买或出售资产、租入或租出资产、赠与资产、关联交易、对外投资（含委托理财等）、对外担保或抵押、提供财务资助、债权或债务重组、签订管理方面的合同（含委托经营、受托经营等）、研究与开发项目的转移、签订许可协议等议案时，应由股东大会以出席会议的股东所持表决权的四分之三以上决议通过。

……

《山东金泰集团股份有限公司章程》（2016年8月拟修订版）①

第七十七条 下列事项由股东大会以特别决议通过：

（一）公司增加或者减少注册资本；

（二）公司的分立、合并、解散和清算；

（三）本章程的修改；

（四）公司在一年内购买、出售重大资产或者担保金额超过公司最近一期经审计总资产30%的；

（五）股权激励计划；

（六）法律、行政法规或本章程规定的，以及股东大会以普通决议认定会对公司产生重大影响的、需要以特别决议通过的其他事项。

下述事项由股东大会以出席会议的股东所持表决权的四分之三以上决议通过：

（一）股东大会审议收购方为实施恶意收购而提交的关于购买或出售资产、租

---

① 2016年8月29日修订版章程删去了第二款内容。

入或租出资产、赠与资产、关联交易、对外投资（含委托理财等）、对外担保或抵押、提供财务资助、债权或债务重组、签订管理方面的合同（含委托经营、受托经营等）、研究与开发项目的转移、签订许可协议；

（二）修改公司章程第四十八条、第五十二条、第五十三条、第七十七条、第九十六条、第一百零七条、第一百零八条事宜；

（三）除公司处于危机等特殊情况外，公司需与董事、总经理和其它高级管理人员以外的人订立将公司全部或者重要业务的管理交予该人负责的合同。

《垒知控股集团股份有限公司章程》（2023年10月版）

第七十八条 下列事项由出席股东大会的股东所持有表决权的四分之三以上通过：

……

（二）收购方为实施恶意收购行为而提交的关于购买或出售资产、租入或租出资产、赠与资产、关联交易、对外投资（含委托理财等）、对外担保、提供财务资助、债权或债务重组、签订管理方面的合同（含委托经营、受托经营等）、研究与开发项目的转移、签订授权许可协议等议案。

《多氟多化工股份有限公司章程》（2023年11月版）

第八十二条 下列事项由股东大会以特别决议通过：

（一）公司增加或者减少注册资本；

（二）公司的分立、合并、解散和清算；

（三）本章程的修改；

（四）本章程第四十五条第（二）项所涉及的交易；

（五）本章程第四十二条第（三）项所涉及的担保；

（六）股权激励计划；

（七）除公司处于危机等特殊情况外，公司需与董事、总经理和其他高级管理人员以外的人订立将公司全部或者重要业务的管理交予该人负责的合同；

（八）法律、行政法规或本章程规定的，以及股东大会以普通决议认定会对公司产生重大影响的、需要以特别决议通过的其他事项。

股东大会审议收购方为实施恶意收购而提交的关于收购资产/出售资产的议案时，应获得出席股东大会有表决权股东的四分之三以上通过。

除上述事项以及适用累积投票制度的情况以外，应由股东大会审议的其他事项均以普通决议通过。

公司法和相关规定

《公司法》（2023 年修订）

第一百一十六条　股东出席股东会会议，所持每一股份有一表决权，类别股股东除外。公司持有的本公司股份没有表决权。

股东会作出决议，应当经出席会议的股东所持表决权过半数通过。

股东会作出修改公司章程、增加或者减少注册资本的决议，以及公司合并、分立、解散或者变更公司形式的决议，应当经出席会议的股东所持表决权的三分之二以上通过。

第一百三十五条　上市公司在一年内购买、出售重大资产或者向他人提供担保的金额超过公司资产总额百分之三十的，应当由股东会作出决议，并经出席会议的股东所持表决权的三分之二以上通过。

第二百二十九条第一款　公司因下列原因解散：

（一）公司章程规定的营业期限届满或者公司章程规定的其他解散事由出现；

……

第二百三十条　公司有前条第一款第一项、第二项情形，且尚未向股东分配财产的，可以通过修改公司章程或者经股东会决议而存续。

依照前款规定修改公司章程或者经股东会决议，有限责任公司须经持有三分之二以上表决权的股东通过，股份有限公司须经出席股东会会议的股东所持表决权的三分之二以上通过。

《公司法》（2018 年修正，已被修订）

第一百零三条　股东出席股东大会会议，所持每一股份有一表决权。但是，公司持有的本公司股份没有表决权。

股东大会作出决议，必须经出席会议的股东所持表决权过半数通过。但是，股东大会作出修改公司章程、增加或者减少注册资本的决议，以及公司合并、分立、解散或者变更公司形式的决议，必须经出席会议的股东所持表决权的三分之二以上通过。

第一百二十一条　上市公司在一年内购买、出售重大资产或者担保金额超过公司资产总额百分之三十的，应当由股东大会作出决议，并经出席会议的股东所持表决权的三分之二以上通过。

第一百八十条第一款　公司因下列原因解散：

（一）公司章程规定的营业期限届满或者公司章程规定的其他解散事由出现；

……

第一百八十一条 公司有本法第一百八十条第（一）项情形的，可以通过修改公司章程而存续。

依照前款规定修改公司章程，有限责任公司须经持有三分之二以上表决权的股东通过，股份有限公司须经出席股东大会会议的股东所持表决权的三分之二以上通过。

《上市公司章程指引》（2023年修正）

第七十八条 下列事项由股东大会以特别决议通过：

（一）公司增加或者减少注册资本；

（二）公司的分立、分拆、合并、解散和清算；

（三）本章程的修改；

（四）公司在一年内购买、出售重大资产或者担保金额超过公司最近一期经审计总资产百分之三十的；

（五）股权激励计划；

（六）法律、行政法规或本章程规定的，以及股东大会以普通决议认定会对公司产生重大影响的、需要以特别决议通过的其他事项。

注释：股东大会就以下事项作出特别决议，除须经出席会议的普通股股东（含表决权恢复的优先股股东，包括股东代理人）所持表决权的三分之二以上通过之外，还须经出席会议的优先股股东（不含表决权恢复的优先股股东，包括股东代理人）所持表决权的三分之二以上通过：（1）修改公司章程中与优先股相关的内容；（2）一次或累计减少公司注册资本超过百分之十；（3）公司合并、分立、解散或变更公司形式；（4）发行优先股；（5）公司章程规定的其他情形。

专家分析

股东大会决议分为普通决议和特别决议。按照《公司法》的规定，普通决议是指在股东大会上以出席会议的股东所持表决权的过半数通过的决议；特别决议是指在股东大会上以出席会议的股东所持表决权的三分之二以上通过的决议。对于是否可以提高普通决议和特别决议的通过比例，学界有两种观点：第一种观点认为，普通决议和特别决议通过比例并无上限规定，提高通过比例有利于保护股东利益，是法律所允许的；第二种观点则认为，公司章程将普通决议和特别决议的通过比例提高，会赋予部分股东一票否决权,这不仅不利于保护小股东利益,也是对股权平等原则的背离。

司法实践中,法院认为提高某个特别决议事项的通过比例的章程条款仍然是有效的(详见延伸阅读)。实践中,除可以提高普通决议和特别决议的通过比例外,公司还可选择增设特别决议事项,或者提高某个特定事项的决议通过比例,达到预防恶意并购的目的。

章程条款设计建议

第一,在章程中增加反并购条款是必要的,提高股东会决议通过比例也是可以有效避免恶意并购的条款之一。公司可以结合其自身特点,选择是否提高股东会决议通过比例,并确定通过比例。对于有限责任公司而言,在很多情况下提高股东会决议意味着赋予了大股东的一票否决权,其他小股东对此应当引起足够的注意,小股东不可未经审查即与大股东协商,即随意同意公司章程的修订。但同时作为大股东,也要慎重普遍提高股东会决议通过比例,要考虑到如公司引起其他投资者将导致大股东股权被稀释,而一旦被稀释至该比例以下,大股东也不能单独作出股东会决议,甚至可能会产生公司各方股东均不能作出有效决议、公司僵局的情况。

第二,相较于普遍提高股东会决议通过比例的方式,笔者更加建议公司根据自身的需要,增设特别决议事项,或者规定某些重大事项需要经过经出席会议的股东所持表决权的四分之三(或其他根据公司具体情况设定的比例)同意。具体而言,公司可以将以下事项规定为四分之三决议通过:

(1)股东会审议收购方为实施收购而提交的关于购买或出售资产、租入或租出资产、赠与资产、关联交易、对外投资(含委托理财等)、对外担保或抵押、提供财务资助、债权或债务重组、签订管理方面的合同(含委托经营、受托经营等)、研究与开发项目的转移、签订许可协议;

(2)除公司处于危机等特殊情况外,公司需与董事、总经理和其他高级管理人员以外的人订立将公司全部或者重要业务的管理交予该人负责的合同。

第三,公司可以自行选择上述重大事项的股东大会决议通过比例,目前比较普遍的选择是四分之三。但是,这一比例并不当然适合每个公司。在实践中,公司要考虑自身的股权结构,对于股权较为集中的公司来说,还要着重考虑是否赋予了某些股东一票否决权。

公司章程条款实例

一、下列事项由股东大会以特别决议通过：

（一）公司增加或者减少注册资本；

（二）公司的分立、合并、解散和清算；

（三）本章程的修改；

（四）公司在一年内购买、出售重大资产或者担保金额超过公司最近一期经审计总资产30%的；

（五）股权激励计划；

（六）法律、行政法规或本章程规定的，以及股东大会以普通决议认定会对公司产生重大影响的、需要以特别决议通过的其他事项。

二、下述事项由股东大会以出席会议的股东所持表决权的四分之三以上决议通过：

（一）股东大会审议收购方为实施恶意收购而提交的关于购买或出售资产、租入或租出资产、赠与资产、关联交易、对外投资（含委托理财等）、对外担保或抵押、提供财务资助、债权或债务重组、签订管理方面的合同（含委托经营、受托经营等）、研究与开发项目的转移、签订许可协议；

（二）除公司处于危机等特殊情况外，公司需与董事、总经理和其他高级管理人员以外的人订立将公司全部或者重要业务的管理交予该人负责的合同。

3. 除上述事项（以及适用累积投票制度的情况）以外，应由股东大会审议的其他事项均以普通决议通过。

延伸阅读

裁判观点：公司章程规定特别决议需要全体股东同意的条款有效

案例一：杨某生诉中某会计师事务所有限公司股东会决议撤销纠纷案一审民事判决书［（2008）海民初字第10313号］认为，"股东会的召开、表决以及决议内容的作出，应遵照《公司法》的有关规定，公司章程中有特别约定的，应依章程的约定"。此案中，中某公司章程第二十五条规定："对以下事项须经全体股东表决通过：（一）公司合并、分立、变更形式；（二）公司解散；（三）修改章程；（四）股东退出或加入；（五）应当由董事会提请股东大会作出决议的其他重要事项。"法院认为，"从《公司法》的角度看，章程第二十五条规定事项均为公司重大事项，《公司法》规定必须经代表三分之二以上表决权的股东通过，系对该类事项赞成票的最低限制，公司章程规定高于这一规定的，属当事人意思自治的范畴，应当具有法律效力。因此，中某公司章程第二十五条的规定，表明了修改该章程应当由全体股东一致同意，否则表决不能通过。表决没有通过的事项，不是股东会会议的有效决议事项"。

案例二：申请人孙某、张某因与被申请人上海米某贸易有限公司（以下简称米某公司）、段某立、陈某斌股东会决议效力纠纷案再审民事判决书［（2015）沪二中民四（商）再终字第3号］确认了二审判决。二审法院认为，米某公司章程第七章第三十八条中有关"新章程须在股东会上经全体股东通过"的约定内容是有效的。但是，"在米某公司章程约定的十年经营期限届满后，公司的两名股东张某和孙某反对延长公司经营期限并坚决要求解散清算，为此，米某公司的四名自然人股东之间形成僵局。为解决股东间的僵局以及考虑到公司章程中就延长经营期限所涉的章程修改内容须经全体股东通过的规定内容，段某立和陈某斌提出按合理价格对张某和孙某持有的公司股权进行收购。通常情况下，股东制定的公司章程只要不违反社会公共利益和法律的强制性规定，就应当得到法律的认可和保护。米某公司的四名自然人股东在制定公司章程时，可能是基于充分保护小股东利益的考量，约定了修改公司章程不依'资本多数决'而是需经股东一致表决通过。但任何事情都不能一概而论，小股东在利用章程所赋予的权利对大股东进行限制时，亦应兼顾公司控股股东、债权人以及社会公众的利益。解散清算是股东以消灭公司人格的方式而退出对公司的经营，对于经营业绩良好的公司来说，绝非股东间离散的最佳选择。而作为打破公司僵局的另一种救济措施的股权收购，则实际上是对公司进行重组的过程，即在按章程约定让异议一方股东在公司经营期满后以股权出让方式退出的同时，又实现了另一方股东存续公司经营避免公司解散清算的目的，促使公司破裂的人合性恢复到原来的完满状态，从而以较小的代价化解了公司僵局，进而保全了公司的主体经营资格"。

第八章　关联关系防控条款

065 公司章程如何列举关联股东的类型？

设计要点

公司章程中应明确关联股东的具体类型，督促其履行股东职责，保护公司和其他股东的权益。

阅读提示

我国《公司法》没有明确"关联交易"的概念，仅对关联关系予以明确界定，《公司法》第二百六十五条第四项规定："关联关系，是指公司控股股东、实际控制人、董事、监事、高级管理人员与其直接或者间接控制的企业之间的关系，以及可能导致公司利益转移的其他关系。但是，国家控股的企业之间不仅因为同受国家控股而具有关联关系。"《上市公司章程指引》明确规定了上市公司在涉及关联交易的表决时，关联股东必须回避的法定要求。而针对非上市公司，《非上市公众公司监管指引》未对关联股东的表决权回避问题进行明确规定。

此外，在绝大部分的上市公司章程中，均引用了《上市公司章程指引》第七十九条来规制关联交易。此外，有一些公司章程在第八十条的基础上，规定了对应当回避的关联股东的具体类型定义进行了补充规定。那么，在涉及关联交易时，上市或非上市公司的关联股东是否均需回避？如果需要，哪些具体类型的股东需要回避呢？本文通过《民生控股股份有限公司》章程的有关条款以及司法案例，对此问题进行分析。

章程研究文本

《民生控股股份有限公司章程》（2020年3月版）

第七十九条　股东大会审议、表决有关关联交易事项时，下列股东应当回避：

（一）交易对方；

（二）拥有交易对方直接或间接控制权的；

（三）被交易对方直接或间接控制的；

（四）与交易对方受同一法人或自然人直接或间接控制的；

（五）因与交易对方或者其关联人存在尚未履行完毕的股权转让协议或者其他协议而使其表决权受到限制或影响的；

（六）中国证监会或深圳证券交易所认定的可能造成上市公司对其利益倾斜的法人或自然人。

上述股东所持有表决权的股份不计入出席股东大会有表决权的股份总数。股东大会决议的公告应当充分披露非关联股东的表决情况。

同类章程条款

笔者查阅了多家上市公司的章程，其中绝大多数公司章程未对关联股东进行补充性规定，除上述《民生控股股份有限公司章程》外，仅有《中国国际海运集装箱（集团）股份有限公司章程》（2023年9月版）第一百一十三条列举了应当回避的关联股东的具体类型，但其规定与上述《民生控股股份有限公司章程》的规定并不完全相同。

《中国国际海运集装箱（集团）股份有限公司章程》（2023年9月版）

第一百一十三条 股东大会审议有关关联交易事项时，下列关联股东不参与表决，其所代表的有表决权的股份数不应计入有效表决权股份数：

（一）交易对方；

（二）拥有交易对方直接或间接控制权的；

（三）被交易对方直接或间接控制的；

（四）与交易对方受同一法人（或者其他组织）或自然人直接或间接控制的；

（五）在交易对方任职，或者在能直接或者间接控制该交易对方的法人（或者其他组织）、该交易对方直接或者间接控制的法人（或者其他组织）任职；

（六）交易对方及其直接、间接控制人的关系密切的家庭成员；

（七）因与交易对方或者其关联人存在尚未履行完毕的股权转让协议或者其他协议而使其表决权受到限制或影响的；

（八）中国证监会或深圳证券交易所认定的可能造成公司对其利益倾斜的股东。股东大会决议的公告应当充分披露非关联股东的表决情况。

公司法和相关规定

《公司法》（2023年修订）

第二十二条　公司的控股股东、实际控制人、董事、监事、高级管理人员不得利用关联关系损害公司利益。

违反前款规定，给公司造成损失的，应当承担赔偿责任。

第二百六十五条　本法下列用语的含义：

……

（四）关联关系，是指公司控股股东、实际控制人、董事、监事、高级管理人员与其直接或者间接控制的企业之间的关系，以及可能导致公司利益转移的其他关系。但是，国家控股的企业之间不仅因为同受国家控股而具有关联关系。

《公司法》（2018年修正，已被修订）

第二十一条　公司的控股股东、实际控制人、董事、监事、高级管理人员不得利用其关联关系损害公司利益。

违反前款规定，给公司造成损失的，应当承担赔偿责任。

第二百一十六条　本法下列用语的含义：

……

（四）关联关系，是指公司控股股东、实际控制人、董事、监事、高级管理人员与其直接或者间接控制的企业之间的关系，以及可能导致公司利益转移的其他关系。但是，国家控股的企业之间不仅因为同受国家控股而具有关联关系。

《非上市公众公司监管指引第3号——章程必备条款》

第五条　章程应当载明公司为防止股东及其关联方占用或者转移公司资金、资产及其他资源的具体安排。

第十五条第三款　公司如实施关联股东、董事回避制度，应当在章程中列明需要回避的事项。

《上市公司章程指引》（2023年修正）

第七十九条　股东大会审议有关关联交易事项时，关联股东不应当参与投票表决，其所代表的有表决权的股份数不计入有效表决总数；股东大会决议的公告应当充分披露非关联股东的表决情况。

注释：公司应当根据具体情况，在章程中制订有关联关系股东的回避和表决程序。

专家分析

对于上市公司而言，关联股东的回避是法定要求，而非上市公司在关联交易中，对于关联股东是否需回避拥有较大选择权。《非上市公众公司监管指引》虽然未对非上市公司关联股东的回避问题作出明确性规定，但"章程应当载明公司为防止股东及其关联方损害公司利益的具体安排"的条款，属于上市和非上市公司章程指引的共识。而且针对"公司如需要实施关联股东、董事回避制度"这一情况，《非上市公众公司监管指引》也提出了应当在章程中进行回避规定的要求。

笔者认为，如公司章程规定了关联股东的表决权回避，也有必要在公司章程中规定关联股东的具体类型，原因在于：《公司法》仅规定公司的控股股东、实际控制人、董事、监事、高级管理人员不得利用其关联关系损害公司利益，但对关联股东的具体类型未作规定。此外，在某些情况下，关联交易的对象并非股东本人，或者是股东本人直接或间接控制的企业，还有可能存在其他情形。因此，有必要通过公司章程规定关联股东的具体类型，以便更好地维护公司利益。

章程条款设计建议

第一，考虑到在涉及关联交易的表决时，关联股东的回避是保护公司利益不受损害的最有效的途径。笔者建议在涉及关联交易的表决时，非上市公司的章程也应规定关联股东的回避制度。

第二，结合笔者办理有关公司法律顾问业务、公司诉讼业务的经验，参照上述公司章程和《上市公司章程指引》规定的情形，笔者建议，在公司章程中从以下几个角度具体规定存在关联关系的股东类型：

（1）公司股东即交易对方；

（2）交易对象属于公司股东直接或者间接控制的对象；

（3）公司股东被交易对象所控制，或共同受到同一第三方的控制；

（4）交易对方与公司股东存在某些其他特定协议，从而影响其行使表决权；

（5）被相关监管机关认定可能损害公司利益的公司股东。

公司章程条款实例

股东大会审议有关关联交易事项时，涉及下列事项的股东属于关联股东，关联股东不参与投票，不参加清点表决票，对表决结果有异议的，可以对投票数进行点算：

（一）交易对方；

（二）拥有交易对方直接或间接控制权的；

（三）被交易对方直接或间接控制的；

（四）与交易对方受同一法人或自然人直接或间接控制的；

（五）因与交易对方或者其关联人存在尚未履行完毕的股权转让协议或者其他协议而使其表决权受到限制或影响的；

（六）中国证监会或深圳证券交易所认定的可能造成公司对其利益倾斜的法人或自然人。

延伸阅读

股东被认为利用关联关系损害公司利益的案例

案例一：济南轻某摩托车股份有限公司与海南海某股份有限公司欠款纠纷上诉案二审民事判决书［（2006）琼民二终字第43号］认为：本案轻某集团作为海某公司的股东，其与公司在法律上存在着关联关系，由于双方签订的《备忘录》具有合同的性质，因此属于关联交易。关联关系一方面有利于上市公司低成本运作，产生优化内部资源配置、节省市场价格的搜寻资本、信息成本和谈判成本等优势，在一定范围内实现协同效应；另一方面也可能成为控股股东或实际控股人掏空上市公司资产，损害公司和广大小股东利益的平台。在关联关系中，关联主体的诚信义务尤其需要重视。《公司法》对此方面的规定和精神大致可分为两个方面：①关联主体首先不得利用关联关系损害公司利益，否则，给公司造成损失，应当承担赔偿责任。②董事、高级管理人员不得违反公司章程或未经股东会、股东大会同意，与本公司签订合同或进行交易。本案轻某集团与海某公司之间的《备忘录》，违反公司的章程即未按章程规定的程序来操作或签订，损害了海某公司和其他股东的利益。

案例二：某电器照明股份有限公司与汪某华证券虚假陈述责任纠纷二审民事判决书［（2015）粤高法民二终字第13-967号］认为，《上市公司信息披露管理办法》（中国证券监督管理委员会令第40号，2007年1月30日发布）第七十一条规定，上市公司的关联交易是指上市公司或者其控股子公司与上市公司关联人之间发生的转移资源或者义务的事项。此案中，披露关联方为被某电器照明股份有限公司董事长钟某的儿子等亲属直接或间接控制，或者担任董事、高级管理人员的香港天某等15家公司。法院认为："由于关联交易方可以运用行政力量撮合交易的进行，从而有可能使交易的价格、方式等在非竞争的条件下出现不公正情况，侵犯股东或部分股东权益。因此，上市公司的关联交易会对投资者购买上市公司证券的意愿产生影响，进而影响上市公司证券的交易价格。本案中，某照明在长达近两年的时间里存在七个关联交易却故意隐瞒交易的关联性不予披露，且关联交易累计涉及金额达数亿元，严重违反上市公司信息公开的义务，严重违反法律规定的信息披露必须真实、准确、完备的原则，亦严重违反诚实信用原则。"

066 公司章程可将重大交易和关联交易的审批权列为股东会的职权

设计要点

公司章程可以将重大交易和关联交易的审批权列为股东会的职权。

阅读提示

公司的大股东或高管在公司内部提款，通过关联交易侵害公司利益的手段多种多样，其中，通过与外部的供应商签订采购合同等关联交易的方式进行利益输送是最常见的手段。为避免此种侵害公司利益的行为发生，公司章程可以对重大交易和关联交易进行特别约定。

章程研究文本

《湖南中科电气股份有限公司章程》（2024年2月版）
第四十条 股东大会是公司的权力机构，依法行使下列职权：
……

（十七）公司发生的购买或出售资产、对外投资（含委托理财，对子公司、合营企业、联营企业投资等，但设立或增资全资子公司除外）、租入或租出资产、签订管理方面的合同（含委托经营、受托经营等）、赠与或受赠资产（受赠现金资产除外）、债权或债务重组、研究与开发项目的转移、签订许可协议、放弃权利（含放弃优先购买权、优先认缴出资权利等）等交易行为（提供担保、提供财务资助除外，以下简称为"交易"）达到下列标准之一的，应当提交股东大会审议：

1. 交易涉及的资产总额占公司最近一期经审计总资产的50%以上，该交易涉及的资产总额同时存在账面值和评估值的，以较高者作为计算依据；

2. 交易标的（如股权）在最近一个会计年度相关的营业收入占公司最近一个会计年度经审计营业收入的50%以上，且绝对金额超过5000万元；

3. 交易标的（如股权）在最近一个会计年度相关的净利润占公司最近一个会计年度经审计净利润的50%以上，且绝对金额超过500万元；

4. 交易的成交金额（含承担债务和费用）占公司最近一期经审计净资产的50%以上，且绝对金额超过5000万元；

5. 交易产生的利润占公司最近一个会计年度经审计净利润的50%以上，且绝对金额超过500万元。

上述"交易"不含购买与日常经营相关的原材料、燃料和动力（不含资产置换中涉及购买、出售此类资产），以及出售产品、商品等与日常经营相关的资产（不含资产置换中涉及购买、出售此类资产），亦不含虽进行前款规定的交易事项但属于公司的主营业务活动。

上述指标计算中涉及的数据如为负值，取其绝对值计算。

交易标的为股权，且购买或出售该股权将导致公司合并报表范围发生变更的，该股权对应公司的全部资产和营业收入视为上述交易涉及的资产总额和与交易标的相关的营业收入。

上述交易属于公司对外投资设立有限责任公司、股份有限公司或者其他组织，应当以协议约定的全部出资额为标准适用本条上述规定。

除提供担保、委托理财等本章程及相关规则另有规定的事项外，公司进行上述规定的同一类别且标的相关的交易时，应当按照连续十二个月累计计算的原则适用本条。已按照本条履行义务的，不再纳入相关的累计计算范围。

公司单方面获得利益的交易，包括受赠现金资产、获得债务减免等，可免于按照本条第（十七）项的规定履行股东大会审议程序。公司发生的交易仅达到本条（十七）项第3小项或者第5小项标准，且公司最近一个会计年度每股收益的绝对值低于0.05元的，可免于按照本条第（十七）项的规定履行股东大会审议程序。

（十八）审议公司与关联人发生的交易（含财务资助，提供担保以及交易所规定豁免提交股东大会审议的情况除外）金额超过3000万元，且占公司最近一期经审计净资产绝对值5%以上的关联交易；

……

同类章程条款

笔者查阅了近百家上市公司的公司章程，发现对股东会的职权进行扩张的条款主要集中在股东大会对重大交易及关联交易的审批事宜上。

《博士眼镜连锁股份有限公司章程》(2023年12月版)

第四十一条 股东大会是公司的权力机构，依法行使下列职权：

……

（十六）公司发生的交易（提供担保、提供财务资助除外）达到下列标准之一的，应当提交股东大会审议：

1. 交易涉及的资产总额占公司最近一期经审计总资产的50%以上，该交易涉及的资产总额同时存在账面值和评估值的，以较高者作为计算数据；

2. 交易标的（如股权）在最近一个会计年度相关的营业收入占公司最近一个会计年度经审计营业收入的50%以上，且绝对金额超过5,000万元人民币；

3. 交易标的（如股权）在最近一个会计年度相关的净利润占公司最近一个会计年度经审计净利润的50%以上，且绝对金额超过500万元人民币；

4. 交易的成交金额（含承担债务和费用）占公司最近一期经审计净资产的50%以上，且绝对金额超过5,000万元人民币；

5. 交易产生的利润占公司最近一个会计年度经审计净利润的50%以上，且绝对金额超过500万元人民币。

上述指标计算中涉及的数据如为负值，取其绝对值计算。

《华仁药业股份有限公司章程》(2023年10月版)

第四十条 股东大会是公司的权力机构，依法行使下列职权：

……

（十七）审议公司与关联人发生的交易（公司获赠现金资产或提供担保除外）金额在1000万元以上，且占公司最近一期经审计净资产绝对值5%以上的关联交易；

……

《东方财富信息股份有限公司章程》(2024年3月版)

第四十条 股东大会是公司的权力机构，依法行使下列职权：

……

（十四）审议公司除提供担保外，与关联人3000万元以上，且占公司最近一期经审计净资产绝对值5%以上的关联交易；

……

公司法和相关规定

《公司法》（2023年修订）

第五十九条 股东会行使下列职权：

（一）选举和更换董事、监事，决定有关董事、监事的报酬事项；

（二）审议批准董事会的报告；

（三）审议批准监事会的报告；

（四）审议批准公司的利润分配方案和弥补亏损方案；

（五）对公司增加或者减少注册资本作出决议；

（六）对发行公司债券作出决议；

（七）对公司合并、分立、解散、清算或者变更公司形式作出决议；

（八）修改公司章程；

（九）公司章程规定的其他职权。

股东会可以授权董事会对发行公司债券作出决议。

对本条第一款所列事项股东以书面形式一致表示同意的，可以不召开股东会会议，直接作出决定，并由全体股东在决定文件上签名或者盖章。

第一百八十二条 董事、监事、高级管理人员，直接或者间接与本公司订立合同或者进行交易，应当就与订立合同或者进行交易有关的事项向董事会或者股东会报告，并按照公司章程的规定经董事会或者股东会决议通过。

董事、监事、高级管理人员的近亲属，董事、监事、高级管理人员或者其近亲属直接或者间接控制的企业，以及与董事、监事、高级管理人员有其他关联关系的关联人，与公司订立合同或者进行交易，适用前款规定。

第一百八十三条 董事、监事、高级管理人员，不得利用职务便利为自己或者他人谋取属于公司的商业机会。但是，有下列情形之一的除外：

（一）向董事会或者股东会报告，并按照公司章程的规定经董事会或者股东会决议通过；

（二）根据法律、行政法规或者公司章程的规定，公司不能利用该商业机会。

《公司法》（2018年修正，已被修订）

第三十七条 股东会行使下列职权：

（一）决定公司的经营方针和投资计划；

（二）选举和更换非由职工代表担任的董事、监事，决定有关董事、监事的报酬事项；

（三）审议批准董事会的报告；

（四）审议批准监事会或者监事的报告；

（五）审议批准公司的年度财务预算方案、决算方案；

（六）审议批准公司的利润分配方案和弥补亏损方案；

（七）对公司增加或者减少注册资本作出决议；

（八）对发行公司债券作出决议；

（九）对公司合并、分立、解散、清算或者变更公司形式作出决议；

（十）修改公司章程；

（十一）公司章程规定的其他职权。

对前款所列事项股东以书面形式一致表示同意的，可以不召开股东会会议，直接作出决定，并由全体股东在决定文件上签名、盖章。

第一百零四条 本法和公司章程规定公司转让、受让重大资产或者对外提供担保等事项必须经股东大会作出决议的，董事会应当及时召集股东大会会议，由股东大会就上述事项进行表决。

第一百四十八条 董事、高级管理人员不得有下列行为：

……

（三）违反公司章程的规定，未经股东会、股东大会或者董事会同意，将公司资金借贷给他人或者以公司财产为他人提供担保；

（四）违反公司章程的规定或者未经股东会、股东大会同意，与本公司订立合同或者进行交易；

（五）未经股东会或者股东大会同意，利用职务便利为自己或者他人谋取属于公司的商业机会，自营或者为他人经营与所任职公司同类的业务；

……

专家分析

根据《公司法》第五十九条第九项的规定，公司章程可以规定股东会的其他职权。也即公司可以根据自己的实际需求，扩张股东会的职权，将部分经营管理的权力收归到股东会的手中，加强中央集权。另外，由于公司对外交易大多是通过合同来最终确定归结的，股东大会有必要将重大的交易事项通过股东会一般决议的方式予以审批，以防止公司的实际经营管理人员通过重大交易或关联交易侵害公司及股东的合法权益。对于重大交易的判断标准，我们可以根据单笔交易标的的营业收入、利润等占总体交易的比例，来安排需要股东会进行决议的程序和比例。

章程条款设计建议

第一，站在直接经营公司的"企业家"的角度，笔者建议：

当直接经营公司的企业家与控股股东（大于50%）为同一控制体时，该企业家完全没有必要将重大交易或关联交易的审批权交由股东会行使，但是当直接经营公司的企业家并非控股股东时，控股股东为加强对实际经营者的管理，应当将重大交易的审批权交由股东会行使。

第二，站在不直接经营公司的"资本家"的角度，笔者建议：

由于"资本家"不直接参与公司的经营，为保证自己投资的安全性，可以将重大交易及关联交易的审批权赋予股东会，并将交易标的的数额和比例尽量拉低，增强监控的频率与密度。对交易标的在数额和比例上进行双重限制，例如：交易标的在最近一个会计年度相关的营业收入占公司最近一个会计年度经审计营业收入的50%以上，且绝对金额超过3000万元。

公司章程条款实例

股东大会是公司的权力机构，依法行使下列职权：

（一）公司发生的交易（公司受赠的现金资产除外）达到下列标准之一的，应当提交股东大会审议：（1）交易涉及的资产总额占上市公司最近一期经审计总资产的50%以上，该交易涉及的资产总额同时存在账面值和评估值的，以较高者作为计算依据；（2）交易标的（如股权）在最近一个会计年度相关的营业收入占上市公司最近一个会计年度经审计营业收入的50%以上，且绝对金额超过3000万元；（3）交易标的（如股权）在最近一个会计年度相关的净利润占上市公司最近一个会计年度经审计净利润的50%以上，且绝对金额超过300万元；（4）交易的成交金额（含承担的债务和费用）占上市公司最近一期经审计净资产的50%以上，且绝对金额超过3000万元；（5）交易产生的利润占上市公司最近一个会计年度经审计净利润的50%以上，且绝对金额超过300万元。上述指标计算中涉及的数据如为负值，取其绝对值计算。

（二）审议公司与关联人发生的交易（公司获赠的现金资产和提供担保除外）金额在1000万元以上，且占公司最近一期经审计净资产绝对值5%以上的关联交易。

延伸阅读

违反公司章程的规定或者未经股东会审批订立合同效力的裁判观点汇总

裁判观点一：在通常情况下，董事、高级管理人员违反公司章程的规定或者未经股东会、股东大会同意，与本公司订立合同，合同无效。

案例一：江苏省高级人民法院审理的南通天某电子新材料有限公司与范某国专利申请权权属纠纷二审民事判决书〔（2016）苏民终1171号〕认为，"范某国取得涉案专利申请权的行为应属无效，其上诉理由不能成立。理由为……《中华人民共和国公司法》第一百四十八条规定，董事、高级管理人员不得有下列行为：……（四）违反公司章程的规定或者未经股东会、股东大会同意，与本公司订立合同或者进行交易。① 范某国在2013年7月21日被免去公司总经理职务后，仍担任公司副董事长及总工程师。但是其提交的2013年7月25日天某公司同意将含涉案专利在内的5个专利归还给范某国的协议，并未经公司股东会、股东大会同意，违反了法律强制性规定。同时，范某国亦未提交充分证据证明，在上述归还协议及有关涉案专利的转让协议中，天某公司的印章系代表着该公司的真实意思表示"。

案例二：四川省高级人民法院审理的刘某程与江油市丰某特种带钢有限责任公司、刘某志、任某建专利申请权转让纠纷二审民事判决书〔（2014）川知民终字第17号〕认为：根据《中华人民共和国公司法》第一百四十八条第一款第（四）项的规定，董事、高级管理人员不得违反公司章程的规定或者未经股东会、股东大会同意，与本公司订立合同或者进行交易。② 本案中，刘某程于2012年4月16日与丰某公司签订了《申请权转让协议》，约定丰某公司将其所有的"低温取向硅钢生产全工艺"专利申请权转让给刘某程。因该协议系刘某程担任丰某公司的法定代表人期间，未经本公司股东会、股东大会同意的情况下形成的，违反了上述法律规定。《中华人民共和国合同法》第五十二条第一款第（五）项规定，违反法律、行政法规的强制性规定的合同无效。故原审判决认定"丰某公司于2012年4月16日与刘某程签订的《申请权转让协议》无效"正确，刘某程的上诉主张不能成立。

案例三：河南省高级人民法院审理的马某阳与郑州怡某置业有限公司、郑州乐某置业有限公司合同纠纷二审民事判决书〔（2010）豫法民二终字第55号〕认为，"马某阳与郑州怡某签订的《协议书》是马某阳任郑州怡某法定代表人期间与郑州怡某签

---

① 《公司法》已修改，现相关规定见《公司法》（2023年修订）第一百八十二条第一款。
② 《公司法》已修改，现相关规定见《公司法》（2023年修订）第一百八十二条第一款。

订的，依照《中华人民共和国公司法》第一百四十九条的规定，董事、高级管理人员不得违反公司章程的规定或者未经股东会、股东大会同意，与本公司订立合同或者进行交易，董事、高级管理人员违反规定所得的收入应当归公司所有，① 该《协议书》应认定无效"。

案例四：上海市第二中级人民法院审理的上海恒某电讯工程有限公司与上海恒某智达电子系统集成有限公司与公司有关的纠纷二审民事判决书〔（2012）沪二中民四（商）终字第237号〕认为，"我国《公司法》明确规定董事、高级管理人员不得违反公司章程的规定或者未经股东会、股东大会同意，与本公司订立合同或者进行交易。恒某智达公司的章程亦规定董事、总经理除章程规定的事宜或股东会同意外，不得同本公司订立合同或者进行交易。本案中，田某某在无证据证明已召开股东会并形成公司股东会决议同意的情况下，作为恒某智达公司的董事及总经理，与恒某智达公司签订借款合同，该行为违反了公司章程及《公司法》的强制性规定，故应认定无效，原审法院据此判令田某某返还因该合同取得的财产并无不当"。

案例五：岳阳市中级人民法院审理的湖南立某建生态农业开发有限公司与顾某平商标权转让合同纠纷一审民事判决书〔（2014）岳中民三初字第56号〕认为：顾某平受让前述商标时系立某建公司的法定代表人，即使其当时持有立某建公司大部分股份，但其将立某建公司的商标专用权转让给其本人，仍应当经过立某建公司股东会同意。顾某平提供的《商标转让声明》虽然经过了长沙公证处的公证，但公证文书只证明顾某平在《商标转让声明》上签名并加盖立某建公司印章的事实，不能说明涉案商标的转让经过了立某建公司股东会同意，也不能说明该声明是立某建公司的真实意思表示……顾某平在未经立某建公司股东同意的情形下，利用其担任立某建公司法定代表人的身份和掌握立某建公司印章的便利，通过私自制作《商标转让声明》的方式与公司订立合同，将公司所有的注册商标专用权无偿转让给其本人，违反了《公司法》的上述规定，损害了公司和其他股东的利益。因此，顾某平将立某建公司所有的第110320××号、第111525××号、第111526××号注册商标专用权无偿转让给其本人的行为无效。

案例六：深圳市中级人民法院审理的深圳市麦某利投资有限公司与孙某鸣申请撤销仲裁裁决案简易程序民事裁定书〔（2015）深中法涉外仲字第149号〕认为，"《公司法》上述规定属于禁止性规定。作为麦某利公司的股东、执行董事、法定代表人，孙某鸣与麦某利公司签订了《解除及返还股权协议》并进行股权交易未经股东会、股

---

① 《公司法》已修改，现相关规定见《公司法》（2023年修订）第一百八十二条、第一百八十六条。

东大会或者董事会同意,违反了《公司法》上述规定,该协议(包括仲裁条款)不能视为麦某利公司的真实意思表示,对麦某利公司不具有法律效力,即孙某鸣与麦某利公司就涉案纠纷不存在合法有效的仲裁协议"。

案例七:郑州市中级人民法院审理的仝某孚诉被告濮阳三某电器有限公司专利实施许可合同纠纷一审民事判决书[(2013)郑知民初字第116号]认为:《中华人民共和国公司法》第一百四十九条规定,董事、高级管理人员不得有"违反公司章程的规定或者未经股东会、股东大会同意,与本公司订立合同或者进行交易",董事、高级管理人员违反前款规定所得的收入应当归公司所有。① 本案中:第一,原告仝某孚提交的2009年9月1日《技术转让(专利实施许可)合同》与三某公司2011年度科技型中小企业技术创新基金项目申报资料中所附《技术转让(专利实施许可)合同》内容一致,在三某公司签章处仅有三某公司的印章,并无三某公司法定代表人或其他股东的签字;第二,三某公司陈述仝某孚是三某公司2011年度科技型中小企业技术创新基金项目申报工作的企业联系人,在申报该项目期间持有三某公司的印章,对该合同的真实性不予认可;第三,2010年12月20日三某公司董事会决议显示原告仝某孚系三某公司董事,原告仝某孚并未提交证据证明其与三某公司签订的《技术转让(专利实施许可)合同》已经股东会同意。综合考虑以上因素,本院认为,原告仝某孚提供的证据不足以证明本案所涉及的《技术转让(专利实施许可)合同》是三某公司的真实意思表示,仝某孚依据该合同要求三某公司支付其专利使用费100万元的诉讼请求证据不足,本院不予支持。

裁判观点二:有效抗辩1:虽在公司任职,但不具有董事、高管身份,可以与公司订立合同;在公司任职不影响合同的效力。

案例八:铜川市中级人民法院审理的原告李某信与被告陕西铜川益某置业有限公司破产清算组、陕西铜川益某置业有限公司、第三人许某上、杜某涛、程某收普通破产债权确认纠纷一审民事判决书[(2016)陕02民初56号]认为:被告诉讼代理人在补充代理意见中称,原告李某信系益某公司总经理助理,主管销售工作,属于公司高级管理人员。《公司法》第一百四十八条规定:"董事、高级管理人员不得有下列行为:……(四)违反公司章程的规定或者未经股东会、股东大会同意,与本公司订立合同或者进行交易。"② 原告李某信与益某公司签订的小吃城认购协议违反了《公司法》强制性规定,协议无效。应驳回原告的诉讼请求。本院认为,《公司法》第二百

---

① 《公司法》已修改,现相关规定见《公司法》(2023年修订)第一百八十二条、第一百八十六条。
② 《公司法》已修改,现相关规定见《公司法》(2023年修订)第一百八十二条第一款。

一十六条规定，本法下列用语的含义：（一）高级管理人员，是指公司的经理、副经理、财务负责人，上市公司董事会秘书和公司章程规定的其他人员。① 益某公司章程未对高级管理人员作出明确规定。原告李某信虽为益某公司总经理助理，负责益某公司铺位销售工作，但公司章程对其身份并未明确规定，故其不属于公司法规定的高级管理人员，不受《公司法》第一百四十八条第一款第（四）项规定的约束。李某信与益某公司签订的《道上太某城小吃城认购协议》不违反上述法律规定，应当按照协议约定予以结算。

案例九：滕州市裕某化工有限公司等诉刘某敏等买卖合同纠纷二审民事判决书［（2014）枣民四商终字第 1 号］认为，"被上诉人刘某敏在与滕州市伟某化工有限公司、史某伟签订买卖合同时，其为公司股东并担任监事职务，但股东、监事并不属于《公司法》第一百四十八条②规定的董事和高级管理人员范畴，故本案不适用本规定。本院依法认定本案所涉买卖合同为有效合同，上诉人裕某公司的相关上诉主张于法无据，本院不予支持"。

案例十：新疆乌鲁木齐市中级人民法院审理的乌鲁木齐兰某管道汽车服务有限公司与吴某刚车辆租赁合同纠纷二审民事判决书［（2014）乌中民二终字第 9 号］认为：《中华人民共和国公司法》第一百四十九条对董事、高级管理人员等公司高级职员的禁止行为作出明确规定，其第一款第（四）项规定"违反公司章程的规定或者未经股东会、股东大会同意，与本公司订立合同或者进行交易"。③ 本案中，吴某刚于 2011 年 1 月被聘为兰某公司生产副总经理，而吴某刚与兰某公司之间的车辆租赁合同关系成立于 2010 年 12 月 6 日，届时吴某刚的身份为兰某公司的普通职员，不是受任于兰某公司的高级管理人员，其与兰某公司之间的该项交易并非利益冲突当事人之间的交易，涉案《车辆租赁合同》具体由兰某公司法定代表人李某云与吴某刚签订，合同双方对租赁费及支付方式等主要条款的约定形成于吴某刚担任兰某公司生产副总经理之前，并非吴某刚代表兰某公司与自己发生交易，不构成民法上的"双方代理"，因此，兰某公司依据《中华人民共和国公司法》第一百四十九条的规定对吴某刚所主张车辆租赁费行使归入权的上诉请求不能成立，本院不予支持。

裁判观点三：有效抗辩 2：董事、高级管理人员与公司订立合同，虽未经股东会、股东大会决议，但有其他证据证明其他股东对此知情且同意的，不影响合同的效力。

案例十一：北海市中级人民法院审理的上诉人北海祥某物业开发有限责任公司

---

① 《公司法》已修改，现相关规定见《公司法》（2023 年修订）第二百六十五条。
② 《公司法》已修改，现相关规定见《公司法》（2023 年修订）第一百八十二条第一款。
③ 《公司法》已修改，现相关规定见《公司法》（2023 年修订）第一百八十二条第一款。

与被上诉人符某东、一审第三人李某娟土地使用权转让合同纠纷二审民事判决书〔（2011）北民一终字第166号〕认为，"未经股东会或股东大会同意，作为具有公司法定代表人身份的个人是不能与本公司订立合同进行交易的。本案中，上诉人祥某公司第一任股东是符某东（占公司90%股权）及李某娟（占公司10%股权），符某东作为公司法定代表人于2006年9月12日与自己签订了一份《土地使用权转让合同》，虽然公司没有正式召开股东会或股东大会作出决议，但另一股东李某娟已明确表示其与符某东当时就转让涉案七亩土地给符某东一事已达成口头协议，因此，双方于2006年9月12日签订的合同并没有损害公司及其他股东的利益，是双方当事人真实意思表示，也符合法律规定，应是合法有效之合同"。

案例十二：青岛市中级人民法院审理的张某铭与青岛昱某智能机器人有限公司租赁合同纠纷二审民事判决书〔（2014）青民二商终字第157号〕认为，"本院认为《中华人民共和国公司法》如此规定的主旨是保护公司利益，因为董事、高级管理人员与本公司订立合同或者进行交易时，董事、高级管理人员个人在交易中处于与公司利益相冲突的地位。但本案中，被上诉人在与上诉人签订车辆租赁合同时，上诉人的控股股东杨某知晓并同意签订涉案合同，且进行该租赁交易不会损害上诉人及其股东的利益，故该合同依法有效"。

裁判观点四：有效抗辩3：董事、高级管理人员与公司订立的合同，如属公司纯获利益的交易行为，不影响合同的效力。董事、高级管理人员向公司出借资金，并约定合理利息的，不影响合同的效力。

案例十三：宜昌市中级人民法院审理的宜昌恒某建材贸易有限公司与吴某岸损害公司利益责任纠纷一审民事判决书〔（2015）鄂宜昌中民二初字第00023号〕认为，"该规定系为了防止公司的董事或高级管理人员利用职务形成的便利，通过与公司关联交易的方式，损害公司的利益。但公司纯获利益的交易行为，当不受此限。吴某岸与九某担保公司签订的《债权转让协议》中并未约定九某担保公司因此需要支付对价，故九某担保公司为纯获利方。至于吴某岸为什么将其享有的债权无偿转让给九某担保公司，不是本案审理的范围。恒某公司仅以吴某岸系九某担保公司的股东为由，主张吴某岸与九某担保公司签订的《债权转让协议》无效，无法律依据，本院不予支持"。

案例十四：荆州市中级人民法院审理的刘某川与湖北佳某化工科技有限公司借款合同纠纷二审民事判决书〔（2016）鄂10民终307号〕认为，"关于佳某公司称40万元系自我交易不应受法律保护的问题。《中华人民共和国公司法》第一百四十八条第一款第（四）项规定，董事、高级管理人员不得违反公司章程的规定或者未经股东会、股东大会同意，与本公司订立合同或者进行交易，其所得的收入应当归公司所有。① 该条款的立法目的是防止董事、高级管理人员在经营、掌控公司期间，利用自身职务的便利与本公司进行经营交易，以牟取自身利益，而损害了公司利益、股东权益。结合本案来看，刘某川向佳某公司出借借款，并不涉及佳某公司主营业务，不仅未与佳某公司的利益发生冲突，未损害该公司及股东的权益，反而为佳某公司的经营发展提供了资金上的支持，其约定的月利率1.5%亦在我国法律允许的限额内，而且该40万元借款已转入佳某公司账上，佳某公司对此出具了借据并在借款账目明细上盖章予以认可，故本院认为该借款不属于我国《公司法》禁止的自我交易行为，而属于合法有效的借贷行为，应予保护"。

案例十五：安徽省高级人民法院审理的戴某与芜湖融某化工有限公司借款合同纠纷二审民事判决书［（2015）皖民二终字第00382号］认为，"芜湖融某公司上诉认为案涉《借款协议》的签订未经芜湖融某公司股东会或董事会同意，违反了《中华人民共和国公司法》第一百四十八条第一款第（四）项关于限制高管自我交易行为的效力性强制性规定，也违反了周某与芜湖融某公司签订的《企业员工廉政及保密协议书》的约定，故协议无效。……《公司法》前述条款是关于董事、高级管理人员忠实义务的规定，目的在于避免董事、高级管理人员在以合同相对人的地位与其任职公司订立合同或进行其他交易时，牺牲公司利益而使其个人获益。本案案涉《借款协议》没有损害芜湖融某公司的利益，反而使芜湖融某公司因获取经营发展资金而受益，周某个人也并未因此获得不当收益，故不属于该条款所规制的行为。而周某与芜湖融某公司签订的《企业员工廉政及保密协议书》属公司内部管理方面当事人之间的协议，不能作为认定案涉《借款协议》效力的依据。故芜湖融某公司此节上诉理由不能成立，本院不予采纳"。

裁判观点五：公司与其董事、高级管理人员的配偶订立合同，或与其董事、高级管理人员所任职的其他公司订立合同，应分别判断合同效力。

1. 公司与其董事、高级管理人员的配偶订立合同，未经股东会同意，合同无效。

案例十六：上海市第二中级人民法院审理的黄某诗与上海首联餐饮管理有限公司所有权纠纷二审民事判决书［（2015）沪二中民一（民）终字第2026号］认为，"根据《公司法》的相关规定，公司的董事、监事、高级管理人员应当遵守法律、行政法规和公司章程，对公司负有忠实义务和勤勉义务。董事、高级管理人员不得违反公司章程的规定或者未经股东会、股东大会同意，与本公司订立合同或者进行

---

① 《公司法》已修改，现相关规定见《公司法》（2023年修订）第一百八十二条、第一百八十六条。

交易。黄某诗的配偶叶某昌作为被上诉人的高级管理人员，保管被上诉人的公司印章，应当在管理公司的期间，对公司尽到忠实义务和勤勉义务，叶某昌未经同意，以被上诉人名义擅自与自己的配偶签订劳动合同，不仅非为被上诉人的真实意思表示，而且叶某昌的行为违反了其对被上诉人所应负担的法定义务，上诉人作为叶某昌的配偶，不属于善意第三人，上诉人所持有的劳动合同不应对被上诉人产生法律约束力。综上所述，原审法院判令上诉人向被上诉人返还其已领取的钱款并无不当，本院予以维持"。

2. 公司与其董事、高级管理人员所实际控制的其他公司订立合同，未经股东会同意，合同无效。

案例十七：上海市第一中级人民法院审理的上海维某拉印刷器材有限公司与安某损害公司利益责任纠纷一案一审民事判决书［（2009）沪一中民五（商）初字第33号］认为，"安某作为原告公司的董事及董事长，应当遵守法律、行政法规和公司章程，对公司负有忠实义务和勤勉义务，维护公司的利益。根据《中华人民共和国公司法》第一百四十九条第一款第（四）项规定：董事、高级管理人员不得违反公司章程的规定或者未经股东会、股东大会同意，与本公司订立合同或者进行交易。① 本案中，安某既是原告的董事、董事长，也是钻某公司的大股东、法人代表及实际经营者，钻某公司通过与原告签订《服务协议》，提供有关咨询服务并获取报酬，安某作为钻某公司的大股东及实际经营者则是该交易的主要获益人，其个人在该交易中处于与原告公司利益相冲突的地位，故该交易应该经原告公司股东会同意方可进行。但安某未经上述程序直接代表原告与钻某公司签约，其行为违反了《中华人民共和国公司法》第一百四十九条第一款第（四）项的规定，构成对原告公司利益的损害。"

3. 同一人分别在两家公司担任董事、高级管理人员，但非公司实际控制人的，如两家公司未经股东会同意订立合同，合同有效。

案例十八：天津市高级人民法院审理的卡某托尼精密金属（天津）有限公司与博某株式会社国际货物买卖合同纠纷二审民事判决书［（2012）津高民四终字第149号］认为，"根据《中华人民共和国公司法》第一百四十九条第一款第（四）项规定，董事、高级管理人员不得违反公司章程的规定或者未经股东会、股东大会同意，与本公司订立合同或者进行交易。② 该条款是指除公司章程规定允许的或股

---

① 《公司法》已修改，现相关规定见《公司法》（2023年修订）第一百八十二条第一款。
② 《公司法》已修改，现相关规定见《公司法》（2023年修订）第一百八十二条第一款。

东会认可的情况外，禁止公司的董事、经理个人作为一方，同本公司订立合同或者进行交易，这是由于董事、高级管理人员负责公司的经营决策和业务执行工作，当其以合同相对人的地位与其任职公司订立合同或进行其他交易时，就难免牺牲公司利益而使其个人获益，因此，《中华人民共和国公司法》对此作出了限制性规定。但本案中，尽管涉案《供货合同书》签订时，博某株式会社的法定代表人金某石同时担任了卡某托尼公司的副董事长，但该合同双方是博某株式会社与卡某托尼公司，而并非金某石个人与卡某托尼公司之间的交易，且收货人也是卡某托尼公司，故不属于《中华人民共和国公司法》第一百四十九条第一款第（四）项规定的情形。卡某托尼公司的该项上诉理由不能成立，本院不予支持"。

067 公司章程可对关联交易的审查主体和救济途径作出规定

设计要点

公司章程中应规定审查是否构成"关联股东"的特定机构和审查后的司法救济途径。

阅读提示

《上市公司章程指引》第八十条明确规定，关联股东不应当参与关联交易的投票表决。同时，《非上市公众公司监督指引》也将关联股东的回避作为建议性质的规定。可见，关联股东的表决回避制度已成为制定股份公司章程的共识。然而，并非所有被怀疑参与"关联交易"的股东就一定是"关联股东"。在实务中，公司内部究竟谁有权对"关联股东"的身份进行终局性审查？如果公司内部已对此进行审查，对审查结果不服的股东是否仍可寻求司法救助？

本文通过《乐山电力股份有限公司章程》的有关条款以及司法案例，对此问题进行分析。

章程研究文本

《乐山电力股份有限公司章程》（2023 年 5 月版）

第七十八条第二款 股东大会召集人负责根据法律、行政法规、部门规章、上海证券交易所的规则等规范性文件，对会议审议事项是否构成关联交易进行审核。

股东大会审议有关关联交易事项前，会议主持人应提示关联股东回避表决。关联股东有义务主动向会议说明关联关系并申请回避表决。

同类章程条款

《湖南中科电气股份有限公司章程》（2024年2月版）

第七十九条第二款 股东大会审议有关关联交易事项时，关联股东应主动向股东大会声明关联关系并回避表决。股东没有主动说明关联关系并回避的，其他股东可以要求其说明情况并回避。召集人应依据有关规定审查该股东是否属关联股东及该股东是否应当回避。

《徐工集团工程机械股份有限公司章程》（2023年4月版）

第七十九条第三款 董事会应依据《深圳证券交易所股票上市规则》的规定，对拟提交股东大会审议的有关事项是否构成关联交易作出判断。

第五款 回避的股东如对回避表决有异议，可以依据本章程第三十四条之规定向人民法院提起诉讼。

公司法和相关规定

《公司法》（2023年修订）

第二十二条 公司的控股股东、实际控制人、董事、监事、高级管理人员不得利用关联关系损害公司利益。

违反前款规定，给公司造成损失的，应当承担赔偿责任。

第一百一十四条 股东会会议由董事会召集，董事长主持；董事长不能履行职务或者不履行职务的，由副董事长主持；副董事长不能履行职务或者不履行职务的，由过半数的董事共同推举一名董事主持。

董事会不能履行或者不履行召集股东会会议职责的，监事会应当及时召集和主持；监事会不召集和主持的，连续九十日以上单独或者合计持有公司百分之十以上股份的股东可以自行召集和主持。

单独或者合计持有公司百分之十以上股份的股东请求召开临时股东会会议的，董事会、监事会应当在收到请求之日起十日内作出是否召开临时股东会会议的决定，并书面答复股东。

《公司法》（2018年修正，已被修订）

第二十一条 公司的控股股东、实际控制人、董事、监事、高级管理人员不得利用其关联关系损害公司利益。

违反前款规定，给公司造成损失的，应当承担赔偿责任。

第一百零一条 股东大会会议由董事会召集，董事长主持；董事长不能履行职务或者不履行职务的，由副董事长主持；副董事长不能履行职务或者不履行职务的，由半数以上董事共同推举一名董事主持。

董事会不能履行或者不履行召集股东大会会议职责的，监事会应当及时召集和主持；监事会不召集和主持的，连续九十日以上单独或者合计持有公司百分之十以上股份的股东可以自行召集和主持。

《上市公司章程指引》（2023年修正）

第八十条 股东大会审议有关关联交易事项时，关联股东不应当参与投票表决，其所代表的有表决权的股份数不计入有效表决总数；股东大会决议的公告应当充分披露非关联股东的表决情况。

注释：公司应当根据具体情况，在章程中制订有关联关系股东的回避和表决程序。

《非上市公众公司监管指引第3号——章程必备条款》

第十五条第三款 公司如实施关联股东、董事回避制度，应当在章程中列明需要回避的事项。

专家分析

大部分的股份公司章程中，除关联股东主动申请回避外，可提出关联股东回避的主要主体为：其他股东和股东大会主持人。然而在实务中，由于股东与公司交易关系错综复杂，判断是否成立"关联交易"并非易事，因此，被提出回避的股东未必是"关联股东"。股份公司通过公司章程，规定由特定的机构对"关联股东"进行终局性的审查和判断，不仅能够有效避免"关联股东"坚决要求表决的僵局，还能保障公司股东对公司决议持有最基本的信任。此外，公司特定机构在进行终局性审查时，应充分听取"关联股东"针对交易产生的原因、交易基本情况、交易是否公允合法等情况的具体解释和说明。

章程条款设计建议

大部分规定"审查主体"的股份公司章程，均将"股东大会召集人"或者"董事会"规定为审查主体。一般情况下，董事会即股东大会的召集人，但是当董事会不能履行或者拒绝履行召集股东大会会议的职责时，监事会即成为股东大会的召集人。同样，在监事会不能或者拒绝履行该职责时，连续九十日以上单独或者合计持有公司百分之十以上股份的股东可以自行召集股东大会。可见，将审查主体规定为"股东大会召集人"更为全面，也更有利于防范风险。此外，在公司章程中规定：在公司内部已对关联交易进行终局性审查后，对终局决议不服的股东是否可以寻求司法救济，也更有利于保障终局审查的公平公正和相关股东的正当权益。

公司章程条款实例

股东大会审议有关关联交易事项时，关联股东应主动向股东大会声明关联关系并回避表决。股东没有主动说明关联关系并回避的，其他股东可以要求其说明情况并回避。

召集人应依据有关规定审查该股东是否属关联股东及该股东是否应当回避。应予回避的关联股东对于涉及自己的关联交易可以参加讨论，并可就该关联交易产生的原因、交易基本情况、交易是否公允合法等事宜向股东大会作出解释和说明。

股东大会结束后，其他股东发现有关联股东参与有关关联交易事项投票的，或者股东对是否应适用回避有异议的，有权就相关决议根据本章程的有关规定向人民法院起诉。

068 公司章程如何设置关联股东的回避和表决程序？

设计要点

公司章程中应对有关联关系的股东的回避和表决程序进行具体性的规定，明确提起回避的主体、程序、涉及关联交易的股东类型，以及违反程序的法律后果。

阅读提示

证监会《上市公司章程指引》第八十条明确，公司应当根据具体情况，在章程中制定有关联关系股东的回避和表决程序。

与此同时，绝大多数的公司章程都在第八十条的基础上，对关联股东的回避和表决程序作出了具体性的补充规定，以防止关联交易损害公司利益。那么，各股份公司作出的具体性补充规定在本质上存在怎样的相似点？股份公司该如何具体规定关联股东的回避和表决程序，以达到有效保护公司利益的目的？本文通过（公司）章程的有关条款以及司法案例，对此问题进行分析。

章程研究文本

《民生控股股份有限公司章程》（2020年3月版）

第七十九条 股东大会审议、表决有关关联交易事项时，下列股东应当回避：

（一）交易对方；

（二）拥有交易对方直接或间接控制权的；

（三）被交易对方直接或间接控制的；

（四）与交易对方受同一法人或自然人直接或间接控制的；

（五）因与交易对方或者其关联人存在尚未履行完毕的股权转让协议或者其他协议而使其表决权受到限制或影响的；

（六）中国证监会或深圳证券交易所认定的可能造成上市公司对其利益倾斜的法人或自然人。

上述股东所持有表决权的股份不计入出席股东大会有表决权的股份总数。股东大会决议的公告应当充分披露非关联股东的表决情况。

《华数传媒控股股份有限公司章程》（2024年1月版）

第八十一条 股东大会审议有关关联交易事项时，关联股东不应当参与投票表决，其所代表的有表决权的股份数不计入有效表决总数；股东大会决议的公告应当充分披露非关联股东的表决情况。

审议有关关联交易事项，关联关系股东的回避和表决程序：

（一）股东大会审议的某项与某股东有关联关系，该股东应当在股东大会召开之日前向公司董事会披露其关联关系；

（二）股东大会在审议有关关联交易事项时，大会主持人宣布有关关联关系的股东，并解释和说明关联股东与关联交易事项的关联关系；

（三）大会主持人宣布关联股东回避，由非关联股东对关联交易事项进行审议、表决；

（四）关联事项形成决议，必须由非关联股东有表决权的股份数的半数以上通过；

（五）关联股东未就关联事项按上述程序进行关联关系披露或回避，有关该关联事项的一切决议无效，重新表决。

股东大会审议影响中小投资者利益的重大事项时，对中小投资者的表决应当单独计票。单独计票结果应当及时公开披露。

同类章程条款

《中国国际海运集装箱（集团）股份有限公司章程》（2023 年 9 月版）

第一百一十三条 股东大会审议有关关联交易事项时，下列关联股东不参与表决，其所代表的有表决权的股份数不应计入有效表决权股份数：

（一）交易对方；

（二）拥有交易对方直接或间接控制权的；

（三）被交易对方直接或间接控制的；

（四）与交易对方受同一法人（或者其他组织）或自然人直接或间接控制的；

（五）在交易对方任职，或者在能直接或者间接控制该交易对方的法人（或者其他组织）、该交易对方直接或者间接控制的法人（或者其他组织）任职；

（六）交易对方及其直接、间接控制人的关系密切的家庭成员；

（七）因与交易对方或者其关联人存在尚未履行完毕的股权转让协议或者其他协议而使其表决权受到限制或影响的；

（八）中国证监会或深圳证券交易所认定的可能造成公司对其利益倾斜的股东。股东大会决议的公告应当充分披露非关联股东的表决情况。

如根据《香港上市规则》规定任何股东须就某议决事项放弃表决权、或限制其只能投票赞成（或反对）某议决事项，若有任何违反有关规定或限制的情况，由该等股东或其代理人投下的票数将不得计入有表决权的股份总数。

《美的集团股份有限公司章程》（2023 年 4 月版）

第八十条第二款 股东大会有关联关系的股东的回避和表决程序如下：

（一）股东大会审议的某一事项与某股东存在关联关系，该关联股东应当在股东大会召开前向董事会详细披露其关联关系。

（二）股东大会在审议关联交易事项时，会议主持人宣布有关联关系的股东与关联交易事项的关联关系；会议主持人明确宣布关联股东回避，而由非关联股东对关联交易事项进行审议表决。

（三）关联交易事项形成决议须由出席股东大会的非关联股东以具有表决权的股份数的二分之一以上通过。但是，该关联交易事项涉及本章程第七十八条规定的事项时，股东大会决议必须经出席股东大会的非关联股东所持表决权的三分之二以上通过方为有效。

《申通快递股份有限公司章程》（2023年12月版）

第八十条 审议关联交易事项，关联股东的回避和表决程序如下：

（一）股东会审议的事项与股东有关联关系，该股东应当在股东会召开之日前向公司董事会披露其关联关系；

（二）股东会在审议有关关联交易事项时，大会主持人宣布有关联关系的股东，并解释和说明关联股东与关联交易事项的关联关系；

（三）大会主持人宣布关联股东回避，由非关联股东对关联交易事项进行审议、表决；

（四）关联交易事项形成决议，必须由出席会议的非关联股东有表决权的股权数的过半数通过；如该交易事项属特别决议范围，应由出席会议的非关联股东有表决权的股权数的2/3以上通过。

公司法和相关规定

《公司法》（2023年修订）

第二十二条 公司的控股股东、实际控制人、董事、监事、高级管理人员不得利用关联关系损害公司利益。

违反前款规定，给公司造成损失的，应当承担赔偿责任。

第二百六十五条 本法下列用语的含义：

……

（四）关联关系，是指公司控股股东、实际控制人、董事、监事、高级管理人员与其直接或者间接控制的企业之间的关系，以及可能导致公司利益转移的其他关系。但是，国家控股的企业之间不仅因为同受国家控股而具有关联关系。

《公司法》（2018年修正，已被修订）

第二十一条 公司的控股股东、实际控制人、董事、监事、高级管理人员不得利用其关联关系损害公司利益。

违反前款规定，给公司造成损失的，应当承担赔偿责任。

第二百一十六条 本法下列用语的含义：

……

（四）关联关系，是指公司控股股东、实际控制人、董事、监事、高级管理人员与其直接或者间接控制的企业之间的关系，以及可能导致公司利益转移的其他关系。但是，国家控股的企业之间不仅因为同受国家控股而具有关联关系。

《上市公司章程指引》（2023 年修正）

第八十条 股东大会审议有关关联交易事项时，关联股东不应当参与投票表决，其所代表的有表决权的股份数不计入有效表决总数；股东大会决议的公告应当充分披露非关联股东的表决情况。

注释：公司应当根据具体情况，在章程中制订有关联关系股东的回避和表决程序。

专家分析

公司根据具体情况，在公司章程中对有关联关系的股东规定回避和表决程序的意义在于：《公司法》仅规定公司的控股股东、实际控制人、董事、监事、高级管理人员不得利用其关联关系损害公司利益，但对具体的回避和表决程序，关联交易的具体情形，以及利益被侵犯的股东救济未作规定。因此，有必要结合公司实际情况，通过公司章程对关联交易进行具体规定，以达到更好地维护公司利益，维护不与公司利益相冲突的股东正当利益的目的。

章程条款设计建议

公司股东，实际控制人等与公司的关联交易事关公司的利益得失和经营大局，因此对回避和表决程序，需结合公司的实际情况进行特定的具体规定。结合笔者办理有关公司法律顾问业务、公司诉讼业务的经验，除上述公司章程和上市公司章程指引规定的情形外，笔者建议在公司章程中，根据公司的实际情况进行以下补充性规定。

第一，对股东大会有关联关系的股东的回避和表决程序进行具体性的规定：

（1）确定审议主体和规范性文件。

（2）确定在股东大会召开前，该关联股东应当向董事会详细披露其关联关系的具体义务。

（3）确定可提起回避的主体，其行使权利的程序，以及正当权益被侵犯时的救济方式。

第二，根据公司的实际情况，明确涉及关联交易的股东类型。

第三，确定关联股东未就关联交易事项按前述程序进行关联信息披露或违反规定参与投票表决后，该行为归于无效的法律后果。

第四，规定有特殊情况关联股东无法回避的情形。

公司章程条款实例

股东大会有关联关系的股东的回避和表决程序如下：

（1）股东大会召集人负责根据法律、行政法规、部门规章、证券交易所的规则等规范性文件，对会议审议事项是否构成关联交易进行审核。

（二）股东大会审议有关关联交易事项时，涉及下列事项的股东属于关联股东，关联股东不参与投票，不参加清点表决票，对表决结果有异议的，可以对投票数进行点算：

1. 交易对方；
2. 拥有交易对方直接或间接控制权的；
3. 被交易对方直接或间接控制的；
4. 与交易对方受同一法人或自然人直接或间接控制的；
5. 因与交易对方或者其关联人存在尚未履行完毕的股权转让协议或者其他协议而使其表决权受到限制或影响的；
6. 中国证监会或深圳证券交易所认定的可能造成公司对其利益倾斜的法人或自然人。

（三）在股东大会召开前，该关联股东应当向董事会详细披露其关联关系。

（四）股东大会审议有关关联交易事项前，会议主持人应提示关联股东回避表决。关联股东有义务主动向会议说明关联关系并申请回避表决，并明确表示不参与投票表决。关联股东可以出席股东大会，并可依照大会程序向到会股东阐明其观点，会议需要关联股东到会进行说明的，关联股东有责任和义务到会如实作出说明，但不应当参与投票表决。

（五）股东没有主动说明关联关系和回避的，公司董事会、监事会和其他非关联股东可以要求其说明情况并回避。被要求回避的股东坚持要求参加投票表决的，由出席股东大会的其他股东适用特别决议程序投票表决该关联股东是否需要回避，表决前，其他股东有权要求该股东对其有关情况作出说明。如异议者不服，可在股东大会后向有关证券监管部门投诉或以其他方式申请处理。

（六）关联股东未就关联交易事项按前述程序进行关联信息披露或违反本条规定参与投票表决的，其表决票中对于有关关联交易事项的表决归于无效。

（七）如有特殊情况关联股东无法回避时，公司在征得有权部门的同意后，可以按照正常程度进行表决，并在股东大会决议公告中作出详细说明。本条所指特殊情况，是指下列情形：

1. 出席股东大会的股东只有该关联股东；
2. 关联股东要求参与投票表决的提案被提交股东大会并经出席股东大会的其他股东以特别决议程序表决通过；
3. 在征得中国证券监督管理部门的同意后；
4. 关联股东无法回避的其他情形。

（八）股东大会对关联交易事项作出的决议必须经出席股东大会的非关联股东所持表决权的过半数通过方为有效。但是，该关联交易涉及本章程规定须以特别决议通过的事项时，股东大会决议必须经出席股东大会的非关联股东所持表决权的三分之二以上通过方为有效。

069 谁有权要求关联股东在表决中进行回避？

设计要点

公司章程中应明确规定有权要求关联股东回避的主体，保证公司和其他股东的权益不受侵犯。

阅读提示

《上市公司章程指引》第八十条严格规定了关联股东的回避制度："股东大会审议有关关联交易事项时，关联股东不应当参与投票表决，其所代表的有表决权的股份数不计入有效表决总数；股东大会决议的公告应当充分披露非关联股东的表决情况……"与此同时，针对非上市股份公司，《非上市公众公司监管指引第3号——章程必备条款》也建议在章程中列明回避的事项。

可见，在关联交易的表决时，关联股东的回避制度已成为各公司制定公司章程的共识。那么，除关联股东自行提出回避之外，谁有权提出关联股东在表决时进行回避呢？本文通过介绍部分上市公司章程的有关条款以及司法案例，对此问题进行分析。

章程研究文本

《东阿阿胶股份有限公司章程》（2023年5月版）

第82条第2款　股东大会审议有关关联交易事项时，关联股东应主动提出回避申请，不参与投票表决，其所代表的有表决权的股份数不计入有效表决总数；关联股东没有说明关联情况并主动提出回避申请的，其他股东可以要求其说明情况并回避。

……

《荣安地产股份有限公司章程》（2023年6月版）

第七十九条第二款　股东大会在表决有关关联交易事项时，关联股东应当在审议和表决该事项前主动向会议主持人申请回避。公司董事会、监事会、非关联股东有权在表决有关关联交易事项前，要求关联股东回避。其他股东或被要求回避的股东，对关联交易事项的定性及由此带来的回避和放弃表决权有异议的，可申请无须回避的董事召开临时董事会，由会议依据法律、行政法规和其他规范性规章及证券交易所上市规则有关关联交易的规定作出决定。该决定为终局决定。如异议者不服，可在股东大会后向有关证券监管部门投诉或以其他方式申请处理。

《华数传媒控股股份有限公司章程》（2024年1月版）

第八十一条第二款　审议有关关联交易事项，关联关系股东的回避和表决程序：

（一）股东大会审议的某项与某股东有关联关系，该股东应当在股东大会召开之日前向公司董事会披露其关联关系；

（二）股东大会在审议有关关联交易事项时，大会主持人宣布有关关联关系的股东，并解释和说明关联股东与关联交易事项的关联关系；

（三）大会主持人宣布关联股东回避，由非关联股东对关联交易事项进行审议、表决；

（四）关联事项形成决议，必须由非关联股东有表决权的股份数的半数以上通过；

（五）关联股东未就关联事项按上述程序进行关联关系披露或回避，有关该关联事项的一切决议无效，重新表决。

同类章程条款

《绿景控股股份有限公司》（2023年3月版）第八十条第二款，《广东电力发展股份有限公司》（2023年版）第八十条第二款，《北京同仁堂股份有限公司》（2023年6月版）第八十七条第二款，《国海证券股份有限公司》（2023年11月版）第九十五条第二款等

上述公司章程条款均与《东阿阿胶股份有限公司章程》（2023年5月版）第82条第2款相似，即均规定关联股东应主动提出回避申请，如其没有说明关联情况并

主动提出回避申请的，其他股东可以要求其说明情况并回避。

《福建傲农生物科技集团股份有限公司章程》（2023年12月版）

第八十一条第二款　有关联关系的股东应当自行申请回避，公司其他股东可以建议有关联关系的股东回避，公司董事会应当建议有关联关系的股东回避，上述申请和建议应当在股东大会召开前以书面方式提出，董事会有义务立即将申请通知有关股东。有关股东可以就上述申请提出异议，在表决前尚不提出异议的，被申请回避的股东应当回避；对申请有异议的，可以要求监事会对申请作出决议，监事会应当在股东大会召开之前作出决议，不服该决议的可以向有关部门申诉，申诉期间不影响监事会决议的执行。

《美的集团股份有限公司章程》（2023年4月版）

第八十条第二款　股东大会有关联关系的股东的回避和表决程序如下：

（一）股东大会审议的某一事项与某股东存在关联关系，该关联股东应当在股东大会召开前向董事会详细披露其关联关系。

（二）股东大会在审议关联交易事项时，会议主持人宣布有关联关系的股东与关联交易事项的关联关系；会议主持人明确宣布关联股东回避，而由非关联股东对关联交易事项进行审议表决。

（三）关联交易事项形成决议须由出席股东大会的非关联股东以具有表决权的股份数的二分之一以上通过。但是，该关联交易事项涉及本章程第七十八条规定的事项时，股东大会决议必须经出席股东大会的非关联股东所持表决权的三分之二以上通过方为有效。

公司法和相关规定

《公司法》（2023年修订）

第二十二条　公司的控股股东、实际控制人、董事、监事、高级管理人员不得利用关联关系损害公司利益。

违反前款规定，给公司造成损失的，应当承担赔偿责任。

第一百一十四条　股东会会议由董事会召集，董事长主持；董事长不能履行职务或者不履行职务的，由副董事长主持；副董事长不能履行职务或者不履行职务的，由过半数的董事共同推举一名董事主持。

董事会不能履行或者不履行召集股东会会议职责的，监事会应当及时召集和主持；监事会不召集和主持的，连续九十日以上单独或者合计持有公司百分之十以上股份的股东可以自行召集和主持。

单独或者合计持有公司百分之十以上股份的股东请求召开临时股东会会议的，董事会、监事会应当在收到请求之日起十日内作出是否召开临时股东会会议的决定，并书面答复股东。

第二百六十五条 本法下列用语的含义：

……

（四）关联关系，是指公司控股股东、实际控制人、董事、监事、高级管理人员与其直接或者间接控制的企业之间的关系，以及可能导致公司利益转移的其他关系。但是，国家控股的企业之间不仅因为同受国家控股而具有关联关系。

《公司法》(2018年修正，已被修订)

第二十一条 公司的控股股东、实际控制人、董事、监事、高级管理人员不得利用其关联关系损害公司利益。

违反前款规定，给公司造成损失的，应当承担赔偿责任。

第一百零一条 股东大会会议由董事会召集，董事长主持；董事长不能履行职务或者不履行职务的，由副董事长主持；副董事长不能履行职务或者不履行职务的，由半数以上董事共同推举一名董事主持。

董事会不能履行或者不履行召集股东大会会议职责的，监事会应当及时召集和主持；监事会不召集和主持的，连续九十日以上单独或者合计持有公司百分之十以上股份的股东可以自行召集和主持。

第二百一十六条 本法下列用语含义：

……

（四）关联关系，是指公司控股股东、实际控制人、董事、监事、高级管理人员与其直接或者间接控制的企业之间的关系，以及可能导致公司利益转移的其他关系。但是，国家控股的企业之间不仅因为同受国家控股而具有关联关系。

《上市公司章程指引》(2023年修正)

第八十条 股东大会审议有关关联交易事项时，关联股东不应当参与投票表决，其所代表的有表决权的股份数不计入有效表决总数；股东大会决议的公告应当充分披露非关联股东的表决情况。

注释：公司应当根据具体情况，在章程中制订有关关联关系股东的回避和表决程序。

《非上市公众公司监管指引第3号——章程必备条款》

第十五条第三款 公司如实施关联股东、董事回避制度，应当在章程中列明需要回避的事项。

专家分析

大多数的公司章程都在《上市公司章程指引》第八十条的基础上，规定了如下制度：关联股东应主动提出回避申请，当关联股东未主动提出回避申请时，其他股东可以要求其说明情况并回避。

在公司章程中规定关联股东应主动回避和其他股东对其回避的监督，其意义在于：督促关联股东自身对其关联事项予以说明，并主动进行回避。在其未主动申请表决回避时，授予其他股东要求其说明情况并要求其回避的监督权，以保护公司和其他股东的权益。

此外，一些公司章程也赋予了股东大会的主持人，董事会、监事会要求关联股东回避的权利。根据《公司法》第一百一十四条的规定，在一般情况下，股东大会的主持人由董事长担任，赋予董事长、董事会以及监事会对关联股东进行表决回避的监督权，无疑是扩大了监督主体的范围，不仅给应主动申请表决回避的关联股东施加了正当的压力，也给其他股东对关联股东表决回避的监督提供了有效支持和保障。

章程条款设计建议

关联股东的回避不仅需要其自身立足于诚实信用原则，主动申请对关联交易的表决回避，还需要其他股东甚至公司其他机构进行有效的监督。结合笔者办理有关公司法律顾问业务、公司诉讼业务的经验，除上述公司章程和上市公司章程指引规定的情形外，笔者建议：公司章程在规定关联股东应该主动申请表决回避之外，应明确规定可提醒或宣布关联股东进行回避的监督主体以及监督主体的救济措施：

第一，关联股东没有说明关联情况并主动提出回避申请的，其他股东可以要求其说明情况并回避。

第二，股东大会主持人应当在股东大会审议有关关联交易的提案前提示关联股东对该项提案不享有表决权，并宣布现场出席会议除关联股东之外的股东和代理人人数及所持有表决权的股份总数。

第三，公司董事会、监事会有权在表决有关关联交易事项前，要求关联股东回避。

第四，股东大会结束后，其他股东发现有关联股东参与有关关联交易事项投票的，有权就相关决议根据公司章程规定向人民法院起诉。

公司章程条款实例

股东大会决议有关关联交易事项时，关联股东应主动回避，不参与投票表决；关联股东未主动回避表决，参加会议的其他股东有权要求关联股东回避表决。关联股东回避后，由其他股东根据其所持表决权进行表决，并依据公司章程之规定通过相应的决议；关联股东的回避和表决程序由股东会主持人通知，并载入会议记录。

审议关联交易事项，关联关系股东的回避和表决程序如下：

（一）股东会审议的事项与股东有关联关系，该股东应当在股东会召开之日前向公司董事会披露其关联关系；

（二）股东会在审议有关关联交易事项时，大会主持人宣布有关联关系的股东，并解释和说明关联股东与关联交易事项的关联关系；

（三）股东大会主持人宣布关联股东进行回避，由非关联股东对关联交易事项进行表决；

（四）公司董事会、监事会也有权在表决有关关联交易事项前，要求关联股东回避；

（五）股东大会结束后，其他股东发现有关联股东参与有关关联交易事项投票的，有权就相关决议根据公司章程规定向人民法院起诉；

（六）关联交易事项形成决议，必须由出席会议的非关联股东有表决权的股权数的过半数通过；如该交易事项属特别决议范围，应由出席会议的非关联股东有表决权的股权数的三分之二以上通过。

延伸阅读

关联股东作为无表决权的会议主持人是否仍需回避的案例

案例：杨某能、天津某股份有限公司公司决议效力确认纠纷二审民事判决书［（2016）津02民终5612号］认为："根据《上市公司章程指引》第七十九条：'股东大会审议有关关联交易事项时，关联股东不应当参与投票表决，其所代表的有表决权的股份数不计入有效表决总数；股东大会决议的公告应当充分披露非关联股东的表决情况'①和《上市公司股东大会规则》第三十一条第一款：'股东与股东大会拟审议事项有关联关系时，应当回避表决，其所持有表决权的股份不计入出

---

① 《上市公司章程指引》已修改，现相关规定见《上市公司章程指引》（2023年修正）第八十条。

席股东大会有表决权的股份总数'①的规定,结合天津某公司《公司章程》,均对关联方回避表决进行了规定,并未禁止关联方参与会议,且法律对此亦无禁止性规定。"在此案中,股东大会的主持人是关联股东,法院认为:"李某勇作为天津某公司副董事长主持了会议,虽然李某勇亦具有《议案》关联方显创公司董事身份,但其并未代表关联公司对议案进行表决。根据天津某公司提交的现场表决票,结合法院调取的上证所信息网络有限公司出具的现场投票统计结果,能够证实关联公司显创公司并未在本次临时股东大会上进行投票表决。因此杨某能主张李某勇主持会议导致股东大会程序违法,无事实和法律依据,不予采纳。"

070 "关联股东"坚决要求表决时该如何处理?

设计要点

公司章程中应规定当"关联股东"坚决要求投票时的应对措施。

阅读提示

我国《上市公司章程指引》虽然明确规定:"股东大会审议有关关联交易事项时,关联股东不应当参与投票表决,其所代表的有表决权的股份数不计入有效表决总数",但考虑到实务中股东与公司交易关系的错综复杂,判断是否构成关联交易仍需要具体问题具体分析。因此,在关联交易的回避表决中,不可避免地会发生被要求回避的股东不承认构成关联交易,而坚决要求进行投票表决的情形。在"关联股东"坚决要求投票表决时公司该如何处理?本文通过对《东阿阿胶股份有限公司章程》《绿景控股股份有限公司章程》两篇章程的有关条款比较以及司法案例,对此问题进行分析。

章程研究文本

《东阿阿胶股份有限公司章程》(2023年5月版)

第82条第2款 ……关联股东没有说明关联情况并主动提出回避申请的,其

---

① 《上市公司股东大会规则》已修改,现相关规定见《上市公司章程指引》(2022年修订)第三十一条第一款。

他股东可以要求其说明情况并回避，该股东坚持要求参加投票表决的，由出席股东大会的其他股东适用特别决议程序投票表决该关联股东是否需要回避，表决前，其他股东有权要求该股东对有关情况作出说明。

《绿景控股股份有限公司章程》（2023 年 3 月版）

第八十条第二款 ……如其他股东或股东代表提出回避请求时，被请求回避的股东认为自己不属于应回避范围的，应向股东大会说明理由。如说明理由后仍不能说服提出请求的股东的，股东大会应对有关股东是否为关联股东存在的争议、有关股东参与和不参与有关议案表决形成的不同结果均予以记录。股东大会后应由董事会提请有权部门裁定有关股东身份后确定最后表决结果，并通知全体股东。

同类章程条款

《广东电力发展股份有限公司章程》（2023 年 3 月版）

第八十条第二款 关联股东在股东大会审议有关关联交易事项时，应当主动向股东大会说明情况，并明确表示不参与投票表决。股东没有主动说明关联关系并回避的，其他股东可以要求其说明情况并回避。该股东坚持要求参与投票表决的，由出席股东大会的所有其他股东适用特别决议程序投票表决是否构成关联交易和应否回避，表决前，其他股东有权要求该股东对有关情况作出说明。

《安徽众源新材料股份有限公司章程》（2023 年 9 月版） **第八十条第二款**

该规定与《绿景控股股份有限公司章程》（2023 年 3 月版）第八十条第二款相同。

《荣安地产股份有限公司章程》（2023 年 6 月版） **第七十九条第二款**、**《风神轮胎股份有限公司章程》**（2023 年 1 月版） **第八十条第三款**、**《福建傲农生物科技集团股份有限公司章程》**（2023 年 12 月版） **第八十一条第二款**

上述规定与《绿景控股股份有限公司章程》（2023 年 3 月版）第八十条第二款相似，但是要求先申请召开董事会或监事会，得出是否需要回避的决定后再进行股东大会的投票，而《绿景控股股份有限公司章程》规定先记录关联股东是否参与有关议案表决形成的两种不同结果，再由董事会提请有权部门裁定有关股东身份后确定最后表决结果。

公司法和相关规定

《公司法》（2023 年修订）

第二十二条 公司的控股股东、实际控制人、董事、监事、高级管理人员不得利用关联关系损害公司利益。

违反前款规定，给公司造成损失的，应当承担赔偿责任。

第二百六十五条　本法下列用语的含义：

……

（四）关联关系，是指公司控股股东、实际控制人、董事、监事、高级管理人员与其直接或者间接控制的企业之间的关系，以及可能导致公司利益转移的其他关系。但是，国家控股的企业之间不仅因为同受国家控股而具有关联关系。

《公司法》（2018年修正，已被修订）

第二十一条　公司的控股股东、实际控制人、董事、监事、高级管理人员不得利用其关联关系损害公司利益。

违反前款规定，给公司造成损失的，应当承担赔偿责任。

第二百一十六条　本法下列用语的含义：

……

（四）关联关系，是指公司控股股东、实际控制人、董事、监事、高级管理人员与其直接或者间接控制的企业之间的关系，以及可能导致公司利益转移的其他关系。但是，国家控股的企业之间不仅因为同受国家控股而具有关联关系。

《上市公司章程指引》（2023年修正）

第八十条　股东大会审议有关关联交易事项时，关联股东不应当参与投票表决，其所代表的有表决权的股份数不计入有效表决总数；股东大会决议的公告应当充分披露非关联股东的表决情况。

注释：公司应当根据具体情况，在章程中制订有关联关系股东的回避和表决程序。

《非上市公众公司监管指引第3号——章程必备条款》

第十五条第三款　公司如实施关联股东、董事回避制度，应当在章程中列明需要回避的事项。

专家分析

关联股东对关联交易的表决回避不仅是上市公司的法定要求，也是非上市公司的建议性要求。在此基础上，绝大部分的公司章程还规定了："当关联股东参与有关关联交易事项投票，或股东对是否应适用回避有异议，有权就相关决议根据公司章程规定向人民法院起诉"的最终救济途径。然而在实务中，股东与公司的交易关系往往错综复杂，判断是否构成关联交易并非易事。因此，在公司章程中规定确认关联交易的程序流程和应对"关联股东"坚决要求投票表决时的对策,具有重大意义。通过该等规定,既可以有效保护不构成"关联交易"股东的正当权益,也可以有效防范公司和其他股东的权益受到侵犯。在此基础之上,还可通过表决是否构成"关联交易"的程序流程,深化《上市公司章程指引》在实际运用中的内在要旨。

章程条款设计建议

笔者建议公司应根据具体实务,选择性地规定当"关联股东"坚决要求投票表决时,公司该如何判断是否应当对其适用回避制度。可采取以下对策:

对策一:由出席股东大会的其他股东适用特别决议程序投票表决该关联股东是否需要回避。

对策二:先记录关联股东是否参与有关议案表决所形成的两种不同结果,再由董事会提请有权部门裁定有关股东身份后确定最后表决结果。

对策三:先申请召开董事会得出是否需要回避的决定,再进行股东大会的投票。

对策四:先由监事会作出决议决定关联股东是否要回避,再进行股东大会的投票。

公司章程条款实例

例1:股东大会审议有关关联交易事项时,关联股东应主动提出回避申请,不参与投票表决,其所代表的有表决权的股份数不计入有效表决总数;关联股东没有说明关联情况并主动提出回避申请的,其他股东可以要求其说明情况并回避,该股东坚持要求参加投票表决的,由出席股东大会的其他股东适用特别决议程序投票表决该关联股东是否需要回避,表决前,其他股东有权要求该股东对有关情况作出说明。

例2:股东大会审议有关关联交易事项前,关联股东应当自行回避;关联股东未自行回避的,任何其他参加股东大会的股东或股东代表有权请求关联股东回避。如其他股东或股东代表提出回避请求时,被请求回避的股东认为自己不属于应回避范围的,应向股东大会说明理由。如说明理由后仍不能说服提出请求的股东的,股东大会应对有关股东是否为关联股东存在的争议、有关股东参与和不参与有关议案表决形成的不同结果均予以记录。股东大会后应由董事会提请有权部门裁定有关股东身份后确定最后表决结果,并通知全体股东。

例 3：股东大会在表决有关关联交易事项时，关联股东应当在审议和表决该事项前主动向会议主持人申请回避。关联股东未自行回避的，任何其他参加股东大会的股东或股东代表有权请求关联股东回避。被要求回避的股东，对关联交易事项的定性及由此带来的回避和放弃表决权有异议的，可申请无须回避的董事召开临时董事会，由会议依据法律、行政法规和其他规范性规章及证券交易所上市规则有关关联交易的规定作出决定，或者要求监事会对申请作出决议，监事会应当在股东大会召开之前作出决议，不服该决议的可以向有关部门申诉，申诉期间不影响监事会决议的执行。如异议者不服，可在股东大会后向有关证券监管部门投诉或以其他方式申请处理。

延伸阅读

裁判观点一：关联股东以多数表决通过决议且决议内容损害公司及其他股东利益的，公司决议无效。

案例一：刘某与北京瑞某科技股份有限公司股东会决议撤销纠纷一案一审民事判决书〔（2008）海民初字第 21078 号〕认为："瑞某信息公司与北京瑞某科技股份有限公司之间存在大量的关联交易，在已发生上述关联交易以及公司重大权益让渡的情况下，上述决议内容的通过将进一步损害公司的经营利益。"在本案中，作为北京瑞某科技股份有限公司股东同时又出任公司董事的王某、汪某涌、林某荻又使用"瑞某"字号出资设立并经营瑞某信息公司，且通过决议将北京瑞某科技股份有限公司名下的产品商标及经营网站的域名转让于瑞某信息公司及瑞某国际公司名下，并在公司章程修正案中对公司名称及公司设立宗旨、经营范围进行修改。法院认为："上述决议内容损害了异议股东的利益。关联交易以及公司重大权益让渡的受益一方，是瑞某信息公司、瑞某国际公司，而其投资及经营管理者是北京瑞某科技股份有限公司股东及董事的王某、汪某涌、林某荻，上述股东与涉案上述决议事项的表决与其利益具有直接的利害关系。在此情况下，王某、汪某涌、林某荻等人作为北京瑞某科技股份有限公司董事，向股东会提出上述变更事项的议案，并作为公司股东在股东会上以所持多数决通过了变更公司设立宗旨及放弃公司主营业务决议内容的行为，显然违反了公平原则，是对与瑞某信息公司、瑞某国际公司无关的股东即刘某的不公平，损害了刘某的股东权益。而且，上述决议内容的通过导致对此投赞成票的多数股东获益，既排斥了对此持有异议的少数股东的合法权益，也严重影响到公司的经营获利，故其决议内容显然有违股东利益一致性及股东之间诚信合作的公司经营原则。因此，涉及公司名称、设立宗旨、经营范围变更的决议内容，系对上述决议内容投赞成票的股东以修改公司章程的合法形式，为自己利益，滥用股东权利所形成，损害了公司及其他股东的合法权益，该部分内容有违公平、合法原则，依法应当确认无效。"

裁判观点二：如公司章程无特别规定，非上市公司的"关联股东"无须对关联交易的决议进行回避。

案例二：金某忠与义乌市某资本运营中心与浙江恒某集团有限公司公司决议效力确认纠纷二审民事判决书〔（2015）浙金商终字第 2590 号〕

在本案中，原告金某忠认为：被告某资本运营中心作为大股东在增资扩股的决议中应当回避，且某资本运营中心存在利用大股东的地位滥用权利的问题，大股东滥用股东权利实为侵权行为。

法院认为："《公司法》关于股东表决回避的条款只有第十六条、第一百二十四条。[①] 其中第十六条为公司为股东进行担保的股东会决议，被担保的股东不能进行表决，第一百二十四条为上市公司进行关联交易，关联股东需要回避，而有限责任公司并无此限制，恒某集团公司的股份虽然在产权交易所交易，但并非法律意义上的上市公司，因此某资本运营中心不需回避。《公司法》第二十条规定，认定大股东滥用权利需符合三个条件：一是应该是公司的合法股东；二是大股东主观上具有损害小股东利益的故意；三是小股东利益受到实际损害。国资运营中心不存在滥用股东权利的情形。综上，金某忠的诉请于法无据，请求驳回。"

071 公司章程应禁止公司与关联方资金往来

> 设计要点

公司不得将资金直接或间接地提供给控股股东及其他关联方使用。

> 阅读提示

公司与控股股东的资金往来是关联交易或股东私益交易的一种形式，从制度经济学的角度出发，这种交易形式并非必然损害公司利益，只是由于双方当事人的不对等性，不可避免地伴随着潜在的风险。控股股东可能会在这种资金往来中，将个人利益置于公司利益之上，在面临利益冲突的情况下，违背诚信义务，作出有损公

---

① 《公司法》已修改，现相关规定见《公司法》（2023 年修订）第十五条、第一百三十九条。

司及其他股东的行为。探讨关联交易的文章不胜枚举，本文则仅从公司与控股股东的资金往来入手，以《厦门红相电力设备股份有限公司章程》为例，探讨公司章程应当如何规制公司与控股股东的资金往来，避免后者违背诚信义务，损害公司利益。

章程研究文本

《厦门红相电力设备股份有限公司章程》（2023年11月版）

第四十条　公司的控股股东、实际控制人不得利用其关联关系损害公司利益。违反前述规定给公司造成损失的，应当承担赔偿责任。

公司控股股东及实际控制人对公司和公司社会公众股股东负有诚信义务。控股股东应严格依法行使出资人的权利，不得利用利润分配、资产重组、对外投资、资金占用、借款担保等方式损害公司和社会公众股股东的合法权益，不得利用其控制地位损害公司和社会公众股股东的利益。

控股股东、实际控制人及其他关联方与上市公司发生的经营性资本来往中，不得占用上市公司资金。

公司不得以下列方式将资金直接或间接地提供给控股股东实际控制人及其他关联方使用：

（一）为控股股东、实际控制人及其他关联方垫支工资、福利、保险、广告等费用、承担成本和其他支出；

（二）有偿或无偿地拆借公司的资金（含委托贷款）给控股股东、实际控制人及其他关联方使用，但上市公司参股公司的其他股东同比例提供资金的除外。前述所称"参股公司"，不包括由控股股东、实际控制人控制的公司；

（三）委托控股股东、实际控制人及其他关联方进行投资活动；

（四）为控股股东、实际控制人及其他关联方开具没有真实交易背景的商业承兑汇票，以及在没有商品和劳务对价情况下或者明显有悖商业逻辑情况下以采购款、资产转让款、预付款等方式提供资金；

（五）代控股股东、实际控制人及其他关联方偿还债务；

（六）有关法律、法规、规范性文件以及中国证监会认定的其他方式。

同类章程条款

我国上市公司章程均规定公司的控股股东、实际控制人不得利用其关联关系损害公司利益；违反规定的，给公司造成损失的，应当承担赔偿责任，给公司造成重大损失的，公司将根据法律、法规追究其相应的法律责任。除此之外，部分上市公司细化了规范关联资金往来的章程条款，上文《厦门红相电力设备股份有限公司章程》列举了关联资金往来的禁止行为，下文《北京合纵科技股份有限公司章程》强调董监高维护公司资产安全的忠实义务。

《北京合纵科技股份有限公司章程》（2024年1月版）

第三十九条 公司的控股股东、实际控制人员不得利用其关联关系损害公司利益。违反规定的，给公司造成损失的，应当承担赔偿责任，给公司造成重大损失的，公司将根据法律、法规追究其相应的法律责任。

公司控股股东及实际控制人对公司和公司其他股东负有诚信义务。控股股东应严格依法行使出资人的权利，控股股东不得利用利润分配、资产重组、对外投资、资金占用、借款担保等方式损害公司和公司其他股东的合法权益，不得利用其控制地位损害公司和公司其他股东的利益。

第四十条 公司董事、监事和高级管理人员负有维护公司资产安全的法定义务和责任，应当按照《公司法》及本章程等有关规定勤勉尽职，切实履行防止控股股东及关联方占用公司资金行为的职责。

董事长是防止控股股东资金占用、资金占用清欠工作的第一责任人，总经理、财务负责人、董事会秘书应当协助其做好相关工作。

公司董事、高级管理人员协助、纵容控股股东及其附属企业侵占公司资产时，公司董事会视情节轻重对直接责任人给予处分，对负有严重责任的董事，提议股东大会予以罢免，直至追究其法律责任。

公司法和相关规定

《公司法》（2023年修订）

第二十二条 公司的控股股东、实际控制人、董事、监事、高级管理人员不得利用关联关系损害公司利益。

违反前款规定，给公司造成损失的，应当承担赔偿责任。

第一百三十九条 上市公司董事与董事会会议决议事项所涉及的企业或者个人有关联关系的，该董事应当及时向董事会书面报告。有关联关系的董事不得对该项决议行使表决权，也不得代理其他董事行使表决权。该董事会会议由过半数的无关联关系董事出席即可举行，董事会会议所作决议须经无关联关系董事过半数通过。出席董事会会议的无关联关系董事人数不足三人的，应当将该事项提交上市公司股东会审议。

《公司法》(2018 年修正，已被修订)

第二十一条 公司的控股股东、实际控制人、董事、监事、高级管理人员不得利用其关联关系损害公司利益。

违反前款规定，给公司造成损失的，应当承担赔偿责任。

第一百二十四条 上市公司董事与董事会会议决议事项所涉及的企业有关联关系的，不得对该项决议行使表决权，也不得代理其他董事行使表决权。该董事会会议由过半数的无关联关系董事出席即可举行，董事会会议所作决议须经无关联关系董事过半数通过。出席董事会的无关联关系董事人数不足三人的，应将该事项提交上市公司股东大会审议。

《上市公司监管指引第 8 号——上市公司资金往来、对外担保的监管要求》

第四条 控股股东、实际控制人及其他关联方与上市公司发生的经营性资金往来中，不得占用上市公司资金。

第五条 上市公司不得以下列方式将资金直接或者间接地提供给控股股东、实际控制人及其他关联方使用：

（一）为控股股东、实际控制人及其他关联方垫支工资、福利、保险、广告等费用、承担成本和其他支出；

（二）有偿或者无偿地拆借公司的资金（含委托贷款）给控股股东、实际控制人及其他关联方使用，但上市公司参股公司的其他股东同比例提供资金的除外。前述所称"参股公司"，不包括由控股股东、实际控制人控制的公司；

（三）委托控股股东、实际控制人及其他关联方进行投资活动；

（四）为控股股东、实际控制人及其他关联方开具没有真实交易背景的商业承兑汇票，以及在没有商品和劳务对价情况下或者明显有悖商业逻辑情况下以采购款、资产转让款、预付款等方式提供资金；

（五）代控股股东、实际控制人及其他关联方偿还债务；

（六）中国证券监督管理委员会（以下简称中国证监会）认定的其他方式。

第六条 注册会计师在为上市公司年度财务会计报告进行审计工作中，应当根据本章规定，对上市公司存在控股股东、实际控制人及其他关联方占用资金的情况出具专项说明，公司应当就专项说明作出公告。

专家分析

如何判断关联交易的公允性，依照何种程序和标准对于不公平交易予以法律救济，这是我国学界一直探讨的问题。实践中，股东大会和董事会掌握着批准关联交易的决定权，对于关联交易的表决应当排除利害股东或董事。公司的控股股东、实际控制人、董事、监事、高级管理人员应当对关联交易的表决事项进行充分的信息披露，不得利用其关联关系损害公司利益，否则应当承担赔偿责任。换言之，公司通过事前表决过滤有损公司利益的关联交易，通过事后追责弥补不公平交易造成的损失。

资金往来作为关联交易的一种形式，并不应当被全面禁止，相反，适当的关联资金往来可以将市场交易转变为公司集团的内部交易，节约交易成本，提高公司的竞争实力。但是，上市公司与控股股东及其他关联方的资金往来也可能严重占用公司资金，损害公司利益，沦为控股股东攫取公司利益的非法行为。因此，证监会《上市公司监管指引第 8 号——上市公司资金往来、对外担保的监管要求》列举了非法关联资金往来的方式，公司可以此为参考，结合公司实际情况，在公司章程中规定关联资金及其他关联交易形式的禁止事项。

章程条款设计建议

笔者建议在公司章程中规定公司不得与控股股东及其他关联方进行以下形式的资金往来：（1）有偿或无偿地拆借公司的资金给控股股东及其他关联方使用；（2）通过银行或非银行金融机构向关联方提供委托贷款；（3）委托控股股东及其他关联方进行投资活动；（4）为控股股东及其他关联方开具没有真实交易背景的商业承兑汇票；（5）代控股股东及其他关联方偿还债务。

对于其他关联资金往来事项，公司无须在公司章程中事先禁止。公司章程可以根据资金往来的数额对其进行分类，将表决权赋予董事会或股东大会，并规定排除关联董事或股东表决权。除此之外，亦可参考《北京合纵科技股份有限公司章程》第四十条，强调并细化董监高在避免非法关联交易中的职责，这样做不仅可以督促董监高恪尽勤勉、忠实义务，更为事后追责提供了方便。

公司章程条款实例

公司的控股股东、实际控制人不得利用其关联关系损害公司利益。违反前述规定给公司造成损失的，应当承担赔偿责任。

公司控股股东及实际控制人对公司和公司社会公众股股东负有诚信义务。控股股东应严格依法行使出资人的权利，不得利用利润分配、资产重组、对外投资、资金占用、借款担保等方式损害公司和社会公众股股东的合法权益，不得利用其控制地位损害公司和社会公众股股东的利益。

公司不得以下列方式将资金直接或间接地提供给控股股东及其他关联方使用：

（一）为控股股东、实际控制人及其他关联方垫支工资、福利、保险、广告等费用、承担成本和其他支出；

（二）有偿或者无偿地拆借公司的资金（含委托贷款）给控股股东、实际控制人及其他关联方使用，但上市公司参股公司的其他股东同比例提供资金的除外。前述所称"参股公司"，不包括由控股股东、实际控制人控制的公司；

（三）委托控股股东、实际控制人及其他关联方进行投资活动；

（四）为控股股东、实际控制人及其他关联方开具没有真实交易背景的商业承兑汇票，以及在没有商品和劳务对价情况下或者明显有悖商业逻辑情况下以采购款、资产转让款、预付款等方式提供资金；

（五）代控股股东、实际控制人及其他关联方偿还债务；

（六）中国证券监督管理委员会（以下简称中国证监会）认定的其他方式。

延伸阅读

裁判观点：公司有偿或无偿地拆借公司的资金给控股股东及其他关联方使用的行为损害公司合法利益；董监高在其中利用在公司的地位和职权为自己谋取私利，违反了忠实义务，应承担赔偿责任。

案例一：深圳市中某来公司与黄某皓损害公司利益责任纠纷上诉案二审民事判决书［（2013）粤高法民四终字第28号］中，上海市高级人民法院查明，截至2011年8月31日，中某来公司欠某建筑公司款项1.58亿元。在中某来公司与某建筑公司仍存在债务，而未予清偿的情况下，某建筑公司于2010年10月9日形成《董事会第四次会议决议》，同意借予中某来公司1.78亿元作为其流动资金，自2010年10月1日起借款期限一年，借款利息按银行同期利率收取。2011年6月30日某建筑公司又作出《关于撤销借款决议的决定》，认为中某来公司对某建筑公司是欠债而非新发生的借款，决定"撤销同意借予中某来公司1.78亿元"的决议，同时要求中某来公司应在一年内还清欠款，该欠款自2010年10月1日起至还清之日止，按银行同期利率收取利息。因此，对某建筑公司借款给中某来公司有损公司利益的不当行为某建筑公司已通过内部决议予以修正，该行为不存在损害公司利益情形，故黄某皓以此理由要求中某来公司承担责任，马某来等被告承担连带补充责任依据不足。

案例二：在北京某公园开发经营公司与陈某文其他股东权纠纷二审民事判决书［（2013）民二终字第30号］中，最高人民法院认为，《包销合同》系万某意地产与北京明达签订，万某意地产收取销售款后，应及时直接将销售款转回北京明达，陈某文作为万某意地产的实际控制人，也完全有能力控制销售款，但万某意地产却在没有依据的情况下将款转至同样为陈某文控制的其他香港特区公司，致使其他香港特区公司非法占有这些款项，造成北京明达的销售款损失，应当承担赔偿责任。

072 与董事会决议事项有关联关系的董事是否有表决权？

设计要点

董事与董事会会议决议事项所涉及的企业有关联关系的，不得对该项决议行使表决权。

阅读提示

董事会对与某董事具有关联关系的事项进行表决时，该关联董事是否具有表决权？可能不少人都认为，既然存在关联关系，该董事应当进行回避，不享有表决权。但实际上，《公司法》仅对上市公司的关联董事表决回避作了规定，对一般的非上市公司并未加以约束。因此对于非上市公司而言，关联董事是否具有表决权取决于公司章程的规定，在对公司章程进行设计时，可以参照上市公司的章程条款，对此问题作出规定。

章程研究文本

《中国联合网络通信股份有限公司章程》（2023年版）[①]

第一百二十九条 董事与董事会会议决议事项所涉及的企业有关联关系的，不得对该项决议行使表决权，也不得代理其他董事行使表决权。该董事会会议由过半数的无关联关系董事出席即可举行，董事会会议所作决议须经无关联关系董事过半数通过。出席董事会的无关联董事人数不足3人的，应将该事项提交股东大会审议。

[①] 该章程规定公司董事会成员由13名董事组成，且该章程第二百一十条规定，章程所称"不满"不包括本数，但未规定章程所称"不足"是否包括本数。

同类章程条款

笔者查阅了多家上市公司的章程中的同类条款，均对有利害关系的董事不具有表决权作出了规定。但对于在计算出席董事会法定人数时，该董事是否应被计入这一问题，不同的公司章程作出了不同规定。具体如下：

《海尔智家股份有限公司章程》（2022年6月版）

第六十三条第三款 董事会审议有关关联交易时，有利害关系的董事或关联董事不应当参与投票表决，并不计入表决通过所需的法定人数，但在计算出席董事会法定人数时，该董事应被计入。

第二百一十九条 董事与董事会会议决议事项所涉及的企业有关联关系的，不得对该项决议行使表决权，也不得代理其他董事行使表决权。该董事会会议由过半数的无关联关系董事出席即可举行，董事会会议所作决议须经无关联关系董事过半数通过。出席董事会的无关联董事人数不足3人的，应将该事项提交股东大会审议。

《中国石油天然气股份有限公司章程》（2022年6月版）

第一百一十四条第四款 董事会会议决议事项与某位董事或其联系人或主要股东有利害关系，该董事应予回避，且无表决权，而在计算出席会议的法定董事人数时，该董事亦不予计入。上述有关决议事项应举行董事会而不应以传阅文件方式处理，如独立非执行董事或其联系人与有关决议事项没有重大利益，该等独立非执行董事应出席会议。

《中国国际航空股份有限公司章程》（2024年2月版）

第一百〇五条第三款 公司董事与董事会会议决议事项所涉及的企业有关联关系的，不得对该项决议行使表决权，也不得代理其他董事行使表决权。该董事会会议由过半数的无关联关系董事出席即可举行，董事会会议所作决议须经无关联关系董事过半数通过，前述须经董事会三分之二以上董事表决通过的事项，须由三分之二以上的无关联关系董事表决通过。出席董事会的无关联关系董事人数不足三人的，应将该事项提交公司股东大会审议。

公司法和相关规定

《公司法》（2023年修订）

第一百三十九条 上市公司董事与董事会会议决议事项所涉及的企业或者个人有

关联关系的，该董事应当及时向董事会书面报告。有关联关系的董事不得对该项决议行使表决权，也不得代理其他董事行使表决权。该董事会会议由过半数的无关联关系董事出席即可举行，董事会会议所作决议须经无关联关系董事过半数通过。出席董事会会议的无关联关系董事人数不足三人的，应当将该事项提交上市公司股东会审议。

《公司法》（2018 年修正，已被修订）

第一百二十四条 上市公司董事与董事会会议决议事项所涉及的企业有关联关系的，不得对该项决议行使表决权，也不得代理其他董事行使表决权。该董事会会议由过半数的无关联关系董事出席即可举行，董事会会议所作决议须经无关联关系董事过半数通过。出席董事会的无关联关系董事人数不足三人的，应将该事项提交上市公司股东大会审议。

专家分析

公司章程规定此类条款的意义在于：对于上市公司而言，《公司法》对关联董事不具有表决权已作出了明确规定，因此公司章程可以对该问题进行更明确的规定，例如明确在计算出席董事会法定人数时该董事是否应被计入。对于非上市公司而言，关联董事是否具有表决权取决于公司章程的规定，若公司章程无特别规定，则不可以以董事与表决事项所涉及的企业具有关联关系为由，随意剥夺该董事的表决权。因此，公司章程对该等条款的规定就显得尤为重要。

章程条款设计建议

笔者认为，上市公司和非上市公司可以对该公司章程条款进行不同的设计。对于上市公司而言，由于《公司法》对关联董事不具有表决权已作出了明确规定，因此公司章程可以参照其他上市公司的章程，对该问题进行更明确的规定。对于非上市公司而言，笔者建议：

第一，股东在签署公司章程时，应考虑是否在公司章程中加入该条款：若章程中未加入该条款，则关联董事在董事会表决时仍有表决权。

第二，有限公司的公司章程还可以特别规定该等条款仅对部分股东适用，对于其他股东不适用。

第三，若公司章程中规定该等条款，则还应一并规定此时应当出席董事会会议的最少董事人数、如到场参会董事少于一定人数时应提交股东会表决等问题。

公司章程条款实例

公司董事与董事会会议决议事项所涉及的企业有关联关系的，不得对该项决议行使表决权，也不得代理其他董事行使表决权。该董事会会议由过半数的无关联关系董事出席即可举行，董事会会议所作决议须经无关联关系董事过半数通过。出席董事会的无关联关系董事人数不足三人的，应将该事项提交公司股东会审议。

延伸阅读

裁判观点：若非上市公司章程未规定关联董事的表决权回避制度，则其对关联事项仍有表决权。

案例一：金华市中级人民法院审理的金某忠与某国资运营中心、浙江恒某集团有限公司公司决议效力确认纠纷二审民事判决书〔（2015）浙金商终字第2590号〕认为，"国资运营中心是否需要在涉案增资扩股议案的表决中回避，《公司法》仅规定了两种表决权回避的情形，第十六条规定了公司为股东或实际控制人提供担保的，被担保的股东或实际控制人支配的股东不得参与表决，第一百二十四条规定了上市公司董事与董事会决议事项所涉及的企业有关联关系的，不得参与表决。① 恒某集团公司为有限责任公司，而非股份有限公司，更非上市公司，本案表决事项为增资扩股，并不会加重公司的负担，反而会增加公司的经营实力。因此本案决议的表决不属于上述需要表决权回避的两种情形，国资运营中心在表决中无须回避"。

案例二：沾益县人民法院的云南云某股份有限公司与曲靖恒某投资有限公司股东出资纠纷一审民事判决书〔（2016）云0328民初997号〕认为，"原告提交的第1组证据被告虽提出均为无效，其根本依据是2013年年度股东会决议违反了《公司法》第一百二十四条②关联交易表决的强制性规定，但《公司法》第一百二十四条规定的是对上市公司的董事行使表决权的限制，而本案中的大为恒某化工有限公司并非上市公司，故该条规定并不适用于本案，故被告的该质证意见不予采纳，应予确认第1组证据的待证事实"。

---

① 《公司法》已修改，现相关规定见《公司法》（2023年修订）第十五条、第一百三十九条。
② 《公司法》已修改，现相关规定见《公司法》（2023年修订）第一百三十九条。

图书在版编目（CIP）数据

公司章程陷阱及72个核心条款设计指引：基于200个公司章程及股东争议真实案例深度解析／唐青林，李舒主编；李斌，张德荣副主编．—2版．—北京：中国法制出版社，2024.4

ISBN 978-7-5216-4412-8

Ⅰ.①公⋯　Ⅱ.①唐⋯ ②李⋯ ③李⋯ ④张⋯　Ⅲ.①公司—章程—案例—中国　Ⅳ.①D922.291.915

中国国家版本馆CIP数据核字（2024）第059770号

策划编辑：赵　宏　　　责任编辑：王　悦　　　封面设计：汪要军

公司章程陷阱及72个核心条款设计指引：基于200个公司章程及股东争议真实案例深度解析

GONGSI ZHANGCHENG XIANJING JI 72 GE HEXIN TIAOKUAN SHEJI ZHIYIN: JIYU 200 GE GONGSI ZHANGCHENG JI GUDONG ZHENGYI ZHENSHI ANLI SHENDU JIEXI

主编／唐青林　李舒
副主编／李斌　张德荣
经销／新华书店
印刷／三河市紫恒印装有限公司
开本／710毫米×1000毫米　16开　　　　　　　印张／28.75　字数／429千
版次／2024年4月第2版　　　　　　　　　　　2024年4月第1次印刷

中国法制出版社出版
书号 ISBN 978-7-5216-4412-8　　　　　　　　　定价：118.00元

北京市西城区西便门西里甲16号西便门办公区
邮政编码：100053　　　　　　　　　　　　　传真：010-63141600
网址：http://www.zgfzs.com　　　　　　　　编辑部电话：010-63141831
市场营销部电话：010-63141612　　　　　　　印务部电话：010-63141606

（如有印装质量问题，请与本社印务部联系。）